D1825142

Trutz E. Podschun

Psychizin

Die neue Einheit
von Körper und Geist

Für Alina

»Wenn eine Idee am Anfang nicht absurd klingt,
dann gibt es keine Hoffnung für sie.«

– Albert Einstein

Trutz E. Podschun

Psychizin

Die neue Einheit
von Körper und Geist

Tectum Verlag

Trutz E. Podschun
Psychizin
Die neue Einheit von Körper und Geist

© Tectum – ein Verlag in der Nomos Verlagsgesellschaft, Baden-Baden 2019
ISBN 978-3-8288-4338-7
E-PDF 978-3-8288-7285-1
E-Pub 978-3-8288-7286-8

Umschlaggestaltung: Tectum Verlag, unter Verwendung von shutterstock.com
© sommthink sowie Yaroshenko Olena

Druck und Bindung: CPI, Birkach
Printed in Germany

Besuchen Sie uns im Internet:
www.tectum-verlag.de

Bibliografische Informationen der Deutschen Nationalbibliothek
Die Deutsche Nationalbibliothek verzeichnet diese Publikation

in der Deutschen Nationalbibliografie; detaillierte bibliografische
Angaben sind im Internet über http://dnb.d-nb.de abrufbar.

Inhaltsverzeichnis

Prolog

Körper und Geist – und ihr Verhältnis zueinander. Ein Spannungsfeld, das die Menschheit verfolgt, seit sie sich Gedanken über sich selbst machen kann. Was ist Seele, Psyche, Geist, wie immer Sie das Phänomen bezeichnen wollen, das uns zu uns selbst macht und das wir, bis heute, für uns exklusiv in der belebten Natur reserviert haben? Ist es etwas Überirdisches, etwas von einem Gott Gegebenes, wie uns viele Religionen glauben machen wollen? Oder ist es „nur" ganz simpel die zwingende Folge von grundlegenden physikalischen Phänomenen? Lassen sich also die nicht-materiellen Seiten eines Menschen – und nicht nur von ihm! – auf naturwissenschaftliche Phänomene und Erklärungen zurückführen, die ohne einen religiösen Schöpfer und seine Allmacht auskommen?

Wenn die Erkenntnisse moderner Wissenschaft zutreffen, gibt es Religion spätestens seit den Neandertalern. Sie entstand nach meinem Dafürhalten aus zwei wesentlichen Eigenschaften, die uns Menschen zu dem machen, was wir sind: die Neugier der Säugetiere und das menschliche Bedürfnis, Erklärungen für alles, wirklich alles zu finden, was wir mit dieser Neugier entdecken. Das ist geradezu ein Zwang, der dazu führt, dass sich das Gehirn, findet es keine rationale Erklärung, eine irrationale ausdenkt: Hauptsache, es hat eine! Etwas unerklärt im Raum stehen lassen zu müssen, erzeugt Unwohlsein und ist für uns nur schwer erträglich. Warum das so ist, werde ich an anderer Stelle zeigen.

Religion ist also das irrationale Komplement zu rationaler Erkenntnisgewinnung, das wir Menschen geradezu existenziell benötigen, um leben zu können. Nimmt man einem Menschen seine Religion, beraubt man ihn eines wichtigen Teils seiner Identität. Dabei möchte ich Religion nicht *religiös* verstanden wissen! Es ist arrogant, sie auf den Glauben an einen oder mehrere übernatürliche Wesen, i. a. „Gott" oder „Götter" genannt, zu reduzieren. Auch der Atheist, der sich von der Abhängigkeit von spirituellen Erklärungen dessen befreit hat, was er rational nicht erklären kann, hat eine Religion. Denn Religion ist die Antwort auf Religiosität – und die ist fest und tief in uns allen verankert, keiner ist frei davon. Jeder glaubt also – es kommt nur darauf an, in welchem Maße und woran er glaubt.

Religion unterliegt Wandel, auch wenn die meisten Religionswächter das anders sehen und massive Anstrengungen unternehmen, ihn zu verhindern. Der Neandertaler wird an Geister geglaubt haben. Alte Kulturen begannen dann damit, nicht erklär- aber wahrnehmbare Phänomene in den Gottesstand zu erheben: zum Beispiel Naturphänomene wie Sonne und Mond, Blitz und Donner. Damit begann ein Streit um die Erklärungshoheit nicht erklärbarer Phänomene, der heute noch anhält und erbittert geführt wird: Wissenschaft *oder* Religion. Dieser Streit ist lächerlich, denn, wie gesagt, der Mensch benötigt beides: die Wissenschaft, um rational erklären zu können, wann immer möglich, und die Religion, um seinem Gehirn die Möglichkeit zu geben, eine das Individuum befriedigende Begründung *erfinden* zu können, wenn es rational nicht möglich ist. Das aber definiert die Reihenfolge: zuerst objektive Wissenschaft, dann subjektive Religion.

Die Religionshüter von heute sollten sich dieser Funktion von Religion bewusst sein und sich ihr stellen, indem sie ihr Glaubensgebäude kontinuierlich an die jeweiligen naturwissenschaftlichen Erkenntnisse anpassen. Denn zu Naturwissenschaft und ihren Erkenntnissen gibt es keine Alternative! Es ist also einfach nur lächerlich, heute von speziellen „Auserwählten" *interpretieren* lassen zu müssen, was vor 2 000 Jahren ein paar Religionsstifter mit dem damals wesentlich beschränkteren wissenschaftlichen Erkenntnisstand als Religion definiert haben. So haben die monotheistischen Kirchen im Grundsatz immer noch nicht verstanden, dass die Erde eben doch keine Scheibe ist und deutlich länger als 6 000 Jahre existiert. Verführen wir heute in Naturwissenschaft, Psychologie und Medizin analog, müssten Astronomen Beobachtungen über die *Interpretation* des geozentrischen Weltbildes erklären, Chemiker der Vorstellungen der Alchemisten, Mediziner von Galens Viersäfte-Theorie und Psychologen des Seelenbegriffs der jüdischen und christlichen Religionsstifter. Was wäre daran wissenschaftlich („Theologie")?

Eine ähnlich problematische Herangehensweise findet sich auch in der Medizin. Auch die klassische Schulmedizin erhebt Allmachtsanspruch und scheut alternative Ansätze wie der Teufel das Weihwasser. Warum? Hier kommt der französische Naturwissenschaftler, Arzt, Mathematiker und Philosoph René Descartes (1596–1650) ins Spiel, der maßgeblich zur Trennung von Körper und Geist† in der Medizin beigetragen und die moderne Naturwissenschaft mitbegründet hat, indem er mit seinem propagierten Dualismus den Menschen *naturwissenschaftlich* auf den Körper reduzierte – das Ziel von Schulmedizin. Der Geist blieb isoliert außen vor, und so behielt Religion gerne die Hoheit über dessen Deutung: der göttliche Atem, der dem Zombie seit jeher eingehaucht werden muss, um ihn „zum Menschen" zu machen. Darunter leidet auch (häufig fast masochistisch selbst herbeigeführt) die Psychologie – eine eher junge („Geistes-")Wissenschaft, die sich (zunehmend naturwissenschaftlich!) mit der Erforschung der nicht-materiellen Seite des Menschen beschäftigt.

Doch ist das wirklich so? Sind Körper und Geist wirklich zwei verschiedene Dinge, die, wenn es hochkommt, als die beiden Seiten einer Medaille und damit zwar verknüpft, aber doch getrennt betrachtet werden können/müssen? Oder lässt sich das immaterielle Phänomen Geist auch aus der Naturwissenschaft heraus erklären? Ich denke ja! Und zwar erstaunlich einfach und stringent. Allerdings geht das nicht mit Methoden der „klassischen" Naturwissenschaften. Denn wie ich an anderer Stelle bereits ausführlich dargestellt habe, haben wir ein Problem: die Beschränktheit unserer Möglichkeiten der Wahrnehmung und der Fähigkeiten dazu. Die klassischen Naturwissenschaften fußen auf ihnen, bilden sie ab: Ich kann aufgrund täglicher Erfahrung vorhersagen, wie stark verschiedene Massen bei gleicher Kraft beschleunigt werden (Newton: $F = m \cdot a$), aber nicht, welches Atom in radioaktiven Proben als nächstes zerfallen wird – und wann. Ich weiß nur, es wird gleich *irgendeines* zerfallen, und *dieses da* irgendwann.

Wenn wir also dem Phänomen KörperGeist auf die Spur kommen wollen, müssen wir unsere Wahrnehmungsmöglichkeiten um Methoden aus der nicht-klassischen Naturwissenschaft erweitern. Allen voran der Quantenphysik, die wesentlich auf den Physiker Werner Karl Heisenberg (1901–

---

†   *res extensa*: „ausgedehnte" = materielle und gedankenlose Sache im Gegensatz zu *res cogitans*: denkende und „nicht ausgedehnte" = immaterielle Sache

1976) mit der 1927 nach ihm benannten „Unschärferelation" zurückgeht. Keine Angst, ich weiß: Die meisten meiner Mitmenschen haben keine bis wenig Nähe zu vor allem theoretischen Naturwissenschaften, speziell Physik, und schon gar nicht zur Quantenphysik – weil diese oft wenig anschaulich und damit wenig verständlich und nur mathematisch erfassbar ist. Weshalb sie schnell abschalten.

Aber so schlimm ist es gar nicht: Vielleicht hilft ein anschauliches Beispiel, sich das Prinzip, das hinter der Quantenphysik steht, so vor Augen zu führen, dass zumindest eine Ahnung entsteht, warum diese naturwissenschaftliche Disziplin so grundlegende Bedeutung hat – auch für die Medizin, vielleicht sogar gerade für sie. Denn sie zeigt uns prinzipielle Phänomene, die ebenso fundamental sind wie die Nicht-Überschreitbarkeit der Lichtgeschwindigkeit als Erkenntnis aus einer anderen wenig anschaulichen, nicht-klassischen Disziplin: der Relativitätstheorie. Mit Konsequenzen, die wir heute gerade erst dabei sind, zu entdecken. Und zwar in allen Bereichen der Wissenschaft, eben auch in Medizin und Psychologie.

Der Physiker Jeff Tollaksen, Professor für Physik und Leiter des Instituts für Quantenstudien am Schmid College of Science and Technology der Chapman Universität in Orange, Kalifornien, gibt ein solches Beispiel: Wenn Sie einen Kolibri bei der Nahrungsaufnahme von der Seite aus beobachten, sehen Sie klar und deutlich, wie er im Schwebflug den Nektar aus der Blüte saugt. Seine Flügel aber erkennen Sie nicht, da sie dafür 40–50 Mal pro Sekunde und daher zu schnell für Ihre Wahrnehmung schlagen (Abbildung 1, links). Das Schwirren stellt sich für Sie somit als unscharfer Schatten der Flügel dar – nicht fassbar. Sie wissen zwar: Irgendwo zwischen dem oberen und unteren Ende des Schattens müssen sich die Flügel aktuell befinden – aber wo genau?

Wenn Sie nun zur Klärung einen Schnappschuss von dem Vogel machen wollen, müssen Sie mit sehr kurzer Belichtungszeit fotografieren. Dann sehen Sie den Flügel scharf und mit deutlichen Details an einer bestimmten Stelle (Abbildung 1, rechts). Damit ist zwar die Position eindeutig bestimmt, aber Sie können aus dem Foto keinerlei Aussagen über die Geschwindigkeit ableiten, mit der der Vogel sich bewegt: Schwirrt er im Schwebflug oder fliegt er „normal"? Je mehr Sie nun die Belichtungszeit wieder verlängern, um die Geschwindigkeit zu erkennen und nachzuweisen, desto unschärfer (!) wird wieder das Bild der Flügel. Das ist der Kern der Heisenberg'schen Unschärferelation, die besagt, dass sich zwei voneinander abhängige Eigenschaften eines Dings nicht gleichzeitig beliebig genau bestimmen lassen, hier Ort und Geschwindigkeit (= zeitliche Orts*änderung*).

Abbildung 1: Kolibris im Schwirrflug

In die klassische Wissenschaft übertragen heißt das, man sollte vorsichtig sein, zwei Phänomene, die nicht unabhängig voneinander sind, als das zu betrachten, was ich als „kontextlos" bezeichne, und daraus absolute Rückschlüsse ziehen zu wollen. Genau das aber macht Schulmedizin zunehmend, vor allem, wenn sie Körper und Geist trennt oder auf der Jagd nach „Evidenzen", also dem, was sie (vermeintlich [unumstößlich]) erkannt hat, Koinzidenzen mit Kausalitäten gleichsetzt und so oft Ursache und Wirkung vertauscht. Sie reduziert so komplexe Interaktionen der Mitglieder eines komplexen Ökosystems namens Mensch, zu dem auf zellulärer Ebene zu mindestens 50 % auch die nicht-menschlichen Organismen unseres Mikrobioms gehören, auf isolierte molekulare Mechanismen in diesen einzelnen Teilen – und sogar weiter bis auf die Ebene der Gene.

Ist das verkehrt? Unsere Schulmedizin basiert darauf – was täten wir ohne sie? Vor allem, seit Vordenker wie Descartes über die Trennung von Körper und Geist naturwissenschaftliches und medizinisches Denken und Handeln systematisiert und objektiviert haben. Das Ergebnis: Wir werden nicht nur älter, sondern auch viel gesünder älter. Dazu muss oft Hightech eingesetzt werden. Unser hohes wissenschaftliches und technisches Niveau zeigt sich daher in der Akut-, Transplantations- oder „Apparatemedizin", in der sie zum Einsatz kommt: Die Natur kennt keine Defibrillatoren, mit denen Patienten mit Herzstillstand reanimiert werden können. Sie kennt keine Herz-Lungen-Maschinen, mit denen operative Eingriffe an Herz und

Lunge erst möglich werden. Mit implantierten Herzschrittmachern, Insulinpumpen u. v. a. haben wir technische Lösungen, die zwar nicht annähernd so gut sind wie die natürlichen, zumindest aber diese ordentlich und zunehmend besser ersetzen können. Wenn man z. B. an unsere Augen denkt und was die Medizin auf diesem Feld heute schon erreicht hat ... Und ohne Antibiotika würden uns immer noch heftige Epi- und Pandemien dezimieren wie im Mittelalter.

Das alles sind unbestreitbare Erfolge moderner Naturwissenschaft und Medizin, eine gesellschaftliche und kulturelle Großleistung. In der Notfallmedizin, in der Hirn- und Gefäßchirurgie und auf vielen Gebieten ärztlichen Wirkens leisten Ärzte Grandioses, basierend auf naturwissenschaftlichen Erkenntnissen. Was heute medizinisch und technisch möglich ist, sei es die Wiederherstellung zerstörter Körperregionen oder der Funktionen abgetrennter Gliedmaßen; sei es die Behandlung schwerster Verbrennungen oder moderne Rehabilitation; sei es die Rettung Frühstgeborener oder die Minimierung von Schäden nach einem Schlaganfall – das alles ist fantastisch und Ausdruck höchsten fachlichen Könnens, auf das nicht nur Wissenschaftler, Techniker, Ärzte und medizinisches Fachpersonal stolz sein können, sondern wir alle *müssen*, da es eine kollektive, kulturelle Errungenschaft ist. Es ist das Ergebnis der mühevollen, systematischen und akribischen Arbeit von Abermillionen Menschen, die dieses Wissen angesammelt haben, künftig mehren und sinnvoll anwenden werden.

Aber es gilt eben auch, festzustellen, dass es einen anderen Bereich der Schulmedizin gibt: die Innere Medizin mit ihren Stoffwechselstörungen, chronischen oder (oft vermeintlich) genetisch beeinflussten Krankheiten wie Parkinson, Multiple Sklerose oder Krebs, sodass es erforderlich ist, sauber zu unterscheiden. In diesem Bereich nämlich sieht die Sache ein wenig anders aus! Im chronischen Bereich sind wir, nicht nur nach Christian Schubert, Psychologe, Arzt, Professor und Leiter des Labors für Psychoneuroimmunologie der Universitätsklinik für Medizinische Psychologie Innsbruck, auch heute noch wahre Stümper:»Dort, wo akut eingegriffen wird, haben wir eine sensationelle Medizin. Dort aber, wo es um chronische Erkrankungen geht, wo es um langfristige Erkrankungen geht, die im Alltag entstanden sind und dort aufrechterhalten werden, haben wir es mit einer desaströsen Medizin zu tun.«[1] Warum? Weil wir in diesem Bereich eben nicht Descartes' Maschine Mensch vor uns haben, bei der wir ein Ersatzteillager bemühen können – und müssen! Sondern ein kompliziertes System mit eingebauten Korrekturmechanismen, das sich grundsätzlich selbst und ohne Hilfe von außen wieder in Ordnung bringen kann. Das unterscheidet es von der hilfsbedürftigen „Maschine".

Der Mensch ist zu komplex, um davon ausgehen zu können, Details, mit denen wir heute umgehen, *kontext*los betrachten zu können – beginnend mit dem Spannungsfeld Psychologie–Somatologie (gr. σῶμα [soma]: Körper, Leib; gr. λόγος [logos]: Rede, Wort, Vernunft, Lehrsatz), aber nicht darauf beschränkt. Bei rein somatischer Sicht neigen wir dazu, ein Krankheitsgeschehen auf eine (aus schulmedizinischer Sicht körperliche) Ursache zu beschränken, neuerdings, wie gesagt, gerne auf unsere Gene, die auch an vielen psychischen Erkrankungen schuld sein sollen und sogar Straftäter vor Verfolgung schützen können. Das führt dazu, dass wir uns Phänomene wie die Zunahme an Reizdarm- und „Glutenallergie"-Erkrankungen oder Placeboeffekt und Spontanheilungen nicht erklären können und, indem wir versuchen, Symptome (z. B. bei Reizdarm über Ernährung: Meiden von FODMAP!) zu unterdrücken oder zu verhindern, uns um die Bekämpfung der eigentlichen Ursachen drücken. Weil sie eben, siehe Reizdarm, häufig genug nicht physischer Natur sind, sich aber darin ausdrücken.

An diesem Punkt können wir von der Quantenphysik lernen. Sie lehrt uns nämlich, dass es Wahrscheinlichkeiten sind, auf die es ankommt. Das sieht zwar auch die Medizin so, wenn sie ihre Erkenntnisse auf Statistik aufbaut, auf „Evidenz", wie zu Recht gefordert wird, da auf diese Weise Wissenschaft zur Basis gemacht wird. Nur ist Statistik in der Medizin eine Methode, aus der Beobachtung vieler Einzelfälle rein mathematische und damit abstrakte Größen zu errechnen, anhand derer sie kategorisiert werden: „Normalbereiche", „Risiko" und „Signifikanz". Normalität ist so ein rein statistisches Phänomen einer Vielzahl gleicher Maschinen. In der Quantenphysik bezieht sich Wahrscheinlichkeit dagegen auf die Freiheitsgrade, die ein Ding selbst hat, einen von mehreren möglichen Zuständen einzunehmen, die es ausprägen kann. Das ist etwas vollkommen anderes, da es nun um *individuelle* Wahrscheinlichkeiten geht! Normalität ist hier der Zustand, in dem sich ein System während der größten Zeit seiner *individuellen* Existenz befindet. Normalbereiche und damit Risiko und Signifikanz sehen hier ganz anders aus und sind individuell. Was bedeutet, dass für jemanden durchaus normal sein kann, was aus dem „Normalbereich" fällt, und sein „Risiko" daher nicht höher sein muss als das statistische! Damit macht Schulmedizin den gleichen Fehler wie der Kommunismus: Beide gehen davon aus, dass alle Menschen gleich sind. Sie sind es aber nicht! Mit anderen Worten: Es ist geradezu unanständig, einer Frau zu sagen, sie hätte ein wie hoch auch immer anzusetzendes Risiko, an Brustkrebs zu erkranken, weil bei ihr ein „Brustkrebsgen" nachgewiesen werden kann. Das aus schulmedizinischen Betrachtungen ermittelte *statistische* „Risiko" mag wichtig für Institutionen sein, zu denen die Betroffenen kommen, um z. B. abschätzen zu können, welche Ressourcen vorgehalten werden müssen, um damit umgehen zu können. Das *individuelle* Erkrankungsrisiko jedoch hat damit nichts zu tun und ist von ganz anderen, heute immer noch nicht berücksichtigten und selten verstandenen Einflüssen abhängig. Zum Beispiel Psyche!

Quantenphysik in Medizin und Psychologie? Absurd! Doch seit der Schulzeit ließ mich ein quantenphysikalisches Phänomen nicht ruhen: der Welle-Teilchen-Dualismus, der ursächlich zur Entwicklung der Disziplin beigetragen hat. Wenn es also auf subatomarer Ebene Phänomene gibt, die so irrsinnig sind, dass Forscher lange Zeit vor unlösbaren Problemen standen – warum sollte es die nicht auch auf makroskopischer, ja sogar biologischer Ebene geben? Ist also der Körper-Geist-Dualismus „nur" ein auf die biologische Ebene gehobener Welle-Teilchen-Dualismus? Das klingt kühn! Und so behielt ich diesen Ansatz lange Zeit für mich, da ich mir einfach nicht vorstellen konnte, dass jemand anderes dem etwas abgewinnen könnte: Man kann zwar Elektronen beim Tunneln durch Barrieren beobachten; aber dass ein Strafgefangener durch Gefängnismauern gehen kann, als wären die nicht vorhanden, hat man noch nie gesehen.

Umso erstaunter war ich, als ich in einem fast philosophischen Gespräch mit einem Fotografen und Designer per Zufall erfuhr, dass die Psychologin Christine Mann, Tochter von Werner Heisenberg, und ihr Ehemann, der Psychologe und Theologe Frido Mann, Enkel von Thomas Mann, 2017 ein Buch veröffentlicht haben: *Es werde Licht – Die Einheit von Geist und Materie in der Quantenphysik*. Was ich nach der Lektüre dieses Buches herausfand, war, was alle Astrophysiker und -biologen in hellste Aufregung versetzen würde: Ich bin nicht allein!

Die Manns vertreten, wie ich, einen der wesentlichsten Aspekte menschlichen Seins: die Einheit von Körper und Geist! Sie führen sie, wenn auch klassisch und damit weniger folgenschwer, auf eine der beiden fundamentalsten Theorien zurück, die der menschliche Geist jemals entwickelt hat – die Quantentheorie, die in ihrer Bedeutung in nichts der Relativitätstheorie nachsteht und so grundlegend ist, dass sie das Zeug hat, unser deterministisches Bild von der Welt ein für alle Mal über den Haufen zu werfen. Nicht nur in der Physik, sondern eben auch in der Medizin! Mit ungeahnten Folgen: »Die Quantenphysik lässt den Schluss zu [...] dass schon das Denken die Realität verändert.[2]« Diese Aussage klingt utopisch, ja mystisch – Veränderung unserer Umwelt durch Denken? Aber sie ist zwingend, wenn man verschiedene Erkenntnisse, die wir inzwischen haben, zusammenfügt und ausreichend würdigt! Das werde ich zeigen.

Lassen Sie uns daher eine Quantenbiologie aus der gesicherten Quantenphysik entwickeln, die nicht nur eine naturwissenschaftliche Erklärung für Seele und Geist liefern könnte, sondern damit auch zwangsläufig zu einer Psychizin führt – der Einheit von Körper und Geist in einer neuen, modernen Medizin.

Trutz Podschun
Berlin, April 2019

Wissen und Glaube

Wer bin ich, oder besser: Was ist Ich?

Zu Beginn der Reise in die Quantenwelt ist es nötig, sich ein paar (natur-) philosophische Gedanken zu machen. Dazu muss der Kontext, in dem „Seele" seit langer Zeit gesehen wird, kritisch hinterfragt werden. Was bedeutet, dass es zunächst um Spiritualität im Allgemeinen und Religion im Speziellen gehen muss: Kann ein naturwissenschaftlicher Ansatz eine befriedigende Erklärung für den immateriellen Teil von uns Menschen geben, nachdem der materielle durch Naturwissenschaft zunehmend erfolgreich beschrieben werden kann? Hieße das dann nicht, dass auch das Spirituelle so gesehen werden kann – und muss? Oder muss Seele auch weiterhin nicht-wissenschaftlich spirituell erklärt werden? Wird Religion trotz der zunehmenden Erkenntnisse von Naturwissenschaft weiterhin Bedeutung haben? Um es mit Albert Einstein vorweg zu nehmen: »Wissenschaft ohne Religion ist lahm, Religion ohne Wissenschaft ist blind.« Aber!

Vorab: Mit dem Folgenden will ich mich nicht in den teils sehr heftigen Disput von Philosophen und Theologen einmischen. Da ich beides nicht bin, maße ich mir kein Recht an, etwas Substanzielles beitragen zu können; also lasse ich es. Auch möchte ich niemandem seinen Glauben nehmen – wer bin ich, dass ich mein Weltbild jemandem anderen aufzwingen dürfte? Dennoch halte ich es für wichtig, meine Gedanken zu äußern – schließlich möchte ich versuchen, eine mögliche Lösung für das Körper-Geist-Problem und damit auch der Seele vorzustellen. Da aber die meisten Religionen das Immaterielle des Menschen, diese Seele, mit Beschlag belegt und als zentrales Element im Verhältnis eines Gottes zu seinen Geschöpfen ausgemacht und institutionalisiert haben, bleibt nicht aus, zu hinterfragen, ob die entsprechenden Religionshüter tatsächlich die geeigneten Kreise sind, die Alleinhoheit über dieses von der Naturwissenschaft bislang nicht verstandene Phänomen für Religion in Anspruch zu nehmen. Um es klar zu sagen: Ich bin nicht gegen Religion, aber ich bin dagegen, wie diejenigen, die sich als deren Hüter verstehen und inszenieren, damit umgehen! Das Problem für mich ist damit nicht Gott, was auch immer das ist, sondern sein Bodenpersonal.

Ich werde im Folgenden ausgiebig Albert Einstein (1879–1955) zitieren. Aus zwei Gründen: (1) (Natur-)Wissenschaftler können nur erfolgreich tätig sein, wenn sie auf Erkenntnissen von Vorgängern und Zeitgenossen aufbauen können. Das drückt sich in „citations", dem Zitieren anderer Arbeiten aus, ohne die kein Wissenschaftler auskommen kann. Zitate sind also, was „Namensreaktionen" für Chemiker sind – Reaktionswege, die ein Chemiker entdeckt und erarbeitet hat, z. B. das „Haber-Bosch-Verfahren" zur technischen Herstellung von Ammoniak, von dem Sie vielleicht schon einmal als Stichwort gehört haben. Gemäß der Arbeitsweise unseres Gehirns und unseres Gedächtnisses löst allein schon dieser Name bei Eingeweihten eine ganze Reihe von kognitiven Aktivitäten aus, die letztlich darin enden, dass er einen Kontext hat. Ein Zitat ist also nicht nur ein Bezug auf „Klugscheißerei", die der Zitierte einmal von sich gegeben hat, sondern für den, der sich damit ernsthaft beschäftigt, unverzichtbare und bedeutsame Quelle für Einsichten in dessen Erkenntnisse und sein Weltbild. Wissenschaft baut darauf auf, wie wir gleich an einem Zitat Einsteins sehen werden.

(2) Einstein ist m. E. geradezu prädestiniert dafür, bei diesem Thema gehört zu werden. Er war Vollblutwissenschaftler, Physiker. Er war Zweifler und hat nicht nur fremde, sondern auch eigene Erkenntnisse gnadenlos hinterfragt (»Man muss vor allem kritisch gegen sich selbst sein«). Er hat verteidigt, wovon er überzeugt war, z. B. von seinem Verständnis von Zufall: »Das, wobei unsere Berechnungen versagen, nennen wir Zufall«, von Quantenphysik: »Glauben Sie wirklich, der Mond ist nicht da, außer wenn jemand hinschaut?« und von Nichtlokalität: »Es scheint hart, dem Herrgott in die Karten zu gucken. Aber, dass er würfelt und sich telepathischer Mittel bedient (wie es ihm von der gegenwärtigen Quantentheorie zugemutet wird), kann ich keinen Augenblick glauben«.

Er war Theoretiker. Als solcher hat er versucht, hinter die Geheimnisse, die man in der Realität beobachten kann, auf grundlegendster Ebene zu kommen, wie die Erklärung des Photoelektrischen Effekts zeigt. Er war also gewohnt, in abstrakter Weise und losgelöst von Detailansichten Dingen auf den Grund zu gehen. In einer Bemerkung an den österreichisch-amerikanischen Chemiker Hermann Franz Mark beschrieb er den Unterschied zwischen einem Theoretiker und einem Praktiker so: »Sie machen Experimente und ich Theorien. Kennen Sie den Unterschied? Eine Theorie ist etwas, an das niemand glaubt außer der Person, die sie aufgestellt hat. Ein Experiment ist etwas, das jeder glaubt außer der Person, die es durchgeführt hat.« Er hatte also auch einen subtilen Humor.

Aber er war auch, neben vielem anderen, Philosoph und Humanist. Er hat immer versucht, über die Wissenschaft hinaus sein und das Wirken anderer in einen gesellschaftlichen Kontext zu stellen, um die Welt besser zu machen: »Liebe Kinder: [...] Vergesst nicht, dass die wundervollen Dinge, die ihr in der Schule lernt, die Arbeit vieler Generationen ist, hervorgebracht durch begeisterten Einsatz und unendliche Mühen in jedem Land der Welt. All dies legen wir in eure Hände und euer Erbe, damit ihr es entgegennehmen, ehren, vermehren und eines Tages achtungsvoll euren Kindern übergeben könnt. Folglich erreichen wir Sterblichen Unsterblichkeit durch die dauerhaften Dinge, die wir gemeinsam schaffen. Wenn ihr das immer beachtet, werdet ihr einen Sinn im Leben und in der Arbeit finden und die richtige Einstellung anderen Nationen und Zeitalter gegenüber erwerben.« Indem ich ihn zitiere, folge ich respektvoll diesem Rat.

Und Einstein war religiös! Für ihn waren Religion und Wissenschaft kein Gegensatz, so wie es heute oft gesehen und praktiziert wird. Er war Jude, bekannte sich dazu und gehörte damit auch einer religiösen Strömung an. Aber er hatte eine andere Definition von Religion: »Ich bin ein tief religiöser Ungläubiger. Das ist eine ziemlich neue Art Religion.« Seine Vision war: »Die Religion der Zukunft wird eine kosmische Religion sein. Sie sollte über einen personenhaften Gott hinausgehen und Dogmata und Theologie vermeiden. Beides, das Kreatürliche und das Spirituelle abdeckend sollte sie auf einer religiösen Wahrnehmung basieren, die aus der Erfahrung aller Dinge, kreatürlicher und spiritueller Art, als sinnstiftender Einheit erwächst. Der Buddhismus erfüllt diese Beschreibung.« Wir erkennen in diesen Worten also seine Bemühungen, die Trennung zwischen Körper

(„Kreatur") und Geist („Spirituelles") zu überwinden. So hat mich dieses Genie seit jeher tief beeindruckt und beeinflusst. Wer, wenn nicht er, kann Religion und Naturwissenschaft zusammenbringen?

An anderer Stelle zeige ich, dass wir zum überwiegenden Teil, 90 % und mehr, unbewusst agierende Roboter sind – die Maschinen, um die sich heutige Schulmedizin kümmert; geistlose Philosophische Zombies, ähnlich handelnd wie Ameisen – das Resultat der Aktivität von Autopiloten. Ein Beispiel: Das einzig (mehr oder weniger, oft habe ich den Eindruck: eher weniger) Intelligente, was Menschen zustande gebracht haben, wenn wir z. B. an unsere Infrastruktur denken, ist, nach welchen Regeln wir uns in unseren Städten und Gemeinden bewegen und wie wir sie gestalten: Straßen, Verkehr, Parkleitsysteme, Radwege, Fußgängerzonen, Zebrastreifen, Ampeln, Vorgaben über die maximale Höhe von Gebäuden und Geschossen, Fassaden oder Neigungswinkel der Dächer usw. Mit dem Ziel, ein einer Mehrheit von uns passendes Stadtbild zu erzeugen. Wenn das einmal realisiert ist, wird das alles von „hirnlosen" Robotern bevölkert und „belebt": Man weicht sich automatisch aus, stellt sich automatisch an, wartet, zumindest wenn man nicht Radfahrer ist, bei „Rot" und fährt bei „Grün".

Das betrifft nicht nur unser tägliches gemeinschaftliches Leben, sondern auch das Leben an sich und unsere Gesundheit! Instinktiv wissen wir, dass es diese medizinischen Autopiloten gibt, können sie unbewusst wahrnehmen (»Ich fühl' mich heute nicht gut« oder »Ich könnte Bäume ausreißen«). Da diese Erfahrung aber nicht bewusst und rational ist, übertragen wir sie, gefangen in unserer Religiosität, die erklären will, was unser Verstand nicht erklären kann, auf einen anderen, den Arzt: Er ist es, der helfen kann und muss und hilft: »Doktor, mach' mich gesund!«. Er ist für uns somit im Bereich der Medizin, was der Papst im Bereich des Spirituellen ist: Stellvertreter Gottes auf Erden. Das steht schon in der Bibel, wir werden darauf zurückkommen.

Rational müssen wir mit zunehmenden Erkenntnissen in der Naturwissenschaft feststellen, dass das meiste, was wir medizinisch können und machen, nicht viel mehr als ein Abklatsch dessen ist, was Autopiloten in uns sehr viel besser können – auch das werde ich an anderer Stelle zeigen. Das demoralisiert, da es uns da trifft, wo es echt weh tut: an unserem Stolz, aufgrund unserer Intelligenz besser sein zu können als die Natur, die als abstraktes Phänomen, das sich „nur" in konkreten Phänomenen äußert, keine „Intelligenz" haben kann. Was uns in unserer von monotheistischen Religionen durchaus unterstützten Hybris (gr. ὕβρις [hybris]: Übermut, Anmaßung) zu etwas Besonderem macht. Wenn man das über Gesundheit und Medizin hinaus erweitert, heißt das, dass wir auch im Hinblick auf unsere vermeintlich einzigartigen Fähigkeiten wie Technik und Wissenschaft nicht sonderlich stolz sein können – die Natur hat zu allem, was wir hervorgebracht haben, bereits eine Lösung, selbst zu Rad und Elektromotor, wie ich an anderer Stelle zeigen werde, ja sogar zu Kunststoff. Die ist i. d. R. sogar noch besser (Spinnenseide vs. Nylonfaden) und effizienter (Photosynthese vs. Photovoltaik) als wir das technisch realisieren können. Und wir sind nicht alleine: Rabenvögel haben trotz ihres wesentlich kleineren und anders aufgebauten Gehirns geistige Fähigkeiten, die man bisher nur Primaten zutraute: Sie benutzen Werkzeuge, können planen, komplexe Probleme erkennen und lösen und Erlerntes auf neue Situationen übertragen, kennen so Abstraktion und Erfahrung – und damit ein Bewusstsein, ja sogar ein Selbst-Bewusstsein, wie „Spiegelversuche" zeigen.

Wo, also, bleibt das ICH?

Es sind nun nicht, wie viele denken mögen, Religion im traditionellen Sinn und Glaube, die hier weiterhelfen, und auch nicht Esoterik, Mystik, also Spiritualität insgesamt, auch wenn das von lat. spiritus, Geist, kommt und sich angeblich mit dem „Geistigen" – der Seele – beschäftigt. Beides, Religion und Esoterik, mag vielen Menschen im Alltag helfen, ihnen wichtige Fragen beantwortet zu bekommen, die von der Wissenschaft nicht (zufriedenstellend) beantwortet werden (können), die sie aber umtreiben: Welchen Sinn hat das Leben? Warum gibt es mich? Was passiert mit mir nach dem Tod? Die Antworten, die sie auf diese Weise bekommen, sind einfach, verständlich und, wenn man sie oft genug hört, überzeugend – vorgefertigte Weltbild- und Verhaltensbausteine.

Nur – befriedigen einen Jahrtausende alte Antworten tatsächlich, die nicht stimmen, ja gar nicht stimmen können, und die bei genauerer Betrachtung nicht konsistent, also in sich schlüssig und logisch widerspruchsfrei sind? Hilft es wirklich, naiv an etwas zu glauben, von dem man (insgeheim) weiß, dass es frei erfunden und mit Münchhausen-Geschichten ausstaffiert ist? Ich habe mehr Probleme damit, religiöses Convenience Food zu mir zu nehmen, Jahrhunderte alte Einheitsgerichte gleichbleibender Zusammensetzung ohne Finesse und mit standardisiertem Geschmack, bei dem ich nicht weiß, wer es gekocht hat, von welcher Qualität die Zutaten sind und was alles an gesundheitsschädlichen Bestandteilen drin ist. Ich bilde mir lieber mein eigenes weltanschauliches Mahl aus frischen und der Jahreszeit entsprechenden, regionalen Zutaten, von denen ich weiß und nachprüfen kann, woher sie kommen – auch wenn das aufwendiger ist.

Auch Esoterik und Astrologie liefern nur zusammengesetzte Weltbild- und Verhaltensbausteine, die unter viel Brimborium mit Kristallkugel, Sternenkarten, Pendeln und anderen unterhaltsamen Accessoires und Ritualen an die jeweilige Situation angepasst werden. (Gläubige Christen mögen nun nicht hämisch zustimmen: Abendmahl, das gemeinsame Gebet in Kirchen und Prozessionen sind nichts anderes!) So ruht Glaube auf zwei wesentlichen Säulen: Ritualen und Überlieferung – Dingen, die sich nicht unbedingt durch Aufgeschlossenheit Neuem gegenüber auszeichnen. Einstein: »Es wäre ziemlich albern, Tradition zu verachten. Aber mit unserem wachsenden Selbstbewusstsein und zunehmender Einsicht müssen wir beginnen, Tradition zu kontrollieren und ihr eine kritische Haltung gegenüber einnehmen.« Der prinzipiellste Unterschied zwischen Glaube (Spiritualität) und Wissen (Wissenschaft) ist: Wissen ist dynamisch und an die jeweilige Situation angepasst, Glaube statisch! Statik aber ist widernatürlich: Hätte die Evolution „geglaubt", wären wir über das Stadium der ersten sich selbst organisiert habenden Moleküle, aus denen letztlich das erste Bakterium entstanden ist, nicht hinausgekommen – wozu auch? Wäre das Universum statisch, gäbe es auch heute noch nur Energie, keine Materie. Glaube ist also, wie ich noch zeigen werde, durchaus wichtig für den Menschen. Aber es ist ein dynamischer Glaube, der erforderlich ist, nicht der statische, institutionalisierte, ritualisierte, den uns Kirche, Sekten und Esoteriker vorsetzen. Einstein: »Es ist dieser mystische oder ziemlich symbolische Inhalt religiöser Traditionen, der geeignet ist, mit Naturwissenschaft in Konflikt zu geraten. Das erfolgt immer dann, wenn dieser religiöse Vorrat an Vorstellungen dogmatisch starre Aussagen über Dinge macht, die in den Bereich der Naturwissenschaft gehören« und die damit, wie ich hinzufüge, stetem Wandel unterliegen. Seele, Geist, Psyche und Erkenntnisse über sie sind so etwas!

Nach einem bekannten Ausspruch heißt glauben nicht wissen. Sicher sein, dass das alles stimmt, was und wie man ihm sagt, kann der Gläubige trotz vollmundiger Versprechungen nicht. Denn die jeweilige Weltanschauung erlaubt lediglich einigen wenigen Auserwählten, in der Religion Priester, in der Esoterik Medien genannt, zu definieren, was geglaubt werden soll. Doch er baut sein gesamtes Leben darauf auf! Das heißt: Was wir nicht wissen (können), sollen wir offenbar nicht nachprüfbar glauben. Für einen naturwissenschaftlich orientierten Menschen wie mich ist das zutiefst unbefriedigend und daher nicht akzeptabel. Nicht das Glauben per se, sondern das „nicht nachprüfbar"!

Warum ist das so? Ich hatte bereits angedeutet und werde an anderer Stelle zeigen, dass unser Gehirn es einfach nicht schafft, sich damit abzufinden, eine Erklärung für einen Sachverhalt nicht ergründen zu können. Das ist ein systemimmanentes Phänomen. Daher erfindet es notfalls einfach eine. Es ist also eine Folge der Art, wie das Gehirn funktioniert, damit wir uns in unserer Umwelt zurechtfinden können. Folglich nichts Mystisches! Die Suche nach Erklärungen, die Befriedigung der natürlichen Neugier, ist ein grundlegendes menschliches Bedürfnis, das sich nicht nur in seiner Religiosität, sondern vor allem auch in der Entwicklung und dem Betrieb von Wissenschaft und Forschung manifestiert. Wenn sie dann wissenschaftlich nicht befriedigt werden kann, wird's spirituell versucht, und es werden Erklärungen erfunden (und so immer *gefunden*!) – bis hin zu Verschwörungstheorien und ganzen Weltanschauungen wie Religionen.

Die Religionsstifter vor 2 000 Jahren mussten große Skepsis überwinden und viele Fragen derer beantworten, die sie missionieren sollten und wollten. Fragen, die den Menschen damals wichtig waren und auf die vielleicht der eine oder andere nicht vorbereitet war. Für ihre Beantwortung gab es damals aber keinen naturwissenschaftlichen Ansatz – es musste auf Spiritualität zurückgegriffen werden. Denn vergessen wir nicht: Es waren keine damaligen „Wissenschaftler", also (griechische) Philosophen, die missionieren wollten und sollten, sondern einfache Menschen mit ihrer laienhaften, aus täglichem Erleben gespeisten Sicht der damaligen Welt: Jesus soll Zimmermann gewesen sein[3], Petrus Fischer[4] oder Matthäus Zöllner[5]. Zweifelsfrei ehrenwerte Berufe, aber eben keine, die die damaligen wissenschaftlichen Erkenntnisse in das Weltbild hätten miteinbauen können. So kam die eine oder andere erdachte Geschichte unter die Leute, die entsprechend ausgeschmückt wurde: Was uns heute lächerlich erscheint, weil wir alle eine Grundbildung in Naturwissenschaften haben und daher wissen, dass das gar nicht möglich sein kann, war damals über „Wunder" absolut glaubhaft vermittelbar. Heute nennen wir das Mystery und lassen uns davon unterhalten.

So entstanden langsam die Weltbild- und Verhaltensbausteine aller Religionen, nicht nur der monotheistischen. Und die teilweise irrwitzige Inkonsistenz, die bis heute nicht aus der Welt geschaffen wurde, weil mehrere Missionare gleichzeitig unterwegs waren, die zwar die Grundidee kannten, nicht aber, was der Kollege dann konkret erzählte, um sie zu vermitteln – beides aber wurde „überliefert": Der „liebe und gütige" Gott z. B., der Menschen droht, sie müssten ihre eigenen Kinder fressen, wenn sie nicht gehorchten. Damals gehörten „Zuckerbrot und Peitsche" zur Erziehung, Rache, Bestrafung und Mord zum täglichen Leben: Eben weil Gott euch liebt, züchtigt er euch! Es ist zu eurem Besten. Das müsst ihr eben glauben! Punkt. Wer es nicht tut, wird eliminiert. Punkt. Die Bibel war daher zunächst so etwas wie ein erstes Gesetzbuch, nach dem sich die Leute zu richten hatten („Du sollst nicht …") und das auf den Talmud und die Tora der Juden zurückgeht, die sich in der Bibel in Form der „Fünf Bücher Mose" wiederfinden. Tat man es nicht, drohten drakonische Strafen, weil es schwer war, die Gesetzestreue der Gemeinschaft zu überprüfen – immerhin musste man lange im Untergrund arbeiten. Also musste massiv und nachhaltig abgeschreckt werden: »Primitive Religionen basieren vollständig auf Furcht.«, so Einstein. Nebenbei bemerkt: primitive Gesellschaften auch (Terror, „Abschreckung").

Einstein sagt, dass sich Religion weiterentwickelt hat – von der frühen jüdischen zu späteren wie der christlichen: »Die jüdischen Schriften veranschaulichen vortrefflich die Entwicklung von einer Religion der Furcht zu einer der Moral, eine Entwicklung, die im Neuen Testament fortgeführt wird. Die Religionen aller zivilisierten Völker, speziell der des Orients, sind hauptsächlich moralische Religionen. Diese Entwicklung von einer Religion der Furcht zu einer der Moral ist ein großer Schritt im Leben der Menschen. Und trotzdem: Dass primitive Religionen vollständig auf Furcht und die Religionen zivilisierter Menschen vollständig auf Moral beruhen ist ein Vorurteil, vor dem wir uns hüten müssen. In Wahrheit sind alle Religionen eine unterschiedliche Mischung aus beidem mit dem Unterschied, dass auf höheren Ebenen des sozialen Lebens die Religion der Moral vorherrscht.«

Und heute? Heute klingt alles nur noch erbarmungswürdig menschenverachtend, weshalb die alten Schriften „interpretiert werden" müssen – von den geeigneten Personen (Priester, Propheten, Medien)! Hat sich Religion, wie Einstein sagt, bis zum Christentum tatsächlich entwickelt, stagniert dieser Prozess seither. Wir haben auch heute noch Religionen der Moral, wie sich an der Scharia oder Begriffen wie „Moraltheologie" nachvollziehen lässt. Einstein: »Es gibt nichts Göttliches an der Moral. Sie ist eine rein menschliche Angelegenheit.« Und diese bezieht sich in der Religion, auch heute noch, auf 2 000 Jahre alte, seither nicht geänderte Vorstellungen. Mehr noch: Die Moral der Religionsstifter und damit der Gesellschaft damals hat nicht mehr sehr viel mit der Moral unserer heutigen zu tun – zumindest im aufgeklärten Teil der Welt.

Aber: »Es gibt eine dritte Ebene religiöser Erfahrungen, auch wenn sie selten in reiner Form existiert. Ich nenne es kosmisch religiöse Wahrnehmung. Sie ist denen, die sie nicht erfahren, schwer zu vermitteln, da sie keine Vorstellung eines menschenartigen Gottes hat; das Individuum fühlt die Selbstgefälligkeit menschlicher Wünsche und Ziele und die Erhabenheit und wunderbare Ordnung, die sich sowohl in der Natur wie auch der Gedankenwelt offenbart. Er empfindet das individuelle Schicksal als eine Art Gefangenschaft und strebt danach, das Universum als bedeutsames Ganzes zu erfassen. Zeichen dieser kosmisch religiösen Wahrnehmung können selbst auf unteren Ebenen der Entwicklung nachgewiesen werden – z. B. in den Psalmen von David und den Propheten. Das kosmische Element ist im Buddhismus sehr viel stärker ausgeprägt, wie uns speziell Schopenhauers ausgezeichnete Aufsätze gezeigt haben. Die religiösen Genien zu jeder Zeit wurden durch diese kosmisch religiöse Wahrnehmung gekennzeichnet, die weder Dogmata kennt noch Gott in menschlicher Gestalt. Folglich kann es keine Kirche geben, deren zentrale Lehren auf einer kosmisch religiösen Erfahrung aufbauen. Somit ergibt sich, dass wir gerade unter den Ketzern jeder Epoche Menschen finden, die durch diese höchste religiöse Erfahrung beflügelt wurden; sie erschienen Zeitgenossen oft als Atheisten, manchmal aber auch als Heilige. In diesem Licht erscheinen Menschen wie Demokrit, Franz von Assisi und Spinoza einander sehr wesensverwandt.«

Herrmann Hesse (1877–1962, Schriftsteller, Dichter und Maler) sagte:»Glauben heißt Vertrauen, nicht Wissenwollen.« Denn selbst etwas herausfinden, aktiv wissen zu wollen, ist anstrengender als etwas passiv glauben zu können – zu übernehmen, was andere sich, auch spirituell, ausgedacht haben und in sich schlüssig erscheint; da das nicht zum Nachdenken zwingt. »Denken ist die schwerste Arbeit, die es gibt. Das ist wahrscheinlich auch der Grund, warum sich so wenige Leute damit beschäftigen«, so Henry Ford (1863–1947, amerik. Unternehmer). Oder wie es der Schauspieler und Regisseur Axel von Ambesser (1910–1988) ausdrückte:»Die meisten bekommen eine Meinung, wie man einen Schnupfen bekommt: durch Ansteckung.«

Beim Weltbild scheint das ähnlich zu sein: Der Mensch ist zwar wissbegierig und neugierig, aber auch bequem und lethargisch – er möchte gerne alles wissen, will aber nichts dafür tun müssen – Prinzip Nürnberger Trichter. Und wenn's da ein schönes spirituelles Buffet gibt, das angerichtet wurde und nett anzuschauen ist, mit leicht verdaubaren Häppchen, die auch noch wohl schmecken und Lust auf den ewigen süßen Nachtisch wecken – wer kann da schon widerstehen? Das bedeutet: Wissenschaft und Aufklärung auf der einen und Religion und Esoterik und damit bewusst praktizierte und notwendige Verdummung auf der anderen Seite standen immer schon in einem Spannungsverhältnis zueinander: Während Wissenschaft aufklären will, muss Religion Aufklärung unbedingt verhindern. Denn nur ein unwissend Gehaltener ist ein guter Gläubiger. Damit aber kommt es entscheidend darauf an, wem er denn nach Hesse vertrauen soll.

Wer verhindern will, Opfer institutionalisierter Verdummung zu werden, muss also anfangen, selbst zu denken! Naiv ist, wer heutzutage glaubt, über „Likes" herausfinden zu können, was ist, wie die Welt funktioniert! Wer dieses an die „Generation Internet" gerichtete Statement unterstreicht, sollte sich allerdings fragen, wie naiv er als Anhänger einer nicht-kosmischen Religion selbst ist. Denn manchmal habe ich den Eindruck, dass Internet und Gott gar nicht so weit voneinander entfernt sind: Beide sind anonym, autistisch, allwissend, allmächtig und man kann sie benutzen, wie man es gerade braucht. Das Internet immerhin hat einen Vorteil: Es kann manch reale Bedürfnisse tatsächlich real befriedigen.

Um das alles für die Gläubigen im Sinne der betreffenden Weltanschauung zu klären und damit auch Eigeninitiative überflüssig zu machen, wird notfalls vor Gewalt nicht zurückgeschreckt – grausame, physische Gewalt „Ungläubigen" gegenüber (Kreuzzüge, Inquisition, „Heiliger Krieg", Terroranschläge), jedoch auch, eher psychisch aber damit nicht minder grausam, gegen das eigene Klientel (Beichte, Drohungen, Einschüchterungen, Bestrafungen): die primitive Religion. Heraus kommt totale Kontrolle: Ein Priester weiß über die Beichte über einen Menschen oft mehr als der selbst – religiöser Big Brother! Prüfen Sie es nach: Welche Religion kommt ohne die Androhung negativer Folgen aus, wenn man sich nicht daran hält? Selbst die als „sanftmütig" empfundenen fernöstlichen Religionen drohen mit Reinkarnation und so der Verweigerung der angestrebten Erlösung … In der Rechtsprechung nennt man solch Erzwingen eines genehmen Verhaltens durch Drohungen Nötigung, und die ist strafbar. Warum nicht bei Glaubensfragen? Warum darf in unserer vom Humanismus geprägten Gesellschaft institutionelle Religion immer noch ungestraft nötigen? Weil Kirche über dieser steht, für sie nicht gilt, was für uns alle gilt und gelten muss?

Damit ein Problem durch Nachdenken gar nicht erst entsteht, haben die Hüter des Glaubens eine geniale Lösung entwickelt, Wissenwollen schon im Keim zu ersticken – Zeit genug hatten sie ja: „Kundenbindung" durch Hirnwäsche seit frühester Kindheit! Weshalb so wichtig ist, so früh wie möglich, in einem Alter, in dem das Leben noch aus Fläschchen, besser: Mamis Nippel, Mami selbst und Windel besteht, getauft zu werden, zwei Paten zu haben, die sicherstellen müssen, dass das Kind im Sinne der Religion erzogen wird, und die Eltern immer wieder daran erinnern, die Kinder doch bitte streng an Gott glaubend und damit im Sinne der Kirche zu erziehen. Vor 2 000 Jahren war Kindersterblichkeit weit verbreitet, sodass die Drohung, dem ungetauften Kind würde eine Ewigkeit im Himmel verwehrt sein, „Motivationshilfe" für „den richtigen" Glauben war. Denn wenn es schon das Diesseits nicht mehr erleben konnte, dann doch bitte die Ewigkeit im Himmel. So entstand auch die *Mär* vom *Mär*tyrer. Doch heute?

Wenn man dann, irgendwann in der Pubertät, einmal ins Grübeln kam, holte einen spätestens der Kon*firm*ations- oder *Firm*ungsunterricht gleich wieder auf den Teppich des Glaubens zurück, der nicht umsonst in diesem Alter, wo eigene Vorstellungen erblühen und die Suche nach sich selbst beginnt, zur „Festigung" des Glaubens angesiedelt ist: reine Wäsche eines noch lange nicht fertigen Gehirns! Wer sich jetzt, warum auch immer, für den bequemen Weg entscheidet, hat i. d. R. für den Rest des Lebens verloren: Er ist ein Schäfchen und wird gezielt in dieser Rolle gehalten werden. So ist das Bild vom Hirten, seiner Herde und der gehüteten Spezies, Schafe, durchaus richtig: der wissende und denkende Hüter und die unwissenden und nicht denkenden Gehüteten! Wie sagte Einstein? »Um ein tadelloses Mitglied einer Schafherde sein zu können, muss man vor allem ein Schaf sein.« Einem das immer wieder klar zu machen, ist die halbe Miete! Daher erfolgt es auch konsequent jeden Sonntag von der Kanzel.

Ein deutliches Beispiel in dieser Richtung zeigen Sekten wie die Kreationisten, bei denen selbst die Wochenenden in der Gemeinschaft verbracht werden (müssen) – spirituelle Inzucht im Extremen. Manche schotten sich bewusst gegen die Umwelt ab, ja stellen sogar gesellschaftliche Normen infrage und leben gegen sie an, wie man an radikalen, manchmal auch nur orthodoxen oder fundamentalistischen Strömungen der jeweiligen Religionen sehen kann. Häufig bleibt man auch im Urlaub unter sich. Doch auch in der „normalen" Kirche ist das oft nicht anders: Versuchen Sie einmal, als Protestant an einem katholischen Abendmahl teilzunehmen … Andere Sekten gehen noch weiter, wie Scientology, die das Leben der Anhänger vollständig kontrolliert – notfalls mit kriminellen Methoden wie Diffamierungen, Denunziantentum und Morddrohungen, wobei sie sogar notfalls auf einen Waffen-SS zurückgreifen. (Soll für *security service* stehen; Ähnlichkeiten zu bestehenden oder bestanden habenden Institutionen sind natürlich rein zufälliger Natur und alles andere als beabsichtigt …)

Wenn wir auf der Suche nach unserer Seele, unserem Geist also wirklich eine Antwort finden wollen, müssen wir uns zunächst analytisch mit der beschäftigen, die uns von Religionen und Sekten frei Haus geliefert wird. Warum eigentlich: aus „Nächstenliebe", aus „Verantwortung für den Gläubigen" und Sorge um/für dessen Seele („Seelsorge"), als Antwort auf grundlegende Fragen? Den wahren Grund festzustellen ist ein wesentlicher Punkt bei der Klärung der Frage, inwieweit unsere institutionalisierten Religionen dem Phänomen Seele, Geist und Psyche tatsächlich nahekommen können. Es wird im folgenden Abschnitt also auch um die „Hüter" von Religion gehen müssen, die Kirchen.

… in der Religion

Einstein: »Welche Bedeutung hat menschliches Leben oder organisches Leben insgesamt? Diese Frage überhaupt beantworten [zu können] erfordert eine Religion.« Religion soll die natürliche Religiosität eines Menschen bedienen: »Eine religiöse Person ist in dem Sinne gläubig als sie keinen Zweifel über die Bedeutung jener übermenschlichen Objekte und Ziele hat, die weder eine rationale Begründung haben noch dazu fähig sind, eine zu geben.« Das geht bis hinein in ein ganz sensibles, vielleicht das sensibelste Thema unseres Seins, das Medizinische: Jesus hat angeblich Blinde wieder sehen lassen, Lahme wieder gehen und konnte sogar Tote wieder auferwecken. Damit haben wir bereits das erste „Evangelium", die erste „frohe Botschaft" (gr. εὐαγγέλιον [euangelion]: gute Nachricht): Es gibt nichts, was nicht rückgängig gemacht werden kann – verlorenes Augenlicht, Verlust der Bewegungsfähigkeit, ja sogar das Ende. Du musst „nur" glauben, dann passieren auch Wunder! Lourdes lässt grüßen …

Um heiliggesprochen werden zu können, muss der Kandidat besagte „Wunder", also naturwissenschaftlich nicht begründ- und vor allem belegbare Ergebnisse einer Handlung vollbracht haben. Gerne medizinische, da die so schlecht nachprüfbar sind und man in die großen Fußstapfen des Propheten treten kann – ein Schulterschluss mit dem Göttlichen, weit über den Bezug auf den ersten Jünger, Petrus, hinaus! Dann kommen mit einem Mal Wunderheilungen, meistens an zuvor vollkommen unbekannten und unauffälligen Mönchen und Nonnen in einem Kloster in einem tiefen Gebirgstal weitab jeder Zivilisation zustande, die, anders als Spontanheilungen, nachzuprüfen nicht möglich ist. Unter anderem, weil Kloster und „Geheilter" natürlich dicht machen und schweigen – alles andere wäre Ungehorsam dem Chef hier unten oder da oben gegenüber!

Und weil jede Überprüfung nach kirchlicher Meinung auch vollkommen unnötig ist; da es ja ausreicht, wenn eine kleine Kaste Auserwählter das so sieht. Denn das Wort eines Gottesmannes anzuzweifeln ist fast so frevelhaft wie Gottes Wort selbst, also Blasphemie im Kleinen. Schließlich hat ja durch ihn Gott gewirkt, und in denen, die das bezeugen, wirkt er erneut! Ein exzellenter Persilschein. Und dann gibt es da ja noch das Achte Gebot, an das sich natürlich jeder Gottesmann hält … D. h. die, die dann heilig sprechen und gesprochen werden, haben den heißen Draht zu Gott – und damit Wissen, das kein Mensch hat, haben und daher infrage stellen kann und darf! Beide führen nach einem Zwiegespräch mit ihrem Gott über nicht abhörbare Kanäle lediglich aus, was der ihnen über diese angeblich befiehlt – Wunder vollbringen bzw. diese als solches nicht nur erkennen, sondern auch attestieren. Als Naturwissenschaftler, der grundsätzlich alles infrage stellt, und als Humanist, der mit unbedingtem Gehorsam, wem auch immer gegenüber, große Probleme hat, empfinde ich das Ritual wenig hilfreich und sehr unbefriedigend. Genau dieser Gehorsam, der vom Gläubigen erwartet wird, ist es, der nicht mehr in unsere Zeit passt! So wenig wie Zuckerbrot und Peitsche bei der Erziehung – die Moral hat sich geändert!

In Wikipedia ist Religion der »Sammelbegriff für eine Vielzahl unterschiedlicher Weltanschauungen, deren Grundlage der jeweilige Glaube an bestimmte transzendente (überirdische, übernatürliche, übersinnliche) Kräfte ist, sowie häufig auch an heilige Objekte. [...] Das Heilige und Transzendente ist nicht beweisbar im Sinne der Wissenschaftstheorie, sondern beruht auf intuitiven und individuellen Erfahrungen bestimmter Vermittler (Religionsstifter, Propheten, Schamanen). Deren spirituelle Erfahrungen werden in vielen Religionen als Offenbarung bezeichnet.«[6] Ein Mensch ist also in seiner Religiosität davon abhängig, wie „seriös“ die intuitiven und individuellen „Erfahrungen“ der entsprechenden Vermittler und diese selbst sind bzw. waren. Das Problem dabei: Das muss er erneut glauben, denn nachprüf- und nachweisbar ist auch das nicht. Genau das aber wird spätestens dann problematisch, wenn sich aktuelle Vermittler auf Aussagen vorangehender berufen – und das dann auch noch über lange Zeiträume hinweg. Man nennt es Überlieferung, eine der beiden Säulen von institutionalisierter Religion. Konkret: Wer kann heute, nach 1 400 Jahren, die Seriosität der religionsstiftenden „Kirchenväter“ und „Kirchenlehrer“ der ersten 600 Jahre Christentum prüfen? Niemand. Man muss eben – glauben! Es ist religiöses Prinzip: Der ultimative Verhaltensbaustein, wenn nichts mehr geht, verlangt immer »Das musst du glauben. Punkt«.

Wenn aber Offenbarungen, also spirituelle Erfahrungen einzelner *Menschen*, Grundlage der Religion sind, kann sie nicht das immaterielle Komplement zur materiellen Hälfte des Phänomens Mensch und des Lebens schlechthin liefern – also Seele erklären. Denn selbst wenn ein Gott oder wer auch immer (Esoterik!) eine Botschaft übermittelt hätte, würde sie allein durch unsere beschränkte und individuelle Wahrnehmung der Welt vermenschlicht. Nicht nur das: individuell vermenschlicht! Woran ein Gläubiger glaubt, ist also nicht Gottes Wort, sondern das, was einzelne, privilegierte Menschen *glauben*, als Gottes Wort verstanden zu haben. Und zwar im Kontext von Erfahrungen, die sie in der jeweiligen Gesellschaft machen konnten und gemacht haben! Das aber bedeutet, dass heute jemand Gottes Wort vollkommen anders verstehen muss, ist er nicht auf dem Niveau der damaligen Gesellschaft und Erkenntnis stehen geblieben! Genau das ist die Begründung für Überlieferung, Rituale und Starrsinn: Um Gottes Wort heute so zu verstehen wie es damals verstanden wurde, muss das intellektuelle Niveau von damals tradiert werden. Wo das nicht mehr geht, weil es zu offensichtlich zu unseren heutigen Erkenntnissen im Widerspruch steht, muss dann „interpretiert" werden – erneut von privilegierten „Fachleuten".

Religion ist also nur im Kontext der jeweiligen Gesellschaft zu verstehen, in der sie entstanden ist, und muss sich mit ihr ändern und neu definieren, soll sie auch für andere gelten. Tut sie es nicht, verliert sie an Glaubwürdigkeit. So hülfe Kirche eher, undogmatisch als schützenswert empfundene, grundlegende, religionsstiftende (= „christliche") Werte über sich verändernde Gesellschaften hinweg zu tradieren als Vorstellungen und Dogmata frühchristlicher Stifter. (Wer nun einwirft, das sei ja auch so, sei auf ein explizites Zitat Johannes Pauls II von 1988 aus der Bibel verwiesen[7]: »Ein Weib lerne in der Stille mit aller Untertänigkeit. Eine Frau darf auch nicht Lehrerin [= Priesterin, Anm. d. Autors] sein, sie soll nicht über dem Manne stehen, sondern still sein. Denn Adam wurde zuerst gemacht, Eva später. Nicht Adam wurde verführt, sondern Eva. Sie war die erste, die Gottes Vorschriften missachtet hat.«[8]) Dass dieses verquere Verhältnis zu Frauen auch heute Kirche und „gläubigen Christen" wichtig ist, zeigt u. a. deren Reaktion auf Kevin Smiths Satire „Dogma" aus dem Jahr 1999, mit der er sich mit der Institutionalisierung des Christentums durch die Kirche auseinandersetzte und Gott weiblich sein ließ, mit Bethany, der depressiven Anwältin einer Abtreibungsklinik, eine direkte Erblinie zu Jesus herstellte, Engel auf Odyssee schickte usw. Ausnahmsweise nicht von Einstein, sondern vom Schauspieler und Schriftsteller Werner Finck (1902–1978) stammt die Erkenntnis: »Die schwierigste Turnübung ist immer noch, sich selbst auf den Arm zu nehmen.« Das immerhin hat das Judentum dem Christentum offenbar voraus.

Abseits von Humor und der Fähigkeit, sich nicht so wichtig nehmen zu können (siehe die Reaktion auf Monty Pythons „Life of Brian" aus 1979, eine Satire über religiöse Dogmata), ist die Befähigung und Bereitschaft, sich und seine Prinzipien in Zweifel zu ziehen und sich, als Konsequenz, an neue Situationen anzupassen, was Wissenschaft und Religion voneinander unterscheidet. Was Kirche nicht versteht oder verstehen will: Es ist doch gar nicht die Idee, die dahintersteht und um die es ihr vordergründig geht, christliche Werte, sondern darum, welchen Inhalt sie haben. Das passt schon lange nicht mehr in unsere Zeit, woran auch nichts ändert, dass Kirche zunehmend aktuelle Technologie nutzt (Online-Bibel, User Groups, Gebet-Apps[9] mit anonymer Absolution bis zu segenspendenden Robotern[10]). Marias unbefleckte Empfängnis mag ohne die Kenntnis von Genen und Vererbung vor 2 000 Jahren noch vermittelbar gewesen sein – ein Jesus mit haploidem Chromosomensatz heute aber nicht. Das ist, warum Kirche den Anschluss an unsere moderne Gesellschaft verpasst hat und täglich neu verpasst: Nicht Kirche und christliche Religion haben das Recht, einer aufgeklärten Gesellschaft deren überkomme Moral aufzuzwingen, zumal sie bei uns gerade einmal etwas mehr als 50 % der Bevölkerung repräsentieren, sondern diese hat das Recht, der Theologie diejenige vorzugeben, nach der sie leben will, und die die Theologie dann zu assimilieren hat!

Es muss also nicht einmal die Unwahrheit sein, was im Namen der Religionsstifter so gesagt wurde und auch heute noch wird! Die Menschen damals werden die Welt im Grundsatz schon so wahrgenommen und erlebt haben. Das heißt dann aber: Seele kann gar nicht göttlich im Sinne der Religionen sein und damit in deren Zuständigkeitsbereich fallen, da wir die Welt heute anders wahrnehmen und erleben und selbst Christentum und Vatikan akzeptieren müssen, dass es andere, gleichberechtigte Religionen gibt. Das Problem: das erste Gebot … In der Geschäftswelt nennt man das einen *unique selling point* (Alleinstellungsmerkmal). Egal ob es ihn nun gibt oder nicht, ist die Konsequenz: Gott kann nicht Quelle einer Seele sein – denn woher käme dann die eines Buddhisten oder Atheisten? Ich hoffe, wir sind inzwischen zumindest in der „zivilisierten" Welt trotz starrer Religionen über die wegen dieses Widerspruchs lange als Konsequenz geherrscht habende Vorstellung hinweg, dass „Ungläubige" keine Seele besäßen, Zombies und somit keine Menschen seien und damit vogelfrei! Oder vielleicht, evtl. sehr subtil, doch nicht?

Religion kann daher auch nur versuchen, eine Erklärung für etwas zu geben, das außerhalb von Religion anzusiedeln ist: Seele. Weltanschauungen sind dann aber beliebig austauschbar und es erhebt sich die Frage: Gibt es Seele überhaupt? Das fragen sich nicht nur Philosophen: Die Psychologie, auch eine Wissenschaft, verzichtet heute auf das Konzept Seele. Zu Recht? Ja, zumindest als isolierbares Phänomen. Genau das aber hat Kirche noch nicht verinnerlicht oder verdrängt es, weil es an den Lebensnerv geht! Daher auch der Hass vieler Gottesmänner auf Atheisten: Die sind frei von den Fesseln institutionalisierter Religion – sie brauchen sie nicht, um ihrem Glauben zu folgen, und sind daher gefährlich. Dennoch haben sie eine Seele, ein zentrales Element religiöser Argumentation. Das unlösbare Dilemma von Religion besteht daher kurz darin, dass sie die menschliche Seele monopolistisch für sich in Anspruch nehmen muss, nach unseren heutigen Erkenntnissen und Vorstellungen aber nicht kann!

Also zeigt sich, dass Religion bestimmte, auch spirituelle Fragen ebenso wenig beantworten kann wie Naturwissenschaft, selbst wenn sie hierzu Weltbild- und Verhaltensbausteine anbietet. Wenn dem aber so ist – wozu dann Kirche und Religion? Soll sie denn nicht genau das tun: Antworten geben auf etwas, das wissenschaftlich nicht erklärbar ist? Wozu ein Gott, wenn von ihm unsere Seele, die unerklärbare Seite eines Lebewesens, nicht stammen kann? Religion wird institutionalisiert von Kirche. Das ist ihr größtes Problem und damit ein weiterer Punkt, sie infrage zu stellen! Ebenfalls nach Wikipedia ist Kirche »eine soziale Organisationsform von Religionen«. Das heißt: Kirche trägt die Verantwortung dafür, dass ein Mensch seine Religiosität durch Religion zu seinem Nutzen ausüben kann (wie ihm gesagt wird) bzw. muss (wie es die Kirche benötigt), im Vertrauen („Glauben") darauf, dass er nicht belogen und hereingelegt wird.

Für Kirche aber heißt Glaube nach dem Philosophen Friedrich Nietzsche (1844–1900) »nicht wissen wollen, was wahr ist.« Und zwar vollkommen zu Recht! Denn „wahre Erkenntnisse" könnten die Grundlage einer Religion und damit ihre Existenzberechtigung schnell vernichten und den darauf aufbauenden Glauben ad absurdum führen: Könnte man naturwissenschaftlich beweisen, dass es einen Gott nicht gibt, nicht geben kann oder es doch, wie viele Religionen annehmen, mehrere Götter gibt, wäre das das sofortige Ende der monotheistischen und vieler anderer Religionen! Sind Sie sich der Tragweite dessen, bis in den (nicht-religiösen) Alltag hinein, bewusst: evangelischer Kindergarten, katholisches Gymnasium, kirchliche Krankenhäuser, Altersheime, ja sogar Universitäten, Katastrophen- und Flüchtlingshilfe ...?

An den Grundfesten von Religion und Kirche darf daher nicht gerüttelt werden. Es muss allein schon zur Verhinderung einer tiefgreifenden gesellschaftlichen Umbildung alles getan werden, dass so ein Desaster niemals eintreten kann. *Das* muss Kirche primär sicherstellen, nicht, sich um das Seelenleben der Schäfchen kümmern: „Church first!" – seit ihrer Gründung. Aber nicht nur sie: Da Kirche und Staat bei uns wider alle Bekundungen nicht weniger miteinander verwoben sind als zu den Zeiten der Fürstbischöfe im Mittelalter, muss auch der Staat dafür sorgen, dass Kirche unantastbar bleibt. Die politisch korrekt ausgedrückt oft nicht nachvollziehbare Haltung der Politik zu weltlichen (!) Dingen, die der Kirche ein Dorn im Auge sind, beruht darauf: die Ehe für Homosexuelle oder die Selbstbestimmung der Frau. Das säkulare Deutschland, die Trennung von Kirche und Staat, ist Augenwischerei, da sie zwar im Grundgesetz verbrieft ist, aber nicht praktiziert wird. Faktisch gibt es sie nicht! Betrachten Sie die Handlungen des Vatikans und unserer Politik einmal unter diesem Aspekt: Es geht niemals um den Gläubigen und seine Seele, also um Seelsorge! Zumindest denen, die das beruflich tun.

Kirche ist heute aufgestellt wie eine große Bank oder ein DAX-Unternehmen: *too big to fail*, zu groß, um scheitern zu können – egal was passiert; nötigenfalls wird sie staatlich unterstützt wie marode Banken, die aus Gründen nicht fallen dürfen, die mit ihrem eigentlichen Zweck nicht viel zu tun haben. Denn es muss mit allen Mitteln verhindert werden, dass der Gläubige im größeren Maßstab zu denken beginnt und/oder Wissenschaft etwas findet. Dabei ist jedes Mittel recht! (Daher die „deutsche Leitkultur", die von manchen durch Elternhaus und Kirche im Sinne des „Glaubens" und Christentums erfolgreich hirngewaschenen Politikern beschworen wird! Denn warum ist die eine orientalische Religion, eben dieses Christentum, „deutscher" als eine andere, der Islam? Nur weil sie 600 Jahre Vorsprung hatte und somit entsprechend früher beginnen konnte, ihre Schäfchen mit Gewalt zu solchen zu machen! Mit Glauben hat das nichts zu tun. Vergleichen Sie einmal Glaubensinhalte, Bibel und Koran unvoreingenommen.)

Daher tut sich Kirche auch schwer mit Rehabilitation von „Ketzern" wie Galileo; denn das hieße, anzuerkennen, was ihr nicht Recht sein darf: (wissenschaftliche) Erkenntnis. Man stelle sich vor: Im 16. Jahrhundert postuliert ein katholischer Priester, Giordano Bruno (1548–1600), ein unendliches, ewiges Universum und leitet aus dessen Existenz die pantheistische Vorstellung ab, dass es ein Jenseits, eine Schöpfung und ein Jüngstes Gericht als Ende nicht geben könne. *Ein Gottesmann!* Stellen Sie sich vor, die Kirche hätte dagegen nichts unternommen. So geschah, was geschehen musste: Er endete nach vielen Jahren Kerker auf dem Scheiterhaufen. (Wer nun einwendet, nicht durch die Kirche, hat unrecht. Sie hat ihn zwar nicht direkt hingerichtet, aber indirekt: durch ihren weltlichen Ableger, die Herrschenden, hinrichten lassen. Man muss nicht immer der aktive Part sein, um verantwortlich zu sein. Bei uns heißt das heute „Anstiftung zum Mord".)

In diesem Dilemma ist die Wissenschaftsfeindlichkeit aller Religionen zu sehen: Erkenntnisse werden nur akzeptiert, wenn sie Religion unterstützen – nicht aber, wenn sie ihren Vorstellungen entgegensteht; dann muss man sogar notfalls seine eigenen Leute killen! Zwar schmücken sich viele Kirchen mit einer „Akademie der Wissenschaften" oder Ähnlichem, ja betreiben vorderhand sogar selbst „Wissenschaft", um Weltoffenheit und Toleranz vorzutäuschen. So auch die katholische: Angeblich soll die Päpstliche Akademie der Wissenschaften, ja die gibt es tatsächlich, »zu Ehren der Wissenschaft an sich geschaffen worden [sein], um die Wissenschaftliche Freiheit zu sichern und Forschungen«[11] und »den Fortschritt in der Mathematik, Physik und Naturwissenschaften und das Studium der damit verbundenen erkenntnistheoretischen Probleme [zu] fördern.«[12] Das ist absurd, nicht nur, weil zwei Gegensätze aufeinandertreffen: Wissen und Glaube. Sie dient ausschließlich dazu, den Interessen der Kirche unter der Vortäuschung wissenschaftlicher Objektivität zu nutzen – und muss dazu dienen! Überlegen Sie einmal, was passierte, wenn durch päpstlich akademische Förderung der Naturwissenschaft tatsächlich herauskäme, dass Gott ein Quantenphänomen ist. Glauben Sie ernsthaft, dass sich Kirche freiwillig in diese Gefahr begibt? Es wäre Selbstmord, und der ist für Gläubige eine Sünde und ihnen daher verboten.

So kamen von dort bisher auch lediglich „Erkenntnisse", die das Gegenteil annehmen lassen: Ihre eigentliche Aufgabe ist, Argumente (wäre ich böse, spräche ich von fake facts) zu finden, um sie wissenschaftlichen Erkenntnissen entgegenzustellen und diese damit zu relativieren oder zumindest Gegenhypothesen aufstellen zu können, die eher im kirchlichen Interesse sind – denn der Methoden des Mittelalters, Einfluss zu nehmen, ist sie inzwischen weitgehend beraubt. Kreationisten und der 43. Präsident der USA bedienen sich des gleichen, erfolgreichen Prinzips: Naturwissenschaften konterkarieren, indem ihr jeweiliges Weltbild nicht nur als gleichberechtigte, „alternative Wissenschaft" verstanden, sondern auch verbreitet wird, oder, wie durch den 45. Präsidenten, Ergebnisse aus der Wissenschaft als Fake von „alternativen Fakten" abgetan werden.

Zu Naturwissenschaft gibt es aber keine Alternative! Es hat vieler Tausender Jahre bedurft, viel Schweiß, Tränen und Blut, uns eine Methode zur objektiven Erforschung der Welt zu erarbeiten – gegen heftigsten Widerstand von institutionalisierter Religion. Wie der Geist der Aufklärung, die es vergleichbar schwer hatte, ist das das Erbe, das wir nach Einsteins Zitat oben an die nächsten Generationen weitergeben müssen. Wir dürfen uns das nicht durch einzelne Interessensvertreter, mögen sie Trump, Bush oder Vatikan heißen, wieder nehmen lassen. *Das* gilt es zu tradieren, nicht starre Glaubensgebäude!

Sichtbar wird das Problem z. B. an der Art, wie „der Fall Galileo" in lächerlich langer Zeit „intensiver Arbeit" besagter Akademie „gelöst" wurde: 350 Jahre nach Galileos Tod, im Jahre 1992 (!), wurde er, was Kirche „rehabilitiert" nennt, nachdem, angewiesen vom damaligen Papst Johannes Paul II, den „Fall Galileo" nochmals aufzurollen, die Päpstliche Akademie der Wissenschaften nach 13- jähriger (!) „Prüfung" zu einer Empfehlung kam, wie zu verfahren sei … Da hieß es nicht glasklar: »'tschuldigung, wir haben uns ziemlich dämlich verhalten und geirrt«, was festzustellen keines Tages bedurft hätte und schon deshalb nicht ging, weil der Gläubige dann ins Nachdenken kommen könnte, worin Kirche sich noch alles geirrt haben könnte; man hätte einen Präzedenzfall geschaffen. Sondern es musste ein Weg gefunden werden, dies dem Gläubigen zu vermitteln, ohne die eigene Unfehlbarkeit anzutasten, was nicht einfach war. Daher kam nach vielen Windungen ein wachsweiches Jain mit den leisen aber unüberhörbaren Untertönen »Und sie bewegt sich doch … nicht!«, wie es der amerikanische Theologe Robert Sungenis aus Buffalo auch heute noch behauptet. So kam es, dass man 2009, im Jahr der Astronomie und nun unter Benedikt XVI, schnell wieder vom ursprünglichen Plan, eine Statue von diesem großen Astronom im Vatikan aufzustellen, abrückte. Das ist Kirche!

Was Bruno betrifft: Seine Schriften standen bis zu dessen Abschaffung 1966 auf dem „Index verbotener Schriften". Im Jahr 2000 erklärte Papst Johannes Paul II zwar Brunos Hinrichtung für Unrecht mit dem Eingeständnis, dass »selbst Männer der Kirche« (oh welche Arroganz!) im Namen des Glaubens und der Sittenlehre (Was ist das denn!) mitunter Wege gegangen seien, die »nicht im Einklang mit den Evangelien« stünden. (Erneut eine wachsweiche Formulierung! Und lassen sich Kreuzzüge, Inquisition, Hexenverfolgung und Holocaust oder Kindesmissbrauch bis zum heutigen Tage mit „mitunter" umschreiben?) Eine Rehabilitierung aber erfolgte nicht, da Brunos Pantheismus nicht mit der katholischen Leere (!) vereinbar ist. Denn das wäre ja »das Wiederherstellen der verletzten Ehre einer Person und die Wiedereinsetzung in frühere Rechte«[13]. Gerade bei „fehlgeleiteten" Kirchenmännern aber kann vor allem Letzteres nicht im Interesse der Kirche sein. „Fehlgeleitet" ist hier in kirchlichem Sinne zu interpretieren! Geht es an die dogmatische Substanz wie Weltbilder, ist das etwas anderes als folgt es Tradition: die Knabenliebe zu Zeiten der Stifter heißt heute Pädophilie und wird außerhalb der Kirche strafrechtlich verfolgt. Souveränität sieht anders aus!

Nachvollziehbares, jedoch angesichts einer aufgeklärten, selbstbestimmten Gesellschaft mit Eigenverantwortung der Einzelnen nicht akzeptables Ziel von Kirche ist und muss auch heute noch wie in den 2 000 Jahren zuvor sein, dafür zu sorgen, dass die Gläubigen dumm und lethargisch bleiben, auch wenn sie heute bessere Möglichkeiten (Informationen! Bildung! Naturwissenschaft!) hätten, Dinge zu hinterfragen. Früher sichergestellt durch Analphabetismus, Latein, Drohungen und Gewalt: »Viele glauben, dass ich [Jesus, Anm. d. Autors] als Friedensbringer gekommen bin. Das ist falsch, ich bringe nicht Frieden, sondern Krieg. Ich werde die Kinder gegen ihre Eltern aufwiegeln und die Familien spalten, so dass die eigenen Hausgenossen zu Feinden werden. Wer seine Eltern oder seine Kinder mehr liebt als mich, kann nicht zu mir gehören. Wer nicht bereit ist, meinetwegen zu leiden, kann mir nicht folgen. Er muss bereit sein, für mich sein Leben aufzugeben, denn er wird durch mich ein neues Leben finden.«[14] Wozu und warum muss man eigentlich nach christlichem Glauben immer leiden? »Und nun zu meinen Feinden, die mich nicht als Herrn anerkannten: Holt sie her und erwürgt sie hier vor mir!«[15] Das also ist christliche Toleranz, wie sie über die Bibel tradiert wird! War Jesus also wirklich Christ oder wurde er nur irgendwann zwischen seinem Wirken, der Religionsgründung und heute weichgespült?

Heute ist wegen Aufklärung, Bildung und Wissenschaft für Kirche alles schwerer, erfolgt aber immer noch über die gleichen, „bewährten" Mechanismen und Methoden: Androhung von Exkommunikation und Verweis auf die Hölle. Das hat sie in den 2 000 Jahren christlicher und jüdischer und den 1 300 Jahren islamischer Tradition millionenfach unter Beweis gestellt und bis heute perfide perfektioniert. Eine bedenkenswerte These des Schweizer Schriftstellers Max Frisch (1911–1991): »Ohne Hölle keine Kirche.« So meinte der Jesuitenpater Wild 1971 (!) drohen zu müssen: »Mädchen, die Miniröcke tragen, kommen in die Hölle.« Das meinte der ernst! Nicht nur die katholische Kirche erwies sich in der Antike, im Mittelalter, wie auch heute als der größte Feind der Wissenschaft. Das gilt auch für den Islam als monotheistische Variante, der an den gleichen Gott glaubt, sogar Jesus kennt und sich vom orthodoxen Christentum nur in Wenigem wie dem Propheten unterscheidet (noch nicht einmal beim Thema Verhüllung!). Beide trugen dazu bei, ja waren dafür verantwortlich, dass sich die hohe wissenschaftliche Kompetenz der antiken griechischen und arabischen Welt in ihr Gegenteil drehte. Wissen wurde durch einen reglementierten Glauben als Selbstzweck ersetzt und geradezu vernichtet, wie heutige Altertumsforschung mit eindrucksvollen Beispielen belegen kann, von denen ich ein paar an anderer Stelle gebracht habe.

So lebte 600 Jahre *vor* Christus der griechische Philosoph Anaximander (610–547 v. Chr.). Für ihn stammte der Mensch aus dem Wasser (stimmt) von Lebewesen ab, die mit einer stacheligen Rinde umgeben waren (schauen Sie sich Bakterien unter dem Mikroskop an, siehe Abbildung 2; selbst „Rinde" stimmt: Viele, die gram-positiven, haben eine besonders dicke Zellwand!), irgendwann an das trockene Land gegangen seien (Stand der modernen Wissenschaft!), dort ihre Rinde abgelegt hätten (der Übergang vom Bakterium zur eukaryontischen Zelle) und ihr Leben noch kurze Zeit anders verbracht hätten (Stammbaum des Lebens). Hochmoderne, visionäre Vorstellungen eines Mannes, der lange vor Christus Darwin bereits vorwegnahm! Und dann kam die Schöpfungsgeschichte!

Der griechische Philosoph Aristoteles (384–322 v. Chr.) sprach vom Menschen als Tier, das anstelle zweier Vorderläufe Arme und Hände hätte und als einziges der ihm bekannten Tiere aufrecht gehen könne. Das wurde dann schnell von der Kirche kassiert und durch das Bild der gottebenbildlichen und hervorgehobenen Stellung des *Mannes* als Krone der Schöpfung ersetzt. Erst der schwedische Naturforscher Carl von Linnè (1707–1778), der die Grundlagen der modernen biologischen Taxonomie schuf, ordnete 1758 den Menschen wieder dem Tierreich zu. 1.700 verlorene Jahre kirchlicher Doktrin! Wo wären wir heute, hätte es die nicht gegeben?

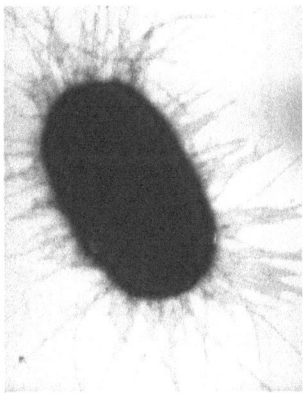

Abbildung 2: Escherichia coli mit Fimbrien (auch „Pili“: haarähnliche Anhangsgebilde).

Vielleicht glaubten wir heute noch heidnisch an Thor, Donar, Zeus oder Jupiter und ihre Kumpanen, hätte es Christentum und Islam nicht gegeben. Aber ich bin sicher: Es wäre besser gewesen, da diese Religionen Naturwissenschaft nicht verhindert haben, wie die ca. 4 000 Jahre alte Himmelsscheibe von Nebra zeigt – zumindest nicht in der systematischen Weise der monotheistischen Religionen, wie auch die griechischen Philosophen zeigen – auch wenn Sokrates sich in den Augen der Herrschenden der Missachtung der Götter schuldig gemacht hatte und Selbstmord begehen musste.[†] Und was „christliche Werte“ betrifft: So schlecht waren die griechischen und römischen auch nicht, baut doch unser Rechtssystem auf dem der alten Römer auf (z. B. „pacta servanda“ – Verträge sind einzuhalten oder „audiatur et altera pars“ – auch die Gegenseite ist anzuhören). Das Frauenbild war, wenn auch nicht vorbildlich, deutlich besser als bei den Christen: »Simon Petrus sprach zu ihnen: Maria soll von uns weggehen, denn die Frauen sind des Lebens nicht wert. Jesus sprach: Siehe, ich werde sie ziehen, auf dass ich sie männlich mache, damit auch sie ein lebendiger, euch gleichender, männlicher Geist werde. Ich

---

[†] Der wahre Grund wird seine Respektlosigkeit Autoritäten gegenüber gewesen sein, weshalb die „Verführung der Jugend“ und die „Missachtung der Götter“, deren er angeklagt war und wegen der er schließlich verurteilt wurde, höchst wahrscheinlich nur vorgeschobene Gründe waren, um ihn endlich loswerden zu können.

sage euch aber: Jede Frau, die sich männlich macht, wird eingehen in das Königreich der Himmel«[16]. Die alten, vor allem griechischen Philosophen beeinflussen nicht nur unsere Moralvorstellungen noch heute, sondern gaben uns die Grundlage unserer modernen Art gesellschaftlichen Zusammenlebens: Naturwissenschaft und Demokratie, Säulen, die nichts mit Christentum, Islam und Religion überhaupt zu tun haben! Wir hätten inzwischen nationalpatriotische Hassauswüchse und religiöse Verblendung längst überwunden, besiedelten bereits das Weltall und könnten chronische und/oder genetisch bedingte Erkrankungen gar nicht erst entstehen lassen – hätte es Juden-/Christentum, Islam und Kirche nicht gegeben.

Häufig wehren sich Gläubige dagegen, dass der Islam wissenschaftsfeindlich sei. Sie nennen dann Leistungen, wie auch ich sie als Beispiel wissenschaftlicher Kompetenz der damaligen arabischen Welt bringe, wie die künstliche nabatäische Oase Petra mit ihrem Bewässerungssystem 100 v. Chr. Aber sie vergessen, was Christen auch allzu gerne vergessen oder verdrängen, wenn es um Wissenschaft geht: Sie stammen aus einer Zeit, in der es Islam und Christentum noch nicht oder nicht derart institutionalisiert, dominant und autoritär gegeben hat. Was zur Zeit des Christentums und Islams an wissenschaftlichen Erkenntnissen gewonnen wurde, entstand nicht wegen und mithilfe, sondern trotz und gegen Glaube und Kirche, wie Kopernikus, Kepler, Galileo mit dem heliozentrischen Weltbild, Leonardo da Vinci mit seinen anatomischen Studien und viele andere Wissenschaftler eindrucksvoll zeigen.

Die extrem enge Kundenbindung, wie man das in der Wirtschaft nennt, die Kirche betreibt, und das Prinzip des „ewigen Lebens nach dem Tod" sind zwar das Wirksamste, aber auch Perfideste, was sich Menschen ausgedacht haben, um andere Menschen gefügig machen (politisch korrekter: lenken) zu können: Alle Drohungen von Kirche mit Exkommunikation, Höllenqualen usw. müssen wirkungslos verpuffen, sollte es dieses ewige Leben nach dem Tod nicht geben, fühlten sich die Menschen nicht genötigt, in der Kirche zu bleiben und/oder könnte ein Leben im Diesseits vielleicht angenehmer als, zumindest aber genauso angenehm sein wie im Jenseits. Prüfen Sie einmal nach, wie oft und aus welchen Gründen mit Hölle und Verdammnis gedroht wird; ein Minirock reicht!

Das erklärt auch das mehr als gestörte Verhältnis von Kirche, auch der von heute, zu Sexualität, und ihr „gewöhnungsbedürftiges" Frauenbild, vor allem das tradierte der Kirchenväter, Kirchenlehrer und Heiligen; ich verzichte darauf, es hier darzustellen, da es zu menschenunwürdig und -verachtend ist – übrigens auch Luthers! Der Journalist, Sachbuchautor und Theologe (!) Johannes Lehmann (1929–2011), Sohn eines Missionars, sagte: »Alles, was Freude macht, war verdächtig, weil es den Menschen ans Irdische bindet. Die Geschlechtsmoral der Kirchen ist bis heute Ausdruck dieser Haltung.«[17] So musste verteufelt werden, was den Menschen im Diesseits hätte Freude am Leben bereiten können, u. a., indem man das Ziel von (männlicher!) Sexualität verteufelte. Damit auch der einfache Hirte auf Spur blieb, wurde der Zölibat eingeführt. Ich persönlich finde es anmaßend und unerträglich, Menschen auch nur mit einer verbrämten Androhung der Anwendung physischer oder psychischer Gewalt gefügig zu machen und das dann auch noch als Diakonie (gr. διακονία [diakonia]: Dienst), Dienst der Kirche am Menschen, zu bezeichnen!

Der Kabarettist, Satiriker, Autor und Moderator Dieter Nuhr hat einmal eine, wie ich finde, sehr richtige Bemerkung gemacht, die weder religionsfeindlich oder blasphemisch noch abwertend war und ist, auch wenn ihm das von entsprechender Seite unterstellt wurde und wird (um wie üblich kleinste Zweifel an Religion und Kirche schon im Keim zu ersticken; wenn es um Glauben geht, ist so mancher kritikunfähig und intolerant). Denn sie beschreibt, wenn man erst einmal die ersten Reflexe zur Verteidigung „seiner" Religion überwunden hat und etwas nachdenkt, den Sachverhalt treffend so, wie er tatsächlich ist, und nicht, wie ihn die Hüter von Religion gerne sähen. Er bezeichnete die Bibel als *Geschichten*buch, nicht als Geschichtsbuch. Es ist also eine Sammlung von Geschichten – sehr schönen und auch lehrreichen, wie Nuhr meint.

Nun ja, so richtig zustimmen kann ich ihm bei „schön" und „lehrreich" nicht: »[…] Da umstellte Gesindel aus Sodom das Haus und verlangte die Herausgabe der Gäste. ›Wir wollen uns über sie hermachen!‹ Lot weigerte sich aber. ›Ach meine Brüder!‹, rief er ›Tut doch nicht so etwas Übles! Ich will euch stattdessen meine zwei noch jungfräulichen Töchter herausbringen. Macht mit ihnen, was euch gefällt, aber verschont meine Gäste, denn sie stehen unter meinem Schutz.‹«[18] Das also ist Gastfreundschaft im Sinne der Religion, die den Religionsstiftern offenbar sehr wichtig war, denn man findet in der Bibel diese „schöne, lehrreiche" Geschichte mehrfach:»Während sie noch fröhlich beisammen saßen, umstellten plötzlich böse Buben das Haus. Sie trommelten an die Tür und verlangten den Hausherrn: ›Los, bring uns deinen Gast heraus! Wir wollen ihm Gewalt antun!‹ Da ging der Hausherr zu ihnen hinaus und sagte: ›Nein, meine Brüder, tut nicht eine solche Torheit! Der Mann ist doch mein Gast! Ihr könnt seine Nebenfrau oder mein Töchterchen haben, um sie zu schänden. Macht mit ihnen, was euch gefällt! Aber meinem Gast dürft ihr nichts antun!‹ Das wollten sie aber nicht. Trotzdem packte der Gast seine Nebenfrau und lieferte sie ihnen aus. Sie fielen über sie her und vergewaltigten sie die ganze Nacht lang. Erst als der Morgen graute, hörten sie auf. Die Frau schleppte sich noch bis zur Haustür und brach dort zusammen. Als ihr Mann am Morgen aus der Tür trat, um weiterzuziehen, fand er sie am Hauseingang, die Schwelle umklammernd. ›Steh auf‹, sagte er zu ihr, ›wir müssen weiter!‹ Aber er bekam keine Antwort. Da warf er sie auf den Esel und reiste nach Hause. Dort angekommen, zerteilte er ihren Körper in zwölf Stücke und schickte diese im ganzen Gebiet Israels herum.«[19] Wenn Gott so etwas duldet, dann lieber keiner!

Nicht nur im Kontext mit der in jüngster Zeit so bemühten „Ehe als Keimzelle der Familie" stellt sich bei mir, wenn ich so etwas lese, eher ein Gefühl des Ekels als der Frömmigkeit ein! Sind das die Evangelien? Kann man auf so etwas aufbauend eine Religion in unsere heutige Zeit tradieren, die die menschliche Seele erklären können soll? Wie muss eine „Seele" beschaffen sein, die so etwas, warum und wofür auch immer, akzeptiert? Nuhr meint, dass die Geschichten auf tatsächlichen Ereignissen basieren können, aber nicht notwendigerweise müssen. Die Bibel sei 70 Jahre nach Christi Geburt geschrieben worden – also nach 40 Jahren „stiller Post", wie er die damalige Form der Überlieferung sehr treffend umschreibt, in der jeder, der die Geschichten erzählte, etwas dicker aufgetragen und ausgeschmückt hat als sein Vorgänger. Nicht unbedingt in böser Absicht, sondern aus reiner, vielleicht sogar unbewusster Sensationsgeilheit wie heute! Auch den Menschen damals war die Methode, nach der die Bild-Zeitung noch heute arbeitet, nicht fremd: Auflage durch Sensation, egal ob wahr oder nicht – und je mehr, desto besser. Wer nicht interessante Dinge zu berichten wusste, dem wurde nicht zugehört. Was ist interessanter als Sex and Crime? Und dann darf man nicht vergessen: Die Bibel wurde im Original auf Griechisch (Neues Testament) bzw. Hebräisch und Aramäisch

(Altes Testament) geschrieben – und erst später zunächst in das Lateinische, die Kirchensprache, übersetzt und noch viel später ins Deutsche. Wer eine humanistische Ausbildung hat, weiß, wie schwer es sein kann, hinter die wahre Bedeutung griechischer Satzmonster zu kommen – das gibt sogar die Kirche zu. Ein anschauliches Beispiel zeigt das „Apostelin-Problem": Ein einziger Akzent macht aus dem weiblichen Apostel Junia den (wesentlich genehmeren) männlichen Junias …[20]

Wenn wir soweit sind, können wir nur ungefähr erahnen, was der wirklich wahre Kern dieser Geschichten ist. Daher geht Nuhrs Bemerkung vollkommen in Ordnung: Die Bibel ist kein Geschichtsbuch, das überliefert, wie es damals gewesen und daher wie auch immer zu beherzigen ist, sondern eine Sammlung erster Ausgaben der Bild-Zeitung, Papyrus/Pergament gewordenes Reality-TV der Antike mit mehr oder sehr viel öfter weniger unterhaltsamen Geschichten á la Grimms Märchen! Insofern gibt es nichts, was man aus ihr tradieren und in unser Leben und Zusammenleben einbauen kann und muss. Häufig gehörte Formulierungen wie „Aus der Bibel ist überliefert …" sind reinster Unsinn und das gleiche, als sagte man »Die Bildzeitung lehrt uns …«. Das Leben christlicher Werte, im Rahmen dessen sie häufig benutzt werden, bedarf einer institutionalisierten Religion, einer Bibel und einer Kirche nicht! Im Gegenteil: Da sich gesellschaftliche Werte mit deren Entwicklung ändern, sind sie sogar hinderlich. Oder wollen Sie wirklich heute noch, analog zur Scharia, „Ehebruch" mit Tod, evtl. durch Steinigung ahnden?

Auch Einstein war dieser Meinung: »[…] die Bibel [ist] eine Sammlung ehrwürdiger, aber doch reichlich primitiver Legenden, die gleichwohl ziemlich kindisch sind. Keine Interpretation, wie scharfsinnig auch immer, kann das in meinen Augen ändern. Diese verfeinerten Interpretationen sind ihrer Natur nach höchst vielfältig und haben praktisch nichts zu tun mit dem ursprünglichen Text. Für mich ist die unverfälschte jüdische Religion wie alle anderen Religionen eine Inkarnation eines höchst kindlichen Aberglaubens.« Ihre „Überlieferungen", z. B. zur Entstehung der Welt, sind manchmal amüsant (Gott erschuf die Welt in sechs Tagen), oft widerlich (ein Vater, Abraham, soll seinen Sohn einem Gott opfern), menschenverachtend (Eva als Mensch zweiter Klasse) und i. d. R. lächerlich (Marias „unbefleckte Empfängnis"), da die Menschheit bereits viel detailliertere und zutreffendere Vorstellungen von der Welt hatte, wie Anaximander und

Aristoteles zeigen. Außerhalb des Einflussgebiets monotheistischer Religion war die Welt deutlich moderner und in ihren Erkenntnissen weiter und deren Siegeszug daher zwei Schritte in der Entwicklung zurück. So haben sie uns in unserer Entfaltung um Jahrtausende zurückgeworfen.

Manchmal versuche ich, mich anhand der Reaktionen der Kirche auf weltliche Probleme unserer Gesellschaft in die Person Jesus hineinzuversetzen und, wie z. B. die Amerikaner mit einem berühmten Slogan, zu fragen: »WWJD?« (What would Jesus do?) Was also würde Jesus *heute* als Arzt in einem katholischen Krankenhaus tun, wenn zu ihm eine 25 Jahre alte, brutal vergewaltigte Frau käme, der ein Notarzt die „Pille danach" verschrieben hat? Würde er sie abweisen? Zwei Krankenhäuser im Erzbistum Köln taten das, offenbar weil Vergewaltigung von der Bibel akzeptiert wird! Sie kann also froh sein, dass die um Hilfe Gebetenen nicht streng bibeltreu gehandelt haben, ansonsten wäre sie evtl. in 16 Stücke zerteilt und in ganz Deutschland herumgeschickt worden. Hier war eine Seele in größter Not – wer hat sich um sie gesorgt?

Würde Jesus heute die Leiterin eines katholischen Kindergartens fristlos entlassen, weil sie sich hat scheiden lassen – obwohl doch die Kirche nur der Träger ist, ihr Gehalt aber vom – „säkularen"! – Staat kommt? Würde Jesus heute angesichts einer Bevölkerung des Planeten mit 7,6 Milliarden Menschen etwas gegen Geburtenkontrolle haben, wenn von denen 800 Millionen, dreimal so viel wie zur Zeit Jesus' weltweit gelebt haben, hungern, also nicht etwa „nur" permanent Hunger haben? Würde er Empfängnisverhütung ausgerechnet da, wo Not und Hunger am größten sind, in den Armutsregionen der Welt, nicht nur nicht unterstützen, sondern aktiv verhindern, indem er die Gläubigen an ihrem empfindlichsten Punkt packt: ihrer Religiosität und der Suche nach Antworten? In Kauf nehmend, dass die so gezeugten Kinder als Konsequenz der Armut letztlich elendig verhungern? Noch im Jahr 1500 umfasste die Weltbevölkerung 500 Millionen Menschen, 1750 dann 790 Millionen! Vor der Aufklärung hat sich also die Menschheit in 1.750 Jahren Christentum verdreifacht, seither in einem Siebtel der Zeit verzehn-, insgesamt also verdreißigfacht – und das mit unverändertem religiösen Korsett. Würde Jesus, wie der aktuelle Papst, einen Arzt, der eine Abtreibung vornimmt, als Auftragskiller bezeichnen[21]? Interpretiere ich die Bibel richtig, nur dann, wenn der Embryo männlich war …

Ginge es Jesus tatsächlich nur um eine möglichst große Zahl von Schäfchen – egal unter welchen Bedingungen, auf welche Kosten? Wenn die Antwort auf eine dieser Fragen „ja" ist, hat er sich für mich selbst disqualifi-
ziert. Wenn aber „nein" – was hieße das dann für die Kirche? Ein Dilemma, das sie mit Starrsinn verdrängt: Augen zu und durch! »Es ist überraschend, dass es Bischöfe gibt, die bereit sind, Schlachtschiffe, Bombenflug-
zeuge oder Truppen vor dem Kampf zu segnen, die aber die Geburtenkontrolle verurteilen«[22] (L. Harrison Matthews [1901–1986], britischer Zoolo-
ge). Dieter Nuhr kommt zu Recht zu dem Schluss: »Der Unterschied zwischen Religion und Irrsinn ist die Anzahl der Gläubigen.«

Kirche von heute ist ein globaler Großkonzern mit gigantischem Wasser-
kopf, gut versteckten Höchstgehältern für die Führungsetage und gigantischen Umsätzen, bei dem, wie in der Wirtschaft, 90 % der Aktivitäten und
Ressourcen dazu benutzt werden, ihn und seinen Luxus zu erhalten. (Franz-
Peter Tebartz-van Elst, der Limburger 30-Millionen-Umbau-Bischof, soll
heute [natürlich alleine!] eine 200-m²-Luxuswohnung in Rom bewohnen;
er wurde übrigens, anders als Bruno, inzwischen weitgehend unbemerkt
auch im kirchlichen Sinne rehabilitiert … Verständlich: Nach kirchlichem
Weltbild hat er sich ja, anders als Bruno, der es angriff, nichts Schändliches
zuschulden kommen lassen. Im Zivilleben nennt man das, was er tat, allerdings Veruntreuung, und die wird mit Knast bestraft!)

Wenn Kirche so viel Wert auf Tradition und Erhaltung von Ritualen bis
hin zur Demütigung von Frauen und Verweigerung ihrer Menschenrech-
te legt – warum tradiert sie dann nicht die Lebensweise des Ursprungs der
Religion, des „Sohnes Gottes"? Warum haben der Papst und seine Altmän-
nerriege wertvolle Gewänder und Behausungen, wenn doch Jesus T-Shirt,
Jeans und Sandalen (bzw. deren damalige Analoga) trug und bescheiden
lebte – oder stimmt die Überlieferung nicht? Warum all der Pomp bis in
das letzte Dorfkirchlein, wenn Jesus das einfache Leben predigte – oder ist
das gelogen, muss das „interpretiert" werden?

»Aufklärung ist der Ausgang des Menschen aus seiner selbst verschulde-
ten Unmündigkeit. Unmündigkeit ist das Unvermögen, sich seines Verstandes ohne Anleitung eines anderen zu bedienen. Selbst verschuldet ist
diese Unmündigkeit, wenn die Ursache derselben nicht am Mangel des
Verstandes, sondern der Entschließung und des Muthes liegt, sich seiner

ohne Leitung eines anderen zu bedienen.« sagte Immanuel Kant (1724–1804), großer deutscher Philosoph der Aufklärung und einer der bedeutendsten abendländischen Philosophen! Er schließt: »Habe Muth, dich deines eigenen Verstandes zu bedienen!«

... in der Naturwissenschaft

Einstein: »Es ist also verständlich, dass die Kirchen die Wissenschaft von jeher bekämpft und ihre Anhänger verfolgt haben. Aber ich bleibe dabei, dass die kosmische Religiosität die stärkste und edelste Triebkraft wissenschaftlicher Forschung ist. Nur der, der die gigantischen Bemühungen und darüber hinaus all die Hingabe ermessen kann, ohne die untypische, wissenschaftliche Denkweisen nicht zustande kommen, kann die Stärke des Gefühls ermessen, aus dem allein heraus solche dem unmittelbaren, praktischen Leben so ferne Arbeit erwachsen kann. Welch ein tiefer Glaube an die Klugheit der Schöpfung und welche Sehnsucht nach dem Begreifen auch nur eines kümmerlichen Abglanzes der in dieser Welt offenbarten Klugheit musste in Kepler und Newton lebendig gewesen sein, die sie befähigten, in langen Jahren einsamer Arbeit den Mechanismus der Himmelsmechanik zu enträtseln! Wer wissenschaftliche Forschung nur aus ihren praktischen Anwendungen kennt, kommt leicht zu einer unzutreffenden Vorstellung vom Geisteszustand der Männer, die, von skeptischen Zeitgenossen umgeben, über die Länder der Erde und über die Jahrhunderte verstreuten Gleichgesinnten Wege gewiesen haben. Nur wer sein Leben solchen Zielen hingegeben hat, hat eine lebendige Vorstellung von dem, was diese Menschen inspiriert und ihnen die Kraft gegeben hat, trotz unzähliger Misserfolge ihrem Ziel treu zu bleiben. Es ist kosmische Religiosität, die diese Kraft spendet. Ein Zeitgenosse hat nicht zu Unrecht gesagt, dass ernsthafte Wissenschaftler in unserem allgemein materialistisch aufgestellten Zeitalter die einzigen tief religiösen Menschen seien.« Das lasse ich 'mal wirken!

Wenn wir also wirklich ergründen wollen, wo unser ICH bleibt, macht es wenig Sinn, sich die Antworten aus der Spiritualität von institutionalisierten Religionen und Kirchen zu holen zu versuchen, da diese die reine, echte, uneigennützige Spiritualität nicht praktizieren, ja gar nicht praktizieren können: Sie ist immer menschengemacht, und Menschen verfolgen eigene, egoistische Ziele. Wir müssen also für die Erklärung von Seele etwas Objektiveres suchen, das nicht menschlichem Einfluss, in welcher Form auch immer, unterliegt – »Seele an sich«, wie Kant das wohl formulieren würde. Gut wäre, etwas zu entwickeln, das zumindest theoretisch erklären könnte, was Naturwissenschaft heute (noch) nicht erklären kann, das aber die Möglichkeit böte, sobald die Erkenntnisse weit genug gediehen sind, naturwissenschaftlich überprüfen zu können, was wir bis dahin glauben müssen. Aber – das klingt doch einigermaßen unrealistisch: Glauben irgendwann naturwissenschaftlich auflösen? Gibt es da Präzedenzfälle?

Aber ja, jede Menge! Wenn Sie so wollen, ist das naturwissenschaftliches Tagesgeschäft: Da steht zunächst die Idee, aus der eine Hypothese gebildet wird. An die müssen der Urheber („Prophet") und seine Unterstützer („Jünger") solange glauben, bis eine experimentelle Bestätigung dafür gefunden wurde. Wenn andere „Gläubige" das dann durch unabhängige, nachprüfbare, objektive Reproduktion der Erkenntnisse bestätigen können, gilt die Hypothese als gesichert: Aus Glauben wurde Wissen, das umso sicherer wird, je mehr Hinweise auf ihre Richtigkeit beigebracht werden können. Das in meinen Augen deutlichste Beispiel in dieser Richtung ist die Relativitätstheorie Einsteins. Diese Theorie ist nicht nur eine Hypothese gewesen! Sie ist, zusammen mit der Quantenphysik, die Grundlage einer vollkommen neuen Sicht der Welt, ein neues Weltbild. Also wirklich kein Kinderkram! Und doch musste man zunächst daran glauben, ohne sie beweisen zu können.

Anfangs wurde Einstein daher zunächst ignoriert, dann belächelt, ja angefeindet (»Wenn ich mit der Relativitätstheorie recht behalte, werden die Deutschen sagen, ich sei Deutscher, und die Franzosen, ich sei Weltbürger. Erweist sich meine Theorie als falsch, werden die Franzosen sagen, ich sei Deutscher, und die Deutschen, ich sei Jude«). Was er mit der Allgemeinen und zuvor der Speziellen Relativitätstheorie sagte, nagte an so ziemlich jeder Grundfeste der damaligen wissenschaftlichen Erkenntnis: Gravitationswellen und -linsen, Materie als Form von Energie, Längenkontraktion und Zeitdilatation, die Lichtgeschwindigkeit als maximal erreichbare Konstante, eine relative Zeit – kurz Dinge, die so anders waren, dass er 1921 weder für seine Spezielle Relativitätstheorie (1905) mit zueinander („relativ") in Bewegung befindlichen „Inertialsystemen" noch für die noch folgenschwerere Allgemeine (1916) mit Raumzeit und Raumkrümmungen den

Nobelpreis verliehen bekam, sondern „nur" für den Photoelektrischen Effekt von 1905, für den er zwar eine Erklärung fand, der aber als Phänomen lange vor ihm bekannt gewesen war. Er wurde also für einen (simplen) klassischen Nachweis ausgezeichnet, nicht als Urheber einer die Welt vollständig verändernden, nicht-klassischen Weltsicht! Wenn jemand jemals in der Geschichte als Anerkennung herausragender wissenschaftlicher Leistungen mehr als einen Nobelpreis verdient gehabt hätte, dann Einstein. Dass er die überhaupt erst spät bekam, zeigt, wie wenig dem Visionär und Genie damals gefolgt wurde.

So ziemlich nichts seiner Relativitätstheorie konnte Einstein damals ad hoc wissenschaftlich beweisen, weil es nicht die geeigneten Instrumente gab, um seine Thesen untermauernde Experimente durchführen zu können. Er war Theoretiker! Weshalb sie auch als „Relativitäts*theorie*" bekannt wurde. Erst als der britische Astrophysiker Arthur Stanley Eddington (1882–1944) bei einer Sonnenfinsternis 1919 die Wirkung der „Gravitationslinse Sonne" durch die Krümmung der Bahn des Lichtes von Fixsternen in ihrer Nähe durch ihr Gravitationsfeld, wie von Einstein vorhergesagt, experimentell nachwies, begann man, sich ernsthaft mit ihm auseinanderzusetzen. So hatten Forscher in der Folge immer neue Ideen und Möglichkeiten, wie man seine Thesen überprüfen konnte. 2015 wurde eines der letzten offenen Postulate Einsteins, die Existenz von Gravitationswellen, bestätigt, als man diejenigen direkt nachweisen konnte, die beim Zusammenstoß zweier Schwarzer Löcher entstanden waren. Dazu waren Laser erforderlich, die man zur Zeit Einsteins noch nicht bauen konnte! (Der erste Laser wurde 1960 vom amerikanischen Physiker Theodore Harold Maiman [1927–2007] gebaut, obwohl die theoretischen Grundlagen dafür bereits 1917 von Einstein geschaffen worden waren.) Und die Existenz solcher Schwarzen Löcher, auch ein Postulat Einsteins, wurde erst 2019 durch Aufnahmen belegt – indem weltweit verstreute Teleskope trickreich zu einem einzigen virtuellen mit gigantischer Auflösung zusammengeschaltet wurden; auch erst mit modernster Computertechnologie möglich. Kein Mensch lächelt heute über dieses Genie und seine „Theorie", auch wenn man lange an sie glauben musste. Eine „Theorie" ist sie schon lange nicht mehr, auch wenn sie noch immer so heißt!

Wie Darwins Evolutionstheorie musste auch die Relativitätstheorie im Laufe der Jahre an neue Erkenntnisse angepasst werden, so z. B. durch die aktuell in der Entwicklung befindliche Quantengravitation. Und in einigen Überzeugungen lag Einstein auch so richtig falsch! Wenn er sich z. B. nicht mit der Quantentheorie anfreunden konnte: »Die Quantenmechanik ist sehr achtungsgebietend. Aber eine innere Stimme sagt mir, dass das noch nicht der wahre Jakob ist. Die Theorie liefert viel, aber dem Geheimnis des Alten [Gott, Anm. d. Autors] bringt sie uns kaum näher. Jedenfalls bin ich überzeugt, dass der Alte nicht würfelt« (woraus man dann kurz „Gott würfelt nicht" machte). Womit er ausdrückte, dass er etwas gegen Zufall und Wahrscheinlichkeiten hatte, die die Quantenmechanik bestimmen. Die Antwort von Niels Bohr (1885–1962, dänischer Physiker, Nobelpreisträger und bekannt durch sein „Atommodell"): »Einstein, hör auf, Gott zu sagen, was er mit seinen Würfeln machen soll.« So versuchte Einstein bis zu seinem Tod 1955 vergeblich, „verborgene Variable" in die Quantentheorie einzubringen, um sie deterministisch (eindeutig bestimmbar) zu machen – darauf werden wir unten noch zurückkommen. Dass es ihm nicht gelang, zeigt, wie falsch er mit seiner inneren Stimme lag: Ausgerechnet die Quantenmechanik bringt uns tatsächlich „Gott näher", wie wir sehen werden. Denn Gott ist ein begnadeter Würfelspieler und Illusionist, der uns Dinge wahrnehmen lässt, die so nicht sind!

Die moderne Wissenschaft wäre heute nicht da, wo sie ist, hätte es die Relativitätstheorie nicht gegeben. Selbst wenn sich künftig herausstellen sollte, dass es in Teilbereichen oder durch eine Erweiterung bessere Erklärungen für bestimmte Phänomene gibt, wird sie niemals in toto widerlegt werden können. Die Leistung, die Einstein erbracht hat, ist Grundlage aller darauf aufbauenden Weiterentwicklungen und wird es, wie Darwins Theorie, immer bleiben. Einsteins $E = m \cdot c^2$ ist ebenso fundamental wie das $F = m \cdot a$ Newtons oder Darwins Stammbaum allen Lebens. Aber auch Heisenbergs $\Delta x \cdot \Delta p \approx h$!

Und die „Theorie eines einzigen Gottes"? Die, wissenschaftlich formuliert, Hypothesen der Religionsstifter, Kirchenväter und -lehrer existieren, wie die Riten wie Transsubstantiation, in weitgehend unveränderter, objektiv unbestätigter Form seit 2 000 Jahren, und keiner macht Anstalten, das zu ändern – weder, sie zu überprüfen, noch sie abzulegen; im Gegenteil! »Die katholische Kirche begeht wieder einmal den strategischen Irrtum, mit kämpferischem Mut die gestrigen Barrikaden zu besteigen«[23], so der Journalist und Schriftsteller William Schlamm (1904–1978). Und der Schriftsteller und Physiker Georg Christoph Lichtenberg (1742–1799) fragte schon damals: »Glaubt ihr denn, dass der liebe Gott katholisch ist?«

Heute ergibt sich für Wissenschaft wegen der immer notwendiger werden-den Spezialisierung und Beschäftigung mit Details ohne einen Kontext zu berücksichtigen und häufig überhaupt zu sehen zunehmend die Gefahr, sich zu einer Pseudowissenschaft zu entwickeln, vor der der Nobelpreis-träger, Physiker und Quantentheoretiker Richard P. Feynman (1918–1988) bereits 1974 warnte[24]. Er nannte das *Cargo Cult Science* – eine formal kor-rekte und nach wissenschaftstheoretischen Prinzipien handelnde Wissen-schaft, bei der aber der Glaube an die Richtigkeit einer Hypothese auf Kos-ten von Erkenntnissen, Objektivität und Seriosität in religiöse Dimensio-nen abrutscht. Das erfolgt, wenn Wissenschaftler nicht eine Hypothese an den Ergebnissen von Experimenten und Studien messen und sie so über-prüfen, sondern, wie Religion mit ihren starren Glaubensinhalten, Beob-achtungen „interpretieren", um Thesen zu stützen. Dafür gibt es leider vor allem in jüngster Zeit zunehmend Beispiele, speziell bei Krebs, wie ich aus Platz- und Thematikgründen an anderen Stellen aufzeigen werde. Diese Kult-Wissenschaft ist gefährlicher als Religion, da sie vermeintlich objek-tiv ist, tatsächlich aber „Fake Facts" liefert. Trump hat also durchaus recht, allerdings anders als er es sieht: Denn *seriöse* Wissenschaft bestätigt den Klimawandel; wer, wie er, anderes sagt, ist zumindest Jünger einer Cargo Cult Science, wenn nicht ihr Prophet.

Wie wir gesehen haben, war Einstein durchaus gläubig; allerdings glaubte er an einen spinozistischen, also pantheistischen Gott, wie er selbst sagte: »Es war natürlich eine Lüge, was Sie über meine religiösen Überzeugun-gen gelesen haben, eine Lüge, die systematisch wiederholt wird. Ich glau-be nicht an einen personenhaften Gott und ich habe dies niemals geleug-net, sondern habe es deutlich ausgesprochen. Falls es in mir etwas gibt, das man religiös nennen könnte, so ist es eine unbegrenzte Bewunderung der Struktur der Welt, soweit sie unsere Wissenschaft enthüllen kann.« Und weiter: »Jene mit einem tiefen Gefühl verbundene Überzeugung von einer überlegenen Vernunft, die sich in der erfahrbaren Welt offenbart, bildet meinen Gottesbegriff. Man kann ihn also in der üblichen Ausdruckswei-se als „pantheistisch" bezeichnen.« Schließlich: »Ich glaube an Spinozas Gott, der sich in der Harmonie des Seienden offenbart, nicht an einen Gott, der sich mit Schicksalen und Handlungen der Menschen abgibt.« Er war religiös, wenn auch nicht im traditionellen Sinn: »Das Wissen um die Existenz von Etwas, das wir nicht durchdringen können, um die Offenbarung der allumfassendsten Einsicht und die äußerste strahlende Schönheit – es ist dieses Wissen und dieses Gefühl das eine wahre religiöse Gesinnung begründet; in diesem Sinne, und nur in diesem Sinne, bin ich ein tief religiöser Mensch.« Und er war überzeugt: »Jedem tiefen Naturforscher muss eine Art religiösen Gefühls nahe liegen, weil er sich nicht vorzustellen vermag, dass die ungemein freien Zusammenhänge, die er erschaut, von ihm zum ersten Mal gedacht werden.«

»Gibt es wirklich einen unüberwindbaren Widerspruch zwischen Religion und Naturwissenschaft? Kann Religion durch Naturwissenschaft ersetzt werden?« fragt Einstein. (Wen das weiter interessiert, sei auf [25] verwiesen.) Ja und nein, je nachdem, wie man Religion definiert. Ja, wenn es darum geht, Einsteins „primitive, auf Furcht basierende Religionen" oder versteinerte moralische wie die jüdische oder christliche und islamische zu ersetzen. Und nein, wenn es sich um Einsteins kosmische handelt, der ich mich uneingeschränkt anschließe.

»So kommen wir zu einer Vorstellung der Beziehung von Naturwissenschaft zu Religion, die sich von der gewöhnlichen stark unterscheidet. Wenn man die Sache historisch betrachtet, neigt man dazu, Naturwissenschaft und Religion als unvereinbare Gegensätze anzusehen, und das aus gutem Grund. Wer vollständig von der universellen Gültigkeit des Kausalitätssetzes [keine Wirkung ohne Ursache, Anm. d. Autors] überzeugt ist, kann sich keinen Moment lang mit der Vorstellung anfreunden, dass ein Wesen in den Verlauf der Ereignisse eingreift – natürlich vorausgesetzt, er nimmt die Kausalitätshypothese tatsächlich ernst. Er hat keine Verwendung für eine Religion der Furcht und ebenso wenig für eine soziale oder moralische. Ein belohnender und bestrafender Gott ist für ihn aus einem einfachen Grund nicht denkbar: Die Handlungen eines Menschen werden durch externe und interne Bedürfnisse bestimmt, sodass er in Gottes Augen nicht dafür verantwortlich sein kann, so wenig wie ein unbeseeltes Objekt für Bewegungen verantwortlich ist, denen es unterworfen ist. Naturwissenschaft wurde daher der Untergrabung von Moral beschuldigt, doch dieser Vorwurf ist nicht gerechtfertigt. Das ethische Verhalten eines Menschen sollte tatsächlich auf Sympathie, Erziehung und sozialen Bindungen und Bedürfnissen beruhen; eine religiöse Grundlage ist dazu nicht erforderlich.

Ein Mensch wandelte tatsächlich auf armseligen Pfaden, wenn er durch die Furcht vor Bestrafung und die Hoffnung auf Belohnung nach dem Tode gebändigt werden müsste. Daher kann man leicht erkennen, warum die Kirchen Naturwissenschaft immer bekämpft und ihre Anhänger verfolgt haben.«

Und so lässt sich nach christlichen Werten leben, selbst wenn es sie nicht gäbe oder sie nicht tradiert würden. Sie lassen sich nicht nur von der Person Jesus ableiten, sondern auch aus Kants kategorischem Imperativ, der sich allgemeinverständlich in einer Redensart ausdrückt: »Was du nicht willst, das man dir tu', das füg' auch keinem and'ren zu.« Die sieben der nicht auf Gott bezogenen Zehn Gebote in einem Satz ohne Notwendigkeit zur Interpretation. Und ohne einen „Gott" braucht man die restlichen drei nicht.

... und das Phänomen Gott

Es ist also grundsätzlich möglich, eine Weltanschauung zu entwickeln, die auf objektiven, naturwissenschaftlich beobachtbaren, aber nicht beweisbaren Erkenntnissen beruht, an die man zunächst glauben muss, um sie zu gegebener Zeit nach und nach wissenschaftlich zu bestätigen. Dennoch kommt man irgendwann nicht an einem Phänomen vorbei, das ein zentraler Punkt von Kirche und Religion ist: Gott. Einstein: »Die Vorstellung eines personenhaften Gottes ist mir ziemlich fremd und erscheint mir sogar naiv« und weiter: »Ich kann mir keinen Gott vorstellen, der die Objekte seiner Schöpfung belohnt und bestraft und dessen Absichten unseren eigenen nachempfunden sind – kurz: ein Gott, der nicht mehr ist als ein Spiegelbild menschlicher Schwäche. Ich kann ebenso wenig glauben, dass ein Individuum den Tod seines Körpers überlebt, wenngleich schwache Seelen solche Gedanken aus Furcht oder lächerlichem Egoismus hegen.« Für ihn war »das Wort Gott […] nichts anderes als Ausdruck und Produkt menschlicher Schwächen.« Der Theaterintendant und Schriftsteller Walter Schäfer (1901–1976), meinte: »Gott ist die fixe Idee von Theologen, die bei dem Verständnis der Fakten des Universums hoffnungslos überfordert sind.«[26]. Und der Schauspieler und Oskar-Preisträger Morgan Freeman nannte ihn den »grandiosen Lückenbüßer unserer Erkenntnis.« Er hat recht: Auf Gott wird alles abgeladen, was wir uns wissenschaftlich nicht erklären können.

Ich gebe zu, ich habe auch ein Problem mit höheren Wesen. Nicht, dass ich Probleme mit Autoritäten hätte – das vielleicht auch, es kommt darauf an, ob ich sie anhand ihrer Handlungen und Vorstellungen als solche akzeptieren kann oder nicht: Mit „Autoritäten" wie Trump, Putin oder Erdogan, aber auch einem christlichen Gott, habe ich ein ernstes Problem. Sondern es liegt an dem, was ein Programmierer „Rekursion" nennt; den Aufruf eines Unterprogramms aus sich selbst heraus. (Visuell umsetzen können Sie das, wenn Sie eine Videokamera an einen Monitor hängen und den filmen. Sie sehen dann auf dem Monitor den Monitor, auf dem der Monitor gezeigt wird, auf dem der Monitor gezeigt wird, auf dem der Monitor gezeigt wird, …, den Sie gerade filmen. Akustisch äußert sich Rekursion hässlich pfeifend als „Rückkopplung", wenn ein Mikrophon aufnimmt, was ein an dessen Verstärker hängender Lautsprecher von sich gibt.)

Rekursion als Lösung eines Problems stellt sich dann ein, wenn das Ergebnis einer Berechnung in diese selbst einfließen muss. Beispiel: $x := x + 2$. (Das „:=" liest sich „ergibt sich zu" und soll verhindern, dass man eine solche *Zuordnung* als Gleichung fehlinterpretiert; diese wäre falsch! Eine andere Darstellung: $x_{n+1} = x_n + 2$.) Wenn Sie nun in dieser Zuordnung die rechte Seite, „$x + 2$", die ja zum linken, neuen „x" werden soll, in das „x" rechts einsetzen, kommen Sie zu $x := x + 2 + 2$. Das nächste Mal zu $x := x + 2 + 2 + 2$. Das ist die Rekursion: Das Unterprogramm, das die linke Seite berechnen soll, muss sich als erstes selbst aufrufen, um einen Wert von x zu erhalten, zu dem dann 2 addiert wird. Um so zu einer Lösung zu kommen, braucht man zwei Dinge: (1) einen Startwert für x (oder x_0), ansonsten kann kein Ergebnis berechnet werden, und (2) ein Kriterium, wann mit dem rekursiven Aufruf der Formel aufzuhören ist (z. B. $n_{max} = 5$), da das ansonsten unendlich so weiter geht; also ein „Abbruchkriterium" der Rekursion.

Mein Problem mit einem „Gott" ist: Wenn Gott ein wie auch immer geartetes Wesen ist, gibt es nur zwei Möglichkeiten: (1) Es gibt kein noch höheres Wesen, das ihn erschaffen haben könnte, oder (2) es gibt eines. Im ersten Fall muss dann aber Gott „aus sich selbst heraus" entstanden sein, denn irgendwann muss auch er, als Wesen, einmal erschaffen worden sein, wann und wie auch immer. Denn es ist so eine Sache mit dem ewig und unendlich: Selbst das Universum hatte einen Beginn, den Big Bang oder in der Schöpfungsgeschichte den Ersten Tag, und wird ein Ende haben, nach heutiger Annahme den Big Freeze oder laut Prophezeiung das Jüngste Gericht! Und es ist endlich. Es entstand, wie die Quantenphysik uns heute sagt, höchstwahrscheinlich aus sich selbst heraus.

Aber wenn das so sein sollte, erhebt sich sofort die Frage, warum dann nicht auch wir Menschen, besser: das Leben insgesamt, aus sich selbst heraus entstanden sein könnte – ohne einen Schöpfer. So, wie es die Evolutionstheorie zeigt, die eine Linie von uns bis zum ersten im Wasser lebenden Urlebewesen aufzeichnen kann – vielleicht noch mit Lücken und Unschärfen, aber doch so klar, dass es selbst für die Kirche schwer ist, sie zu widerlegen, auch wenn Kreationisten und andere Spinner behaupten, das zu können, und sich dann auf die antike Bildzeitung von oben beziehen. (Verzeihung! Aber wer ernsthaft unter Berufung auf die Bibel behauptet, die Erde sei am 23. Oktober 4004 v. Chr. geschaffen worden [Junge-Erde-Kreationisten] und/oder flach [Flat-Earth-Kreationisten; ja, die gibt es immer noch!], *ist* ein Spinner! Das hat nichts mehr mit Gläubigkeit zu tun, sondern nur noch mit geringer geistiger Leuchtkraft!)

Nun könnte schnell ein Gott überflüssig werden, da er das Dilemma nur noch verschlimmerte! Wenn also Gott oberste Instanz ist, brauchen wir ihn nicht zur Erklärung von Dingen; dann könnten wir das, wenn wir nur wollten, auch mit uns selbst. Andernfalls hätten wir die Probleme, unser Sein zu erklären, auf einer höhere Ebene mit der Erklärung Gottes wieder und im Grunde nichts gewonnen: Woher kommt er? Wer hat ihn erschaffen? Wann? Wie? Warum? Was wird mit ihm passieren? Kann er sterben? Wenn ja – auch heute? Und dann? Was wird dann aus uns? Ist er vielleicht schon tot? Es sei denn, man freut sich darüber, die Sinn-Probleme an die höhere Ebene losgeworden zu sein und lässt sie ansonsten ungelöst, kümmert sich nicht mehr darum, verdrängt Zweifel. Exakt das ist, was Kirche uns predigt: Gottes Wege sind wundersam und für uns unergründbar. (Also halt die Klappe und frag nicht weiter!) Aber er hat einen Plan. Prima! Leider ist auch der wundersam und unergründbar …

Wenn aber Gott nicht höchste Instanz ist, dann haben wir eine Bilderbuch-Rekursion, nämlich, dass über jedem „Gott" noch ein „Supergott" steht oder stehen muss, dessen Existenz genau wie die der Menschen erklärt wer-

den muss und daher auf jeder höheren Ebene zum „einfachen Gott" wird –
mit uns als Startwert der Rekursion. Doch wie sieht dann das Abbruchkriterium aus? Wo hört es auf? Hört es überhaupt auf? Macht das Sinn? Vor
allem – wie hilft uns das? Doch nur so: Gott-Gottes Wege sind noch wun-
dersamer und für uns noch unergründbarer. Also halt erneut die Klappe
und frag nicht weiter! Alles andere braucht uns nicht zu interessieren – wir
sind sowieso viel zu blöd dazu, es zu verstehen! Das bedeutet: In diesem
Fall besteht das Dilemma darin, entweder eine Suche nach der Wahrheit
zu verkomplizieren, weil nun mehrere Ebenen mit ihren jeweils höheren
Göttern zu berücksichtigen wären, oder zurückzukommen zu Möglichkeit
(1), weil es ja bereits reicht, schon auf dieser Ebene die Klappe zu halten
und einfach nur zu glauben. (Wer das filmisch umgesetzt erleben möchte,
dem empfehle ich wärmstens Rainer Werner Fassbinders „Welt am Draht"
aus dem Jahr 1973 oder „The 13th Floor – Bist du was du denkst?" von Jo-
sef Rusnak aus dem Jahr 1999.)

Das heißt also: Das Problem wird von Kirche genial einfach gelöst! Alles,
was „selbst" sie und ihre Religion nicht erklären kann, landet in der Schublade: Frag nicht so dumm, du verstehst es ja doch nicht. Oder eben diplo-
matisch und netter ausgedrückt: Gottes Wege sind wundersam und für uns
unergründbar. Nur – geht es bei Religion nicht gerade darum, zu erklären,
was Wissenschaft nicht erklären kann? Wenn die einzige Erklärung durch
Religion heißt, das sei uns Menschen nicht erklärbar, wozu dann Religion? Reicht dann nicht auch, wenn Wissenschaft sagt, sie könne es nicht erklären?

Für mich wirft die Existenz eines Gottes mehr Fragen auf, als sie beantwortet und als ich ohne ihn habe. Z. B., dass er sich anscheinend nur einigen
wenigen Vermittlern gegenüber offenbart, mir z. B. aber nicht. Warum
nicht? Was habe ich ihm getan – zumindest früher, in meiner kindlich-nai-
ven Zeit? Da hätte ich ihn manchmal verdammt gut gebrauchen können!
Ist es göttliche Arroganz? Meine Gebete, die ich in Kindheit und früher Jugend noch an ihn gerichtet hatte, sind niemals beantwortet worden – zumindest nicht für mich merkbar, und waren sie für mich auch noch so existenziell! Er hat es in der Hand gehabt, mir zu zeigen, dass es ihn gibt und
dass er mich liebt. Er tat es nicht. Warum nicht? Diese Frage stellt sich für
mich nicht, wenn es Gott nicht gibt.

Auch erzürnt mich, dass Gott offenbar ungerecht ist, weil er Menschen, die sich nicht menschlich verhalten, nicht in ihre Schranken verweist, und sich um Bedürftige nicht kümmert. Wo war er während des Holocaust, wo bei der Abschlachtung der Indianer und der Ausrottung der Ureinwohner Südamerikas, dem Krieg und der Gewalt im Nahen Osten heute und in der Vergangenheit? Wo ist Gott, wenn eine Frau vergewaltigt, ein Kind misshandelt oder missbraucht wird? Mag ja sein, dass auf die Schuldigen noch das große Gemetzel in Form des Jüngsten Gerichts zukommt; ich aber bin allein aus pädagogischen Gründen kein Freund später Gerichtsverfahren, und ich halte auch nicht viel davon, dass man seine „Sünden" via Ablasshandel gegen einen Obolus oder ein spätes Bekenntnis wegzaubern kann. Diese Fragen stellen sich auch nicht, wenn es Gott nicht gibt. Nur – wer trägt dann die Verantwortung? Jeder selbst! Das aber ist unbequem.

Ich gebe es zu: Es klingt schon attraktiv, dass man sein gesamtes Leben lang ein Schwein gewesen sein kann, und dann doch noch in den Himmel kommt, wenn man auf dem Sterbebett „bereut" und sich „Gott zuwendet". Eine tolle Rückversicherung! Es ist ja auch so einfach: Ein paar bereuende Worte geflüstert, die Hände artig gefaltet und – Schwupp – ist man Vorzeigechrist! OK, da ist dann noch das Fegefeuer! Aber das ist erstens nicht andeutungsweise so schlimm wie die Hölle, die Qualen sind also leichter zu ertragen, zweitens zeitlich begrenzt und drittens immerhin eine Garantie, danach im Himmel zu enden. Und doch: Ist das wirklich die Art, wie unsere Gesellschaft funktionieren soll? (Ich frage bewusst *soll*, da sie es, nicht zuletzt aufgrund kirchlicher Praxis, de facto tut.)

Von einem Wesen, das sich um die Menschen kümmert, sie angeblich liebt, erwarte *ich* etwas anderes. Gott ist also entweder egozentrisch, narzisstisch, selbstherrlich, grausam und pervers, z. B. wenn er Pädophilie-Ringe zulässt, deren Mitglieder einander zu den schlimmsten Taten ermutigen und sich anschließend daran ergötzen. Denn für mich ist auch grausam und pervers, wer Grausamen und Perversen die Möglichkeit gibt, ihren Neigungen nachzugehen, das aber aufgrund Allwissenheit und Allmacht verhindern könnte; und was erschwerend hinzu kommt: bereits, bevor jemand darunter zu leiden hat. Besonders schlimm: Er duldet so etwas offenbar bei seinem Bodenpersonal … »Oh, wir haben dich gesucht, Gott, in jeder Ruine, in jedem Granattrichter, in jeder Nacht. Wir haben dich gerufen. Gott! Wir haben nach dir gebrüllt, geweint, geflucht! Wo warst du da, lie-

ber Gott?« (*Draußen vor der Tür*, Wolfgang Borchert [1921–1947], Schriftsteller.)

Oder er existiert schlicht und ergreifend nicht (in [mono-]theistischer
Form), was von meinem Standpunkt aus gesehen für ihn erheblich besser
wäre. So zeigt die Bibel die wahre Person Gottes und seines Sohnes – von
Liebe ist da nicht viel zu erfahren, eher von unbedingtem Gehorsam, Strafen mit Mordandrohung, Aufforderung zu Selbstjustiz und Denunziantentum und Duldung von und Aufforderung zu Vergewaltigung – um nur We-
niges zu nennen. Zeugt das davon, über den Dingen zu stehen? All die Erklärungen, die ich von entsprechender Seite nicht nur dazu höre, befriedigen mich nicht – da sie mich dumm halten und in eine Opferrolle zwingen wollen! Eine Opferrolle göttlicher und menschlicher Ungerechtigkei-
ten und Grausamkeiten, in der ich leichter manipulierbar bin, und die offenbar, wie man mir sagt, von Gott so gewollt ist. Die zu ertragen von einem Gläubigen erwartet wird; was nur möglich ist, wenn man ihn mit dem
Garten Eden und einem „besseren" Leben nach dem Tod lockt.

Wozu dann aber das häufig geradezu erbärmliche menschliche Leben davor, vor allem von Menschen, die nur eine einzige Schuld auf sich geladen
haben: zur falschen Zeit am falschen Ort geboren worden zu sein? Wegen
„Prüfungen", die zu bestehen sind? Um zu beweisen, dass man *wirklich*
glaubt? Bitte! Gott sei doch allwissend; wozu also Beweise? Worin bestehen Schuld und Prüfung, wenn ein kleines Kind durch erwachsene Schutz-
befohlene oder völlig Fremde schlimmste Gewalt erfährt, vielleicht sogar
daran stirbt, ohne je etwas anderes von der Welt kennengelernt zu haben?
Wo war/ist da Gott? Was denkt Gott sich dabei, solchen Menschen eine
solche Seele einzuhauchen? Das ist alles andere als das, was ich von einem
angeblich so souveränen, liebevollen höheren Wesen erwarte; der Grund,
warum ich mich lieber an Wissenschaft als an spirituellen Zauber halte,
auch wenn ich manches nicht oder nur schwer verstehe. Ich mag nicht annehmen müssen, dass es so einen Gott wirklich gibt. Insofern ist meine
heftige Kritik an Religion und Kirche und mein Nicht-Glaube an Jahwe,
Gott oder Allah weder Gotteslästerung noch Religionsfeindlichkeit, sondern das genaue Gegenteil: Eben weil ich ihm nicht zutraue, dafür verantwortlich zu sein, aber feststellen muss, dass die Welt ist, wie sie ist, bezweifle ich seine Existenz in seinem Interesse! Natürlich gibt es auch bei mir
Dinge, die ich glauben muss. Denn es gibt, wie gesagt, niemanden, der

nicht glaubt – und sei es nur daran, dass er nicht glaubt. Aber mein Glaube ist immerhin nicht primitiv, moralisch oder kirchlich narzisstisch motiviert, damit harmlos und sehr philanthropisch!

Wenn Sie mich fragen, was ich bin: Agnostiker, Atheist, Pantheist, Spinozist – ich bin das alles und nichts davon, je nach Blickwinkel! Zunächst bin ich Agnostiker: Ich weiß nicht, ob es einen Gott gibt! Der Grund ist mein mir als Naturwissenschaftler innewohnender, Descartes'scher Methodischer Zweifel: Ich habe zwar bislang eine Wirkung Gottes nicht wahrnehmen können, weshalb ich seine Existenz ernsthaft bezweifle, kann sie aber auch nicht ausschließen. Nachdem ich weder beweisen kann, dass es ihn gibt, noch, dass es ihn nicht gibt, muss ich die Frage offen lassen: Ich *weiß* es schlicht nicht. Genau das aber ist die Definition von Agnostizismus. Hier liegt der Ursprung, warum Kirche so viel Macht hat: Man kann die Grundlagen, auf denen sie aufbaut, nicht widerlegen, ohne den gleichen Quatsch mit umgekehrten Vorzeichen selbst machen zu müssen! Das ist unter meiner Würde. Der Physiker Bobby Henderson hat das allerdings dankenswerterweise mit seiner Persiflage auf die Kreationisten getan, indem er uns die Grundlagen der „Kirche des fliegenden Spaghetti-Monsters" (FSM) offenbarte. Ja, ich oute mich: ich bin bekennender Pastafari!

Ich bin allerdings auch Atheist, zumindest was fast alle Religionen dieser Welt betrifft. Ich kann mich weder mit einem menschenartigen Überwesen und dessen Propheten anfreunden noch mit irgendwelchen Mischwesen, die ihre Existenz Vorstellungen verdanken, abgeleitet aus menschlicher Erfahrung mit der Natur zu Zeiten der jeweiligen Religionsstifter. Und nachdem es seit mindestens 2 000 Jahren trotz intensiver Suche keinerlei nachprüfbare, unwiderlegbare Hinweise auf die Existenz eines Gottes gibt, ist der logische Schluss, den Wissenschaftler treffen müssen, solange das Gegenteil nicht bewiesen ist: Es gibt ihn nicht!

Zugegeben: eine Gegenhypothese zu Religion. Nur konnte auch sie bisher von niemandem zweifelsfrei widerlegt werden. Damit steht sie auf Augenhöhe mit Religion, wenn nicht höher, denn ein Atheist benötigt keine unbeweisbaren Phänomene, um Sinn in sein Leben zu bekommen. »Geben wir acht, es ist der Unsinn der christlichen Dogmen, der die Atheisten macht.« sagte François-Marie Arouet (besser bekannt als Voltaire, 1694–1778, französischer Schriftsteller, Philosoph und einer der bedeutendsten

Aufklärer). Selten lag Aufklärung richtiger als mit dieser Warnung. Irgendjemand sagte einmal: »Gott liebt die Atheisten. Denn niemand beschäftigt sich mehr mit ihm.« Das stimmt! Ich meine, mich intensiver mit ihm auseinandergesetzt zu haben als der durchschnittliche Gläubige, der ja glaubt, und der gemeine Kleriker, der über ein ihm aufgezwungenes, vorgegebenes und tradiertes Weltbild unhinterfragt verbreiten muss, was geglaubt werden soll.

Ich bin Pantheist, weil ich die Unterscheidung zwischen „Gott" und „einfachen Menschen" für Unsinn halte. Vor allem aber, weil ich Pflanzen und Tiere in meinem Weltbild gleichberechtigt integriert habe. Mein Gott sind die Prinzipien, die hinter dem Universum stehen, die Natur, Materie und Energie entstehen, sie (nicht im optischen Sinne!) hell oder dunkel erscheinen lassen, und all die quantenphysikalischen, relativistischen und klassischen Phänomene erzeugen.

Ich habe den größten Respekt vor Pflanzen: Sie sind es, denen ich verdanke, zu leben, weil *sie* den für mich lebensnotwendigen Sauerstoff erzeugen und als einzige (neben einigen Mikroorganismen) Sonnenlicht nutzen und so als Primärproduzenten die Energie der Sonne uns Primär- (Pflanzenfresser) und Sekundärkonsumenten (Fleisch- und Allesfresser) nutzbar machen! Und ich habe Respekt vor den Tieren, die mir als Sekundärproduzenten lebensnotwendige Verbindungen spenden (Häm-Eisen, Vitamin B_{12}, …), als Aasfresser die Umwelt sauber halten, für eine ausgeglichene Fauna und intakte Ökosysteme sorgen (wenn man sie denn lässt und nicht ausrottet) und vieles andere Nützliche tun. Eine kleine Biene ist unbedeutend, ja manchmal lästig und vielleicht sogar schmerzhaft. Aber haben Sie sich einmal überlegt, dass die meisten unserer Nutzpflanzen durch Insekten bestäubt werden – und nur durch sie (können)? Ich hoffe, wir werden das aktuelle Insektensterben aufhalten können. Wenn nicht, werden wir, wie die Chinesen heute bereits, schnell sehen, welchen Respekt wir diesen kleinen Wesen gegenüber hätten zeugen sollen! Sich dessen immer bewusst zu sein, ist ein gutes Mittel zum Einnorden: Ich brauche Pflanzen und Tiere, die mich nicht! Im Gegenteil: Es ginge ihnen weit besser ohne die Menschheit.

Für mich ist daher unerträglich, anzunehmen, dass ein extrem arroganter, grausamer und perverser Schöpfer zwar Pflanze, Mensch und Tier erschaf-

59

fen, dem Mann allein aber das Recht gegeben haben soll, über andere Lebewesen inklusive der Frau, »[…] ein minderwertiges Wesen, das von Gott nicht nach seinem Ebenbilde geschaffen wurde«[27], zu herrschen, nur weil er diesen eben danach erschaffen haben soll! Allein das biblische „Untertan machen" regt mich auf! Wir sind der mittelalterlichen Leibeigenheit längst entwachsen. Wie narzisstisch: jeder Mann ein kleiner Gott – ein durch Religion legitimierter Macho! Wir sind nicht etwas Besseres als die anderen Lebewesen auf diesem Planeten, die mindestens das gleiche Existenzrecht haben wie wir – und die wir gnadenlos ausbeuten und ausrotten.

Wie Einstein bin ich Spinozist: »Ihre Frage ist die schwierigste überhaupt. Es ist eine Frage, die ich nicht einfach mit ja oder nein beantworten kann. Ich bin kein Atheist. Ich weiß nicht, ob ich mich Pantheist nennen kann. Das vertrackte Thema ist zu unermesslich für unseren beschränkten Geist. Darf ich mit einer Parabel antworten? Menschlicher Geist kann unabhängig von der Tiefe seiner Ausbildung das Universum nicht erfassen. Wir sind in der Lage eines kleinen Kindes, das eine Bibliothek mit bis an die Decke reichenden Wänden voller Bücher in vielen Sprachen betritt. Das Kind weiß, dass jemand etwas in diese Bücher geschrieben haben muss. Aber es weiß nicht, wer oder wie. Es versteht die Sprachen nicht, in der sie geschrieben sind. Aber es bemerkt eine bestimmte Anordnung der Bücher, eine mystische Anordnung, die es nicht versteht und nur unscharf erahnt. Für mich ist das die Grundhaltung selbst des größten und gebildetsten menschlichen Geistes Gott gegenüber. Wir erkennen ein wunderbar gestaltetes Universum, das bestimmten Regeln gehorcht, aber wir verstehen die Gesetze nur unscharf. Unser beschränkter Geist kann die mystische Kraft nicht erfassen, die die Zusammenhänge beeinflusst. Ich bin von Spinozas Pantheismus fasziniert. Ich bewundere sogar seine Beiträge zum modernen Denken noch mehr. Spinoza ist der größte moderne Philosoph, weil er als erster Philosoph Seele und Körper als Einheit, nicht als zwei getrennte Dinge betrachtet.«

Für mich ist der cartesianische Dualismus widerlegt und die verschiedenen Formen des Monismus können auch nicht andeutungsweise erklären, was wir beobachten. Damit diskreditieren sie sich selbst. Streng genommen ist auch Spinoza Monist, da er Seele und Leib, anders als Descartes, nicht trennt. Ich fasse seine Vorstellungen aber nicht monistisch auf, da Monisten beides, Leib *und* Seele, entweder als rein materialistisches (wie der englische Mathematiker und Philosoph Thomas Hobbes, 1588–1679 und der französische Arzt und Philosoph Julien Offray de La Mettrie, 1709–1751) oder rein idealistisches Phänomen (Gottfried Wilhelm Leibniz, 1646–1716, Mathematiker und Philosoph, Georg Wilhelm Friedrich Hegel, 1770–1831, Philosoph) betrachten. Dazwischen gibt's nicht viel. Wie Einstein und Spinoza sehe ich aber Seele und Leib in *hybrider* Einigkeit, wie es der doppelgesichtige römische Gott Janus symbolisiert, der gleichzeitig Anfang und Ende, also zwei Gegenpole einer Sache sehen kann; so eben die immaterielle Seele und den materiellen Leib.

Und ich bin das alles nicht, da es Schubladen sind! Leibniz gilt als „geistiger Monist", obwohl er mit seinen Monaden „beseelte Punkte" oder, in Analogie zu Materie, „metaphysische Atome" postuliert, „punktförmige Seelen" in einer unendlich kleinen „physischen Sphäre" aus „besonderer Materie" als Hülle, die, jeweils für sich betrachtet, unvollständig sind. Wie weit weg von Quantentheorie und meinem Weltbild ist das? So stellen alle o. g. Schubladen häufig eine Beziehung zu einem „Gott" her. Was ist das? Das aus dem Indogermanischen stammende „deiwos", das zu „Gott" wurde, stammt vom urindogermanischen „djew" für Himmel ab. Über „Himmelsvater", „djeus pater", das zum griechischen „Zeus" („djeus") und dem römischen „Jupiter" („Diespiter", „Dioupater") wurde, hat es seither einen Bezug zu einem wie auch immer gearteten, menschlichen („Vater") Überwesen im Himmel, der damaligen Grenze des Wahrnehmbaren! Wo aber hört der heute auf? Am Ereignishorizont des Universums!

Allein der Gottesbegriff führt uns Menschen m. E. auf einen falschen Weg. Denn er war und ist in den Jahrtausenden, in denen er herrscht(e), nicht nur nicht zum Vorteil für die Gläubigen, sondern zu ihrem häufig existenziellen Nachteil: Mit „Gott" sind Ungerechtigkeit, Unterdrückung, Unwissenheit, Verfolgung, Krieg, Hunger, Leid(en) und Schmerzen verbunden – und hirnlose Zombies mit standardisiertem Verhalten in seinem Dienst („Gottesdienst"). Frauen und Kinder wurden in Gottes Namen getötet („Gottesurteil"), waren sie seinem Bodenpersonal mit krankhafter Sexualvorstellung suspekt: Hexen. Männer wurden ermordet, wenn deren Weltanschauung nicht der ihren entsprach („Gotteslästerung"): Ketzer. Wir töteten („opfern") Leben, auch menschliches, um „Gott zu gefallen" oder „die Götter zu besänftigen" – und tun das im übertragenen Sinn noch heute: Selbst in unserer modernen, aufgeklärten Gesellschaft werden Inter-,

Trans- oder Homosexuelle auch heute noch diskriminiert. Denn Homosexualität sei, wie von den Religionshütern „interpretiert" und manchem Politiker wiedergekäut wird, widernatürlich und von Gott nicht gewollt. So ein Quatsch! Schauen Sie einmal ohne religiöse Brille in die Natur (z. B. auf Bonobos, die Gott ja auch geschaffen haben soll.) …

Wer nicht an Gott glaubte („Gottlosigkeit"), stand sowieso im Fadenkreuz, wer es tat, wurde belohnt („Gotteslohn")! Wann immer ein Mensch leiden musste – Gott und damit primitive Religion und Kirche („Gottesfürchtigkeit") waren nicht weit weg. Entweder durch aktives Verhalten, wie bei Kreuzzügen, Inquisition und mittelalterlichen Gerichtsverfahren „im Namen Gottes", oder durch passives Wegschauen, wie beim Holocaust. Von den ersten Tagen von Kirche an, wenn z. B. der heutige Heilige, Kirchenvater und Kirchenlehrer Kyrill von Alexandria (380–444), der am 27. (röm.-kath.) Juni bzw. 9. (griech.-orth.) Juli angebetet und verehrt wird, die hoch angesehene, atheistische Philosophin, Mathematikerin, Astronomin und Lehrerin Hypatia (355–416) durch einen aufgeheizten Mob steinigen ließ, weil sie als „Heide" nicht zum Christentum übertreten wollte. So auch heute, wenn der Daesh und andere sich religiös verbrämende Terroristen aktiv werden, die sich auf den Islam und darauf berufen, nach dem Koran „Ungläubige" vernichten zu müssen. Es geschah und geschieht („Missionieren") immer im Namen Gottes und der Religion. Nehmt Terroristen ihren Glauben an Gott, seinen Propheten, Märtyrertum, Jenseits und Jungfrauen, und Daesh, Taliban & Co. hätten ernste Probleme mit der Rekrutierung! »Die Kirche hat den Menschen ein größeres Maß unverdienten Leids zugefügt als irgendeine andere Religion.« William E. H. Lecky (1838–1903), irischer Politiker, Historiker und Publizist. Profitiert haben von Gott und dem von ihm abgeleiteten Weltbild nur die „Religionsvermittler" der jeweiligen Epochen und ihre jeweils regierenden Speichellecker von „Gottes Gnaden" sowie deren Unterstützer – die Inzuchtkaste der jeweiligen Macht. Bis heute!

Aber es gibt eben auch die pantheistische Definition von „Gott", und damit eine im theologischen Sinn von Religion losgelöste. Gott, Seele oder Psyche müssen also nicht zwangsläufig etwas mit Religion und Kirche zu tun haben. So soll der französische Mathematiker, Astronom und Physiker Pierre Laplace (1749–1827) auf die Bemerkung Napoleons: »Newton sprach in seinem Buch von Gott. Ich habe das Ihrige schon durchgesehen und dabei diesen Begriff kein einziges Mal gefunden« geantwortet haben: »Ich habe dieser Hypothese nicht bedurft.«

Und Einstein? »In der jugendlichen Phase spiritueller Entwicklung der Menschheit erschuf menschliche Fantasie Götter nach menschlichem Eben-bild, die durch das Wirken ihres Willens die sich offenbarende Welt be-stimmen oder jedenfalls beeinflussen sollten. Man strebte danach, auf die Stimmung dieser Götter durch Magie und Gebete zum eigenen Vorteil Ein-fluss zu nehmen. In der heutigen Vorstellung von Gott in den religiösen Lehren schlägt sich jenes alte Konzept von Göttern nieder. Dessen ver-menschlichender Charakter zeigt sich beispielsweise im Anruf des Göttli-chen Wesens durch Gebete und das Flehen nach Erfüllung von Wünschen. Sicherlich wird niemand bezweifeln, dass die Vorstellung der Existenz ei-nes wirklich allmächtigen, allseits segenshaften personenhaften Gottes Menschen Trost, Hilfe und Führung spendet; auch ist sie Kraft ihrer Ein-fachheit den meisten unterentwickelten Gemütern zugänglich. Anderer-seits aber hängen dieser Vorstellung selbst entscheidende Schwächen an, die seit Beginn der Geschichte schmerzhaft erfahrbar waren. Und zwar: Wenn dieses Wesen allmächtig ist, ist jedes Ereignis einschließlich aller Ak-tivitäten, jedes Gedanken und jedes Gefühls eines Menschen und seine Er-wartungen auch sein Werk; wie aber ist dann möglich, Menschen für ihre Taten und Gedanken verantwortlich gegenüber einem solchen allmächti-gen Wesen zu halten? Über Bestrafung und Belohnung würde er gewisser-maßen ein Urteil über sich selbst fällen. Wie kann das mit Göttlichkeit und Gerechtigkeit in Einklang gebracht werden, die man ihm zuschreibt?« Was sagt die Kirche zu diesem Widerspruch?

Ich bin, wie Feynman, vielleicht etwas direkter und weniger zurückhaltend als Einstein. Ich frage mich schon immer: Wenn die Seele eines Menschen von Gott kommt, kommt auch die eines pädophilen Täters von ihm. Wenn Gott den Menschen und daher auch ihn liebt, liebt er auch dessen Opfer. Es kann ihn dann nicht unberührt lassen, was ein Täter seinem Opfer an-tut – wir haben ja eine Religion der Moral („Du sollst nicht …"). Ein Tä-ter tut also, was er tut, im Einklang mit Gott – denn Allmacht und Allwis-senheit ermöglichten ihm, das zu verhindern. Und ein Opfer erleidet, was es erleidet, mit Gottes Zustimmung, denn der könnte es abwenden. Weil Gott aber die Taten des Täters nicht gutheißt, wie spätestens Opfern und deren Familien versichert wird, zieht er ihn beim Jüngsten Gericht zur Verantwortung und bestraft ihn, wie junge Frauen in Miniröcken, mit der Hölle. Doch wozu gibt er ihm dann überhaupt erst diese kranke Seele? Er weiß doch, wie das ausgehen wird! Und bestraft er sich dann als Anstifter (von ihm kommt die kranke Seele), Mitwisser (Allwissenheit) und Mittäter (unterlassene Hilfeleistung eines Allmächtigen) auch selbst mit der Hölle? Und, wenn nicht, warum, nicht (→ Moral)? Was sagt die Kirche dazu?

Glauben heißt: Etwas nicht wissen

Sie sehen, nicht nur ich habe Schwierigkeiten mit übersinnlichen Autoritäten. Daher möchte ich Ihnen eine Alternative anbieten, die die materialistische Seite der Medaille Leben ohne Spiritualität und naiver, primitiver oder moralischer Religion und Kirche oder Esoterik komplementiert. Eine, die keinen „Heiligen Geist" und mit ihm verbundene Höhere Wesen und Mischwesen aus Mensch und Gott, die sich einem im Zweifel nicht offenbaren, benötigt. Die sich aber bei Bedarf in ein religiöses, wenn auch komplett anderes Weltbild einbauen lässt. Nur müssten Sie dann selbst etwas dafür tun, denn das will – und kann – ich Ihnen nicht als Convenience Food servieren! Ich ermutige Sie aber im Sinne von Kant, sich einmal darüber Gedanken zu machen. Vielleicht bringt uns das weiter als das Kleben an alten religiösen Zöpfen, die denen nichts bringen, für die da zu sein sie so vollmundig verteidigt und verherrlicht werden: den Gläubigen!

Es gibt also zwei Formen von Glaube: das Nichtwissen, das auf einer von Menschen erdachten Weltanschauung beruht, die auf grundsätzlich nicht beweisbaren Annahmen fußt und niemals an aktuelle Randbedingungen wie hinzugekommenen Erkenntnissen oder veränderten Gesellschaften angepasst wurde und werden soll(te), da die Gefahr bestünde, dass das für sie fatal werden könnte. Denn anders als ein Wissenschaftler, der sich nach der Widerlegung einer These sofort an eine neue machen kann, ohne das Gesicht zu verlieren (Einstein: »Für einen Naturwissenschaftler ist es kein Zeichen von Schwäche, seine Grundsätze zu ändern, wenn sich die Fakten ändern.«), kann der gemeine Kleriker das nicht, ja nicht einmal der Papst: Beide sind dazu verdammt, ein für alle Mal den Glauben zu vertreten und zu verteidigen, den sie aufgrund der für sie geltenden Religion vertreten und verteidigen müssen. Andernfalls würden sie bestenfalls unglaubwürdig, schlimmstenfalls ein Fall für Hölle und Verdammnis.

Dieser einer *Glaubenschaft* entspringende Glaube steht und fällt mit der Nichtbeweisbarkeit seiner Inhalte. Er ist reiner Selbstzweck und dient primär nur den Glaubenshütern, die damit ihre Existenz sichern. Die ist umso sicherer, je unbeweisbarer alles bleibt. Ziel ist und muss daher sein, Erkenntnisse zu verhindern, insbesondere jene, die das Glaubensgebäude erschüttern könnten – daraus resultieren die beobachtbare Wissenschaftsfeindlichkeit aller Religionen und das vehemente Festhalten an überkommenen Vorstellungen ungebildeter Gesellschaften. Daher war es wichtig, wenn auch letztlich umsonst, Galileo zum Widerruf zu zwingen und Bruno zu töten; denn die haben das geozentrische Weltbild und damit Gott und den Menschen (in dieser Reihenfolge) als Zentrum des Universums infrage gestellt. Das ist bei allen aus der Vergangenheit tradierten Religionen ebenso der Fall wie bei aktuellen sektiererischen und religiös verbrämten Strömungen. Es ist der Glaube um des Glaubens willen.

Und es gibt das Nichtwissen, das zwar auch auf einer von Menschen erdachten Weltanschauung beruht, die sich aber ihrerseits auf zumindest theoretisch überprüfbare Hypothesen und objektive Methoden stützt (denken Sie an Einsteins Relativitätstheorie! Es könnte ein wenig dauern, bis „Beweise" erbracht werden können). Es berücksichtigt nicht nur neue Erkenntnisse und Veränderungen und passt sich damit an neue Situationen an, sondern fordert dies geradezu. Es ist unabhängig von Gesellschaften mit ihren Regeln und ihrer jeweiligen Moral. Ein naturwissenschaftlicher Ansatz, bei dem mögliche negative Erkenntnisse nicht nur nicht ignoriert, sondern herausgefordert werden, weil man sich so nach Einstein, keine noch so große Zahl von Experimenten könne beweisen, dass man recht hat, ein einziges aber, dass man unrecht hat, die Arbeit erheblich erleichtern kann, zu entscheiden, ob eine Hypothese stimmt oder nicht: Wenn ein Beweis erbracht wurde, dass es nicht so sein kann, wie gedacht, braucht man nicht Dutzende bis Hunderte Hinweise, dass es so sein könnte. Hier entspringt der Glaube *Wissenschaft* und ist das Nichtwissen bis zu einer nachprüfbaren Erkenntnis – ein vollkommen entgegengesetzter Ansatz, der darin besteht, Glauben so schnell wie möglich in Wissen umzuwandeln und ihn so überflüssig zu machen – mit allen Konsequenzen bis hin zur Widerlegung der Weltanschauung selbst. Also der Glaube um der Erkenntnis willen.

Der jeweilige Gläubige bekommt hoffentlich in beiden Fällen das, was er sucht: Antworten auf Fragen, die ihm Wissenschaft (noch) nicht geben kann. Wenn ihm dabei die Antworten genügen, die ihm die Kirchen geben (können), es für sein Seelenheil wichtig ist, mögliche Schuld, und sei sie auch nur in den Augen der Kirche gegeben (z. B. vor- oder außerehelicher Sex), über eine Absolution loszuwerden und auf den Garten Eden zu hoffen, mag er bei den Religionen dieser Welt an der richtigen Adresse sein: Sie liefern wie Populisten klare, einfache Antworten und schablonenhafte Handlungsweisen, über die man nicht weiter nachdenken muss. Spirituelles Convenience Food, das XXL-McBurger-Menu der Religiosität. Ob das dann alles stimmt oder nicht, ist vollkommen egal. Der einfache, durchaus legitime Weg, der lediglich vergisst oder verdrängt, dass der Garten Eden eventuell nicht existieren könnte. Was dann? Umsonst gelitten!

Wer sich aber nicht schuldig fühlt oder fühlen und nicht dumm gehalten werden will, nicht mit vorgefertigten Weltbild- und Verhaltensbausteinen zufrieden ist, nach Einstein notfalls lieber lahm als blind sein und wirklich Sinn in und Verständnis von seine(r) Seele (und nicht nur der) bringen/haben möchte, muss selbst kochen, was zwar anstrengender und zeitaufwändiger, aber sowieso gesünder ist. Ein paar Zutaten kann er z. B. hier bekommen. Kochen muss er aber selbst! Wer dazu bereit ist, den lade ich ein, einmal eine andere, Einsteins kosmischer Religion sehr nahestehende Weltanschauung kennenzulernen. Sie ist einfach, denn sie setzt nur auf drei fundamentale, natürliche Prinzipien: Selbstähnlichkeit, Superposition und Verschränkung. Er wird (im Epilog) sehen: Er braucht nicht auf bekannte Begriffe wie „Gott" und „Seele" verzichten, wenn er nicht mag, wenn sie auch eine neue Bedeutung bekommen werden. Und er kann sicher sein, dass diese Weltanschauung nicht im Widerspruch, sondern in voller Harmonie mit Naturwissenschaft steht; denn sie ist aus ihr erwachsen.

Quantenphysik – Die Basis allen Seins

Zwei dieser fundamentalen Prinzipien, Superposition und Verschränkung, sind Phänomene, die wir als Ergebnis von Bemühungen zur Lösung eines Problems erkannt haben, das Wissenschaftlern lange Zeit ziemliche Kopfschmerzen bereitet hatte: Ist ein Elektron eigentlich eine Welle oder ein Teilchen? Dafür war es erforderlich gewesen, eine Theorie zu entwickeln, an der zwar auch heute noch herumgebastelt und gefeilt wird, die aber inzwischen gut genug untermauert werden konnte, dass sie wie die Relativitätstheorie aus unserem modernen Verständnis von der Welt nicht mehr wegzudenken ist.

Treten wir also zunächst in die mikroskopische Welt subatomarer Phänomene ein, die Quantenphysik. Was hier abläuft, ist nicht nur die Grundlage dessen, wie unsere Welt (nach heutiger Vorstellung; daran muss man zurzeit noch zu einem großen Teil glauben!) tatsächlich funktioniert, sondern auch Grundlage der Erklärung einer Welt ohne Religion im kirchlichen Sinne und Kirche selbst. Wenn ich im Folgenden von Quantenphysik reden werde, habe ich durchaus im Hinterkopf, dass zurzeit an einer Quantengravitation gebastelt wird, die versucht, die Relativitätstheorie (mit der Schwerkraft) in die Quantenphysik (mit den drei anderen Grundkräften der „großen vereinheitlichten Theorie", GUT: grand unified theory) zu integrieren; Ziel: die „Weltformel" (theory of everything). Solange es die aber noch nicht gibt und da die Einbindung der Relativitätstheorie in die Quantenphysik und ihre Phänomene und daher mein Weltbild höchstens im Detail etwas ändern wird, werde ich weiterhin mit ihr argumentieren.

Im Folgenden werde ich häufig auf Platon und sein Höhlengleichnis, das ich Ihnen an anderer Stelle versucht habe näher zu bringen, Bezug nehmen, da es die Situation trefflich veranschaulicht. Um es noch einmal kurz in Erinnerung zu bringen: Platon beschreibt die Welt als Höhle, in der wir Menschen uns aufhalten und die wir nicht verlassen können. Fixiert an zwar (wie ich aufgrund der Persistenz der Höhlenbewohner, an dieser Situation festzuhalten, hinzufüge) sehr bequeme, jedoch nur sehr eingeschränkt Bewegung zulassende Sitzgelegenheiten ist unser Blick ausschließlich auf die Höhlenwand vor uns gerichtet. Ihr gegenüber, sich unserem Blick aufgrund der Fesselung grundsätzlich entziehend, ist die Öffnung der Höhle nach draußen. Dort werden Objekte von unsichtbaren Trägern herumgetragen. Ein Feuer, das sich hinter diesen Trägern befindet, wirft nun Schatten dessen, was vor der Höhle passiert, auf die uns sichtbare Höhlenwand. Heute würden wir simpel sagen, dass da Menschen eine PowerPoint-Präsentation mit Bildern und Schlagworten dessen, was präsentiert werden soll, über sich ergehen lassen. Was sie da sehen, sind nicht die Inhalte dessen, was präsentiert werden soll, sondern nur „bullet points" – Schatten der Inhalte! Übrigens: Auch Kant vertrat, wie Platon, die Ansicht, dass wir ein „Ding an sich", also die vom Verstand eines Menschen unabhängige Sache („an sich"), nicht erkennen könnten, sondern aufgrund der individuellen, eingeschränkten Wahrnehmung nur eine subjektive Erscheinung davon („für uns").

Platon setzt die Geschehnisse vor der Höhle mit der „realen Welt" gleich und will mit diesem Gleichnis zeigen, dass wir aufgrund unserer Fesseln, unserer beschränkten Wahrnehmungsmöglichkeiten, nicht die Realität selbst betrachten (können), sondern nur eine „virtuelle" Welt bestehend aus den Schatten, die die Objekte werfen. Ich spreche oft von Filtern, durch die wir die reale Welt betrachten und die dadurch virtuell wird – ein analoges Bild, das lediglich auf den Vorgang der Wahrnehmung ausgerichtet ist, also, um im Bild zu bleiben, wie es zu den Schatten kommt, als auf das Ergebnis, die Schatten selbst, wie bei Platon. Beide Metaphern ergänzen sich. Wissenschaft, die wir durch die Betrachtung dieser Schatten betreiben, und mehr können wir durch unsere „Fixierung" nicht, ist so Platons „Wissenschaft der Schatten" – eine Schattenwissenschaft, wie ich sie häufig bezeichne. Obwohl diese zwar die Schatten zu einem großen Teil korrekt beschreiben kann (aber wie beim geozentrischen Weltbild nicht vollständig, vgl. die „Planetenschleife", die zwar helio- nicht aber geozentrisch erklärbar ist), nicht aber die zugrundeliegende Realität, können wir diese nur erkennen, wenn wir unsere Fesselung lösen und uns der rückwärtigen Seite der Höhle und dem, was außerhalb von ihr passiert, zuwenden. Tun wir das einfach einmal!

Vor der Höhle erwarten uns Quantenphysiker und zeigen uns, dass es neben der klassischen Betrachtungsweise der „Welt der Schatten" eine nicht-klassische gibt, in der die Objekte selbst sichtbar sind und beobachtet werden können und sich alles ganz anders verhält. Makroskopisch (Schatten-welt!) kennen wir z. B. ein Vakuum – die gänzliche Leere, die Abwesenheit von allem (Materiellen). Wir können es zwar (noch) nicht perfekt, so perfekt wie die Natur herstellen (1 Molekül pro ml im Vakuum des Universums), aber doch schon sehr nahe daran (10^4 Moleküle gegenüber 10^{19} in der Luft auf Meereshöhe). Wir können nun zeigen, dass es wirklich praktisch nichts mehr enthält. Klassisch ist die Sache also klar: Das Vakuum ist – nichts! Bloßer Raum ohne jeden Inhalt. (Wer jetzt einwirft, da könnte ja noch blanke Energie im ansonsten leeren Raum sein, hat zwar recht, überschreitet aber bereits die Schwelle zum Nicht-Klassischen, da damit schon die Quantentheorie ins Spiel kommt!)

Quantenphysikalisch aber, also draußen vor der Höhle, gibt es diese Leere nicht! Subatomare und damit klassisch nicht erfassbare, unsichtbare Schatten werfende Strukturen mit und ohne Masse, die man in der Höhle nur an ihrer Wirkung erkennt, entstehen dort in gigantischer Menge spontan und verschwinden ebenso spontan wieder – unvorhersehbar! Das Vakuum und damit auch das gesamte Weltall ist vor der Höhle ein brodelnder Haufen von subatomarer Energie – man spricht von Vakuum- oder Nullpunktsenergie, der, nach Einstein, Masse und damit Materie zugeordnet werden kann. Diese Energie ist so gewaltig, dass sie die Fähigkeit hätte, das gesamte Weltall zu zerreißen, würde sie nicht von Phänomenen daran gehindert, die heute Ziel heftiger Forschungsaktivitäten sind.

Auch Dunkle Materie und Dunkle Energie, denen (Astro-)Physiker zurzeit nachjagen, sind Phänomene, die mit klassischer Physik nicht erklärbar sind. Aber sie sind, wenn derzeit auch nur indirekt, nachweisbar da! Und wie: Immerhin machen diese beiden Phänomene nach heutiger Erkenntnis 95 % des Universums aus – 72 % in Form von Energie und 23 % als Materie. Nur 4,6 % sind klassisch „helle" Materie, also mit unseren aktuellen wissenschaftlichen Erkenntnissen erklärbar, und nur 0,4 % „helle" Energie in Form elektromagnetischer Strahlung. Unsere klassische Physik, die Schattenwissenschaft, kann also nur 5 % unserer Welt erklären – 95 % nicht! Klingt das wirklich danach, dass wir mit ihr auf der richtigen Spur sind? Zeugt das von großem Wissen? Sind wir also nicht eher der Zauberlehrling der Natur als ihr Meister, als den wir uns doch so gerne sehen?

Zugegeben: Wir sind mit klassischer Wissenschaft auf dem Mond gelandet, haben Supercomputer gebaut und sind recht mobil geworden inklusive mobilen Informationsaustauschs mittels niedlich kleiner Geräte, die vor 40 Jahren noch Turnhallen füllten und doch nur einen Bruchteil konnten – was wir heute also klassisch wissen, kann so falsch nicht sein! (Wobei gerade die Miniaturisierung in der Datenverarbeitung nicht auf klassisch-physikalischen Effekten basiert!) Aber die meisten Phänomene am Himmel konnten im Mittelalter auch mit dem geozentrischen Weltbild zumindest so gut erklärt werden, dass die Menschen damals zufrieden waren. Dennoch war und ist es falsch! Ist also die klassische Sicht auf unsere Welt nur deshalb richtig, weil wir mit ihr bisher alles für uns zufriedenstellend erklären konnten?

Klare Antwort: Ja! Aber sie wird weiterhin Bedeutung und Berechtigung haben – solange wir analog zur Relativitätstheorie nicht in Bereiche kommen, die nicht oder nur ungenügend klassisch beschreibbar sind: an oder über die Grenze zum Subatomaren hinaus. Das aber wird zunehmend schwerer, wie Miniaturisierung und Nanotechnologie zeigen. Klassische Physik ist, wie wir noch sehen werden, eine Folge unzähliger mikroskopischer, nicht-klassischer Phänomene, die sich als Gesamtwirkung aufgrund ihrer großen Zahl und sich „ausmittelnder" Einzelwirkungen so darstellt, dass sie makroskopisch klassisch beschrieben werden kann. Mit anderen Worten: Klassische Naturwissenschaft ist die abstrakte, statistische Beschreibung realer, nicht-klassischer Phänomene.

Unsere makroskopische Welt ist also nur deshalb klassisch ausreichend genau und künftig durch weitere Forschungsergebnisse vielleicht noch etwas genauer beschreibbar, weil eine sehr große Anzahl gleicher Ereignisse überlagert betrachtet werden. Nehmen Sie Skifahrer: Nach Neuschnee zeigt sich die Abfahrt des ersten Skifahrers als häufig ästhetische Spur, die sich aufgrund des „Wedelns" um dessen „Falllinie" schlängelt, den Weg von der Berg- zur Talstation. Am Ende des Tages aber sehen Sie diese Spur nicht mehr. Weil Hunderte und Tausende Skifahrer den gleichen Weg genommen haben, nicht aber in der ersten Spur geblieben sind, verlief deren Pfad jeweils leicht anders – ausladender oder höher frequent beim Wedeln. Was nun beobachtbar ist, ist eine breite Piste, die die breite „Fallstraße" nicht eines sondern sehr vieler Fahrer repräsentiert. Sie kann man analysieren, in Formeln packen und dann wofür auch immer verwenden, z. B. wo die Pistenraupe aktiv werden muss.

Statistik mittelt also, wie am stochastischen ("zufälligen") radioaktiven Zerfall deutlich sichtbar wird, Zufall und Wahrscheinlichkeit aus – Prinzipien, die in der Quantenphysik eine wesentliche Bedeutung haben, in der klassischen aber vollkommen bedeutungslos, ja sogar unbekannt sind (Stochastik, gr. στοχαστικὴ τέχνη [stochastike techne]: Kunst des Erratens). Solange wir uns also nicht Phänomenen nähern, die nicht-klassisch, also mittels Quantenphysik und/oder Relativitätstheorie erklärt werden müssen, haben wir ein ganz gutes Wissen, selbst wenn nur 5 % der Phänomene damit erklärt werden können. Denn auf diese kommt es offenbar im Alltag, hier bei uns auf der Erde, an! (Doch dürfen uns die „restlichen" 95 % nicht egal sein, weil wir vielleicht, wir werden das noch sehen, daraus Nutzen ziehen können – auch im Alltag, siehe Miniaturisierung! Daher musste das geozentrische Weltbild zerstört werden, wenn wir zu Mond und Mars wollten und wollen – zu welchem Zweck auch immer.)

Bereits hier zeigt sich eine Parallele zur Medizin: Fällt Ihnen bei klassischer Physik und ihren Grenzen nicht auch die Schulmedizin mit ihren Grenzen ein? Auch hier zeigt sich das Prinzip der Selbstähnlichkeit: Medizin funktioniert mit heutigem Wissen nur, weil eine statistische Auswertung von Beobachtungen möglichst vieler individueller Verläufe gewisse Gesetzmäßigkeiten nahelegt und Zusammenhänge vermuten und makroskopisch (schulmedizinisch) fassen lässt, die sich in Wirklichkeit, individuell betrachtet, ganz anders darstellen können. Denn die auftretenden Phänomene können zwar, wovon bis heute ausgegangen wird, klassisch beschreibbarer Natur sein. Nachgewiesen wurde das aber nie, da wir die Alternative, es könnte sich um nicht-klassische Phänomene handeln, bislang nicht in Erwägung gezogen haben. Wie beim radioaktiven Zerfall wird also bei Betrachtung einer großen Menge von Patienten diese makroskopische Herangehensweise *statistisch* Erfolg haben, nicht aber zwingend im Einzelfall! So wie es sehr wahrscheinlich ist, das jemand den Jackpot gewinnt, aber sehr unwahrscheinlich, dass ausgerechnet Sie es sind. Denn bei mikroskopischer Betrachtung spielen Phänomene und Voraussetzungen eine Rolle, die eben im Einzelfall nicht vernachlässigt werden dürfen und extrem individuell sind. In der Physik der Zufall – in der Medizin die Psyche?

Medizin ist damit, heute, eine „Wissenschaft der großen Mengen an Schatten", je größer, desto sicherer, weil die individuelle Psyche so umso besser ausgemittelt wird. Wenn sie, was alle wollen, individualisiert werden soll, muss sie sich daher von einer makroskopischen Sichtweise trennen. Sie muss sich zu einer Medizin weiterentwickeln, einer „Quantenmedizin". Ob sich diese hier „Psychzin" genannte Form in den heute schon bedeutenden und immer bedeutsamer werdenden Alternativen Naturmedizin, Evolutionsmedizin u. v. a. manifestiert, weiß ich nicht; diese gehören jedenfalls m. E. dazu. Was ich aber weiß, ist, dass die Psyche sicherlich eine bedeutendere Rolle als bislang wird einnehmen müssen! Die Trennung von Schulmedizin und Psychologie ist ebenso unsinnig wie die zugrundeliegende Trennung von Körper und Geist oder Welle und Teilchen als zwei eigenständige Phänomene!

Unser ICH ist da! Aber es hat nichts mit den Autopiloten zu tun, die uns wie extrem weit entwickelte Roboter oder Zombies in unsere Umwelt integrieren – oder besser: nur indirekt. Es hat nichts mit Spiritismus und einem wie auch immer gearteten Gott zu tun, es sei denn, dieser Gott stellt die Quantenphysik dar. Es ist ein Ergebnis von Prozessen, an die wir bislang nicht gedacht haben (u. a. weil uns Religion, besser: Kirche, diese Sichtweise zu entwickeln verweigert hat). Dabei müsste jeder, der von Erkenntnissen der Zwillingsforschung erfahren und von Quantenmechanik gehört hat, eigentlich darauf gekommen sein. Doch manchmal scheint die Lösung so deutlich zu sein, dass man sie wie den sprichwörtlichen Wald vor lauter Bäumen nicht sieht.

Mich hat neben dem Welle-Teilchen-Dualismus mit seiner Superposition ein weiteres Phänomen ins Grübeln gebracht, das man als „Quantenverschränkung" bezeichnet. Auch wenn Sie es für extrem fraglich oder unglaubwürdig halten: Das Phänomen als solches ist wissenschaftlich nachgewiesen, und Anwendungen in Form von ersten „Quantencomputern"[28] oder Verschlüsselungssystemen zur Informationsübertragung[29] werden derzeit entwickelt. Es ist das dritte Phänomen, das wir zu einer naturwissenschaftlichen Erklärung von Geist, Seele und Psyche benötigen.

Um es verstehen zu können, müssen wir zunächst ein Elektron etwas genauer betrachten. Der Grund: Man muss schon ziemlich dicke Tomaten auf den Augen haben, wenn man nicht prinzipielle Analogien zwischen dem cartesianischen Dualismus von Seele und Leib und dem Welle-Teilchen-Dualismus des Photons oder des Elektrons sieht. Ich wähle hier das Elektron, da es Masse besitzt („Körper"), während das Photon seit dem schottischen Physiker James Clerk Maxwell (1831–1879) eher für eine Welle (masseloses „Licht") gehalten wird, obwohl Einstein dessen Teilchencharakter durch den oben bereits genannten Photoelektrischen Effekt nachweisen konnte. Das Elektron steht daher eher als Metapher für das cartesianische Materielle, den „Körper", das Photon für das Immaterielle, die „Seele". Da die Phänomene bei Materie umso erstaunlicher sind, wähle ich im Folgenden das Elektron zur Darstellung.

Das Elektron als Welle

Das Elektron ist tatsächlich ein schönes Beispiel für dieses schizophren anmutende Phänomen „beseelte" Materie: Denn es zeigt seinen jeweiligen Charakter aufgrund der Art, *ob und wie wir es beobachten*. Ja, sie haben richtig gelesen! Wenn wir das berühmte Doppelspaltexperiment heranziehen, das 1802 vom englischen Augenarzt und Physiker Thomas Young (1773–1829) mit Licht durchgeführt wurde, allerdings auch mit Elektronen und Protonen funktioniert und heute in einem naturwissenschaftlichen Studium in den ersten Semestern Teil jeder physikalischen Experimentalvorlesung ist, kommt es offenbar darauf an, ob man als Betrachter versucht, zu ermitteln, durch welchen der beiden Spalten das Elektron geht (Abbildung 3) oder nicht.

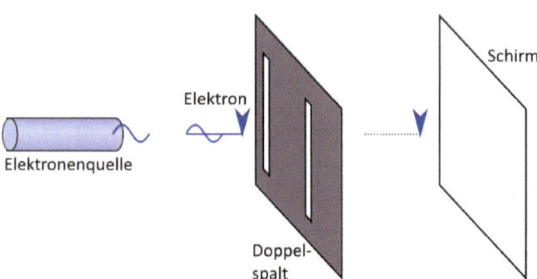

Abbildung 3: Schematische Darstellung des Young'schen Doppelspaltexperiments.

Bei diesem Versuch sendet eine Elektronenkanone (links) Elektronen auf einen Schirm (rechts). Auf dem Weg dorthin werden sie durch eine undurchlässige Blende aufgehalten, die zwei eng beieinander liegende Spalten, einen „Doppelspalt", enthält, durch den Elektronen, die sich auf entsprechenden Bahnen bewegen, passieren können. Nachgewiesen werden sie und der Ort, an dem sie nach der Passage auf dem Schirm auftreffen, z. B. durch Schwärzung eines lichtempfindlichen Films auf dem Schirm. Führt man nun das Experiment durch, erscheint dort ein „Beugungsmuster" aus hellen und dunklen Streifen (Abbildung 4, links).

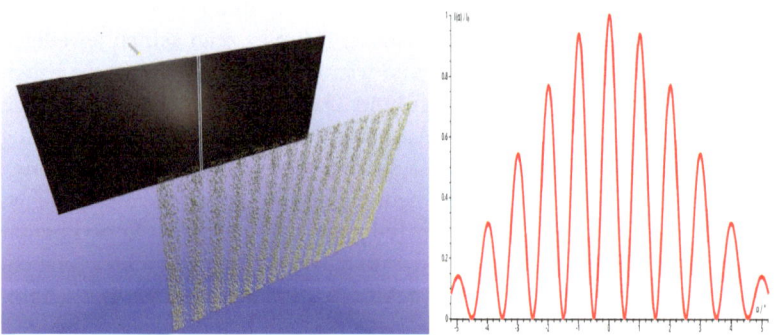

Abbildung 4: Nachweis des Wellencharakters des Elektrons. Erläuterung siehe Text.

Es entspricht dem, was wir z. B. aus der Optik her kennen, wenn sich zwei Lichtwellen überlagern, muss also auf einer Wellennatur des Elektrons beruhen und stellt Orte mit hoher oder niedriger bis keiner Anzahl von Auftreffpunkten nach der Passage dar. Das Elektron verhält sich hier also offenbar wie eine Lichtwelle und passiert, so unwahrscheinlich es klingen mag, beide Spalten gleichzeitig, an denen es jeweils eine sekundäre Welle erzeugt, die sich dann kreisförmig von den Spalten in Richtung Schirm ausbreiten, dabei überlagern und so Bereiche bilden, an denen sie sich verstärken (hohe Schwärzung) oder gegenseitig auslöschen (keine Schwärzung). Das nennt man Interferenz.

Sie können sich das vielleicht besser vorstellen, wenn Sie eine Wellenfront betrachten, die entsteht, wenn an der Küste oder an einem See ein Schiff vorbei fährt, und sie auf ihrem Weg ans Ufer durch zwei eng beieinander-stehende Lücken zwischen den Bohlen eines Wellenbrechers oder ähnlichen Hindernisses beobachten: Dahinter werden Sie die Überlagerung zweier Wellen sehen können, die durch den Doppelspalt aus der einzelnen Welle entstanden sind, und Stellen mit maximaler und minimaler Amplitude ausbilden – besagte Interferenz. Abbildung 5 zeigt diese Situation in einem Laborexperiment.

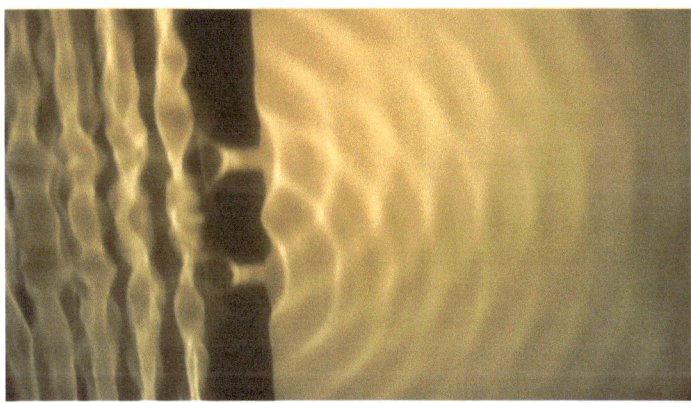

Abbildung 5: Interferenz von Wasserwellen am Doppelspalt. Die von links kommende Welle wird durch eine Blende mit Doppelspalt aufgehalten. Durch diese beiden Spalte „zwängt" sie sich nun und erzeugt so zwei sekundäre Wellen, die sich hinter den Spalten kreisförmig ausbreiten. Dabei überlagern sie sich und bilden Bereiche, an denen sie sich verstärken (helle Wellenkämme und dunkle Wellentäler). Die Orte, an denen sich beide Wellen auslöschen, bilden die von den Spalten weg führenden Linien. Sie führen zu den Bereichen in Abbildung 4, an denen keine Schwärzung des Films auf dem Schirm erfolgt.

In Abbildung 4 sehen Sie auf der linken Seite die dunkelgrau dargestellte Wand mit dem Doppelspalt, die von hinten aus der nur angedeuteten Elektronenkanone bestrahlt wird. Davor zeigt sich dann auf einem (hier durchsichtigen) Schirm das entstehende Interferenzmuster, dessen Schwärzungsgrad (Intensität) rechts dargestellt ist und die Wahrscheinlichkeit angibt, am jeweiligen Ort auf dem Schirm aufzutreffen. So gibt es offenbar Stellen auf dem Schirm, an denen wegen Interferenz und der dadurch bedingten Auslöschung der am Doppelspalt entstandenen Wellen nichts auf dem Schirm auftreffen kann und daher nichts nachweisbar ist, an anderen Stellen wegen der Verstärkung sehr viel. Was im Bild links also leider nicht ersichtlich ist, ist, dass diese grauen Streifen gemäß der Intensitätskurve rechts unterschiedlich intensiv grau sind: in der Mitte am intensivsten, an den Rändern am geringsten.

An Platons Höhlenwand unserer klassischen Physik sehen wir also als Ergebnis der Aktivität des Schattens „Welle" des vor der Höhle befindlichen Objektes Elektron ein Interferenzmuster. (Wer nun auf die Idee kommen sollte, dass das ein Phänomen der Überlagerung der Wellen mehrerer Elektronen des Strahls ist, irrt! Das gleiche Bild ergibt sich auch, wenn Sie Elektronen so vereinzelt auf die Reise schicken, dass sie sich nicht überlagern können. Sie müssen den Film auf dem Schirm dann nur analog einer Fotokamera bei schlechten Lichtverhältnissen länger belichten. Die Zahl der Elektronen im Strahl hat also nur Auswirkungen auf die Intensität des Musters, nicht aber auf das Muster selbst.)

Youngs Experiment entschied also fürs erste den Streit unter Fachleuten, ob Licht nach der auf den niederländischen Astronom, Mathematiker und Physiker Christiaan Huygens (1629–1695) zurückgehenden Wellentheorie eine Welle oder nach Newtons Korpuskulartheorie ein Teilchen ist. Die Ergebnisse der Versuche, das Young'sche war nur eines von vielen, ließen keinen Zweifel mehr zu: Welle! Gäbe es da nicht den Methodischen Zweifel nach Descartes.

Das Elektron als Teilchen

Zu Recht! Dem gegenüber standen nämlich Versuche wie die des französischen Physikers Alexandre Edmond Becquerel (1820–1891) und des deutschen Physikers Heinrich Rudolf Hertz (1857–1894). Beim Becquerel-Effekt von 1839 wird eine Spannung zwischen in eine Elektrolyt-Lösung getauchten Elektroden gemessen, wenn man eine davon mit UV-Licht bestrahlt: Es fließt ein Strom. Das war nur erklärbar, wenn die Photonen des UV-Lichts Elektronen aus der Oberfläche der bestrahlten Elektrode schlagen, die dann für die Stromleitung verantwortlich waren: Licht kann keinen Strom leiten! Hertz bestätigte dies in einem anderen Experiment 1886, als er eine der Elektroden einer Funkenstrecke mit UV-Licht bestrahlte. Viele andere Forscher führten weitere, diese Ergebnisse bestätigende Experimente durch. Ein Elektron aus einem Atom schlagen konnte nach damaliger Vorstellung aber nur ein Teilchen! Einstein höchstpersönlich zeigte dann hundert Jahre nach Young 1905 über den Photoelektrischen Effekt, dass Photonen wie Elektronen in der Tat Teilchen sein müssen. Dafür erhielt er, wie gesagt, den Nobelpreis.

Die Verblüffung war groß: Photonen können Teilchen sein, Elektronen Wellen? Aber eben auch, ebenfalls nachgewiesen: Photonen sind Wellen, Elektronen Teilchen – wie konnte dieser Widerspruch erklärt werden? Der franz. Physiker Louis-Victor de Broglie (1892–1987) tat es, indem er 1924 „Materiewellen" postulierte und so Teilchen Welleneigenschaften verlieh: Der Welle-Teilchen-Dualismus war geboren! Er ließ die Forscher nicht ruhen!

Beim Young'schen Experiment beobachtet man lediglich die Wirkung der Elektronen nach der Passage des Doppelspaltes, wenn sie auf dem Schirm auftreffen. Dabei war der Weg, den sie gegangen sind – linker oder rechter Spalt oder beide – nicht von Interesse. Es klingt lächerlich, ist aber so: Unbeobachtet, wie sie dahin gekommen sind, wohin sie gekommen sind, auf den Schirm, können Elektronen *und* Photonen ihre „natürliche Natur" zeigen: als Welle.

Wenn nun aber Elementarteilchen neben Wellen auch Teilchen sind, müsste man sie bei der Passage eines der beiden Spalten beobachten können, da sie sich ja, als Elementarteilchen, nicht teilen können. Also variierte man den Young'schen Versuch, indem man Detektoren einbaute, die eine Passage durch einem bestimmten Spalt nachweisen konnten. Das allerdings hatte weitreichende Konsequenzen! Denn nun verschwand das Interferenzmuster auf dem Schirm, und es zeigte sich stattdessen ein „Schrotschussbild", das der klassischen Erklärung des Verhaltens eines Elektrons als Teilchen entspricht (Abbildung 6)!

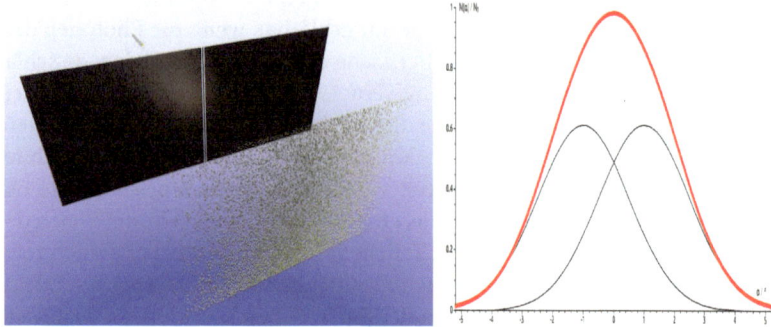

Abbildung 6: Nachweis des Teilchencharakters des Elektrons

Sie können sich vorstellen, wie baff und skeptisch man war! Welle und dennoch Teilchen? Kaum glaubhaft. Aber das ist Wissensschaft: Es geht nicht darum, was wir annehmen oder wollen, sondern was ist und beobachtet wird! Die Ergebnisse sprachen für sich. Auf dem Schirm zeigte sich nun ein Muster wie nach einem Schuss mit einem Schrotgewehr: In der Verlängerung der Bewegungsrichtung des Strahls vor der Blende fand man auf dem Schirm dahinter „Einschläge" mit einem typischen Streumuster an den beiden Seiten. Die ermittelte Intensität ist wieder im rechten Teil der Abbildung als rote Kurve dargestellt.

Eine genauere Analyse zeigte, dass diese Intensitätskurve die „Hüllkurve" zweier identischer Kurven (grau dargestellt) ist, die entsteht, wenn man diese beiden Einzelkurven aufsummiert. Es sind die Intensitätskurven, die jeder der beiden Spalten einzeln erzeugt. Man erhält sie, wenn man den jeweils anderen Spalt abblendet. Sie bilden deshalb nicht scharfe Linien, was man ja zunächst erwarten würde, weil die Elektronen als Teilchen teilweise an den Rändern der Spalten gestreut werden – so wie Billardkugeln abgelenkt werden, wenn sie der Bande zu nahe kommen. Das bedeutet: Hier mussten die Elektronen tatsächlich durch einen bestimmten Spalt gegangen sein; und das beobachtete Muster entstand durch eine Überlagerung der Muster zweier Spalten auf dem Schirm.

Zusammengefasst beobachtet man hier also an unserer Höhlenwand der klassischen Physik das durch Streuung entstandene Schrotschussmuster als Ergebnis der Aktivität des Schattens „Teilchen" des Objekts Elektron vor der Höhle. Auch hier liefert die Menge der Elektronen nur ein intensiveres Muster – die Streuung kommt also nicht durch Stöße von Teilchen untereinander zustande.

Ich glaube, die beiden Abbildungen sprechen Bände, die Unterschiede sind offensichtlich und eindrucksvoll: Wenn wir zunächst nur die jeweiligen „Hüllkurven" betrachten, gibt es so gut wie keinen Unterschied: Es sind beides Glockenkurven, die ihr Maximum an der gleichen Stelle haben. Im Falle der Interferenz aber ist diese durch Bereiche mit geringer oder keiner Trefferzahl unterbrochen, andernfalls nicht. Genau das ist, was man lange nicht verstand und hinnehmen („glauben") musste, weil es für beide Fälle unzählige experimentelle Nachweise, aber keine plausible Erklärung gab. Kirche würde hier von der wundersamen Wirkung Gottes sprechen, die für uns unergründbar ist. Nicht zu vergessen: Es ist beide Male das gleiche Objekt vor der Platon'schen Höhle, das die unterschiedlichen Schatten und ihre Aktivitäten an der Höhlenwand erzeugt: das Elektron (oder Photon)! Es dauerte nach Young noch 130 und nach Einstein immerhin noch 30 Jahre, bis die Quantenmechanik aus Glauben Wissen machen und die Zusammenhänge erklären konnte.

Ja was denn nun: Der Welle-Teilchen-Dualismus

Ein Objekt – zwei platonische Schatten an der Höhlenwand? Feynman meinte dazu: »Als man Elektronen entdeckte, verhielten sie sich exakt wie Teilchen oder Geschosse, sehr einfach. Weitere Forschungen, z. B. Versuche zu ihrer Beugung, zeigten, dass sie sich wie Wellen verhielten. Mit der Zeit entstand zunehmend eine Verwirrung, wie es sich tatsächlich verhält – Welle oder Teilchen, Teilchen oder Welle? Alles deutete auf beides. Die wachsende Verwirrung wurde 1925 oder 1926 mit dem Einzug der korrekten Gleichungen in die Quantenmechanik aufgelöst. Seitdem wissen wir, wie sich Elektronen und Licht verhalten. Aber wie kann man das nennen? Sagte man, sie verhielten sich wie Teilchen, erzeugte man einen falschen Eindruck; ebenso, sagte man, sie verhielten sich wie Wellen. Sie verhalten sich in ihrer eigenen. unnachahmlichen Weise, die man aus technischer Sicht ›quantenmechanisch‹ nennen könnte. Sie verhalten sich wie nichts, was man zuvor wahrgenommen hat. Unsere Erfahrung mit Bekanntem ist unvollständig. Das Verhalten von Dingen auf sehr kleinen Skalen ist schlichtweg anders. Ein Atom verhält sich nicht wie ein schwingendes Gewicht an einer Feder. Ebenso wenig wie eine miniaturisierte Ausführung des Sonnensystems mit kleinen Planeten, die es in Umlaufbahnen umkreisen. Es offenbart sich auch nicht als irgendeine einen Kern umgebende Wolke oder ein Nebel. Es verhält sich vollständig anders als alles, was man zuvor wahrgenommen hat. Es gibt [aber] zumindest eine verständliche Vereinheitlichung. Elektronen verhalten sich unter dem Aspekt, dass beide in exakt der gleichen Art und Weise grotesk sind, exakt wie Photonen. Das Problem ist in Wahrheit psychologischer Natur und besteht in der ewigen Qual, sich zu fragen ›Wie kann das sein?‹, der Reflexion über das grenzenlose, vollkommen aussichtslose Verlangen nach Vertrautem.« Es liegt also in unserer Natur, alles erklären zu müssen. Wenn wir das mit unseren eingeschränkten Wahrnehmungsmöglichkeiten und dem resultierenden, beschränkten Verstand nicht können, brauchen wir unseren Glauben – auch in der Wissenschaft.

So fährt Feynman fort:»Ich denke, man kann mit ziemlicher Sicherheit sagen, dass niemand Quantenmechanik versteht. Nehmen Sie also den Vortrag nicht zu wichtig, indem Sie glauben, anhand eines Modells verstehen zu müssen, was ich beschreiben werde; entspannen Sie sich und genießen sie ihn. Ich werde Ihnen zeigen, wie sich Natur verhält. Wenn Sie [dann] nur zustimmen, dass sie sich so verhalten könnte, werden Sie sie als höchst angenehm und hinreißend erfahren. Wann immer möglich, hören Sie auf, sich zu fragen: ›Aber wie kann das sein?‹ – Es wird in die Hose gehen; es wird Sie in eine Sackgasse führen, aus der noch niemand herausgefunden hat. Niemand weiß, auf welche Weise es so sein kann!«[†]

In diesem Sinne: Was einem ins Auge springen sollte, ist die Parallelität des „Welle-Teilchen-“ und Descartes' „Leib-Seele-Dualismus“. Hatte Descartes Recht mit seiner Sicht – Körper *oder* Geist? Nein! Die Begründung liefert Feynman mit dem Zitat und damit erneut – die Quantenphysik: Das Problem ist psychologischer Natur und besteht in der Qual, sich zu fragen

---

[†]   Feynman bezieht sich hier auf den Teil der Natur, der uns wegen unserer Beschränktheit in Wahrnehmung und Verstand verschlossen ist; konkret die Quantenphysik. Denn die Frage „wie kann das sein?“ in der Bedeutung „wie geht das, warum ist das so?“ ist die in der Neugier der Säugeitere begründete Triebkraft der Wissenschaft und hat uns zu dem gemacht, was wir heute sind!

»Wie kann das sein?« Körper und Geist sind unter diesem Aspekt zu sehen: Beide sind in der gleichen Art und Weise grotesk und nicht so, wie bisher wahrgenommen. Sie verhalten sich in ihrer eigenen, unnachahmlichen Weise: quantenbiologisch!

Offenbar lässt sich, auch wenn das wirklich lächerlich erscheint, der Unterschied Welle/Teilchen darauf zurückführen, dass wir durch Beantwortung der Frage, durch welchen Spalt das Elektron gegangen ist („Welcher-Weg-Problem"), dem Elektron aufgezwungen haben, sich anders zu verhalten als hätten wir diese Frage offen gelassen. Das ist ein starkes Stück! Doch wir sind nicht am Ende der Merkwürdigkeiten. Es reicht nämlich aus, dass man durch einen Versuchsaufbau feststellen könnte, durch welchen Spalt ein Elektron geht, ohne das tatsächlich zu tun. Also bildlich gesprochen das Elektron bei seiner Passage beobachtet, dabei aber die Augen zumacht. Das Interferenz-Muster wird dann trotzdem durch das Schrotschussbild ersetzt, weil es offenbar nicht darauf ankommt, dass man es tatsächlich beobachtet, sondern nur, dass man es aufgrund des Versuchsaufbaus beobachten könnte. (Klingt das nicht mystisch? Ist es aber nicht!)

Das lässt den Schluss zu, dass die Möglichkeit zum Beobachten durch die Einführung von Messgeräten (Detektor) ein Eingreifen in ein zuvor „in sich geschlossenes" System ist, das Konsequenzen hat. Indem ich Informationen über das quantenphysikalische Objekt, hier den Weg, den es gegangen ist, gewinnen möchte, interagiere ich mit ihm und zwinge es dazu, den Teilchencharakter anzunehmen. Unterlasse ich das, konzentriere mich also nur auf seine Wirkung, behält es primär seinen Wellencharakter. Dieser scheint somit der „natürliche" Charakter des Elektrons zu sein, nicht etwa der Teilchencharakter. Bizarr! Denn das heißt nichts anderes als: Materie ist eine Illusion, sie erscheint erst, wenn man sie beobachtet. Und so kommt das Einstein-Zitat vom Mond oben zustande.

Es wird noch bizarrer: So besteht die Möglichkeit, dass ein „Quantenradierer" nachträglich die Information löscht, durch welchen Spalt das Elektron gegangen ist, wenn man sich entscheidet, es doch nicht zu beobachten, nachdem es den Spalt bereits passiert hat, indem man die Information einfach löscht, bevor sie ausgewertet wird. Es zeigt sich wieder das Interferenzmuster! So als sagte das Elektron: »Ich bin zwar als Teilchen durch einen Spalt gegangen, aber weil die Information darüber wider Erwarten doch nicht genutzt wurde, verhalte ich mich *nachträglich* so, als sei ich als Welle durch beide gegangen.« Gaga!

Das wiederum lässt den Schluss zu, dass es offenbar weniger auf den Eingriff in das System durch eine Messung oder die Möglichkeit dazu durch Detektoren ankommt, sondern lediglich darauf, ob die dadurch gewonnene *Information* das System verlässt oder nicht, es also in sich geschlossen ist und bleibt oder nicht! (Allerdings stellt das Einführen des Quantenradierers selbst oft einen Eingriff in das System dar. Wen interessiert, wie ein Quantenradierer im Experiment funktioniert: Es ist ein ziemlich komplizierter Versuchsaufbau[30]. Vorsicht: Wem jetzt schon der Kopf brummt, sollte es vielleicht beim Glauben belassen, dass das so ist. Aber es gibt ein schönes Filmchen zum „Delayed Choice Quantum Eraser Experiment"[31] auf Youtube[32]. Und damit Sie sehen, dass das alles seriöse Wissenschaft ist: Der amerikanische theoretische Physiker John Archibald Wheeler [1911–2008], der das Experiment durchführte, arbeitete in den 1930er Jahren mit Bohr an der Kernspaltung. Er kannte Einstein und andere Pioniere der Quantenmechanik noch persönlich. Das Experiment wurde 2015 in Australien vom australischen Physiker Andrew Truscott bestätigt[33].)

Es ist wirklich mit dem gesunden Verstand nicht zu begreifen, da es vollkommen unseren Erfahrungen widerspricht: Makroskopisch, also mit unserer klassischen naturwissenschaftlichen Sichtweise, ist dieses Verhalten nicht erklärbar! Daher auch Einsteins Widerspruch bei der Diskussion über die Unschärferelation zu Heisenbergs Ansicht, eine Theorie würde anhand beobachtbarer Phänomene aufgestellt:»Erst die Theorie entscheidet darüber, was man beobachten kann.« Dies und seine Einstellung zu Heisenbergs Theorie zeigen, dass er, auch wenn er eine nicht-klassische Physik begründete, trotz allem Anhänger Newtons deterministischer und damit einer klassischen Sicht der Welt war.

Die Psychologie allerdings kennt vergleichbare Phänomene als „Dissoziative Identitätsstörung" oder, veraltet, „Multiple Persönlichkeitsstörung": Dr. Jekyll und Mr. Hyde. Hier kann ein und derselbe Mensch, je nach Situation, durchaus verschiedene Persönlichkeiten annehmen – und die sind nicht gespielt, was neurobiologisch nachgewiesen werden konnte: Je nach Persönlichkeit wechseln nicht nur physiologische Werte (Puls, Blutdruck, Atmung, usw.), sondern auch Hirnaktivitäten deutlich, wie man anhand bildgebender Verfahren zeigen kann. Man kann so auch Unterschiede zwischen tatsächlicher und simulierter Störung nachweisen. Psychologie als Zeuge quantenphysikalischer Grundlagen des Seins? Das ist nicht weit hergeholt, wie wir noch sehen werden!

Aus den beiden Beobachtungen oben muss man also folgern, dass das Elektron (wie auch das Photon und andere Elementarteilchen) offenbar eine Entität („Ding") mit *überlagerten* Materie- und Welleneigenschaften sein muss und seine jeweils wahrgenommene Erscheinung davon abhängig ist, ob man mit ihm durch Beobachtung in Kontakt tritt oder nur seine Wirkung untersucht. Denn Beobachtung heißt: Informationsaustausch mit dem beobachteten Objekt. Diese Wechselwirkung bewirkt offenbar ein vollkommen verändertes Verhalten eines Objektes. Ja mehr noch: Eigenschaften von quantenphysikalischen Entitäten scheinen erst zu existieren, wenn man sie braucht! Oder besser: Je nachdem, was gerade benötigt wird, wird die passende Eigenschaft dafür generiert, wie wir gleich am Masse-Phänomen sehen werden: Property on demand, Eigenschaft anhand des Bedarfs! Das ist die Welt der Quanten! Willkommen.

Schräg, oder? Bei genauerer Betrachtung aber ist das gar nicht so schräg, wie es erscheint! Denn es gibt ein „makroskopisches" Pendant zu diesem Phänomen: Das Verhalten eines Menschen ändert sich, wenn er wahrnimmt, dass Sie ihn beobachten. Das hat, ähnlich dem Flügelschlag eines Schmetterlings in Brasilien, der zu einem Tornado in Texas führen kann („Schmetterlingseffekt"), Einfluss auf die Zukunft der gesamten Welt – auch materialistisch. Denn dadurch, dass er sein Augenmerk nun, wenn auch nur kurz, als Reaktion seiner Wahrnehmung auf Sie gerichtet hat, macht er Dinge (nicht | anders | später), die er ohne diese Ablenkung (früher | anders | nicht) getan hätte: Fühlt sich ein Tresorknacker beobachtet, wird sein ängstliches Streben sein, unentdeckt zu verschwinden; wenn nicht, selbstbewusst den Safe leerzuräumen. Property on demand!

Damit aber kommt es nicht oder in anderer Weise zu Folgeaktivitäten mit nicht bekannten, nicht vorhersehbaren, sicherlich aber anderen Konsequenzen: Polizeieinsatz, möglicherweise mit Verfolgungsjagd und dadurch begründetem Unfall, Personenkontrollen am Flughafen, die verschärft werden und so einen Rauschgiftkurier ertappen, der im anderen Fall durchgerutscht wäre usw. Das heißt: Stellen Sie fest, da flieht jemand, können Sie einigermaßen sicher sein, dass jemand anderes mit ihm in Kontakt getreten ist. Finden sie lediglich einen leeren Safe vor (Wirkung!), dass das offenbar nicht der Fall war. Sie sehen: Die Quantenphysik, die auf Unschärfen, Unsicherheiten und Nicht-Determinismus (nicht eindeutiger Bestimmbarkeit) aufbaut, gilt offenbar im makroskopischen Bereich in dem Moment auch, wenn man die dümmliche Trennung von Geist (Wahrnehmung, Kognition, nonverbale und verbale Kommunikation) und Materie (Wahrnehmender, Handelnder, Kommunizierender) nicht vollzieht: Sie ist die Basis jeglichen Seins! Denn es ist nichts anderes als ein immaterieller, kognitiver Prozess, wenn die Person wahrnimmt, dass sie beobachtet wird. Der ist damit geistig, wirkt sich aber in Form von Stresshormonen und Handlungen auf die materielle Ebene bis hin zu materiellen Schäden aus. Und mit einem Mal wird die Aussage der Manns aus dem Vorwort plausibel: Die Quantenphysik zeigt, dass pures Denken die Realität verändern kann.

Übrigens: der Begriff „Quanten" resultiert aus der Tatsache, dass in deren Welt nur „diskrete" Zustände vorkommen, keine kontinuierlichen wie in der klassischen Welt. Was heißt das? Um das zu veranschaulichen, können wir uns der Mathematik bedienen: Die kennt die Menge der „reellen Zahlen". Das ist eine „geordnete Menge" von Zahlen mit Nachkommastellen, die bei $-\infty$ beginnt und bei $+\infty$ aufhört. Dazwischen gibt es eine kontinuierliche Folge von Zahlen, in der es zwischen zwei beliebigen Werten noch unendlich viele, kleinere, Werte gibt: Nennen Sie mir eine beliebige Zahl mit beliebig vielen Nachkommastellen, und ich nenne Ihnen beliebig viele, die zwischen dieser und der darauf folgenden mit der gleichen Anzahl von Nachkommastellen liegen. Beispiel: zwischen 12,34 … 8 und 12,34 … 9 liegt z. B. 12,34 … 80001, 12,34 … 800001, 12,34 …8000001 usw. Die reellen Zahlen bilden somit eine nicht-abzählbare, unendliche Menge. Auf ihr beruhen Messwerte in der klassischen Physik.

Die Mathematik kennt aber auch die „ganzen Zahlen". Das sind Zahlen, die keinen Nachkommateil haben. Bildet man die auf die reellen ab, liegt zwischen zwei aufeinanderfolgenden Zahlen ohne Nachkommastelle nicht das Kontinuum der reellen Zahlen mit Nachkommastellen, sondern es erfolgt jeweils ein (Quanten-)Sprung von einem bestimmten („diskreten") auf den folgenden bestimmten ganzzahligen Wert: 12, 13, …. Dazwischen liegt per Definition: nichts, da keine Nachkommastellen zugelassen sind, die es aber, wie die reellen Zahlen ja zeigen, in der Mathematik durchaus gibt! Hier erfolgen Veränderungen von Messwerten also nicht kontinuierlich, wie bei den reellen, sondern in Form von Sprüngen von einem diskreten Wert zum nächsten. Den Unterschied zwischen zwei aufeinander folgenden diskreten Werten nennt man „Quant" – bei ganzen Zahlen hat er den Wert „1", bei reellen gibt es ihn nicht.

Solch eine „Quantelung" physikalischer Größen ist die Basis der Quantenphysik und damit subatomarer Phänomene, da die Quanten selbst subatomare Dimensionen besitzen. Nicht, dass Sie das falsch verstehen: Die Quantenphysik ist nicht klassische Physik mit Quanten! Es ist eine vollkommen andere Physik, die auf Quanten und durch sie oder mit ihnen beschreibbaren Phänomenen und Gesetzmäßigkeiten aufbaut. Die eigentlich reale Physik ist somit eine Physik der Quanten, und klassische Physik eine Wissenschaft der Quanten-Schatten, also nur virtuell vorhanden, da sie, der Arbeitsweise unseres Gehirns geschuldet, die Phänomene dieser realen Physik durch Filter betrachtet. Diese Filter aber gaukeln durch Statistik und eine ungeheurere Zahl gleicher mikroskopischer Phänomene, z. B. bei Wasser von $3,4 \cdot 10^{21}$ Molekülen pro Gramm, makroskopisch eine Kontinuität vor, die in Wirklichkeit nicht vorhanden ist. Weiter unten werden wir das am (Quanten-)Hall-Effekt sehen.

Die Welt ist eigentlich ganz einfach: Wenn ein Kind rechnen lernt, lernt es als erstes die ganzen Zahlen: 1, 2, 3 usw., da es die abzählen und sich anhand seiner Finger vorstellen kann: der Finger als Quant. Wenn dann fünf Stücke leckere Torte durch vier Kinder geteilt werden müssen, bekommt jedes eines – und eins bleibt halt übrig! So einfach ist die Realität, in der die einzelnen Stücke einer Torte, Quanten, nicht mehr geteilt werden können. Erst später dann lernen wir Abstraktion, und es kommt Virtualität hinzu: Was, wenn den vier Kindern nicht fünf, sondern 500 Tortenstücke gegenüber stünden? Dann erhielte jedes 125, ohne dass eines übrig bleibt. Und jetzt kommt Statistik: Da 500 das Hundertfache von 5 ist, ist ein Hundertstel von 125 eben 1,25 für jedes Kind. Damit das klappt, mussten wir die Ganzen Zahlen mit Restbildung zu den Reellen ohne erweitern, ein mathematischer Trick! Diese so statistisch und lediglich durch Abstraktion hinzugewonnenen 0,25 Tortenstückchen pro Kind sind aber nicht real, da ein einzelnes Stückchen ein Quant und damit nicht teilbar ist. Das heißt: Kontinuierliche Messwerte und damit deterministische Wissenschaften sind die Konsequenz rein mathematischer Abstraktionen und Beziehungen (Statistik: Mittelwertbildung) ohne jede physikalische/chemische/biologische/medizinische/ … Bedeutung! Daher wird manchmal, wenn es keinen Sinn macht, einen Mittelwert mit Nachkommastellen zu berechnen, weil es die im konkreten Fall nicht geben kann, durch Sortieren und Abzählen aller gemessenen Werte der „Median", der „Zentralwert" ermittelt, der „in der Mitte" der Liste der aufsteigend geordneten Einzelwerte liegt. In der Medizin recht häufig, weil Menschen Quanten sind und es 0,783 Menschen selten gibt!

Das Problem, dass wir Schwierigkeiten damit haben, Quantenphysik zu verstehen, sehe ich wieder einmal in der Art, wie unser Gehirn arbeitet. Es hat sich im Laufe der Evolution nicht dahin entwickelt, uns abstrakte Gedanken darüber machen zu können, wie die Welt funktionieren könnte, sondern nur, uns in ihr möglichst optimal zurechtzufinden. Dabei ist von Vorteil, und nur das ist der Grund, warum es erfolgt, wenn der Mensch sich abstrakt in Lebewesen und Situationen hineinversetzen kann: Wohin wird das Wild fliehen? Wie wird mein Gegner reagieren? Dass diese Fähigkeit zu Abstraktion auch dazu genutzt werden kann, die Welt zu hinterfragen, ist ein „Abfallprodukt", das aus dem Grad des Abstraktionsvermögens und unserer Neugier resultiert.

Das Prinzip, dass alle Lebewesen, auch der Mensch, mit ihren Sinnen auch nur wahrnehmen, was sie für das Zurechtfinden in der Welt benötigen, wie ich an anderer Stelle gezeigt habe, ist der Grund, dass diese Abstraktionsfähigkeit zu Verständnisproblemen führen kann, wenn Erklärungen nicht zu Wahrnehmungen passen. Da unsere sinnliche Wahrnehmung (1) beschränkt ist und (2) eben auf dieses Zurechtfinden hin optimiert wurde, müssen wir an aus ihr gewonnenen Erkenntnissen zweifeln – sagt schon Descartes mit seinem Dämon. In diesem Kontext ist das Einsteinzitat zu sehen: Die Theorie bestimme, was wir sähen – wobei „sehen" in der Bedeutung von „erkennen" zu verstehen ist. Irrt die Theorie, erkennen wir Falsches – in der Medizin recht häufig!

Wenn wir also aufgrund unseres Abstraktionsvermögens uns selbst mittels Quantenphysik und Relativitätstheorie als kosmische Phänomene ansehen, die situationsbedingt verschiedene Eigenschaften „on demand" annehmen können, platzen viele Knoten: Wir „materialisieren" dann allein deshalb, weil wir in ständiger Wechselwirkung mit unserer Umwelt sind, keine in sich geschlossenen Systeme. Das ist die körperliche Seite von uns, die wir täglich wahrnehmen. Aber es gibt eben auch die andere, die wir erst langsam beginnen, zu entdecken.

Drei fundamentale Prinzipien

Die Quantenphysik liefert also die Basis, auf der eine Theorie aufgebaut werden kann, die eine naturwissenschaftliche Erklärung für die immaterielle Seite des Lebens findet, auch wenn unser ungläubiges Genie meinte: »Je mehr Erfolge die Quantentheorie hat, desto dümmer sieht sie aus. Wie würden Nichtphysiker spotten, könnten sie dem abwegigen Verlauf ihrer Entwicklung folgen!« Spotten Sie, Einstein zum Trotz, nicht, denn sie gilt heute als gesichert. Auch Einstein irrte! Denn von ihr stammen zwei grundlegende Prinzipien: Superposition und Verschränkung. Zusammen mit einem weiteren, in der Natur weit verbreiteten Prinzip, der Selbstähnlichkeit, können neue Gebiete definiert werden, die ich Ihnen im Kapitel *Quanten in belebter Natur* vorstellen werde. Zuvor jedoch möchte ich Ihnen diese drei Prinzipien vorstellen und näherbringen.

Selbstähnlichkeit

Haben Sie schon einmal von Fraktalen gehört? Wenn nicht, kennen Sie vielleicht das „Apfelmännchen" (Abbildung 7), die Darstellung der „Mandelbrotmenge[34], einer Menge „komplexer" Zahlen c, die eine gemeinsame Eigenschaft besitzen: Die Rekursion $z_{n+1} = z_n^2 + c$ mit dem Startwert $z_0 = 0$ bricht endlich mit einem Wert „2" oder kleiner ab. Grafisch dargestellt, kommt ein Fraktal heraus.

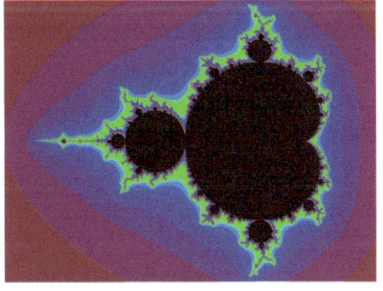

Abbildung 7: Das Apfelmännchen

Fraktale sind also Muster mit interessanten Eigenschaften. Man findet sie sehr häufig in der Natur: Schneeflocke, Kristall, Wolke, Blitz, Strauch, Baum, Farn, Küstenlinie, Fluss, Flussdelta, Gebirgszug, Galaxie und Galaxienhaufen sind Fraktale. So wie Blumenkohl und besonders die Züchtung Romanesco (Abbildung 8), Atemwege (Bronchialbaum: Abbildung 9, links) oder Blutgefäßsysteme (besonders eindrucksvoll das der Niere, Abbildung 9, rechts).

Fraktale kommen häufig ins Spiel, wenn es um „Selbstorganisation" geht (Kristall-, Pflanzenwachstum, Flussdelta) oder „Chaos" beteiligt ist (Luft- oder Wasserturbulenzen). Also bei praktisch allen Phänomenen belebter und sehr vielen unbelebter Materie. Sie beruhen auf dem Prinzip der „Selbstähnlichkeit", in Abbildung 8 schön zu sehen: Jedes Kohlröschen sieht aus wie der ganze Kohlkopf und besteht seinerseits aus Röschen, die wie der Kohl aussehen. Das heißt: Sie können in ein Fraktal hinein oder aus ihm heraus „zoomen", also immer weiter ins Detail oder aus ihm herausgehen, und werden immer ähnliche Figuren oder Muster sehen.

Abbildung 8: Fraktaler Blütenstand der Blumenkohlart Romanesco (links) mit Detailansicht (rechts)

Wikipedia hat ein schönes Filmchen dazu: Das Apfelmännchen werden sie während des Zoomens immer wieder finden, wenn auch manchmal in leicht veränderter Form – weshalb das Phänomen „Selbstähnlichkeit" und nicht „Selbstgleichheit" heißt. Fraktale hat einmal jemand als „verborgene Ordnung der Natur" bezeichnet. Wenn man nachvollzieht, wie sich z. B. ein „Pythagoras-Baum" konstruieren lässt[35], erkennt man, warum z. B. eine Schneeflocke so aussieht, wie sie aussieht.

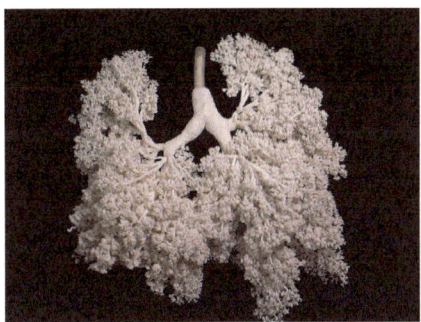 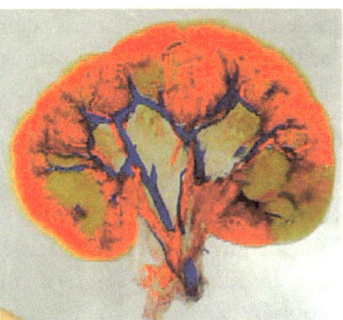

Abbildung 9: Bronchialbaum (links) und Arterien (rot) und Venen (blau) in der Niere (rechts)

Auch technisch finden sich Fraktale häufig in Kunst und Virtueller Realität, da mit ihrer Hilfe über recht einfache Rechenwege z. B. naturähnliche Landschaften erzeugt werden können (Abbildung 10).

Abbildung 10: Beispiel einer künstlichen Landschaft, erzeugt mit Fraktalen

Selbstähnlichkeit ist also in der Natur ein weit verbreitetes Prinzip, sowohl im Mikro- wie im Makrokosmos! Nach dem Bohr'schen Atommodell kreisen Elektronen auf bestimmten Bahnen um einen Atomkern. Dieses Bild finden wir auch in Sonnensystemen, wo Monde um Planeten und diese auf bestimmten Bahnen um ihre Sonne(n) kreisen. (Ein-Stern-Systeme wie unseres sind in der Minderheit!) Auf der nächsthöheren Ebene kreisen Sonnensysteme um ein zentrales Schwarzes Loch oder ein anderes Gravitationszentrum einer Galaxie, und diese um ihr Zentrum in einem Haufen, den nach heutiger Erkenntnis größten Strukturen des Universums, die den Gesetzen der Schwerkraft unterliegen und damit im Bild kreisender Objekte um ein zentrales Element bleiben. Selbstähnlichkeit ist daher keine nette Kuriosität, sondern ein fundamentales Prinzip der Selbstorganisation in der Natur. Es eignet sich damit, eines der Fundamente einer generell gültigen Theorie zu sein!

Was ich nun vorstellen möchte, ist ein Weltbild, das auf Selbstähnlichkeit beruht. Beginnend mit dem Elektron, einem Teilchen, das sich im gesamten Universum finden lässt und Grundbaustein aller Materie ist, werden wir mittels Selbstähnlichkeit über Zwillinge hin zu der Einheit von Körper und Geist und der von Mensch und Universum (Pantheismus) kommen. Das heißt: Wir zoomen aus der mikroskopischen Welt der Quantenphysik in die Unermesslichkeit des Universums mit seiner relativistischen Physik – und werden erstaunlicherweise immer wieder sehr ähnliche, selbstähnliche Phänomene entdecken! Oder ist das vielleicht gar nicht erstaunlich, sondern wegen Selbstähnlichkeit sogar zu erwarten und ein Fehlen solcher Phänomene wäre widernatürlich? Wir werden sehen! Beim Zoomen werde ich versuchen, jeweils die zwei Seiten der Medaille zu berücksichtigen: die wissenschaftlich nachgewiesene („Wissen") und die, für die es zwar Erklärungsversuche gibt, die aber noch nicht ausreichend gefestigt wurden („Glauben"). Das macht den Charme dieser Weltsicht aus: Beide Seiten ergänzen sich und widersprechen Wissenschaft und ihren bisherigen Erkenntnissen nicht …

Aber Vorsicht: Weil mein Weltbild naturwissenschaftlich ausgerichtet ist und auf wissenschaftstheoretischen Grundlagen wie Postulaten, Experiment, Nachprüfbarkeit und Nachweis beruht, inklusive Methodischem Zweifel, komme ich um eine naturwissenschaftliche Behandlung nicht herum. Ich versuche dabei jedoch, so einfach wie möglich zu bleiben und mit vielen Metaphern und Gleichnissen zu arbeiten, sodass auch Nicht-Naturwissenschaftler das hoffentlich nachvollziehen können. Dennoch wird die

Materie nicht einfach werden, und es könnte nötig sein, dass Sie mehrfach lesen und nachdenken müssen; vielleicht auch ein wenig recherchieren. (Ich sagte ja: Selber nach Kochbuch kochen! Ich bin kein Religionsstifter und will es auch nicht sein.)

Hinweis: Sie werden im Folgenden häufiger die Begriffe „Quantenmechanik" und „Quantenphysik" hören. Der Unterschied lieg nur in der Systematisierung: Was „klassische Mechanik", die auf Newton zurückgeht, für die „klassische Physik" ist, ist Quantenmechanik für die Quantenphysik: Das letztere ist jeweils der Oberbegriff, das erstere steht für den „Teilchencharakter" makroskopischer Materie bzw. mikroskopischer Elementarteilchen. Neben der jeweiligen „Mechanik" stehen gleichberechtigt auch noch klassische Bereiche wie Optik, Elektrostatik, Magnetostatik, Thermodynamik usw., die sich mit physikalischen Phänomenen namens „Feldern" beschäftigen, also der räumlichen Verteilung eines physikalischen Phänomens, sowie die entsprechende nicht-klassische „Quantenfeldtheorie". Nach Einstein ist »das Feld die einzige beherrschende Wirkung eines Teilchens.« Noch etwas: Wenn ich von „mikroskopisch" und „makroskopisch" rede, wird das nicht am Mikroskop festgemacht, bei dem mikroskopisch ist, was man dadurch betrachten muss, um etwas erkennen zu können; es bezieht sich vielmehr auf die nicht-klassische Welt der subatomaren Elementarteilchen gegenüber der klassischen Welt der Atome, Moleküle und den daraus entstehenden Verbindungen – unserer „fassbaren" Welt.

Bevor ich nach all der Vorrede endlich beginne, muss ich Ihnen allerdings noch einen „Zahn ziehen"! Wenn ich wahrnehme, wie wir uns generell selbst sehen, habe ich ein Déjà-vu! Wir halten uns für die Spitze der Evolution oder die Krone der Schöpfung – je nachdem, ob man es religiös betrachtet oder nicht. Die Gottesmänner halten sich dabei für die Antenne auf dieser Spitze mit Ende bei Gott – oder, im anderen Bild, für den größten und wertvollsten Edelstein dieser Krone mit dem Privileg, an exponierter Stelle gefasst zu sein. Wenn man dann allerdings einen evolutionären Stammbaum erstellt und auf Religion verzichtet, stellt man fest, dass wir Menschen, wie alle anderen heute lebenden Lebewesen auch, lediglich an der Spitze eines Triebes eines Zweigleins eines Zweiges eines Ästchens eines Astes eines Stämmchens eines dreier Stämme des gemeinsamen Hauptstamms des Lebens sind (das war schon der erste fraktale Charakter). Wenn Sie vor einer wunderschönen, jahrhundertealten Eiche (Abbildung 11) oder einem jahrtausendealten Mammutbaum im Sequoia National Park in Kalifornien stehen und sich die jungen Austriebe an deren hunderten Zweiglein anschauen: Welcher ist der bedeutendste? Einer an den unteren, sehr alten Zweigen, die immer noch jährlich austreiben und, wenn ja, an welchem? Oder vielleicht doch eher einer an den jungen Ästen in den Baumwipfeln und wieder, wenn ja, welcher? Und warum ausgerechnet der?

Abbildung 11: Eine Eiche. Welcher ist ihr bedeutendster Spross?

Dass wir uns also als „Spitze der Evolution" betrachten, rührt von unserer religiösen Hirnwäsche her – wer sagt uns denn, dass Natur und Evolution das auch so sehen und uns nicht eher wegen unserer arroganten, zerstörerischen Handlungen und der Vergewaltigung der Natur als Auslaufmodell betrachten? Oder mit den Worten der Religion: Könnte es sein, dass Gott so grausam ist, weil er uns endlich wieder loswerden und nicht ewig am Hals haben möchte – und das seinem Bodenpersonal nur nicht sagt? Oder, wenn er es tut, die dicht halten, um ihren Job nicht zu verlieren? Das hat er offenbar schon ein paar Mal versucht – in Form von Apokalypsen nach Meteoreinschlägen und Supervulkan-Ausbrüchen mit ihren Giga-Tsunamis, der biblischen Sintflut. Wenn die Fachleute die Zeichen richtig deuten, könnte uns die „endzeitliche Entscheidungsschlacht im Krieg des großen Tages Gottes, des Allmächtigen" (Johannes Offenbarung) in Form eines solchen Ereignisses demnächst wieder treffen – wird es ein großer Meteorit oder der Ausbruch eines Supervulkans sein? Bei Ersterem haben wir mit unserer Technologie evtl. noch eine winzige Chance, das Armageddon zu verhindern. Bei letzterem sicher nicht. So viel zu unserer Stellung in der Natur! Etwas Demut ist angezeigt.

Echten Anlass, Hinweise auf eine herausgehobene Position annehmen zu dürfen, hätten wir frühestens, wenn unsere Art so alt geworden ist wie andere auf diesem Planeten, die sich als evolutionär sehr erfolgreich erwiesen haben, indem sie heute noch fast unverändert existieren: Seescheiden (500 Mill. Jahre), Haie (400 Mill. Jahre), Libellen (300 Mill. Jahre), Krokodile (200 Mill. Jahre) u. a. Also frühestens in 499,8, ach, seien wir großzügig, in 199,8 Millionen Jahren. Für Arroganz gibt es also für uns gerade einmal, wenn man sehr großzügig mit dem Begriff „Homo sapiens" umgeht, 200 000 und wenn man noch „archaisch" voranstellt, 300 000 Jahre alte „moderne Großkotze" keinerlei Anlass, zumal wir seit wenigen Jahrzehnten ziemlich aus der Art schlagen: Wir erheben uns über die Natur und zerstören sie planmäßig! Fragt sich, wie lange die sich das noch gefallen lassen wird. Aber vielleicht muss die ja gar nicht selbst aktiv werden! Wir haben ja unsere Trumps, Putins und demnächst Kims mit ihren Raketen – die primitiven Gesellschaften von oben!

Es wird nun manchen geben, der auf unsere einzigartigen kognitiven Fähigkeiten verweist. Doch an anderer Stelle werde ich zeigen, dass die für unser pures Überleben gar nicht erforderlich sind. Sie machen uns zwar erfolgreicher als andere Lebewesen; aber auf Kosten einer dramatischen Verschlechterung der Situation für den Rest allen Lebens. Aus Sicht der Natur sind also die Entwicklung von kognitivem Bewusstsein und die Fähigkeit zur Abstraktion, die uns evolutionär gegeben wurden, kontraproduktiv gewesen und damit mittelfristig zum Aussterben verdammt, allein, um das restliche Leben zu schützen. Unsere Arroganz, genau das nicht zu erkennen (erkennen zu wollen) und uns für die „Krönung" zu halten, macht uns nicht etwa zur Spitze der Evolution, sondern zu deren auszumerzendem Störenfried.

Doch nicht nur das: In unserer Hybris halten wir unsere Fähigkeiten für weitaus besser und umfangreicher als alles, was nicht von uns stammt. Zugegeben: Auch die Natur kann Erstaunliches und Verblüffendes hervorbringen. Aber – nun einmal ehrlich! – so richtig genial wie unsere menschlichen Erkenntnisse ist das nicht, oder? Gibt es denn in der Natur Internet? (Ja! Z. B. bei Elefanten über Infraschall.) Oder SUVs? (Die braucht auch keiner!) Medikamente sind nur dann wirksam, wenn wir uns einmischen und Retorten bemühen! (Wirklich? Und Placebo?)

Ich nenne es das homozentrische Weltbild. Es steht, für mich, auf einer Ebene mit dem geozentrischen des Mittelalters: veraltet und nicht wert, weiter verfolgt zu werden. Es scheint sich zu zeigen, dass wir aus den Fehlern, die wir damals mit unserem Bild von der Welt und in der egoistischen Interpretation von Erkenntnissen durch die Kirche gemacht haben, nicht das Geringste gelernt haben! Statt etwas bescheidener und demütiger vorzugehen, können wir vor Kraft nicht laufen und legen uns mit allem an, was nicht in unserem Kram passt; selbst der Natur. An mangelndem Testosteron leiden wir also nicht – Männlein, aber auch nicht Weiblein. Zumindest einige von uns und leider die, die jeweils das Sagen haben. Wie z. B. der 45. Präsident der USA, sein russischer Gegenpart oder der kleine Ludwig XIV am Bosporus. Früher: Alexander der Große, Cäsar, der echte Ludwig XIV, Napoleon, Hitler – um nur einige wenige zu nennen.

Sie müssen also keine Sorge haben! Unser ICH gibt es tatsächlich, wie dieses homozentrische Weltbild eindrucksvoll belegt, auch wenn man es nicht religiös begründet. Descartes mit seinem Methodischen Zweifel hatte im Rahmen seiner Überlegungen zu einem Dämon als Grund für die Berechtigung dieses Zweifels konsequenterweise auch seine eigene Existenz infrage gestellt: Vielleicht ist ja auch sie lediglich eine Folge der Wirkung des Dämons, und es gibt ihn nicht wirklich. Doch das verwarf er wieder mit seinem berühmten Satz: »Cogito – ergo sum.« Die Tatsache also, dass er denke, zeige, dass er existiert. Stimmt das?

Um das näher zu ergründen, müssen wir uns von zwei liebgewordenen Selbstverständlichkeiten verabschieden: (1) dem homozentrischen Weltbild, indem wir uns auf das reduzieren, was wir tatsächlich sind: eine von 2,3 bis 8,7 Mill. auf der Erde lebenden Arten[36] ohne irgendein Recht auf eine Sonderstellung; und (2) den bisherigen weltanschaulichen Erklärungsmodellen des „Geistigen"! Der Dualismus der Cartesianer ist in meinen Augen widerlegt, was ich im Folgenden anhand der Selbstähnlichkeit zu einem Elementarteilchen, dem Elektron, zeigen werde. Aber auch die bisherigen monistischen Ansätze, egal ob materialistisch alles auf (greifbare) Materie beziehend, oder idealistisch alles immateriell erklären zu wollen, kommen auch nicht andeutungsweise an die Realität heran. Zeigen lässt sich das mit vielen Phänomenen, die ich im Folgenden bringen werde. Sowohl Dualismus als auch Materialismus und Idealismus sind klassische, „makroskopische" Instrumente, die für manches eine plausible Erklärung liefern können. Allerdings nur in der „makroskopischen" Welt, die wir bisher kennen. Sie sind Teil Platons Schattenwissenschaft, so, wie es die klassische Physik und Medizin auch sind (ohne ihnen damit zu nahe treten zu wollen, weil das keine Abwertung, sondern eine Bestandsaufnahme ist).

Unbestimmtheit und Superposition

Vielleicht sollten wir bei der oben geschilderten Einfachheit bleiben, mit der unsere Kinder die Welt entdecken. Im Ernst: Der Trend geht dahin, vieles „fuzzy" zu interpretieren: Was ist 5 dividiert durch 4? Unsere Grundschulkinder antworten: »1 Rest 1«, Fachleute aus der Künstlichen Intelligenz: »ungefähr („fuzzy") 1«. Und unsere Techniker und Ingenieure sind wahre Meister der Unschärfe! Denn welcher Wissenschaftler kann die Formel angeben, mit der eine Autokarosserie herzustellen ist? Bei ihnen regieren Splines – Annäherungen an die Exaktheit von Formeln und damit Unschärfe. Ist unsere klassische Wissenschaft also, weil sie über Mathematik abstrahiert, *zu exakt* und dadurch nur *ungefähr* richtig? Ich komme immer mehr zu der Erkenntnis: ja! Denn wenn unsere Welt auf Quanten aufbaut und unsere klassische Sichtweise deren Diskretheit über Statistik in ein Kontinuum überführt, kann sie sie nur unscharf, ungenau beschreiben. Unschärfe ist dann weniger ein Begriff, der mit der Quantenphysik in Verbindung gebracht werden muss, sondern eher mit der klassischen Physik – und damit den klassischen Wissenschaften insgesamt. Das ist das eigentlich Bedeutsame meines Weltbildes: Nicht die mikroskopische Welt ist irreal und absurd, sondern unsere Wahrnehmung und Interpretation der makroskopischen! Also das Vertauschen von Ursache und Wirkung.

Max Planck (1858–1947) gebührt das Verdienst, die Quantifizierung der Welt festgestellt und damit die Quantenphysik in Form der Quantenmechanik („Teilchen") begründet zu haben, und Albert Einstein, gezeigt zu haben, dass das auch für Licht („Photon") gilt. Nach Planck ist eine Naturkonstante benannt, die die quantenphysikalisch kleinstmögliche Wirkung mathematisch fassbar macht: das „Wirkungsquantum", repräsentiert durch den Buchstaben h. (Wirkung ist in der Physik das Produkt aus Energie und Zeit: Je länger eine konstante Energie wirkt oder je größer bei gleicher Dauer die Energie ist, desto größer ist ihre Wirkung. h steht nun für die kleinste Wirkung, die ein Objekt ausüben kann: ein Tortenstückchen oder Kinderfinger von oben.) Es findet sich in den meisten Formeln wieder, die in der Quantenphysik eine Rolle spielen, so auch in der Unschärferelation von Heisenberg. Allein die Größe dieser Konstante – $6,6 \cdot 10^{-34}$ J · s – zeigt, dass sie nur auf subatomaren Skalen von Bedeutung sein kann! (Eine Physik, die mit diesen Quanten und darauf aufbauenden „Planck'schen Zahlen" als deren Vielfaches arbeitete, käme ohne diese reelle Konstante aus ...)

Was hat nun der Welle-Teilchen-Dualismus mit dem Körper-Geist- oder Leib-Seele-Dualismus zu tun? Wenn ein Elektron ein Teilchen ist, hat es eine Masse! Damit bezeichnet man Einsteins „Ruhemasse" m_0, also die Masse, die es hat, wenn es sich nicht in Bewegung befindet. Nach heutigem Stand der Messtechnik beträgt sie für das Elektron $9,1 \cdot 10^{-31}$ kg. OK, auch das ist nicht wirklich viel, aber das Elektron ist ja auch verdammt klein! Die Relativitätstheorie kennt aber auch eine „relativistische", also eine in Bewegung befindliche Masse m. Sie ist abhängig von der Geschwindigkeit v, mit der sich das Elektron bewegt und steht nach Einstein mit der Ruhemasse in folgender Beziehung:

$$m_0 = m \sqrt{1 - \frac{v^2}{c^2}}$$

Wenn nun die Geschwindigkeit v sehr klein gegenüber der Lichtgeschwindigkeit c ist, was wir selbst dann annehmen können, wenn wir mit Raketen zum Mond fliegen (40 000 km/h = 11,1 km/sec gegenüber 300 000 km/sec, also ca. 0,004 %), steht unter der Wurzel 1 minus IrgendwasSehrKleines und damit ungefähr 1. (Schon wieder „fuzzy"!) Dann ist m_0 = m. Wir werden also kaum dadurch schwerer werden, dass wir uns bewegen, sodass die relativistische Masse m bei *klassischer* Betrachtung keine Bedeutung hat!

Wenn aber das Elektron eine Welle ist, bewegt es sich mit Lichtgeschwindigkeit, sodass v = c. Damit reduziert sich aber die Formel zu m_0 = m · 0 = 0!

Oder in Worten: Als Welle darf das Elektron keine Ruhemasse haben, damit es sich mit Lichtgeschwindigkeit bewegen kann. Das führt zu einem Widerspruch: Was hat es denn nun – Ruhemasse (Teilchen) oder keine (Welle)? Kann ein Elektron seine Masse beim Pförtner abgeben und wieder holen, wenn ihm danach ist?

So seltsam es klingt: ja! Sogar nachträglich, wenn Sie mit Ihrem Quantenradierer kommen und sagen: April, April! So ein Elektron hat also wirklich kein leichtes Leben! (Übrigens: Aufgrund der Formel kann man leicht zeigen, dass man nie Lichtgeschwindigkeit erreichen kann: Aufgelöst nach m, hätte man bei $v = c$ eine relativistische Masse $m = m_0 \div 0$. Sie wäre somit unendlich groß! Nach Einsteins $E = m \cdot c^2$ müsste man dafür eine unendlich große Menge Energie aufbringen. Es könnte also eine Weile dauern, bis man die zusammengekratzt hat ....)

Quantenphysikalisch betrachtet scheinen Eigenschaften von Teilchen also, wie schon gesagt, nur „on demand" zu entstehen – dann, wenn sie gebraucht werden. Z. B. bei Beobachtung. Unbeobachtet hat daher ein Elektron keine Masse und ist eine Welle. Wenn aber beobachtet, wird Masse angenommen, es „materialisiert" zum Teilchen und zeigt entsprechende Eigenschaften. Das widerspricht täglicher Erfahrung zwar vollständig! Aber es ist ohne jeden Zweifel so. »Die [Quanten-]Theorie erinnert mich ein bisschen an Wahnvorstellungen eines außerordentlich klugen Paranoikers« setzte Albert Einstein einen Hieb.

Masse ist also ein Phänomen, das das Elektron (und auch das Photon) offenbar im Rahmen von möglichen Zuständen hat oder nicht. Oben war es bereits gewöhnungsbedürftig, einem Elektron beide Erscheinungsformen, Welle und Teilchen, zuzugestehen und zu akzeptieren, dass es properties on demand gibt. Umso gewöhnungsbedürftiger ist es nun, feststellen zu müssen, dass selbst Masse – und damit Materie! – nur ein Phänomen ist, das on demand, nach Bedarf, existiert oder eben nicht. Vielleicht werden Sie nun bereits ahnen, worauf das hinauslaufen könnte: Die „natürliche Natur" belebter Materie ist, wie die des Elektrons, masselos: Geist, Seele, Psyche. Und nur, weil belebte Materie nicht isoliert besteht und bestehen kann, sie sich also in einem gemeinsamen „geschlossenen System" mit dem Universum befindet, in dem sich alles mit allem austauscht, gewinnt sie Masse hinzu – und materialisiert. Science-Fiction? Spinnerei? Nein! Wir werden das auf Seite 114 sehen! (Als Konsequenz dieser Erkenntnisse bitte ich aber meine Mitmenschen, mich nicht anzuschauen oder gar zu beobachten. Vielleicht hilft mir das, etwas Masse zu verlieren ;-)

Hierin findet sich die Analogie zum Körper-Geist-Dualismus! Die moderne Medizin, aber auch die Psychologie, betrachten lediglich die jeweils extremen Phänomene, die das System Mensch ausbilden kann: Körper (Teilchen → Masse) und Geist („Energie" → Welle). Es befindet sich aber in einem Zustand, in dem es on demand diese beiden Extremzustände annehmen kann. Daher können Schulmedizin wie Psychologie Krankheiten nicht adäquat behandeln, solange sie lediglich die Symptome sehen, nachdem der Patient „Masse angenommen hat" (im übertragenen Sinne) und dann physische Symptome zeigt oder eben „Masse abgelegt" und dann psychische. Was ihm tatsächlich fehlt, wird durch beides allein nicht adäquat repräsentiert – und damit behandelt. Denken Sie an den Reizdarm: Nachweisbare klinische Phänomene ohne jeglichen somatischen Grund! Wenn Sie so wollen, beschreibt exakt das den naturwissenschaftlichen Unterbau und die Begründung für eine ganzheitliche Medizin. Naturvölker und östliche Medizin wie die Traditionelle Chinesische (TMC) sind somit zumindest hierin wesentlich weiter und moderner als die westliche Schulmedizin! Ich bin sicher: Ihr nicht schlechtes Abschneiden in Vergleich zu unserer „evidenzbasierten (= erkenntnisgestützten) Medizin" liegt bei objektiver Betrachtung genau darin begründet.

Masse entsteht also im mikroskopischen Bereich durch Wechselwirkung des Elektrons/Photons mit Elementarteilchen, die man Bosonen nennt. Aber damit beginnen wir, tief in Quantenmechanik und Quantenfeldtheorie einzusteigen. So gibt es mit dem Higgs-Boson (Quantenmechanik; Quantenfeldtheorie: Higgs-Feld) ein nachgewiesenes Elementarteilchen, das für die Vermittlung von Masse zuständig ist. Elektron und Photon müssen also irgendwie über das Higgs-Boson zusammenhängen. (Damit aber möchte ich es bewenden lassen, denn ansonsten würden wir nun viel zu tief in die Quantenphysik einsteigen! Das kann ich gar nicht, und es würde auch für unser Thema nicht zu mehr Erkenntnissen führen.) Das paradoxe Verhalten allerdings zeigt, dass Masse – und letztlich alles, was darauf aufbaut, also Materie und damit ein Körper, belebt oder unbelebt – ein *quantenphysikalisches* und kein klassisch physikalisches Phänomen ist, man es sich also zu einfach macht, wenn man es nur klassisch betrachtet. Denn wenn die Bausteine von Materie, Elektronen, Protonen und Neutronen, nur durch Wechselwirkung mit dem Higgs-Boson (Higgs-Feld) Masse bekommen, betrifft das nicht nur das einzelne Elektron/Proton/Neutron, sondern auch die Atome, die sie bilden, die daraus entstehenden Moleküle, Zellen, Gewebe bis hin zur Gesamtheit, die den Körper ausmacht.

Nun doch noch ein wenig Science-Fiction! Wenn dem so ist, könnte man sich vorstellen, dass es einmal tatsächlich möglich sein könnte, Materie wie in Star Trek zu „beamen". Das Prinzip wäre simpel: Man verhindert, dass die Elementarteilchen, aus denen ein Körper besteht, mit Higgs und seinen Teilchen wechselwirken und damit Masse annehmen können. Übrig bleiben die Wellen, die nun als Paket mit Lichtgeschwindigkeit an das Ziel gebeamt werden können. Dort wird das Verbot der Wechselwirkung wieder aufgehoben und der Körper re-materialisiert. Und nachdem ich nun die Probleme prinzipiell gelöst habe, ist es für Techniker ein Kinderspiel, das umzusetzen ;-)

Weil es das zentrale Element meiner Weltanschauung ist, nochmals zum „Dualismus". »Das, was aus Bestandteilen so zusammengesetzt ist, dass es ein einheitliches Ganzes bildet – nicht nach Art eines Haufens, sondern wie eine Silbe –, das ist offenbar mehr als bloß die Summe seiner Bestandteile. Eine Silbe ist nicht die Summe ihrer Laute: ba ist nicht dasselbe wie b plus a […].«, so Aristoteles, bekannter kurz als „Das Ganze ist mehr als die Summe seiner Teile".

Dies ist nirgendwo wahrer als in der Quantenphysik: Da wird nicht etwa der Materiecharakter eines Elektrons mit seinem Wellencharakter gerührt oder geschüttelt, mit dem Ergebnis, dass man so einen „Zwischenzustand" aus halb materiell und halb „wellig", „matellig", erzeugt – wie sollte der sich am Spalt verhalten? Ein halbes eines eigentlich unteilbaren Elektrons fliegt als Teilchen durch einen, das andere als Welle durch beide? Vielmehr führt die Kombination zu einem vollkommen neuen Zustand, „materiellwellig", der mit den beiden Grundzuständen lediglich so viel zu tun hat, dass er on demand in einem von beiden endet, je nachdem, was man tut! Das bedeutet: „Dual" im cartesianischen Sinne ist da gar nichts mehr! Verwirrt? Dann hilft Ihnen vielleicht das folgende.

Erwin Schrödinger (1887–1961), österreichischer Physiker, hat 1935 ein sehr anschauliches, heute nicht mehr ganz politisch korrektes Gedankenexperiment vorgeschlagen, das diese merkwürdige Situation anschaulich darstellt. Es ist als Paradoxon von Schrödingers Katze bekannt geworden und beschreibt eine Kiste, in der eine Katze, ein Gefäß mit gasförmigem Gift, eines mit einer radioaktiven Substanz und ein Geigerzähler zusammen eingesperrt sind (Abbildung 12).

Abbildung 12: Schrödingers Katze

Der Gedanke: Radioaktivität ist ein zufälliger (stochastischer) Prozess, sodass man nicht vorhersehen kann, wann ein Atom zerfallen wird. Der Geigerzähler kann aber den Zerfall eines Atoms anhand seiner Wirkung, z. B. freigesetzter Heliumkerne (α-), Elektronen (β-) oder Photonen (γ-Strahlung) entdecken und so das Gift freisetzen, das dann die Katze tötet. Damit kommt das Phänomen „Zufall" ins Spiel. (Hier beginnt dann schon die Quantenphysik, weil das klassisch nicht mehr erklärbar ist: Wer oder was ist Zufall? Wie entsteht er? Wie greift er ein?) Solange die Kiste geschlossen bleibt, weiß also ein Beobachter der Kiste, nennen wir ihn Schrödinger, nicht, ob ein Zerfall stattgefunden hat und die Katze daher lebt oder nicht (wenn man einmal von Bewegungen, Lautäußerungen usw. absieht und auch annimmt, dass sich das mögliche Ergebnis zeitnah einstellt, sodass weder Wasser noch Nahrung erforderlich werden, um die Katze bis zum Öffnen der Kiste oder der Wirkung des Giftes am Leben zu erhalten). Das heißt: Der aktuelle Zustand der Katze ist *unbestimmt*: Niemand kann sagen, ob sie zu einem bestimmten Zeitpunkt noch lebt oder bereits tot ist!

Diese Unbestimmtheit, auf der die Unschärferelation von Heisenberg, die Arbeiten vieler Anderer und die gesamte Quantenphysik beruhen (und die, nebenbei bemerkt, letztlich Anlass für und Notwendigkeit zu einer fuzzy logic ist, die neben „ja" und „nein" auch „ich weiß nicht" oder „vielleicht" kennt), kann nur aufgelöst werden, indem Schrödinger die Kiste und damit das bis dahin in sich geschlossene System öffnet und nachschaut. (Das entspricht der Frage, durch welchen Spalt das Elektron gegangen ist.) Dann sieht man, ob sie tot oder lebendig ist. Um also überhaupt zu einer Aussage kommen zu können, muss man in Kontakt mit einem zuvor in sich geschlossenen System treten, das sich in einem unbestimmten Zustand befindet (Kiste – Katze – radioaktives Material – Detektor – Gift). Allein damit aber greift man bereits in das System ein, da man nun Informationen erhält oder erhalten könnte (!), mit der Konsequenz, dass man nun selbst Teil dieses Systems geworden ist (Schrödinger – Kiste – Katze – radioaktives Material – Detektor – Gift). Nun kann es, für Schrödinger, diesen unbestimmten Zustand nicht mehr geben, da er ja Teil des neuen, geschlossenen Systems ist: Er sieht ja, wann die Katze stirbt! Das heißt: Innerhalb eines geschlossenen Systems gibt es diese Unbestimmtheit nicht. Oder mit anderen Worten: Will man Unbestimmtheit beenden, muss man Teil des Systems werden.

Indem man im Doppelspaltversuch oben einen Detektor eingebracht hat, hat man sich also zu einem Teil des zuvor in sich geschlossenen Systems Elektron gemacht und es dadurch gezwungen, einen der beiden möglichen Zustände einzunehmen. Da man den Teilchencharakter nachweisen wollte, tat einem das Elektron den Gefallen, bemühte Higgs und wurde zum Teilchen! Wenn Sie an dieser Stelle mit dem Zeigefinger an die Stirn tippen, denken Sie daran: Es ist nicht die Wirklichkeit, die so verrückt ist, sondern unsere Vorstellung von ihr! Das Elektron hätte ein Recht darauf, sich an die Stirn zu tippen und uns für verrückt zu erklären ob unserer schrägen Wahrnehmung von ihm und der Konsequenzen, die wir daraus ziehen. Wir machen damit erneut den Fehler, anzunehmen, dass die Welt so sein muss, wie wir sie uns aufgrund unserer Wahrnehmung vorstellen. Das ist falsch und anmaßend.

Lässt Schrödinger die Kiste zu, bildet er zusammen mit ihr ein weiteres, komplexeres, geschachteltes geschlossenes System: eines (Labor), das ein geschlossenes System (Kiste) beinhaltet. Ein zweiter Beobachter außerhalb des Labors, nennen wir ihn Podschun, kann nun nur den unbestimmten Zustand schrödingerkenntkenntnichtzustand feststellen, nicht aber den konkreten Zustand der Katze – solange er die Labortür geschlossen hält. Wenn er nun in Kontakt mit Schrödinger tritt, indem er die Labortür öffnet und Schrödinger fragt, ob er den Zustand kennt oder nicht, weiß er zwar, ob der über den Zustand der Katze etwas aussagen kann, damit aber noch nicht, ob die Katze tot ist. Den gleichen Zustand sieht Podschun aber auch, wenn Schrödinger Teil des Systems Kiste ist, den Zustand also kennt, weil er bei geschlossener Labortür ohne Befragung Schrödingers den Zustand der Katze nicht ermitteln kann. Sie sehen: Es kann kompliziert werden, auch wenn Systeme nur indirekt miteinander in Verbindung stehen (das System Katze, radioaktives Material, Detektor und Gift haben mit dem System Podschun direkt nichts zu tun – beide aber mit Schrödinger).

Nochmals, weil es wichtig ist; und bitte trennen Sie sich von klassischer Betrachtung mit Extremzuständen (tot, lebendig), auch wenn das das Normale weil täglich Wahrgenommene zu sein scheint: Bis zu dem Zeitpunkt der Öffnung der Kiste ist der Zustand, den die Katze hat, nicht „halb tot" und/oder „halb lebendig", da es die beiden *diskreten*, also nicht teilbaren Zustände tot/lebendig nur als diskreten Endzustand geben kann. Sie befindet sich in einem unbestimmten Zustand zwischen tot als Extrem auf der einen und lebendig als Extrem auf der anderen Seite – eben lebendig *und* tot, lebendigtot. Erst nach dem Öffnen der Kiste heben Sie diese Überlagerung auf: Es treten die klassischen Phänomene lebendig *oder* tot auf.

Die Quantenphysik hat für diesen Zustand der Unbestimmtheit einen Namen: Superposition („Überlagerung") oder, nach Schrödingers Gedankenexperiment, „cat-state". Es ist die Überlagerung aller *möglichen* Zustände eines Systems, hier tot und lebendig. (Oder sogar noch mehr: hirntot, also physisch intakt und „psychisch tot" = hirntot, weil die Giftdosis nicht reichte, die Katze vollständig zu töten, oder das Gegenteil, „locked-in": psychisch intakt und „physisch tot" = bewegungsunfähig) Eine Überlagerung ist, wie wir noch sehen werden, mehr als die Summe der einzelnen Zustände, da sie neue Phänomene hervorrufen kann, die sogar neuen Gesetzmäßigkeiten folgen können! Denken Sie an Aristoteles und sein b plus a.

Das heißt also: Solange Schrödingers Kiste geschlossen bleibt, also keine Beobachtung erfolgt, kann nur eine (hier durch die Halbwertszeit des radioaktiven Stoffes gegebene) Wahrscheinlichkeit angegeben werden, dass dieser oder jener Zustand ein(ge)treten (sein) *könnte*: Bei radioaktiven Elementen mit kurzer Halbwertszeit ist die Wahrscheinlichkeit, dass irgendein Atom zerfallen ist und so die Katze getötet hat, deutlich höher als bei einem mit langer Halbwertszeit. Auch steigt sie mit zunehmender Menge des radioaktiven Präparats oder der Wartezeit, bis man die Kiste öffnet. Quantenphänomene sind also stochastische Phänomene, weil man niemals vorhersehen kann, wann ein bestimmtes Teilchen seinen cat-state beendet! Nur indem wir makroskopisch eine große Zahl solcher Wahrscheinlichkeiten und ihrer cat-states über Statistik betrachten, kommen wir zu dem, was wir wahrnehmen. Das erklärt auch das merkwürdige Verhalten des Vakuums: Sie können so lange einen bestimmten Punkt im Universum fixieren, wie Sie wollen – Sie werden vermutlich niemals beobachten können, dass genau dort spontan Teilchen entstehen und sich wieder vernichten; das wäre purer Zufall! Wir wissen aber, dass genau das passiert.

Rufen Sie sich an dieser Stelle das Beispiel aus dem Vorwort ins Gedächtnis zurück. Die Flügel des Kolibris können beliebig viele Zustände einnehmen. Solange Sie kein Foto machen, also „messen" und damit in Kontakt mit dem geschlossenen System „Schwirrender Kolibri" treten, bleibt Ihnen die genaue Position der Flügel zu einem bestimmten Zeitpunkt verschlossen. Sie können höchstens eine Wahrscheinlichkeit angeben, dass sie sich zu diesem Zeitpunkt an einer bestimmten Stelle befinden könnten. Ob das dann so ist, muss ungeklärt bleiben! Erst das Foto (mit kurzer Belichtungszeit) legt den aktuellen Zustand dann fest – indem Sie mit dem System in Kontakt treten, es für Sie öffnen.

Daher ist eigentlich der Begriff Welle-Teilchen-*Dualismus* ebenso falsch und irreführend wie der Descartes'sche und zeigt lediglich die cartesianische Denke der Wissenschaftler, als er geschaffen wurde: Teilchen und Welle sind nicht zwei verschiedene, voneinander unabhängige Dinge, wie es „Dualismus" suggeriert, sondern zwei mögliche *Zustände*, materiell und wellig, die als Ergebnis aus dem unbestimmten cat-state materiellwellig entstehen können, und es ist lediglich abhängig vom Beobachter, was sich daraus ergibt. Mit anderen Worten: Der „normale" Zustand der Entität Elektron/Photon ist sein cat-state, nicht etwa einer der möglichen Endzustände! Wenn ein Elektron (z. B. in der Teilchenkanone oben) freigesetzt wird, erfolgt dies mit diesem unbestimmten Zustand. Es besitzt daher weder einen Welle- noch einen Teilchencharakter, sondern einen hybriden. Erst in dem Moment, in dem es mit seiner Umwelt derart interagiert, dass es kein in sich geschlossenes System mehr ist, z. B. weil es eine Wirkung ausübt, wird es gezwungen, diesen unbestimmten Zustand zu beenden und den wahrscheinlichsten der möglichen bestimmten Zustände anzunehmen, deren Superposition der cat-state war. Das ist insofern wichtig, wir werden noch darauf zurückkommen, als auch belebte Materie einen ureigensten unbestimmten Zustand hat: KörperGeist. Erst dann, wenn man in Interaktion mit ihr tritt, zwingt man sie dazu, einen der beiden möglichen bestimmten Zustände dieser Überlagerung anzunehmen: Körper oder Geist.

Ein veranschaulichendes Beispiel aus dem täglichen Leben: Wenn Sie ein Hybrid-Auto aus Ihrem Zimmer durchs geschlossene Fenster beobachten, wissen Sie nicht, ob es gerade elektrisch oder „klassisch" chemisch angetrieben wird: Für Sie ist das unbestimmt, da es hier hinsichtlich des Weges, über den Sie Informationen aus dem System Auto gewinnen können, Schallwellen, noch ein geschlossenes System darstellt. Erst wenn Sie das Fenster öffnen, damit einen Kanal zum Informationsaustausch öffnen, so in das geschlossene System eingreifen und entweder keine oder die bekannten, typischen Geräusche eines Verbrennungsmotors hören, können Sie das entscheiden. Ohne diese Beendigung des unbestimmten Zustands befinden sich Hybrid-Autos aufgrund ihres hybriden Antriebs mit zwei möglichen Zuständen in einer Superposition. Ja, zugegeben: Es ist bizarr. Vor allem, wenn Ihr Nachbar gegenüber das Auto auch sieht – bei offenem Fenster. Für den ist der Zustand des Autos nicht (mehr) unbestimmt, für Sie mit geschlossenem Fenster sehr wohl. Und das gleichzeitig! Aber exakt diese Bizarrerie ist es, die real ist – nicht unsere Wahrnehmung und Interpretation. Sie hat Ihre Analoge in der Relativitätstheorie mit Relativität, Raumzeit (was ist das?) und Längenkontraktion und Zeitdilatation (haben Sie das schon einmal beobachtet?).

Noch ein Beispiel: Wir Chemiker kennen solche hybriden Zustände nur allzu gut! Zwei Teilchen in einer Reaktion, die Edukte (= Ausgangsstoffe) A und B, reagieren formal nach der Gleichung

$$A + B \rightleftharpoons [AB] \rightleftharpoons \langle ABCD \rangle \rightleftharpoons [CD] \rightleftharpoons C + D$$
$$\updownarrow$$
$$\langle ABCDEF \rangle$$
$$\updownarrow$$
$$\langle ABEF \rangle \rightleftharpoons [EF] \rightleftharpoons E + F$$

Um miteinander reagieren zu können, müssen sich zwei Teilchen A und B zunächst räumlich sehr nahe kommen: [AB]. Daraus bilden sie einen sog. „nicht fassbaren Übergangszustand" <ABCD>, also eine quantenmechanische Überlagerung der Zustände [AB] und [CD]. Nach der Reaktion berühren sich die beiden entstandenen Produkte noch ([CD]), bevor sie sich als C und D trennen. Im Übergangszustand <ABCD> nun besitzt das System nicht mehr den Zustand [AB] und noch nicht [CD], sondern eben den cat-state <ABCD> und vollständig andere Eigenschaften als die Edukte und Produkte – man kann nicht sagen, welche konkrete Verbindung gerade vorliegt. Nun gibt es zwei Möglichkeiten: <ABCD> zerfällt wieder über [AB] in A + B. Das wäre eine Rückreaktion. Das ist auch häufig der Fall, weil viele Reaktionen sog. Gleichgewichtsreaktionen sind, bei denen sich nach einer bestimmten Zeit ein bestimmtes Verhältnis von A + B zu C + D einstellt; daher auch die Hin- und Rückpfeile in der Formel. Oder aber es entstehen die gewünschten Produkte C + D, die aber auch wieder zurückreagieren können.

Üblicherweise ist diese Superposition noch komplizierter! Denn in der Chemie sind „Nebenreaktionen" nicht selten, bei denen aus A + B auch E + F entstehen können – und umgekehrt. Der entsprechende cat-state hieße dann <ABEF>. Da aber eine Superposition die Überlagerung *aller möglichen* Zustände ist, kombinieren sich alle zum cat-state <ABCDEF>! Exakt hier kommen jetzt Wahrscheinlichkeiten ins Spiel (auch in der Chemie). So besteht eine bestimmte Wahrscheinlichkeit, dass dieser Übergangszustand wieder zurück zu den Ausgangsverbindungen, den Edukten, führt, die ich mit $P_{Rück}$ bezeichne. Und es gibt eine, mit der er sich zu den gewünschten Produkten C + D, P_{Hin}, oder den unerwünschten Nebenprodukten E + F, P_{Neben}, entwickelt. Das einzige, was wir definitiv sagen können, ist: $P_{Hin} + P_{Rück} + P_{Neben} = 1$! Denn irgendwas muss passieren! Mehr aber, zunächst, nicht.

Wir Chemiker haben inzwischen gelernt, auf diese Wahrscheinlichkeiten (!) Einfluss zu nehmen. Ohne ins Detail gehen zu wollen – das wird kaum jemand Fachfremden interessieren – können wir über „thermodynamische" oder „kinetische" Kontrolle die Wahrscheinlichkeit erhöhen, dass die gewünschten Produkte C + D entstehen, auch wenn es wahrscheinlicher wäre, dass die unerwünschten Nebenprodukte E + F oder sogar wieder die Edukte A + B entstehen. Gänzlich ausschließen können wir dies in solchen Reaktionen aber nicht, weshalb es nach fast jeder Reaktion darum gehen muss, das Produkt zu „reinigen", um die nicht erwünschten Nebenprodukte und Ausgangsstoffe zu entfernen! (Auch hier ist also Quantenphysik im Spiel!) Das heißt: *Statistisch* betrachtet haben wir A + B zu C + D reagieren lassen; tatsächlich aber gibt es immer noch A + B und sogar E + F, wenn auch in kleinen Mengen!

Mediziner sollten von Chemikern lernen: Krankheit ist ein cat-state KörperGeist, bei dem die Wahrscheinlichkeit höher ist, sich zu C + D (leicht erkrankt) oder gar E + F (schwer erkrankt) zu entwickeln als zurück zu A + B. (Ja: Krankheit ist nicht ein Ergebnis, sondern ein Zustand!) Es muss also für sie primäres Ziel sein, diese Wahrscheinlichkeit in ihr Gegenteil zu überführen. Das können sie aber nur im cat-state, was bedeutet, dass schulmedizinische Eingriffe in das System, wie wir sie heute vornehmen, nicht adäquat sind und sein können, weil sie durch den Eingriff dazu führen, dass der Übergangszustand beendet wird ...

Ja, es ist *weird*, schräg – ich gebe es zu. Aber lassen Sie das Ganze einmal auf sich wirken. Je mehr Sie sich damit beschäftigen, desto weniger bizarr wird es! Es ist wirklich nur eine Frage, ob Sie es schaffen, über den Horizont des täglich Wahrnehmbaren hinausblicken und damit die Platon'schen Fesseln ablegen und die Realität hinter den wahrgenommenen Schatten erkennen zu können. Wer Physiologe (aus der Medizin kommend) oder Biochemiker (aus der Chemie kommend) ist, stellt schnell fest, dass sich das gesamte Leben – sowohl in der Zelle als auch im Zellverbund = Gewebe bis hin zum Gesamtorganismus – in solchen Gleichgewichten = Übergangszuständen befindet und es i. d. R. sogar Regelmechanismen gibt, dass genau das so bleibt ("Fließgleichgewicht"). Es ist also nur konsequent, auch für das Makroskopische anzunehmen, was uns die Quantenphysik für das Mikroskopische zeigt.

Doch zurück zum Elementarteilchen! Bei klassisch-physikalischer Betrachtung müssen wir anhand der beobachtbaren Wirkung des Elektrons wie auch des Photons feststellen, dass bei ihnen offenbar der Wellencharakter der natürliche (= vorherrschende) Charakter ist – es bildet, unbeobachtet und damit „frei in seiner Entscheidung", Interferenzmuster aus, was nur Wellen können. Wenn wir aber bei ebenfalls klassischer Betrachtung des Teilchens Elektron Schrotschussmuster generieren können, führt das zu dem bekannten, unlösbaren Widerspruch, dass Wellen Teilchenverhalten zeigen können und umgekehrt. Logische Konsequenz: Eine klassisch-physikalische Betrachtung eines Elementarteilchens muss falsch sein! Allein aus diesem Grund entstand die Quantentheorie mit dem Ziel, diesen Widerspruch zu lösen! Sie ist also keine „alternative" oder gar „Fake-Wissenschaft", sondern lediglich das Ergebnis der Suche nach einer Theorie, die die Beobachtungen ohne Widerspruch erklären kann. Damit ist sie eine Erweiterung, eine Fortentwicklung klassischer Wissenschaft – nicht ihr Feind!

Das alles heißt: Die Quantenphysik beschreibt Zustände. Und zwar alle (im wahrsten Sinne des Wortes) möglichen Zustände, die ein System einnehmen kann. Und sie beschreibt Möglichkeiten. Und zwar alle Möglichkeiten, die dem System gegeben sind, sich zu entwickeln. Frido Mann bezeichnet aus diesen Gründen die Quantenphysik als Wissenschaft der Möglichkeiten. Damit ist sie aber alles andere als vorhersehbar („deterministisch") – *und muss es sein!*

Und sie ist die Wissenschaft der Wahrscheinlichkeiten, dass sich ein bestimmter Zustand einstellen wird. Aus quantenmechanischen Gründen kann beispielsweise nicht angegeben werden, zu welchem Zeitpunkt ein bestimmtes Atom eines radioaktiven Präparats zerfallen wird: unmittelbar in der nächsten Millisekunde oder erst nach 10 Halbwertszeiten; oder 1 000. Man kann nur sagen, dass während der „Halbwertszeit" nach deren Definition 50 % der Atome zerfallen sein werden, dass also die Wahrscheinlichkeit für ein Atom, innerhalb dieser Zeit zu zerfallen, bei 50 % liegt. Oder denken Sie an den schwirrenden Kolibri aus dem Vorwort: Sie können zwar einen Bereich angeben, an dem sich seine Flügel zu jedem Zeitpunkt befinden müssen, aber nicht, wo genau.

Das ist der deutlichste Unterschied zur klassischen Physik. Diese geht (wie die Schulmedizin) davon aus, dass die Welt deterministisch beschreibbar ist. Wenn man also nur die Gesetzmäßigkeiten und einen Ausgangszustand kennt, lässt sich jeder Zustand in der Zukunft und sogar in der Vergangenheit eindeutig festlegen. Unsere Planetarien z. B. beruhen auf dieser Annahme. Zufall gibt es hier nicht, sondern er beschreibt lediglich, dass man offenbar noch nicht vollständig hinter alle Gesetzmäßigkeiten gekommen ist. Dieser Ansatz wird häufig mit der „Newton'schen" oder „klassischen Mechanik" umschrieben, da Newton mit seinen Gesetzen das erste Mal sehr präzise Beschreibungen und Vorhersagen über die Bewegungen durch wirkende Kräfte machte. Diesen Begriff hat man dann auf alle materiellen Probleme in Wissenschaft und Technik ausgedehnt.

So gilt auch in der Teilchenphysik: Wenn man alle Teilchen, die man z. B. in einem Kollisionsexperiment im Teilchenbeschleuniger CERN in Genf (oder anderswo) erhält, identifizieren kann, kann man aufgrund der Newton'schen Mechanik auch ihre Entstehung und so die Ausgangssituation rekonstruieren, da man (glaubt, dass man) die Gesetzmäßigkeiten kennt. Davon lebt eine wichtige Disziplin der klassischen Physik, die Kernphysik. Eine ihrer wichtigen Aufgaben ist, herauszufinden, wann diese Rekonstruktion im Rahmen eines Experiments nicht zu dem Ausgangspunkt zurückführt: Dann scheint etwas passiert zu sein, was nur quantenphysikalisch erklärt werden und damit Hinweis auf ein neues Phänomen/Elementarteilchen sein kann.

Viele Forscher, so auch Einstein, haben „verborgene Variable" eingeführt, wenn es einmal mit Newton geklemmt hat. Das sind als real existent angesehene Einflussgrößen, die sich jedoch bislang unserer Erkenntnis entzogen und die wir daher in unseren Modellen nicht berücksichtigt hatten. Einstein und andere benutz(t)en sie in ihren Theorien, um theoretische Modelle unter dem Diktat des Determinismus an Beobachtungen anzupassen. Oder mit anderen Worten: Wann immer sich zeigte, dass die Vorhersagen aufgrund deterministischer Betrachtung nicht mit den Beobachtungen übereinstimmten, versuchte man, das System durch Einfügen solcher verborgenen Variablen in die das Modell beschreibenden Gleichungen wieder deterministisch zu machen. Mit den Gravitationswellen z. B. hat Einstein so etwas erfolgreich getan – mit denen, die er einführte, um die „spukhafte Fernwirkung" der Quantenphysik zu erklären, scheiterte er. Denn in der (indeterministischen!) Quantenmechanik ist das anders.

Hier gibt es Zufall nicht nur, hier regiert er. (Auch wenn das Einstein gar nicht schmecken würde!) Alle Versuche, über die Einführung solcher verborgenen Variablen Erklärungen zu finden, die nicht gegen das Grundprinzip der „Lokalität" der klassischen Physik verstoßen (der Wirkung eines Phänomens nur in der direkten räumlichen Umgebung seiner Existenz), scheiterten. Erst viel später, 1964, konnte der nordirische Physiker John Stewart Bell (1928–1990) zeigen, dass die „Nicht-Lokalität" (mit ihren möglichen, Einsteins „spukhaften" Fernwirkungen), auf der die Quantenphysik aufbaut und die grundsätzlich von einer durch verborgene Variablen „erweiterten" Lokalität unterschieden werden kann, tatsächlich existiert („Bell'sche Ungleichung"). Die Quantenphysik gilt (Methodischer

Zweifel!) seither als grundsätzlich bewiesen. Das ist ein schönes Beispiel, das die Richtigkeit des Zitats von Einstein von oben zeigt: Ein einziges Experiment konnte zeigen, dass er in dieser Frage Unrecht hatte. Deshalb erübrigt sich in diesem Fall eine weitere Suche nach verborgenen Variablen jeglicher Art, was die Gültigkeit der Quantenphysik zur Folge hat.

Wenn nun eine große Anzahl radioaktiver Atome beobachtet wird, kann man über statistische Betrachtungen eine Maßzahl berechnen, besagte Halbwertszeit, nach der die Hälfte aller Atome zerfallen ist. Es ist eine für dieses Material charakteristische, klassisch-physikalische Kenngröße, die es quantenphysikalisch nicht gibt. Das heißt: die schiere Menge gleicher, nicht-deterministischer, nicht-klassischer cat-states der beteiligten Atome mit ihrem individuellen Zufall „entlädt" sich in einer makroskopischen, klassisch fassbaren, von Zufall unabhängigen Größe, mit der wir zwar nicht vorhersagen können, *welcher* der cat-states der vielen Atome in einem bestimmten Zeitraum beendet, also welches Atom zerfallen wird, sondern nur, *dass einer* ihn beendet. So „versteckt sich" in der klassischen Naturwissenschaft der Zufall aus der Quantenphysik lediglich in Statistik und solchen Kenngrößen. Wer daher behauptet, die klassische Physik (Naturwissenschaft) kenne keinen Zufall, lügt sich selbst in die Tasche! Über solche Kenngrößen arbeitet sie mit ihm – im Verborgenen.

Die Folge: Wenn wir nur statistisch argumentieren können, heißt das, dass das beobachtete Phänomen klassisch (deterministisch) nicht (eindeutig) beschreibbar ist. Das ist bedeutsam! Denn diese Erkenntnis aus der Quantenphysik können wir auf Biologie und Medizin übertragen. Wenn wir also Krankheiten und mögliche Therapien nur mit Statistiken erklären und rechtfertigen können, heißt das analog, dass wir das Geschehen schulmedizinisch nicht (adäquat) beschreiben und damit behandeln. Daher sehen wir Spontanheilungen und Placeboeffekt, und entdeckten neue Planeten unseres Sonnensystems anhand von Phänomenen wie Abweichungen von den berechneten Bahnen. Eben weil die Welt nicht so klar deterministisch ist, wie Newton annahm – und mit ihm die meisten Forscher.

Denken Sie an den Kolibri: Man ist geneigt, anhand eines Schnappschusses und der gemessenen Geschwindigkeit des Flügels, anzunehmen, man könne berechnen, wo der Flügel zu einem bestimmten Zeitpunkt war oder sein wird. Aber wenn der Kolibri einen zufälligen Luftstoß ausgleichen musste, ist das bereits nicht mehr möglich. Wenn dieser Luftstoß in Brasilien seine Ursache im Umfallen eines Sack Reises in China hatte, haben wir ein komplexes Abhängigkeitssystem, das zu berücksichtigen wäre, wollten wir erfolgreich deterministisch aktiv werden. Aber damit nicht genug: Dieses Umfallen könnte ein kleines Beben als Grund haben, entstanden aus dem Einschlag eines kleinen Meteoriten, der die Erdbahn kreuzte, weil ein irrlaufender Planet unserem Sonnensystem zu nahe gekommen ist, den das zentrale Schwarze Loch vor Jahrmillionen aus einem Sonnensystem herausgeschleudert hatte, als es dieses verschlang. Wenn wir so weiter machen, kommen wir zwangsweise dazu: Wollten wir *wirklich* deterministisch vorgehen können, benötigten wir das gesamte Universum als Computer, um die entsprechenden Berechnungen durchführen zu können. Nur erhebt sich dann die Frage: Wozu?

Ein Grund, warum wir so viele Probleme mit nicht-klassischen Beschreibungen der Welt haben, ist, dass wir kein mathematisches Modell für Zufall haben, keine Formel, anhand derer wir seine Wirkung beschreiben und ihn uns auf diese Weise vorstellen können – er ist und bleibt mysteriös, gehört nicht in diese Welt. Auch ich, der sehr gerne mit Bildern arbeitet und sich daher viel Mühe gibt, geeignete zu finden und glaubt, das auch zu können, finde nichts in meiner Erfahrung, mit dem ich (mir selbst) Zufall anschaulich erklären könnte. Das darf aufgrund der Arbeitsweise unseres Gehirns aber nicht sein, weshalb wir seine Existenz leugnen und uns lieber mit nicht weniger merkwürdigen Krücken wie verborgenen Variablen aus unserer klassischen Erfahrung behelfen.

Wenn sie sich ein wenig mehr mit der Materie beschäftigen, werden Sie feststellen, dass die Quantenphysik von Vielen aufgrund ihrer Nicht-Lokalität als „nicht real" bezeichnet wird – auch Nobelpreisträgern, die sich durchaus verdient um sie gemacht haben wie Gerardus 't Hooft. Das ist ein legitimer Standpunkt, aber er muss nicht richtig sein. Er ist es in meinen Augen auch nicht! Denn er beruht auf der *Annahme*, wissen tun auch sie es trotz evtl. Nobelpreises nicht, wie Einstein zeigt, dass Prinzipien der klassischen Physik wie Determinismus real seien, und sich die der Quantenphysik daran messen lassen müssen, was oft u. a. mit Einstein und der Relativitätstheorie begründet wird. Diese ist aber selbst nicht klassisch, sodass ein Verweis gerade auf sie Unsinn ist! Da, so die Kritiker, spätestens seit 2016 die Nicht-Lokalität unwiderlegbar nachgewiesen sei, wäre genau das der Beweis, dass die Quantenphysik nicht real sein könne, da Nicht-Lokalität im Widerspruch zur als real definierten klassischen Physik stünde. Diese Haltung ist arrogant: Was nicht in den Kram passt, ist nicht!

Sie erinnert mich an das geozentrische Weltbild: Es kann nicht sein, was nicht sein darf! Es folgt dem gleichen Strickmuster, das immer dann zum Tragen kommt, wenn Ursache und Wirkung vertauscht werden, gerne in der Medizin: Weil ein Krebsgen nachgewiesen werden konnte, ist das Risiko für diesen Patienten, an Krebs zu erkranken, höher. Diese vermeintliche Kausalität mag plausibel klingen, und ich habe auch lange Zeit daran geglaubt, weil es ja einen plausiblen deterministischen Mechanismus gibt, über den das erfolgen könnte. Aber sie existiert nicht real, es ist maximal eine Korrelation von Koinzidenzen. So vertrete ich inzwischen den entgegengesetzten Standpunkt: Die klassische Physik ist nicht real und muss sich an der realen Quantenphysik messen lassen: Ihre Gültigkeit bezieht sie ausschließlich als Schattenwissenschaft in unserer virtuellen Wahrnehmung der Welt und der statistischen Betrachtung quantenphysikalischer Phänomene. *Sie* ist damit virtuell und somit zwar nicht nicht-real, aber eben auch nicht real; vielmehr passt sie zu der Art und Weise, wie unser Gehirn arbeitet. Daher beschreibt die klassische Physik nicht naturwissenschaftlich objektiv Ursachen für und Gesetzmäßigkeiten von Phänomene(n), sondern nur, was das Gehirn aufgrund seiner Arbeitsweise glaubt, an Gesetzmäßigkeiten und Ursachen herausgefunden zu haben. (Erinnern Sie sich an oben, als ich sagte, dass wir über die Bibel nicht Gottes Wort erfahren, sondern das, was Menschen als Gottes Wort glauben verstanden zu haben.) Ein klares Vertauschen von Ursache und Wirkung (siehe Epilog)! Das Doppelspalt-Experiment von oben beweist das, denn es ist (wie die Planetenschleife), quantenphysikalisch („heliozentrisch"), nicht aber klassisch-physikalisch („geozentrisch") erklärbar!

Solche quantenmechanischen Effekte zeigen nicht nur Elektronen, die auch „tunneln" können, also eigentlich undurchdringliche Barrieren durchdringen, ohne Spuren zu hinterlassen („Tunneleffekt"): So hält es sich einmal vor, einmal hinter der Barriere auf und lässt sich dort auch nachweisen, weil es aufgrund seiner Nicht-Lokalität einen cat-state gibt, der aus der Überlagerung des Aufenthaltsorts vor und hinter der Barriere besteht. Ich vermute, es gibt in den JVAs eine Menge Menschen, die gerne wüssten, wie das geht ;-) Auch das Photon, das Proton und das Neutron zeigen diese quantenmechanischen Effekte!

Aber es wird immer schräger: Auch Moleküle wie z. B. Fullerene (molekulare Kohlenstoff-Kugeln wie der für subatomare Dimensionen gigantische „Fußball" C_{60}, Abbildung 13) zeigen Interferenz, haben also einen experimentell nachweisbaren Wellencharakter. Man stelle sich vor: Der Quantenphysiker Lukas Mairhofer am Institut für Quantenoptik der Universität Wien kann Moleküle wie das des Antibiotikums Gramicidin (Abbildung 14) dazu bringen, sich wie eine Welle zu verhalten, also ihre Masse beim Pförtner abzugeben! Ich weiß nicht, ob Sie sich klar sind, was das heißt: Er bringt solche Moleküle, die man ja abwiegen und mit Erfolg therapeutisch anwenden kann, dazu, sich nicht als lokal wirkendes, massebehaftetes Teilchen (Molekül) zu verhalten, sondern als nicht-lokal wirkende Welle ohne Masse, die auf dem Schirm eines Doppelspaltexperiments Interferenzen hervorruft. Kein Scherz!

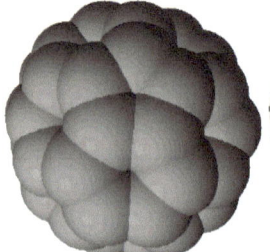  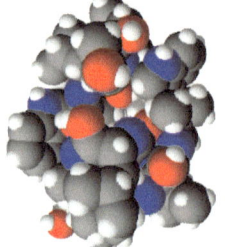

Abbildung 13: Fulleren (C60). Links das „Kalottenmodell" des Moleküls, mit den Kalotten (Kugelausschnitten) als Atomdarstellung. Den Fußballcharakter sieht man im analogen Stabmodell rechts besser, bei dem die Atome die Eckpunkte der Fünf- und Sechsringe bilden, die Kanten die Bindungen zwischen ihnen.

Abbildung 14: Kalottenmodell des bakteriellen Antibiotikums Gramicidin. Kohlenstoffatome sind grau dargestellt, Sauerstoff rot, Stickstoff blau und Wasserstoff weiß. Die beiden Abbildungen haben nicht den gleichen Maßstab.

Er kann das nicht nur mit Antibiotika, sondern auch mit Vitaminen, beides hoch komplexe Verbindungen, die in belebter Materie eine wichtige Funktion haben. Er und andere Forscher arbeiten inzwischen mit noch größeren Molekülen, ihre Apparate erlauben es, sogar kleine Viren untersuchen zu können. Was der nächste Schritt sein wird.

Mairhofer ist davon überzeugt: Delokalisierung als Voraussetzung, als Welle zu erscheinen, gibt es auch bei Molekülen einer lebenden Zelle. Sein Ziel ist, zu zeigen, »dass sehr komplexe Moleküle, die Grundlagen des Lebens sind, durchaus Quantenverhalten zeigen können. Das stellt alles, was man sich so gedacht hat, auf den Kopf. Die gesamte Newton'sche Physik baut darauf auf, dass man undurchdringliche, lokalisierte Atome hat. Aber wir können davon ausgehen, dass alles, was wir als gut lokalisierte, undurchdringliche Materie wahrnehmen und auch in unserem Alltag so damit umgehen, delokalisiert und sich wie Wellen verhält, wenn wir es gut genug von seiner Umgebung isolieren und in ein Vakuum bringen.« Mit anderen Worten ein in sich geschlossenes System erzeugen, das aufgrund des Vakuums mit nichts interagieren kann, das diese Geschlossenheit aufheben könnte. Denn auch Wechselwirkungen zwischen Molekülen oder mit Feldern sind Aktivitäten, die geschlossene Systeme öffnen.

Vielleicht heißt das, dass wir irgendwann einmal tatsächlich noch einen Menschen beim „Tunneln" beobachten können ;-) (Wohl eher nicht! Denn das hieße, dass die Elementarteilchen aller Atome, aus denen ein Mensch besteht, und das sind ein paar (!), absolut zeitgleich ihren Aufenthaltsort jenseits der Barriere hätten. Die Wahrscheinlichkeit dazu ist so gering, dass sie von „0" nicht mehr messbar unterscheidbar ist. Aber vielleicht können wir ihm ja beim Beamen zusehen ...)

Das allein ist schon ein starkes Stück. Doch es kommt noch dicker! Rein wissenschaftlich hat es sich nämlich als müßig herausgestellt, ein Elektron als Welle *oder* Teilchen anzusehen oder zu ermitteln zu versuchen, welchen Anteil an beidem es hat. Theoretische Modelle der Kernphysiker zeigen nämlich, dass es als Teilchen keinerlei Ausdehnung hat – der Physiker spricht von „punktförmig". Wie bitte? Materie ohne räumliche Ausdehnung, Elektronen ohne Masse, Lichtquanten mit? Was kommt denn noch?

Heute nimmt man an, dass alle Elementarteilchen, also Photonen, Elektronen und die Protonen und Neutronen bildenden Quarks, Neutrinos usw. *punktförmige* Phänomene ohne jegliche räumliche Ausdehnung sind und sie eine Ausdehnung im Raum nur über ihre Wirkung („Wirkungsbereich") „vortäuschen" – ähnlich einem Atom, das, wie wir gleich sehen werden, eine riesige Ausdehnung über den Atomkern hinaus nur vorgaukelt und nur durch die Wirkung seiner Elektronen und deren elektromagnetischen Felder erhält. Was aber ist ein Teilchen, selbst wenn es Masse haben sollte, ohne räumliche Ausdehnung? Sicherlich kein Teilchen in der (klassischen) Form mehr, in der wir es in der täglichen Praxis physikalisch definieren, vor allem, wenn es seine Masse beliebig abgeben und zurückholen kann. Das aber klingt doch gewaltig nach den Leibniz'schen Monaden! Und doch: Der Doppelspaltversuch von oben zeigt, dass es irgendetwas geben muss, das man als Phänomen „Teilchen" erklären kann und muss! Die Quantenfeldtheorie versucht daher, dies über „Felder" zu tun. Aber das führt hier deutlich zu weit! (Ist aber der Grund, warum das Elektron oben „normalerweise", also wenn unbeobachtet, als Welle, also zeitliche und örtliche Veränderung eines Feldes auftritt ...)

Für unser Doppelspaltexperiment heißt das: Das Elektron kann sich als masselose Welle verhalten, ohne es zu sein, und Interferenzen hervorrufen, und es kann so tun, als sei es ein Teilchen mit Masse und entsprechendem Verhalten, *ohne beides zu sein*. Je nachdem, wie wir das gerne hätten. Ist das nicht gaga?

Übrigens: Diese Vorstellung der „Materielosigkeit von Materie" hat ein Pendant in der Allgemeinen Relativitätstheorie. Auch hier ist eine Masse keine „feste Materie", sondern eine Krümmung in der Raumzeit (was dem Feld in der Quantenfeldtheorie entspricht). Diese Krümmung ist umso ausgeprägter, je mehr Masse dabei eine Rolle spielt. Wir müssen uns also langsam von der klassischen Vorstellung von Materie als Haufen von „Teilchen" lösen – sie passt einfach nicht mehr zu den Erkenntnissen, die wir aus diesen beiden wichtigen Säulen der Physik, Relativitätstheorie und Quantenphysik, gewinnen können.

Das heißt: Materie in Form fester, greifbarer Teilchen gibt es nicht! Es sind nur Felder und Potentialtöpfe, die über ihre Wechselwirkung untereinander Phänomene hervorrufen, die wir als „fest", „greifbar" und „Teilchen" *wahrnehmen*. (Das ist der nächste Schritt der an anderer Stelle dargestellten Virtualisierung unserer Welt!) Die reale Welt kennt keine Materie, sondern nur Felder, die quantenrelativistischen Prinzipien folgen. Materie ist also eine frei erfundene Vorstellung von unserer Welt in unserer Scheinrealität, unserer Schattenwelt, die uns hilft, sie wahrzunehmen und zu *begreifen*. Sie existiert nur in unserem Kopf: Eine Eidechse weiß nichts von Materie. Müssten wir nicht abstrakt über unsere Welt reden, gäbe es daher den Begriff Materie und was wir uns darunter vorstellen nicht. (Ja, nehmen Sie ruhig einen Schluck Magenbitter! Da boxt der Papst im Kettenhemd und die Luzie geht ab. Aber so was von!)

Warum ist das so? Ich hatte schon an anderer Stelle angedeutet, dass der Mensch ein optisch orientiertes Wesen ist: Sein Leitsinn ist das Sehen! Damit erfährt er seine Umwelt primär über Bilder und an*schau*liche Modelle. Aus diesem Grunde sind auch die dort diskutierten Inneren Bilder so wichtig, und aus diesem Grund träumen wir in Bildern. Das bedeutet: Bei der Bearbeitung von abstrakten Informationen kommt Bildern aus Wahrnehmung und Erinnerung (= Erfahrung) eine herausragende Rolle zu, um sich diese vorstellen und so damit umgehen zu können. Ein Beispiel, das das ausdrückt: die Wasserwellen oben, um Interferenz zu erklären! Oder Schrödingers Katze für Unbestimmtheit. So musste erst eine Vorstellung vom beobachtbaren Sonnensystem entwickelt werden, das Bohr dann (unbewusst?) auf das unsichtbare Atom übertragen konnte, um sich Phänomene veran*schau*lichen zu können, die sich einer direkten Wahrnehmung entziehen, weil wir mit Feldern keine bewusste sensorische Erfahrung haben.

Vielleicht beginnen Sie, eine Ahnung davon zu bekommen, was Bewusstsein ist und wofür wir es benötigen: Wenn wir unsere reale Welt nur virtuell wahrnehmen können, muss unser Bewusstsein virtuell und abstrakt arbeiten, wenn wir es nicht nur als Soll-Wert-Geber für unsere Autopiloten benutzen wollen. Bewusstsein ist damit ein Phänomen, das eng mit der Art verbunden ist, wie ein Lebewesen sich Informationen aus der Umwelt generiert. Bewusstsein, zumindest das des allgemeinen Sprachgebrauchs, ist virtuell. (Ich werde an anderer Stelle genauer auf das Phänomen eingehen und zeigen, dass es neben dem „kognitiven" Bewusstsein, das hier gemeint ist, auch ein „emotionales" Bewusstsein gibt, dass nicht auf bewusster Wahrnehmung basiert. Das sind Erkenntnisse aus der modernen Forschung in der Psychologie.)

Ich persönlich stelle mir, obwohl (Bio-)Chemiker und damit Handwerker, der Moleküle über Bindungselektronen maßschneidert, das Elektron sowieso nicht als Teilchen vor, sondern eher als „Schutzschirm", wie sie Raumschiffe in Science-Fiction-Geschichten haben, um Etwas auf Distanz zu halten. (Diesem Bild entspricht das sog. Kalottenmodell, mit dem wir Chemiker manchmal arbeiten, s. o.) Das Raumschiff Atomkern baut so in einer Entfernung, die im Bohr'schen Atommodell der Umlaufbahn der äußersten („Bindungs-") Elektronen entspricht, ein Abwehrfeld auf, das für Materie oder ihre andere Form, Energie, besser: deren Superposition, nicht durchlässig ist. Die „Raumschiffe" halten sich so rein energetisch auf Distanz, auch wenn sie, über andere Mechanismen, miteinander wechselwirken, z. B. über „Traktorstrahlen" (chemische Bindungen) aneinander gekoppelt sind. Und es geht weiter: Auch das Raumschiff selbst ist lediglich eine Projektion, die „Angreifern" vermitteln soll, da sei etwas! Tatsächlich aber ist da nichts als ein punktförmiger Projektor ohne jegliche räumliche Ausdehnung, der ein Bild des Raumschiffes projiziert. Auch so etwas kennen wir aus SciFi! (*Sehen* Sie, wie ich mit Bildern aus meiner Erfahrung und Erinnerung arbeite, um selbst zu verstehen?)

Bei dieser Art der Betrachtung ist es unerheblich, ob das Elektron (und Proton, Neutron, Photon) nun Welle oder doch Teilchen ist – seine Wirkung ist, was wichtig ist. Und das bedeutet: Ein Atom hat einen Raumbedarf, auch wenn es zu 99,999 % oder sogar vollständig aus Nichts bzw. „nur" Feldern aus Energie besteht, weil dieser seinem Wirkungsbereich entspricht. Allein das macht Materie zu Materie! Das ist auch der Grund, warum das Universum bereits eine Ausdehnung hatte, als es noch materiefrei und nur voll Energie war. Und es ist die Basis für Einsteins $E = m \cdot c^2$, der Äquivalenz von Energie und Masse.

Idealistisch eingestellte Monisten sollten nun nicht jubilieren, da damit gezeigt sei, dass alles immateriell ist – ist es nicht, denn ansonsten müsste es beim Doppelspaltexperiment in beiden Fällen Interferenz geben. Selbst wenn Materie nichts anderes als „Felder" und damit nicht „stofflich" ist, ist sie mehr als ein „Bewusstseinsinhalt". Was wir täglich wahrnehmen, mag auf virtueller Ebene passieren; und ich finde die Idee, die Fassbinders „Welt am Draht" zugrunde liegt, durchaus interessant, amüsant, überlegenswert und möglich: Dann hätten sie recht! Nur änderte das am Problem nichts. Denn dann müsste jemand anderes die Virtualität, in der wir dann ja offenbar auch „physisch" lebten, erschaffen haben. Spätestens dann hätten wir erneut das Problem eines rekursiven Gottes von oben. Daher nehme ich mit Einstein an, das Universum ist so einfach wie möglich, und mit dem Franziskanermönch und Philosophen William of Ockham (1288–1347), dass von mehreren möglichen Erklärungen für ein Phänomen die einfachste Theorie allen anderen vorzuziehen ist („Ockhams Rasiermesser") und unsere Scheinrealität daher auf einer Realität beruht. Dann haben wir, allein schon über die dann erforderlichen Felder, den Idealismus verlassen!

Es gibt noch einen anderen Grund: Um Masse zu gewinnen, muss ein Elektron mit den Higgs-Bosonen bzw. Higgs-Feld interagieren (können). Es gibt aber andere elektronenartige Phänomene, die Neutrinos z. B., die das nicht tun oder können und damit durch Materie gehen können wie ein heißes Messer durch weiche Butter. Sie können also niemals „materialisieren". Warum das so ist, ist noch nicht klar. Aber allein das zeigt, dass es Unterschiede gibt im Quantenzoo: Manche Bewohner sind masse*fähig*, andere nicht.

Das war nicht einfach zu verstehen, ich weiß! Aber glauben Sie mir: Auch Naturwissenschaftler tun sich schwer. Halten wir als erstes Etappenergebnis fest: (1) Die Basis unserer Welt ist (nach aktueller Erkenntnislage) nicht die klassische Physik, es ist die Quantenphysik oder, wenn sie verfügbar sein wird, die Quantengravitation! (2) Die Quantenphysik ist die Wissenschaft der Wahrscheinlichkeiten und Möglichkeiten und damit stochastischer Phänomene. Zufall spielt in dieser Wissenschaft eine entscheidende Rolle. (3) Unsere klassische Physik besitzt trotz allem auch weiterhin eine wesentliche Bedeutung, da sie die mikroskopischen Phänomene der Quantenphysik makroskopisch fassbar macht, indem sie die nicht-deterministischen, stochastischen, auf diskreten Quanten basierenden Phänomene durch statistische Betrachtung deterministisch macht und so den Zufallsbegriff (vordergründig) eliminiert. (4) Klassische Physik ist eine von Platons Schattenwissenschaften, die uns hilft, die Welt in unserer Virtualität zu begreifen. (5) Zentrales Phänomen der Quantenphysik ist der cat-state, der einen neuen Zustand in Form der Superposition oder „Überlagerung" aller möglichen Zustände beschreibt, die ein in sich geschlossenes System, eine quantenphysikalische Entität, besitzen kann. (6) Eng verknüpft mit dem Begriff Superposition ist der Begriff der „Unbestimmtheit", der bedeutet, dass besagte in sich geschlossene Systeme wie Elementarteilchen, aber auch Moleküle und vermutlich Viren als Schwelle zum Leben solange in diesem cat-state bleiben und man damit keine Aussagen machen kann, wann und in welchem konkreten Zustand sie einmal enden werden, solange man mit diesen Systemen nicht in Kontakt tritt. Das heißt nicht, dass das System sich nicht bereits in einem Endzustand befinden könnte – wir wissen nur nichts davon und dürfen daher nicht davon ausgehen, (a) dass es so und (b) welcher es denn ist. (7) Tritt man dann mit ihm in Kontakt, wird der Zustand der Superposition aufgehoben und es nimmt denjenigen der möglichen Zustände an, der mit der höchsten Wahrscheinlichkeit des Eintretens behaftet ist.

Verschränkung

Das war aber nicht alles, was Quantenphysik zu bieten hat. Es wird nämlich noch sehr, sehr viel schräger! Gaga in Potenz. Aber auch, und das ist für mein Weltbild wichtig, bedeutsamer. Daher: Ab in die nächste Etappe!

Ein weiteres Phänomen, das die Quantenphysik kennt und in klassischer Physik vollkommen unbekannt ist, ist das „Verschränken". Es klingt harmlos, denn es gilt hier ebenfalls wieder: „Das Ganze ist mehr als die Summe seiner Einzelteile", und das hatten wir schon. Aber jetzt kommt's: Das Verschränken ist das Kombinieren verschiedener Entitäten zu vollkommen neuen Entitäten, indem sie sich „zusammentun", also in eine bestimmte Beziehung zueinander treten. Das können Elektronen sein, die zum gleichen Atom gehören, oder Atome einer Verbindung oder eines Kristalls, ja selbst Moleküle (z. B. auch in einem Kristall). Also jeweils Angehörige einer „einfacheren" Art. Die Entitäten selbst bleiben dabei als Entität grundsätzlich erhalten; aufgrund ihrer Verschränkung aber besitzen sie neue Eigenschaften, zeigen neue Phänomene und/oder „folgen anderen Gesetzmäßigkeiten".

So hat z. B. ein Kristall physikalische Eigenschaften, die die ihn aufbauenden Atome nicht besitzen. Elektrischen Strom leiten Kristalle wie z. B. Eisen, die wir als „Leiter" bezeichnen, weil sich die einzelnen Energieniveaus der (äußersten) Bindungs- („Valenz-") Elektronen der Atome zu einem sog. „Valenzband" und einem „Leitungsband" kombinieren, die einzelne Atome nicht haben (was immer sich dahinter verbirgt: Ggf. müssen Sie es einfach glauben, aber es ist erklärbar! Ich habe viele Jahre studiert, um das zu verstehen). Die Valenzelektronen aller Atome des Kristalls halten sich also nach der Verschränkung nicht mehr bei „ihren" Atomen in deren Energieniveaus auf, sondern besiedeln nun gemeinsam ein gemeinsames Valenz- und Leitungsband des Kristalls, das es zuvor nicht gab. Da diese Bänder nicht auf das Atom beschränkt („lokal") sind, können Elektronen, die im („delokalen") Leitungsband vorliegen oder dahin wechseln können, sich frei im Kristall bewegen und so den Strom leiten („Elektronengas").

Deutlicher wird die Sache bei einer anderen Art von Atomen: Kohlenstoff. Auch Kohlenstoff kann Kristalle bilden: Jede Frau kennt und liebt sie und ihr Partner fürchtet sie ob seines Geldbeutels. Ich sage mit Ian Flemming nur »Diamonds are forever!« Auch hier werden durch Verschränkung der Atome Valenz- und Leitungsband erzeugt, die Bindungselektronen sind deloziert. Das Leitungsband ist aber leer und der Abstand zwischen ihm und dem Valenzband, die „Bandlücke", so groß, dass die delozierten Valenz-Elektronen aus diesem nicht in das Leitungsband gelangen können. Diamanten sind daher, was man als „Isolatoren" bezeichnet: Kristalle, die elektrischen Strom *nicht* leiten.

Aber Kohlenstoffatome können noch eine andere Kristallform ausbilden und sich somit in anderer Weise verschränken: Graphit. In ihr liegen Schichten von Atomen vor, die man Graphen (Betonung auf dem „e"!) nennt und die, isoliert, z. B. die berühmten Nanoröhren bilden. Innerhalb solcher Schichten leitet Graphit den Strom fast so gut wie ein Metall, senkrecht zu den Schichten ist es ein Isolator. Das heißt: Je nachdem, an welchen Stellen eines Graphit-Kristalls Sie eine Spannung anlegen, fließt Strom oder eben nicht! (OK, zugegeben: Das ist nicht wirklich verwunderlich, neu oder geil, sondern seit langem bekannt, allerdings nicht klassisch physikalisch erklärbar!)

Graphen, eine einzelne solche Schicht, führt nun zu Effekten, die nur quantenphysikalisch erklärbar sind. Es ist mit anderen, ähnlichen Strukturen zurzeit deshalb so interessant, weil mit ihm quantenphysikalische Phänomene in die klassische Welt geholt werden können – hofft man. Darauf möchte ich hier allerdings nicht weiter eingehen! Wenn Sie künftig also von Nano-Irgendwas hören, wissen Sie nun, dass man damit die Quantenphysik nutzen möchte. Das kann durchaus gefährlich werden, da wir gerade erst am Anfang stehen, die Grundlagen zu erkunden. Daher befürchte ich, dass, wie bei der Gentechnologie, zu frühes Streben nach kommerzieller Nutzung auch schädlich für die Nanotechnologie werden könnte, vor allem, wenn es um den Einsatz am und im Menschen geht. Bei der Gentechnologie war solch ein GAU die Gentherapie! Wir wissen einfach noch zu wenig über die Quantenphysik des Menschen und seine Wechselwirkung mit Quantenphänomenen.

Der nutzbare Effekt von Halbleitern, die heute aus keinem modernen technischen Gerät vom Toaster bis Hochleistungscomputer wegzudenken sind und z. B. elektrischen Strom nur in eine Richtung leiten können („Diode"), was klassisch physikalisch nicht erklärbar ist, beruht auf der schmalen Bandlücke der Energieniveaus des Valenz- und Leitungsbands infolge der Verschränkung von Atomen. In Abhängigkeit z. B. von Temperatur oder gezielter „Verunreinigung" mit Atomen einer anderen Art („Dotierung") können einige wenige Elektronen diese schmale Lücke überwinden und Strom eingeschränkt leiten – daher der Name Halbleiter. So erreicht man maßgeschneiderte Eigenschaften, was die Stromleitung betrifft. Auch Laserdioden gibt es nur, weil sich im betreffenden Halbleiter Atome verschränken und dadurch neue physikalische Phänomene generieren können („kohärentes Licht").

Verschränkungen gibt es auch in der Biologie. Eindrucksvolles Beispiel ist die Flechte *Cladonia cristatella*. Flechten sind Lebensformen, die von Algen und Pilzen gebildet werden. Beide sind einzeln lebensfähig, bilden dann aber strukturlose, schleimige Beläge („Biofilme"). Verschränkt zum Holobionten, bilden sie komplexere Strukturen: Im Fall von Cladonia entsteht eine langstielige Flechte mit rotem Schopf, was ihr den Namen „British soldier", britischer Soldat, eingebracht hat (Abbildung 15).

Abbildung 15: Cladonia cristatella, der "Britische Soldat".

Verschränken ist also das, was ein Beobachter oben gemacht hat, wenn er das Elektron auf seinem Weg durch einen Spalt beobachtet: Er tritt mit ihm in Beziehung. Das erzeugt neue Phänomene, die ohne diese Verschränkung nicht existieren: der Teilchencharakter der Elementarteilchen, die properties on demand von oben. Atome, die nicht wie im Kristall verschränkt sind, sind in sich geschlossene Systeme mit ihren Phänomenen. Verschränkte Atome im Kristall sind nun erneut in sich geschlossene Systeme, allerdings bestehend aus nicht mehr in sich geschlossenen Teilsystemen, und erzeugen damit neue Phänomene.

Verschränkung bringt nicht nur neue, teilweise eigenartige Phänomene hervor; sie ist auch lange Zeit nicht mit dem Verständnis und der Wertschätzung betrachtet worden, die ihr gebührt. Einstein sprach von „spukhafter Fernwirkung", einem etwas verächtlich gemeinten Begriff, mit dem sich auch heute noch einige Therapeuten herumschlagen müssen, deren Behandlung über solch eine „spukhafte Fernwirkung" erfolgt: Handauflegen z. B. Auch Schrödinger, der als erster von Quantenverschränkung sprach, tat dies nicht im Bewusstsein der Tragweite seiner Entdeckung. So galten Effekte, die auf quantenphysikalischer Verschränkung beruhen, lange als dem physikalischen Kuriositätenkabinett entsprungene Phänomene – als „Spontanheilungen der Physik", die man zwar hinnehmen musste, weil man sie ja beobachten konnte, die man aber als nicht erklärbar weitgehend verdrängte.

Ursache von Verschränkung kann vieles sein. Die Anordnung von Atomen im Kristall z. B. Indem sich während der Kristallisation die Atome in einem Gitter anordnen, gehen sie Wechselwirkungen miteinander und Beziehungen zueinander ein, die Auswirkungen auf sie haben: Sie sind nicht mehr „Ich", sondern nun „Wir". Zu einem vergleichbaren Ergebnis kommt man, wenn man Flüssigkeiten oder Gase so weit abkühlt, dass die Moleküle sich fast nicht mehr frei bewegen können und damit quasi in einen „lockeren Kristall", eine Flüssigkeit oder gar einen Feststoff gezwungen werden; der Grund, warum quantenphysikalische Effekte häufig makroskopisch festgestellt werden können, wenn man die Stoffe nahe an den absoluten Nullpunkt bringt (z. B. Superfluidität und Supraleitung; s. u.). Das Pauli-Verbot (s. u.) ist eine weitere Konsequenz aus Verschränkung, hier von Elektronen.

Verschränkungen kann man aber auch erzeugen. So können durch eine „Pumpstrahlung" mit Licht alle Atome eines Mediums dazu gebracht werden, „im Takt" Energie aufzunehmen und über Photonen wieder abzugeben. Resultat: kohärentes Laserlicht, weil sie nun zwangsverschränkt sind. Und verschränkte Elektronen kann man z. B. über „Cooper-Paare" aus Supraleitern gewinnen, verschränkte Photonen aus nicht-linearen Kristallen. (Bei Bedarf surfen gehen!)

Verschränkung ist aber nicht nur ein Phänomen, das bei Atomen der gleichen Art auftritt und zu neuen Eigenschaften führt wie bei Kristallen oben. Das geht auch mit Atomen unterschiedlicher Elemente. Wasserstoff, H_2, ist ein Stoff mit bestimmten Eigenschaften: Er ist sehr reaktionsfreudig („Reduktionsmittel"), gasförmig, geruchslos und unsichtbar. Die Superposition seiner Zustände als cat-state machen das Phänomen Wasserstoff aus, beschreibt es. Für Sauerstoff, O_2, gilt das Gleiche: Er ist noch reaktionsfreudiger als Wasserstoff, allerdings als „Oxidationsmittel", liegt ebenfalls bei Normalbedingungen gasförmig vor und entzieht sich ebenfalls unserer direkten Wahrnehmung. Beide Gase haben somit ihre spezifischen Eigenschaften (Superpositionen, cat-states), die sie von einander unterscheidbar und einzigartig machen, sie definieren.

Kombinieren (verschränken) Sie nun zwei Atome Wasserstoff mit einem Atom Sauerstoff, indem Sie sie eine chemische Reaktion unter Bildung eines Moleküls eingehen lassen („Knallgasreaktion"), ergibt sich ein neuer Stoff: Wasser. Mit neuen Eigenschaften, die die Ausgangsstoffe nicht hatten: H_2O ist flüssig, relativ reaktionsträge, weshalb es gerne als Lösungsmittel genommen wird, zwar geruchlos aber durchaus sichtbar und liegt je nach Umweltbedingung in unterschiedlichen Modifikationen sogar als festes Eis oder unsichtbarer, gasförmiger Dampf vor. Entstanden sind diese Eigenschaften also aus der Verschränkung von Wasserstoff und Sauerstoff zu einer neuen, verschränkten Substanz mit neuen Zuständen (Eigenschaften). Nicht nur die Art der Atome, die Chemiker verschränken, spielt eine Rolle, auch das Verhältnis dieser zueinander: Verschränkt man Wasserstoff und Sauerstoff nicht im Verhältnis 2:1 wie eben, sondern 1:1, erhält man H_2O_2, Wasserstoffperoxid, mit vollkommen anderen Eigenschaften als Wasser, wie jede „Wasserstoffblondine" weiß …

Wohlgemerkt: Im Molekül Wasser (wie auch Wasserstoffperoxid) liegen noch alle Atome und Elektronen der Ausgangsverbindungen vor – Wasserstoff und Sauerstoff, was man auf verschiedene Weise nachweisen kann: Chemisch, indem man es wieder in seine Bestandteile zerlegt, oder physikalisch, indem man die Protonen und Neutronen der Atomkerne im Molekül zählt. Aber durch die Verschränkung, cheminesisch: Reaktion, wurde eine neue Entität mit neuen Eigenschaften und neuen quantenmechanischen Zuständen und Möglichkeiten geschaffen – ein spezifisches Molekül. Wenn Sie so wollen, ist jeder Chemiker ein „Verschränker", der versucht, neue Eigenschaften von neuen Entitäten zu erzeugen, indem er Einzelatome oder -moleküle gezielt miteinander verschränkt.

Die neuen Eigenschaften (Phänomene) durch Verschränkung sind spezifisch, gibt es also nur für exakt diese Kombination an Elementen. Ersetzen Sie z. B. den Sauerstoff durch Schwefel, dem in der gleichen Hauptgruppe im Periodensystem der Elemente dem Sauerstoff folgenden Stoff, der daher sehr ähnliche chemische Eigenschaften (Bindungselektronen!) wie Sauerstoff besitzt, erhalten Sie einen vollkommen anderen Zustand der Verschränkung: H_2S ist gasförmig und unsichtbar, aber ähnlich reaktionsträge wie Wasser und über den Geruch nach verdorbenen Eiern sehr gut und in feinsten Konzentrationen wahrnehmbar. Denn anders als H_2O ist H_2S sehr giftig!

So wie der Zustand eines einzelnen Elektrons wegen der Superposition seiner möglichen Zustände unbestimmt ist, gibt es auch eine Unbestimmtheit der Beziehung von zwei Elektronen (oder quantenphysikalischen Phänomenen allgemein) zueinander, also eine Superposition der möglichen Zustände ihrer Verschränkung. Das bedeutet: Eine Projektion dieser Überlagerung in die klassische Physik beschreibt möglicherweise zwei Elektronen, die nichts miteinander zu tun haben, nicht verschränkt sind. Oder sie beschreibt zwei miteinander verbundene Elektronen, wie sie z. B. im Pauli-Prinzip (Wolfgang Pauli [1900–1958], österreichischer Physiker) gefordert werden, nach dem in den verschiedenen Energiezuständen eines Atoms nur jeweils zwei Elektronen, und die mit entgegengesetztem „Spin" erlaubt sind (nehmen Sie das einfach so hin [= glauben Sie] oder surfen Sie!). Das bedeutet: Eine Änderung am Zustand eines Elektrons (Spinumkehr) wirkt sich dann automatisch auf den Zustand des anderen Elektrons aus, indem sich auch dessen Spin umkehrt (umkehren *muss*).

Achtung: Dies ist für mein Weltbild von ebenso großer Bedeutung wie die Superposition. Verschränkung erzeugt also nicht nur neue Zustände und neue Phänomene! Sie führt auch dazu, dass verschränkte Systeme neuen Prinzipien folgen („Gesetzmäßigkeiten unterliegen") können, denen sie ohne sie nicht folgten; hier: das Pauli-Prinzip. Das bedeutet: Verschränkte Systeme haben nicht nur neue Eigenschaften, sondern verhalten sich evtl. auch anders. Beispiel: „Singlett-" und „Triplett-Sauerstoff", die sich ausschließlich darin unterscheiden, ob zwei (von acht!) Elektronen gemäß Pauli-Prinzip verschränkt sind oder nicht. *Das* ist der Grund, warum Chemiker nach Feynman so kompliziert zählen: »Statt zu sagen: ›ein Proton, zwei, drei, vier, fünf Protonen‹ sagen sie ›Wasserstoff, Helium, Lithium, Beryllium, Bor‹«. Denn es geht ihnen nicht so sehr, wie Physikern, um die Elementarteilchen, sondern die daraus resultierende Verschränkung.

Um dieses Prinzip und Einsteins „spukhafte Fernwirkung" und damit wichtige Phänomene von Verschränkung besser zu verstehen, hilft vielleicht folgendes Bild: Nehmen Sie zwei elektromagnetische Wellen, die identisch sind, mit einem Unterschied: Die eine Welle („spin up") hat ihre Maxima dort, wo die andere („spin down") ihre Minima hat, ist also „um 180° phasenverschoben", wie man sagt. Die Kombination (Superposition) dieser beiden Wellen führt dazu, dass die erzeugte Summenwelle eine gerade Linie ergibt (der Gesamtspin des Systems ist null). Stellen Sie sich weiter vor, dass die Überlagerung zweier überlagerter Wellen immer eine solche gerade Linie ergeben muss (Pauli-Prinzip!). Wenn nun bei einer Welle Minima und Maxima vertauscht werden („Spinumkehr"), führt Verschränkung zwangsweise dazu, dass das bei der zweiten Welle auch erfolgen muss, um das Pauli-Prinzip nicht zu verletzen! Das heißt: Indem Sie Einfluss auf das erste zweier verschränkter Elektronen nehmen, zwingen Sie das zweite aufgrund quantenphysikalischer Prinzipien zu „automatischer" Reaktion. Das Ergebnis ist das gleiche: Gesamtspin null. Aber nun aufgrund der Überlagerung der jeweils entgegengesetzten Zustände. Analog zum Welle-Teilchen-Problem verändern Sie also Verhalten, indem Sie interagieren.

Verschränkung hat weitreichende Folgen: Da verschränkte Systeme i. d. R. verschränkt bleiben, egal, was Sie mit den Partnern tun (solange Sie das System geschlossen halten und nicht „nachschauen" oder herumspielen und damit interagieren), können Sie sie z. B. an entgegengesetzte Stellen des Universums bringen – sie bleiben weiterhin verschränkt, mit allen Konsequenzen. Das ist die (Quanten-)Nichtlokalität, die bedeutet, dass der Zustand des verschränkten Systems nicht, wie in der klassischen Physik, lokalisiert, also auf den Ort der näheren Umgebung der jeweiligen Entitäten beschränkt ist – er erstreckt sich über den gesamten Bereich zwischen den beiden verschränkten Partnern. (Da fallen mir doch als Chemiker die π-Elektronen konjugierter Doppelbindungen ein. So hat der Sechsring Benzol mit verschränkten Elektronen vollkommen andere Eigenschaften als der Sechsring Cyclohexan ohne ...) Das heißt: Ändern Sie den Zustand des einen Elektrons, merkt es das andere auch über gigantische Entfernungen hinweg (Nicht-Lokalität!), und reagiert darauf (instantan, wie der Fachmann sagt, also „augenblicklich"; auch, wenn sich der andere Partner am anderen Ende des Universums aufhalten sollte). Exakt das ist, was experimentell nachgewiesen wurde und was Grundlage z. B. für die bereits angeführten, in der Entwicklung befindlichen kryptographischen Methoden ist. Oder für den Quantencomputer.

Dieses „instantan" ist der Knackpunkt, der Einstein zu seinen Anstrengungen veranlasst hat, geradezu manisch zu versuchen, diese „spukhaften Fernwirkungen" zu widerlegen; denn sie widersprechen fundamental seiner Erkenntnis, dass Information höchstens mit Lichtgeschwindigkeit transportiert werden kann! Setzte man nämlich großzügig „instantan" entgegen seiner tatsächlichen Bedeutung, „unmittelbar", mit einer Zeiteinheit gleich, die wir mit unseren präzisesten Uhren gerade nicht mehr unterscheiden können, z. B. den Atomuhren an der Physikalisch Technischen Bundesanstalt in Braunschweig, die 10^{-8} Sekunden, also 10 nsec auflösen können, müsste Information bei klassischer Betrachtung innerhalb dieser (für uns nicht weiter auflösbaren) Zeitspanne zwischen dem einen und dem anderen Partner ausgetauscht werden können. Setzen wir nun den einen Partner auf die Oberfläche der Erde, den anderen „nur" auf die der Sonne, könnte das bei der Strecke von durchschnittlich 150 Millionen km nur erfolgen, wenn Information mit 50-milliardenfacher Lichtgeschwindigkeit transportiert würde! Je besser unsere Zeitauflösung würde, desto höher würde dieser Wert. Instantan als Grenzwert unendlich guter Zeitauflösung ist also ein kleines Problem. Ich verstehe Einstein nur allzu gut!

Aber es ist so – die Nicht-Lokalität der Quantenmechanik, die diesen Effekt ermöglicht, wurde 2016 endgültig experimentell bewiesen und die Gültigkeit der Quantenmechanik selbst auch. Das bedeutet: Es muss Mechanismen geben, die sich außerhalb der klassischen Physik befinden – und genau das ist Thema der Quantengravitation. Vielleicht hilft uns Wissen aus dieser Disziplin ja einmal für unsere intergalaktischen, abhörsicheren Telefongespräche mit Aliens. Derzeit werden „Wurmlöcher" als Erklärung diskutiert, Abkürzungen in der Raumzeit ...

Übrigens: Dieses „instantan" verliert in meinen Augen ein wenig von seiner „Spukhaftigkeit", wenn man bedenkt, dass es ein Phänomen im Zusammenhang mit einer Verschränkung und deren unbestimmten Zustandes ist. Denn wenn Sie dieses Phänomen praktisch nutzen wollen, reicht es nicht, dass der Zustand des Partners instantan „angepasst" wird: Sie müssen das auch erfahren! Das Problem: Indem Sie mit einem verschränkten System in Kontakt treten, heben Sie ja den Zustand der Superposition und damit der Verschränkung auf! Um aber feststellen zu können, ob sich etwas geändert hat, müssen sie entweder zu Beginn einen Ausgangszustand festgestellt haben, was Superposition und Verschränkung zerstört, oder zu einem späteren Zeitpunkt, an dem sich eine Veränderung ergeben haben könnte. Um aber diesen möglichen Endzustand herausfinden zu können, müssten sie regelmäßig „testweise" feststellen, ob sich etwas getan hat. Das geht aber nicht, ohne die Verschränkung zu beenden. Und wenn sich bis dahin noch nichts getan hatte, werden sie es daher niemals wieder herausfinden können! Das führt dazu, dass in der täglichen Praxis „instantan" keine Bedeutung hat, weil Sie einen zusätzlichen Informationskanal brauchen, der Ihnen zusätzliche Informationen überträgt: Der aber muss klassisch sein und kommt so an der Lichtgeschwindigkeit nicht vorbei ... Wen's interessiert: Man bezeichnet das als Quantenteleportation. Das alles ist, auch für mich, nicht leicht zu verstehen, weil es jeglicher Erfahrung im täglichen Leben widerspricht!

Jeglicher? Nicht ganz: Wir kennen ein paar quantenphysikalische Phänomene, die wir zwar makroskopisch beobachten, aber nur mikroskopisch erklären können. Allen voran das uns inzwischen sehr vertraute Laserlicht, entstanden aus einer (erzwungenen) Verschränkung von vielen gleichen Atomen, die Photonen aussenden. Zu seiner Erzeugung werden quantenmechanische Phänomene genutzt, um ein außergewöhnliches Licht mit interessanten, neuen Eigenschaften zu erzeugen („Kohärenz"). Oder Supraleitung, bei der elektrischer Widerstand unterhalb einer bestimmten, als Sprungtemperatur bezeichneten Temperatur durch spontane Verschränkung schlagartig auf null fällt: Elektrischer Strom wird dann ohne Widerstand und Verlust geleitet. Diesem Phänomen verdanken wir die Kernresonanztomographie in Forschung (NMR) und Medizin (MRT) mit ihren starken Magnetfeldern, die ohne Supraleitung nicht herstellbar wären. Ähnliches gilt für die Suprafluidität, mit Hilfe derer die innere Reibung in Flüssigkeiten entfällt und sich diese somit vollkommen wider die tägliche Erfahrung verhalten: Sie leiten dann Wärme ideal, kriechen z. B. entgegen der Schwerkraft an den Wänden von Gefäßen hoch und würden sich, wenn diese nicht hermetisch abgeschlossen wären, schnell vom Acker machen. Auch hier gibt es technische Anwendungen, allerdings bislang nur in der Wissenschaft (Spektroskopie). Auch dies erfolgt erst unterhalb einer bestimmten Temperatur, dem „Lambdapunkt", bei dem die Moleküle sich spontan verschränken.

Die Frage ist also, wenn wir schon quantenphysikalische Phänomene in unserer makroskopischen Physik beobachten, ja sogar nutzen können, ob Quantenphysik nicht über die mikroskopische Welt hinaus eine bisher nicht ausreichend verstandene und gewürdigte Bedeutung hat, wir also nur zu blind gewesen sind oder von unserer dualistisch materialistischen, deterministischen Weltsicht zu sehr eingenommen waren, um das zu erkennen. Denn mit den genannten, nur mikroskopisch erklärbaren makroskopischen Phänomenen Laser, Supraleitung und -fluidität verlassen wir zwar den Quantenzoo mit seinen seltsamen Elementarteilchen und betreten wieder unsere bekannte, klassische Welt. Wie der Quanten-Hall-Effekt zeigt, für den der Physiker Klaus von Klitzing 1985 den Nobelpreis für Physik verliehen bekam und der auch bereits zu technischen Anwendungen geführt hat, verlassen wir damit aber nicht die Quantenphysik selbst – sie ist offenbar auch außerhalb subatomarer Dimensionen von Bedeutung und wird uns, wenn auch nicht immer offensichtlich, auf allen weiteren Stationen unseres Zooms in das Universum begleiten!

Der Hall-Effekt ist ein Phänomen, das der amerikanische Physiker Edwin Herbert Hall (1855–1938) entdeckt hat: Wenn Sie einen stromdurchflossenen Leiter in einem Magnetfeld genauer betrachten, werden Sie feststellen, dass die Elektronen senkrecht zu Stromrichtung und Magnetfeld abgelenkt werden. Es resultiert eine „Hall-Spannung", die einen Widerstand im Leiter zur Folge hat: den „Hall-Widerstand". Der Effekt selbst muss hier nicht weiter interessieren. Bedeutsam ist nur, dass er klassisch-physikalisch messbar ist und technische Anwendung in Form von „Hall-Sonden" und elektrischen Kompassen hat.

Bedeutsam ist auch, dass von Klitzing seinen quantenphysikalischen Bruder, den vom russischen Physiker Lew Dawidowitsch Landau (1908–1968) 1930 postulierten „Quanten-Hall-Effekt" nachweisen konnte. Er tritt ab einer bestimmten Temperatur von wenigen Kelvin *anstelle* des Hall-Effektes auf und äußert sich darin, dass der Hall-Widerstand, der durch die Hall-Spannung generiert wird, nur noch diskrete Werte (Quanten!) annehmen kann, die ganzzahlige Bruchteile der Von-Klitzing-Konstante sind, die ihrerseits als Quotient des Planck'schen Wirkungsquantums (da haben wir es wieder!) und des Quadrats der Elementarladung definiert ist. Sie sehen hier sehr deutlich, dass der klassische Effekt das Ergebnis statistisch erfasster, diskreter Einzeleffekte sein muss, da bei niedrigen Temperaturen die betroffenen Atome und Elektronen verschränkt sind, bei hohen nicht. Klassisch messen wir daher einen Mittelwert aus gigantilliardenfachen diskreten Einzelzuständen nicht in Beziehung zueinanderstehender Elektronen, der sich in kontinuierlichen Messwerten äußert und dann nicht mehr stimmt, wenn wir die Elektronen miteinander verschränken – durch Kühlung. Hall- und Quanten-Hall-Effekt zeigen so sehr eindrucksvoll den Zusammenhang zwischen nicht-klassischer und klassischer Physik.

Quantenphysik ist damit genauso fundamental wie die Relativitätstheorie. Auch wenn wir im täglichen Leben niemals die Lichtgeschwindigkeit erreichen und damit selbst spürbare Auswirkungen von Phänomenen werden wahrnehmen können, die nur durch die Relativitätstheorie beschrieben werden können, heißt das nicht, dass diese in unserer Welt nicht existiert. Denn oft sind es die kleinen, dem Laien verborgenen Dinge, die zeigen, dass wir mit unserer klassischen Betrachtung der Welt vielleicht etwas zu naiv sind. Ein Beispiel. Heute hat jeder GPS, das global positioning system, selbst wenn er Rad fährt oder spazieren geht – es findet sich praktisch in jedem Smartphone. Wir nutzen es im Dschungel der Großstadt ebenso wie in den Wüsten der Welt. Es beruht auf einer Messung der Laufzeit von Signalen von mindestens drei Satelliten zu einem GPS-Empfänger. Mit „Laufzeit" und „Signal" aber kommen die Begriffe „Information", worauf ich im Epilog noch eingehen werde, und „Lichtgeschwindigkeit" ins Spiel. Und mit ihnen die Relativitätstheorie. In zweifacher Weise.

Um eine Position auf ±15 Metern genau ermitteln zu können, müssen die Laufzeitmessungen mit einer Genauigkeit von 10 nsec erfolgen; gerade das, was heute technisch machbar ist. Da die Uhr des Satelliten aber eine bewegte Uhr ist und da die GPS-Satelliten ca. 20 000 km über der Erde in nicht-geostationärer Umlaufbahn kreisen und es somit zwischen Satelliten und GPS-Empfänger (auf der Erde) eine Relativbewegung gibt, ergibt sich für sie, nach Einstein, eine Zeitdilatation. Damit schlägt die Spezielle Relativitätstheorie zu, die sich mit Phänomenen relativ zueinander bewegter „Inertialsysteme" beschäftigt. Konkret heißt das, dass diese Relativbewegung die Satellitenuhr sehr wenig, aber messbar langsamer gehen lässt als die Uhr des Empfängers auf der Erde. Kleine Ursache, große Wirkung: Korrigierte man dies nicht, würden sich die Abweichungen sehr schnell in deutlich feststellbaren falschen Laufzeitmessungen niederschlagen und dem GPS-Empfänger vorgaukeln, er sei wo ganz anders: Bereits nach 12 Stunden läge die ermittelte GPS-Position einen Kilometer weit von der tatsächlichen entfernt. Eine exakte Positionsbestimmung mit GPS wäre nach kurzer Zeit nicht mehr möglich!

Damit nicht genug: Die Relativitätstheorie schlägt ein weiteres Mal zu, diesmal die Allgemeine: Zeit unterliegt, so merkwürdig es klingt, der Schwerkraft. Der Grund ist, dass es nach Einstein Zeit losgelöst von Raum nicht gibt („Raumzeit") und dieser von Schwerkraft beherrscht und verformt wird. Je größer also die Schwerkraft, desto langsamer vergeht die Zeit an dem Ort, wo sie wirkt. Jetzt haben wir das Problem von oben erneut: Die Schwerkraft auf dem Satelliten beträgt aufgrund seiner eigenen, sehr geringen Masse nur 6 % derjenigen auf der Erde. Die Uhr im Satelliten geht nun, umgekehrt zu oben, schneller als die im Empfänger. Zwar auch sehr wenig, aber eben auch messbar und vor allem kumulativ. Beide Effekte aber heben sich gegenseitig nicht auf, da der Einfluss der Schwerkraft auf die Zeit deutlich größer ist als der durch die Bewegung der Uhren (da deren Geschwindigkeit weit weg von der des Lichtes ist).

Die Abhilfe ist: Die Uhren in den GPS-Satelliten werden mit Atomuhren auf der Erde synchronisiert. (Technisch macht man das durch den Kniff, dass man die Uhren im Satelliten um genau den Betrag langsamer gehen lässt, den diese relativistischen Effekte kumuliert ergeben.) Erfolgte dies nicht, unterschieden sich tatsächliche und berechnete Position innerhalb von 24 Stunden um 11,5 km, und mit jedem neuen Tag verdoppelte sich dies. (Ein weiterer Kniff: Da in einem GPS-Empfänger keine Uhren mit der geforderten Präzision ticken, braucht man mindestens vier und nicht drei Satelliten gleichzeitig: Man spricht von überbestimmten Gleichungssystemen.) GPS wäre also allein mit dem Wissen aus klassischer Physik undenkbar. Wir brauchen die korrigierenden Erkenntnisse aus der Relativitätstheorie, die unsere Welt aus einer vollkommen anderen, nicht-klassischen Perspektive betrachtet. Grob taugen die Erkenntnisse der klassischen Physik zwar; aber im konkreten Fall kommen wir zu falschen Ergebnissen, tun wir das nicht. Daher glaube ich, dass unsere klassische Welt künftig auch von immer fundierter werdenden Erkenntnissen aus der Quantenphysik erheblich profitieren und diese zu einem ganz normalen Teil unserer Welt werden wird – erste Anwendungen wie Laser und Kryptographie durch Quantenverschränkung hatte ich ja schon genannt. Oder anders ausgedrückt: Unsere moderne klassische Welt kommt ohne Relativitätstheorie und Quantenphysik nicht mehr aus!

Auch hier eine kurze Etappenzusammenfassung: (1) Quantenphysikalische Entitäten können zu größeren Einheiten kombiniert werden. (2) Dies nennt man „Verschränkung". Sie ruft (3) neue quantenphysikalische Phänomene hervor, die (4) neuen quantenphysikalischen „Gesetzmäßigkeiten" folgen können. Diese neuen Zustände unterliegen (5) erneut einer Superposition, was bedeutet, dass alle möglichen Zustände, die aus Verschränkung entstehen, der Unbestimmtheit unterliegen. (6) Verschränkung erzeugt damit eine neue quantenphysikalische Entität auf einem höheren Niveau mit höherer Qualität. (7) Die Superpositionen verschränkter und nicht-verschränkter Entitäten unterscheiden sich qualitativ und quantitativ: Während eine Menge nicht verschränkter Entitäten die gleichen Superpositionen wie die sie bildenden Einzelentitäten haben, der Unterschied also rein quantitativ ist, unterscheidet sich die Superposition einer Menge verschränkter Entitäten qualitativ davon. (8) Klassische Physik ist das Ergebnis der statistischen Betrachtung einer großen Menge identischer verschränkter oder nicht verschränkter quantenphysikalischer Phänomene.

Quanten in belebter Natur

Nicht nur die Physik kommt ohne Quanten nicht aus! Wir haben gesehen, dass die Verschränkung mikroskopischer Entitäten mit zunehmender Ordnung und Organisation einhergeht. Wir können daher über sie eine evolutionäre Linie von den nach heutiger Erkenntnis elementarsten zu den komplexesten Bausteinen unbelebter Materie bilden: den Mischkristallen (Abbildung 16).

Die neuen Entitäten, die sich daraus ergeben, zeigen jeweils als Konsequenz der Superposition der neuen möglichen Zustände andere, neue Phänomene, wobei weiterhin Unbestimmtheit und Selbstähnlichkeit eine bedeutende Rolle spielen. Hört das bei unbelebten Molekülen auf? Welchen Grund sollte die Natur haben, ab dem Punkt, an dem belebte Materie beginnt, eine neue Strategie zu verfolgen? Ist nicht plausibler, logischer und nach Einstein so einfach wie möglich, wenn sie mit den erfolgreichen Prinzipien weitermacht und sie auch für höhere Organisationsstufen wie Leben verwendet? Oder, um mit Feynman zu fragen: »Ist es möglich, alles zu verschmelzen und lediglich zu entdecken, dass diese Welt unterschiedliche Seiten einer Sache repräsentiert?«

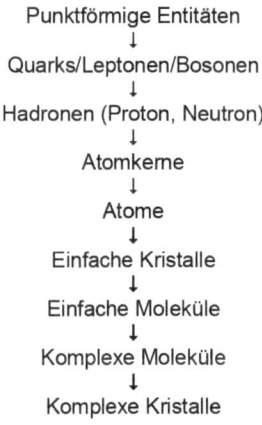

Punktförmige Entitäten
↓
Quarks/Leptonen/Bosonen
↓
Hadronen (Proton, Neutron)
↓
Atomkerne
↓
Atome
↓
Einfache Kristalle
↓
Einfache Moleküle
↓
Komplexe Moleküle
↓
Komplexe Kristalle

Abbildung 16: Vom Elementarteilchen zum Molekül

Quantenmikrobiologie

Beginnen wir daher unseren Zoom aus der Welt der Quanten in das Universum. Erste Station: Belebte Materie, nachdem wir unbelebte quantenphysikalisch beschreiben können. (Zumindest theoretisch; noch ist viel Glauben dabei, aber auch bereits eine Menge Wissen!) Es wird wohl noch ein wenig dauern, bis wir unbelebte Materie quantenphysikalisch vollständig erfasst haben werden und beschreiben können. Aber Forscher sind schon, wie gesagt, dabei, sehr komplexe unbelebte Systeme zu untersuchen. Doch gilt das auch für belebte Materie? Gibt es Quantenphysik auch in der kleinsten Einheit des Lebens, einer Zelle?

»Klar!« werden Sie nun vielleicht ausrufen, bestehen doch auch Zellen letztlich aus Atomen und Molekülen. Und in der Tat: Die Quantenphysik macht auch vor biologischen Systemen nicht halt! So kennt man in der Biologie z. B. bei Geckos, von denen bekanntermaßen viele mit senkrechten Wänden, Decken und selbst Glas kein Problem haben und mühelos als Rennstrecke benutzen, ein wichtiges quantenphysikalisches Phänomen: Van-der-Waals-Kräfte!

Geckos unterteilen sich in zwei Gruppen: Krallengeckos und Lamellengeckos. Letztere sind in unserem Kontext interessant! Deren Füße besitzen nämlich Lamellen, die ihnen den Namen gegeben haben. Diese Lamellen bestehen aus „Borsten", die ihrerseits aus Härchen zusammengesetzt sind (Selbstähnlichkeit!). Nur etwa 200 Nanometer breit und lang sind sie und 15 Nanometer dick. Wann immer aber Dimensionen im Nanobereich eine Rolle spielen, sollten Sie alarmiert sein: Dann sind, wie hier, quantenphysikalische Effekte nicht weit weg („Nanotechnologie"). Setzt ein Lamellengecko seinen Fuß auf eine Oberfläche, schmiegen sich die feinen Härchen der Lamellen an diese Oberfläche an. Nun schlägt die Quantenphysik in Form besagter Van-der-Waals-Kräfte zu[37].

Van-der-Waals-Kräfte sind schwer zu erklären, da sie ein Phänomen sind, das es klassisch-physikalisch nicht geben kann. Während wichtige Wechselwirkungen zwischen Molekülen (z. B. „Wasserstoff-Brücken-Bindung") über eine Anziehung entgegengesetzter elektrischer Ladungen von Atomen („Ionen") und Molekülen („elektrischen Dipolen" wie im Wassermolekül) erklärt werden können, die diesen Dipol wegen der Elektronegativität ihrer Atome und der räumlichen Struktur ausbilden (und der damit permanent ist), lässt sich diese nicht-kovalente (= nicht-chemische) Form der Bindung klassisch-physikalisch nicht erklären: Atome besitzen zwar im Inneren positive Ladungen, die aber durch die sie umkreisenden Elektronen nach außen abgeschirmt werden. Wir haben damit zwar einen Dipol; nur besteht der zwischen dem Atomkern im Inneren und seiner Hülle – nach außen stellt sich jedes Atom somit negativ geladen dar. Gleiche Ladungen stoßen sich aber ab. Diese Abstoßungskraft ist deutlich größer als die Van-der-Waals-Kraft jemals sein könnte, egal, wie sie zustande kommt. *Darum* ist Materie „fest" (= undurchdringlich). Und es ist ein Grund, warum *ich* mit senkrechten Wänden und Decken Probleme habe!

Um die Sache klassisch-physikalisch erklären zu können, muss man „temporäre Dipole" annehmen, die irgendwie entstehen. Doch kann das sein? Man kann, wie gesehen, ein Elektron aufgrund des „Welle-Teilchen-Dualismus" auch klassisch-physikalisch als Welle betrachten. Diese Betrachtung zeigt dann jedoch, ohne ins Detail gehen zu wollen, dass eine spontane temporäre Dipolbildung schlicht und ergreifend unmöglich ist! Klassisch-physikalisch betrachtet darf unser Lamellengecko also nicht an der Decke spazieren gehen können. Weil der aber von klassischer Physik keine Ahnung hat, tut er es trotzdem! So, wie eine Hummel fliegt, obwohl sie aus aerodynamischen Gründen nicht fliegen können darf. Daher versuchen wir einmal, die Quantenphysik zu befragen. Und siehe da: Sie sagt, dass es sehr wohl möglich sein kann, temporäre Dipole zu erzeugen. Das ist sogar Standard! Klassisch-physikalisch als Welle betrachtet verteilt sich die Ladung eines Elektrons gleichmäßig über die gesamte Oberfläche seines Wirkungsbereichs, also die „Schale" um den Atomkern. Seine „Ladungsdichte" ist daher an jedem Punkt dieser Schale gleich groß. Nach der Quantenphysik aber ist es eine „Punktladung" und unterliegt als Elementarteilchen der Unschärferelation, weshalb es eben nicht zu jedem Zeitpunkt über die gesamte Schale „verteilt" ist. Auch hier der Effekt: Das makroskopische Phänomen einheitlicher Ladungsdichte ist das Resultat der statistischen Ausmittelung gigantischer Mengen von mikroskopischen Phänomenen, bei denen das nicht so ist: Die kleinste heute technisch auflösbare Zeiteinheit von 10 nsec besteht aus ca. $2 \cdot 10^{35}$ Planck-Zeit-Quanten, an denen die Position nicht exakt bestimmt ist.

Van-der-Waals-Kräfte sind also das Ergebnis quantenphysikalischer Phänomene und nur auf dieser Ebene erklärbar. So zeigt uns jeder Lamellengecko, dass Quantenphysik in der belebten Natur nicht auf die Absorption („Sehen") oder das Aussenden von Photonen („Biolumineszenz") beschränkt ist. Aber ist das alles, was Quantenphysik auf diesem Gebiet zu bieten hat? Denn Van-der-Waals-Anziehung besteht auch bei unbelebter Materie wie Schmutzablagerungen auf Blättern, wogegen sich die des Lotus quantenphysikalisch wehren. Zwischen einem Schmutzpartikel und einem Gecko besteht aber ganz offensichtlich ein Unterschied! Können wir diesen quantenphysikalisch erklären oder ist dazu eine Erweiterung der Quantenphysik erforderlich?

Das Prinzip Verschränkung zeigt uns, dass sich vollkommen neue Phänomene ergeben, wenn wir quantenphysikalische Objekte in eine Beziehung zueinander bringen, die, siehe Kohlenstoff oben, davon abhängig sind oder sein können, in welcher Form das erfolgt: Die Eigenschaften von Wasser sind so sehr viel umfangreicher und andersartiger als die der es ausmachenden Bestandteile Wasserstoff und Sauerstoff. Und ein Wasserstoffatom hat andere Eigenschaften als ein Proton, das wiederum andere hat als die es aufbauenden Quarks. Und sie werden, ausgehend von den elementarsten Entitäten, immer komplexer.

Es ist also nicht abwegig, anzunehmen, dass mit jedem Schritt zu komplexeren Organisationsformen durch Verschränkung neue, komplexere Phänomene auftreten werden, die ohne sie nicht bestünden. Im Falle von Wasser sind es z. B. die Eigenschaften eines Kristalls, in dem es als „Kristallwasser" eingebunden ist. Beispiel: Natriumsulfat. Der Allgemeinheit als Glaubersalz und Kristallographen als Mineral Mirabilit bekannt, enthält es 10 Moleküle „Hydratwasser" pro Molekül Natriumsulfat („Decahydrat") und kristallisiert monoklin-pryamidal (was immer das bedeutet). Das Wassermolekül besteht hier zwar, wie Protonen und Neutronen im Atomkern, immer noch, aber es ist in einer *Verbindung* „aufgegangen", die keinerlei seiner Eigenschaften mehr hat. Wasserfrei kommt Natriumsulfat als orthorhombisch-bipyramidal kristallisierendes Mineral Thénardit oder trigonal kristallisierend als Metathénardit in der Natur vor. Beide haben unterschiedliche physikalische Eigenschaften, obwohl sie aus den gleichen Bausteinen bestehen – eben nur anders verschränkt. Daher lassen sich die Unterschiede zwischen unbelebter und einfacher belebter Materie wie Bakterien durchaus als Ausdruck komplexer werdender Verschränkungen unbelebter Bausteine verstehen.

Wie schon gesagt: Derzeit arbeiten Forscher wie Mairhofer an der Untersuchung von Systemen bis hin zu Viren. Viren stehen aber an der Schwelle des Lebenden – einerseits sind sie Lebewesen, weil sie die Informationsträger eines Lebewesens, DNA/RNA, in kompaktester Form sind, andererseits aber auch nicht, da sie über wesentliche Voraussetzungen, die ein Lebewesen erfüllen muss, nicht verfügen, z. B. einen eigenen Stoffwechsel. Da jedes Lebewesen aus Atomen und Molekülen aufgebaut ist, ist also anzunehmen, dass quantenphysikalische Phänomene auf einem komplexeren Niveau auch in den den Viren folgenden, komplexeren Lebewesen, den Bakterien und Einzellern, existieren und diese beeinflussen. Das bezeichnete der Physiker Friedrich Dessauer (1881–1963) als Quantenbiologie, ich dagegen (nur) als Quantenphysik (in) der (Mikro-)Biologie. Denn er bezieht sich auf quantenphysikalische *Phänomene* in biologischen Systemen; eine „echte" Quantenbiologie aber beschreibt in Analogie zur Quantenphysik nicht-klassisch erklärbare *biologische* Phänomene, die lediglich aufgrund der der Quantenphysik zugrundeliegenden *Prinzipien*, Superposition und Verschränkung, entstehen und mit Quantenphysik nur eben diese Prinzipien gemein haben.

Dessauers „Quantenbiologie" spielt z. B. beim Sehen eine Rolle, da hier eine lichtempfindliche Zelle, ein Stäbchen oder Zäpfchen der Netzhaut, in Wechselwirkung mit einem typischen Elementarteilchen, einem „Lichtteilchen" (Photon) tritt. Wir wissen auch wie: über den „Sehpurpur" Rhodopsin (bei Zapfen bzw. Iodopsin bei Stäbchen). Dabei müssen offensichtlich quanten*physikalische* Phänomene eine Rolle spielen, die wir auch kennen: Absorption eines Photons! Durch sie erhält das Molekül genau die Energie, die es benötigt, um seine räumliche Struktur zu ändern, was dann zu einem (biologischen) Signal führt. Ein weiteres Beispiel: Photosynthese, bei der die Absorption der Energie eines Photons genutzt wird, ein reaktionsträges Molekül, Kohlendioxid (CO_2), zur Reaktion zu „überreden".

Es gibt einen uns verwehrt bleibenden Sinn, der gleich drei quantenphysikalische Prozesse nutzt. Es ist einer von zurzeit zwei diskutierten Magnetsinnen der Zugvögel, mit denen sie sich über Tausende von Kilometern orientieren können. Er funktioniert nach noch nicht vollständig gesicherter Theorie nicht wie unser Magnetkompass anhand des parallel zur Oberfläche verlaufenden Anteils der Feldlinien, sondern über einen „Quantenkompass" des senkrecht zur Erdoberfläche verlaufenden, also über die Messung der „Inklination". (Am Nordpol steigen die Feldlinien senkrecht nach oben, am Äquator verlaufen sie parallel zur Erdoberfläche und am Südpol senkrecht nach unten.) Zugvögel orientieren sich also nicht an der Nord-Süd-Richtung, sondern an der Pol-Äquator-Pol-Richtung. Das ermöglicht ihnen, feststellen zu können, auf welcher Hemisphäre sie sich befinden, was mit einem Magnetkompass nicht möglich ist.

Dieser Sinn nutzt die quantenphysikalischen Zustände „Singlett" und „Triplett" von oben, in denen sich bestimmte Atome oder Moleküle befinden können. Prädestiniert dafür ist Sauerstoff, der normalerweise im stabileren Triplett-Zustand vorliegt, in dem die beiden äußersten („Bindungs-") Elektronen des Sauerstoffs nicht ein gemeinsames Energieniveau besitzen, sondern zwei getrennte, wenn auch energetisch gleiche, und den gleichen Spin haben, was immer das auch ist. Dies erzeugt den Di-Radikal-Charakter des elementaren Sauerstoffs, den wir beobachten. Im Singlett-Zustand dagegen sind sie verschränkt (!) und besetzen beide dasselbe Energieniveau, sodass sie nur entgegengesetzten Spin annehmen können (Pauli-Prinzip). Dies ist mit einem höheren Energieinhalt verbunden, was zur Folge hat, dass Singlett-Sauerstoff sich sehr schnell (innerhalb von Millisekunden!) wieder von selbst in den Triplett-Zustand begibt. Doch wie kommt Sauerstoff aus dem stabilen, energetisch günstigeren Grundzustand Triplett in den instabilen, „angeregten" Zustand Singlett? Durch die Aufnahme eines Quants mit einem bestimmten Energieinhalt. (Damit will ich es hier mit der Quantenphysik belassen. Wer mehr wissen möchte, kann z. B. hier[38] einsteigen.)

Im Auge des Vogels wird blaues (= energiereiches) Licht von „Cryptochromen", Farbstoffen, die wie die Opsine der Sehzellen Photonen aufnehmen können, absorbiert (quantenphysikalisches Phänomen #1). Über biochemische Vorgänge, wie sie auch beim Sehen auftreten, wird die Energie nun auf Sauerstoff übertragen, was ihn aus dem Triplett- in den Singlett-Zustand bringt. – quantenphysikalisches Phänomen #2. Dort verbleibt er kurze Zeit, bevor er wieder spontan in den Grundzustand zurückfällt und in einem neuen Zyklus erneut in den angeregten Zustand überführt wird. Bei konstanter Bestrahlung mit Licht entsteht so ein oszillierendes System, in dem quantenphysikalisch zwei *überlagerte* (!) Zustände realisiert sind: TriplettSinglett. An dieser Stelle greift das dritte quantenphysikalische Phänomen: Durch Wechselwirkung mit einem äußeren Magnetfeld wie dem der Erde ändert sich die Dauer, in der der Sauerstoff im TriplettZustand bleibt. Das ändert in Abhängigkeit des Magnetfeldes *die Wahrscheinlichkeit*, dass er chemisch reagieren kann. Die Konzentration an in einer solchen Reaktion gebildetem Produkt ist so ein Maß für die Stärke des herrschenden Magnetfeldes. Auf Konzentrationen von Substanzen und deren Veränderung („Homöostase") aber können Zellen klassischbiologisch reagieren und Wahrnehmungen generieren.

Da die Zellen, in denen die Prozesse ablaufen, über die Retina des Vogelauges verteilt sind, lässt sich ein 3DBild des Erdmagnetfeldes erzeugen, da der Effekt nicht nur von der Stärke des Feldes abhängt sondern auch von der Richtung seiner Feldlinien: Sinneszellen, die in der Achse der jeweiligen Feldlinien liegen, reagieren anders als solche senkrecht dazu. Ob dieses 3DBild tatsächlich als Bild ähnlich dem optischen wahrgenommen wird, ist noch unklar, aber wahrscheinlich, denn der Mechanismus ist dem des Sehens ähnlich. Vielleicht aber erfolgt in der Retina auch Informationsreduktion, und die Vögel nehmen nur ein Gefühl wahr, ähnlich wie wir Schwerkraft wahrnehmen: In dieser Richtung geht's zum Äquator. Dieser Mechanismus wurde auch bei Pflanzen gefunden. Auch Pflanzen „spüren" also das Magnetfeld. (Was empfinden sie noch alles?)

Das ist das, was die meisten heute unter Quantenphysik in der Natur verstehen: einfachste, mikroskopische Wechselwirkungen auf unterster makroskopischer, molekularer Ebene. Über solche Phänomene und Effekte können wir heute erklären, was zu erklären noch bis zu Planck, Heisenberg und Bohr nicht möglich gewesen ist. Auch in Mikrobiologie und Biologie ist die Quantenphysik heute also nicht mehr wegzudenken! Warum dann (1) nicht noch weitreichender und (2) nicht auch in der Medizin? Wir nutzen quantenphysikalische Prozesse ja schon breitflächig in Form von MRT (Magnetische ResonanzTomographie), indem wir bei einzelnen Atomen unserer Gewebe Unterschiede der Spinumkehr während der Wechselwirkung dieser mit elektromagnetischen Wellen (Photonen) in einem Magnetfeld messen und auswerten. Und bei der PositronenEmissionsTomographie (PET) nutzen wir den quantenphysikalischen Effekt, dass bei der Reaktion eines Positrons mit einem Elektron zwei Photonen entstehen, die sich in exakt entgegengesetzter Richtung bewegen und detektiert werden können.

Daher gehe ich einen Schritt weiter. Analog zu den Thesen der Quantenphysik, die in in sich geschlossenen Systemen einen cat-state definieren, der durch Überlagerung aller ihrer möglichen, quantenphysikalischen Zustände zustande kommt und der mit klassischer, „makroskopischer" Physik solange nicht erklärt werden kann, wie man in diese Systeme nicht eingreift, postuliere ich nach dem Prinzip der Selbstähnlichkeit in der Natur als Erweiterung der Quantenphysik eine *Quantenmikrobiologie*, die eine Überlagerung aller möglichen Zustände beschreibt, zu denen eine lebende Zelle als kleinste mikrobiologische Einheit jenseits eines Virus, dem Übergang zu belebter Materie, fähig ist. Wegen dieser Selbstähnlichkeit basiert sie auf drei Säulen: Superposition, Verschränkung und quantenmikrobiologischen Phänomenen, die sich klassisch mikrobiologisch nicht erklären und makroskopisch nur durch die statistische Betrachtung einer Vielzahl solcher Phänomene (deterministisch) beschreiben lassen.

Das war es eigentlich und ich könnte hiermit das Kapitel beenden. Der Rest ist nämlich „nur" eine Folge des Postulats. Jedoch mit dramatischen Auswirkungen, so es sich als richtig erweisen sollte! Daher kann ich das Kapitel dann doch noch nicht beenden. Denn das bedeutet: Es gibt einen „cell-cat-state", in dem sich eine einzelne Zelle befindet, der solange unbestimmt ist und bleibt, wie mit dieser Zelle nicht interagiert wird, sie also ein in sich geschlossenes System ist. Und das ist genauso gaga wie der cat-state der Quantenphysik!

Wir kennen als einen seiner möglichen Zustände z. B. die „Ruhephase" zwischen zwei „Zellzyklen", mit denen sich eine Zelle teilt. Sie ist der wahrscheinlichste Zustand der Superposition, also der Unbestimmtheit. Über den Zellzyklus, einen weiteren möglichen Zustand, erzeugt sie *aus sich selbst heraus* eine Verschränkung: zwei (zunächst) identische Tochterzellen. (Das ist ein gewaltiger Unterschied zu unbelebter Materie, die das nicht kann, der als weitere, höhere Ebene eine Quanten*biologie* nach meiner Definition als Konsequenz erforderlich macht!) Der Zellzyklus ist damit der natürliche Prozess der Herstellung eines verschränkten Paars Entitäten analog verschränkter Photonen in einem nicht-linearen Kristall oder beim Laser oder eines „Cooper-Paares".

Das heißt: Analog zu quantenphysikalischen Systemen kann die Zukunft einer Zelle nur in Form von Wahrscheinlichkeiten und Möglichkeiten beschrieben werden, nicht etwa deterministisch! Sie können, solange Sie sie nicht beobachten und damit in das geschlossene System eindringen, nicht wissen und entscheiden, in welchem Zustand, Ruhephase oder Zellzyklus, sie sich zu einem bestimmten Zeitpunkt befindet. Wie im Doppelspaltversuch oben, bei dem ohne eine solche Beobachtung erst nachträglich anhand der Wirkung des Elektrons, also des Musters auf dem Film, erkennbar ist, ob es sich bei der Passage als Teilchen oder Welle verhalten hat, kann hier erst nachträglich anhand der Wirkung des Zellzyklus, also des Vorliegens zweier Tochterzellen, erkannt werden, dass sie sich zuvor in ihm befunden haben muss. Es bedeutet weiter, dass zwei oder mehrere solcher Zellen verschränkt sein können und neue mögliche Zustände ausbilden, die mit denen einer einzelnen Zelle nichts mehr zu tun haben (müssen) und dann auch in Form eines unbestimmten Zustands, eines tissue-cat-states vorliegen. Mit der Konsequenz, dass über ein so erzeugtes „Gewebe" solange keine konkrete Aussage gemacht werden kann, bis man mit ihm irgendwie in Kontakt tritt. Schließlich heißt es: Diese Ansammlung verschränkter Zellen kann anderen Gesetzmäßigkeiten als ihre Ausgangszelle folgen! Es muss also nicht so sein, dass, wenn man das Verhalten einer isolierten Zelle auf einen Kontakt mit seiner Umwelt kennt, das für verschränkte Zellen auch exakt so sein muss, so wie wir es heute annehmen. Das ist eine wesentliche Konsequenz der Einführung der Quantenmikrobiologie! Sie ist bedeutungsvoll – vermutlich mehr, als Ihnen an dieser Stelle klar sein dürfte.

Wenn Sie so wollen, spiele ich damit abstrakt und im Rahmen einer Theorie Bio-Chemiker im wahrsten Sinne: Indem so, wie Chemiker Atome und Moleküle zu neuen Verbindungen mit neuen Eigenschaften zusammensetzen, Zellen gleicher oder unterschiedlicher Art mikrobiologisch (zu einem Gewebe) verschränkt werden, entstehen komplexere Entitäten mit neuen Eigenschaften und neuem Verhalten. Wie in der Chemie spielt die Wahl der Bausteine eine bedeutende Rolle, und die ist abhängig von der Umgebung, mit der sie verschränkt ist: Alle Zellen eines Körpers sind aus einer einzigen befruchteten Zelle entstanden – und unterscheiden sich dennoch anhand der Umwelteinflüsse während ihrer Ausdifferenzierung im Embryo zu Nerven-, Bindegewebs-, Drüsen- oder Epithelzellen. Mehr noch: So macht es durchaus einen Unterschied, ob z. B. Nervengewebe in einer

Umgebung von Gliazellen und/oder anderen Neuronen angesiedelt wird (Gehirn, Rückenmark) oder frei als Reizleiter in der Peripherie. Das aber heißt: Wenn ich Detailwissen von dem einem habe, muss das noch lange nicht für das andere zutreffen, nur weil beide Male die gleichen Einheiten eine Rolle spielen.[†] Das ist der quantenwissenschaftliche Hintergrund dessen, was ich üblicherweise als „aus dem Kontext gerissen" bezeichne, wenn es um unsere modernen Erkenntnisse geht.

Erkenntnisse, die man an isolierten Zellen („in vitro", „im Reagenzglas", also im Labor) gewonnen hat, mögen daher auf isolierte Zellen im Labor zutreffen, nicht aber unbedingt auf die im Menschen („in vivo", „im Lebenden"), also in einem komplexen System gegenseitiger Abhängigkeiten! Mit anderen Worten: Wenn wir, z. B. über Botenstoffe, einen Kontakt zu einer einzelnen Zelle über einen passenden Rezeptor aufnehmen, ist möglicherweise deren Verhalten darauf ein komplett anderes als das eines Gewebes aus solchen Zellen, weil die möglichen Zustände, die die jeweiligen Überlagerungen, cell-cat-state (Einzelzelle) und tissue-cat-state (Zellverband), unterschiedlich sind (oder zumindest sein können) – z. B. gibt es Zell-Zell-Kommunikation benachbarter Zellen, die die Reaktion der einzelnen angesprochenen Zelle beeinflussen kann. Denn üblicherweise reagiert ein Gewebe als Einheit, und das selten aufgrund der Aktivität/Passivität eines einzelnen Mitgliedes des Verbandes. Die Kontaktaufnahme zu einem Zellverbund kann daher, muss aber nicht zwingend zum gleichen Ergebnis führen wie die zu einer Einzelzelle. Das ist, was wir auch tatsächlich beobachten können, z. B. an Nervenzellen: Reizt man eine isolierte Nervenzelle in geeigneter Art und Weise, leitet sie diesen Reiz weiter. In einem Verbund mit anderen Nervenzellen aber kann das aufgrund der hemmenden Einflüsse anderer Nervenzellen nicht der Fall sein. Sie halten das für banal? Super: Dann haben Sie Quantenmikrobiologie verstanden!

Das ist der Grund, warum ich immer wieder argumentiere: Detailwissen ist gut, hilft uns aber nicht unbedingt weiter, wenn wir es nicht im Kontext

---

[†] Wer ein anschauliches Beispiel dafür haben möchte, sei auf die Stichworte kontinuierliche vs. salvatorische Nervenreizleitung, Neurit vs. Axon, Schwann'sche Zelle und Ranvier'scher Schürring als Start zum Surfen verwiesen. Die Umgebung macht's, wie und mit welchen Konsequenzen die Reizleitung im Nerven erfolgt.

und auf und von einer höheren Ebene aus betrachten. Im Gegenteil: Es kann uns sogar dazu bringen, in eine falsche Richtung weiter zu forschen. Übrigens: Das „Quanten" in Quantenmikrobiologie soll zunächst nicht auf den diskreten Charakter hinweisen, mit dem hier analog zur Quantenphysik Erkenntnisse gewonnen werden (sollen), sondern nur, in Analogie zur Quantenphysik, im Unterschied zur klassischen Mikrobiologie eine nichtklassische Betrachtungsweise angeben. Ob und in wieweit Phänomene dann tatsächlich diskret zu beobachten und zu behandeln sind, möchte ich an dieser Stelle offen lassen. Es gibt allerdings mehr als Hinweise darauf, dass auch das nicht nur sinnvoll sondern geradezu zwingend erforderlich ist.

So beruht Sehen auf dem Wahrnehmen von 25 Einzelbildern pro Sekunde, da die Verarbeitung der Sinnesreize etwa 40 msec dauert. Ich nenne es „durchs Leben ruckeln"; es ist aber eher „durchs Leben quanteln". Denn die Wechselwirkung des lichtempfindlichen Systems in den Sehzellen, der Opsine, mit den Photonen des Lichts kann nur gequantelt erfolgen, da das Opsin nach der Wechselwirkung eine gewisse Zeit benötigt, wieder mit Photonen interagieren zu können – es muss wieder „scharf" gemacht werden. Auch Nervenreizleitung selbst kann nicht kontinuierlich erfolgen, da eine Nervenzelle nach einem Reiz wieder in einen erregbaren Zustand gebracht werden muss. Genau das ist der Grund, warum sie bei konstanter Erregung „feuert", also eine Folge diskreter Reize weiterleitet. Information wird hier also über die Frequenz von „Feuerstößen" gleicher Amplitude, also Quanten, übertragen, nicht wie in der analogen Elektronik über kontinuierlich veränderbare Stromstärken oder Spannungen. Auch die Botenstoffe an Synapsen werden mit einer diskreten Anzahl von „Vesikeln" freigesetzt, was zeigt, dass biologische Phänomene durchaus gequantelt betrachtet werden können, sollten und vielleicht sogar müssen.

Beruht also Realität insgesamt auf gequantelten Vorgängen, die wir nur deshalb kontinuierlich empfinden, weil das Gehirn die bemerkenswerte Eigenschaft hat, auf virtueller Ebene so zu tun, als würden wir sie kontinuierlich erleben? Wie ich an anderer Stelle zeigen werde, vermag es selbst Wahrnehmungen und ganze Bilder zu erzeugen! Wir empfinden eine Szene kontinuierlich verlaufend, wenn die aus aktueller Wahrnehmung und in der Vergangenheit gemachter, im Gedächtnis gespeicherter Erfahrung in die Zukunft extrapolierte, berechnete Bilder mit den dann wahrgenommenen Schnappschüssen übereinstimmen. Ohne welche dazwischen interpolieren oder gar wahrnehmen zu müssen oder können. Solange sind Realität und Virtualität für uns „im Takt", wir können sie nicht unterscheiden. Das ist unsere „virtuelle Kontinuität!" (Mehr dazu im Epilog.)

Gibt es denn Hinweise darauf, dass es eine solche Quantenmikrobiologie geben könnte? Ja! Ich denke, das Thema Krebs ist ein vortreffliches Beispiel. Wir wissen heute, dass es viele Faktoren, ich spreche bewusst nicht von Ursachen (!) gibt, die zum Ausbruch der Erkrankung führen. Auf der molekularen Seite (Details!) sind sie gut untersucht, wenn auch noch einiges an Forschung investiert werden muss, um tatsächliches Wissen zu erreichen. Vor allem, wenn es um „erblichen" Krebs geht, also dem, bei dem „Krebsgene" vererbt werden.

Tatsache ist, dass ein Gen in den molekularen Prozess involviert sein kann, mit dem eine Zelle entartet und somit Keimzelle eines gut- oder bösartigen Tumors wird. Kann, da das nicht so sein muss: Auch Viren können ein Faktor bei der Entstehung von Tumoren sein (Papillomaviren) oder Umwelteinflüsse, die intrazelluläre Signalwege stören. Der jeweilige Mechanismus ist in vitro, also an Einzelzellen, gut untersucht und scheint klar zu sein: Es gibt nun, ohne ins Detail gehen zu wollen, da ich das an anderer Stelle tue, sog. Tumorsuppressorgene, die die Bildung von Tumoren verhindern. Wenn ein solches Gen mutiert, kann es dies nicht mehr. „Brustkrebsgene" sind solche mutierten Tumorsuppressorgene. Ursache einer Mutation kann vieles sein: Vererbung („erblicher Brustkrebs"), aber auch Umwelteinflüsse oder auch Fehler bei Zellteilungen u. v. a.

Diese Gene „unterdrücken" also die Bildung eines Tumors. Das bedeutet, dass offenbar in jedem von uns eine bestimmte Wahrscheinlichkeit besteht, dass es zur Tumorbildung kommen könnte. Wie ich aber bereits oben sagte: Wenn *individuelle* Wahrscheinlichkeiten (nicht Statistik!) ins Spiel kommen, dann auch eine nicht-klassische Betrachtung! Was heißt: Im cell-cat-state einer Zelle ist zwar als möglicher Zustand Entartung enthalten und so eine Wahrscheinlichkeit, dass der dominant wird. Das aber heißt im Umkehrschluss auch, dass es eben auch eine Wahrscheinlichkeit gibt, dass die Zelle nicht entarten wird, obwohl es ein mutiertes Tumorsuppressorgen gibt!

Quantenmikrobiologisch befindet sich eine Zelle also im unbestimmten cell-cat-state entartetnichtentartet, und zwar unabhängig davon, ob ein Krebsgen beteiligt ist oder nicht. Ein Krebsgen nun erhöht, wie auch Umweltbelastung ohne Gen, lediglich die Wahrscheinlichkeit, dass bei einer Beobachtung (Öffnen eines „geschlossenen Systems") der Endzustand „entartet" festgestellt wird. Das heißt zum einen: Selbst eine Zelle mit Krebsgen muss nicht entarten, sie kann auch, wenn auch weniger wahrscheinlich, nicht entarten bleiben. Wenn nun andere Einflüsse diesen weniger wahrscheinlichen Zustand fördern, weil z. B. andere Gene ähnliche Funktionen wie das nicht-mutierte Gen haben, z. B. das „intakte" Brustkrebsgen auf dem zweiten Chromosom, kann es sein, dass die Existenz des Krebsgens auf dem ersten keinen wesentlichen Einfluss auf die Wahrscheinlichkeit hat, den Zustand „entartet" einzunehmen. Dann bedarf es des Zufalls, welchen Weg sie im Endeffekt beschreitet. Diese Sichtweise hat ein quantenphysikalisches Pendant im radioaktiven Zerfall: Jedes Atom eines radioaktiven Elements kann zu einem bestimmten Zeitpunkt zerfallen – muss aber nicht! Nur durch puren Zufall (und dadurch Mechanismen, die wir heute noch nicht verstehen, die ihn aber bewirken) zerfällt es evtl. doch.

Also selbst auf molekularer Ebene muss ein „Krebsgen" nicht zwingend zur Tumorbildung führen. Zwar mag die Wahrscheinlichkeit dafür gering sein! Aber selbst wenn es nur einen Fall gäbe, bei dem trotz Vorliegen eines mutierten Tumorsuppressorgens kein Krebs ausgebrochen ist, kann es keinen zwingenden Zusammenhang zwischen Krebsgen und Krebs geben. Das ist, was bei einer Superposition möglicher Zustände anzunehmen ist. Gibt es einen solchen Fall?

Nicht nur einen! Selbst nach den Studien zu „erblichem Brustkrebs", die die derzeit diskutierten Risiken von 72 % und mehr ermittelt haben, sind offenbar 28 % der Genträger nicht erkrankt! Warum nicht? Mich hat immer schon gestört, dass Frauen, die solche Gene tragen, (1) erst im Erwachsenenalter an Brustkrebs erkranken, (2) zu vollkommen unterschiedlichen Zeiten – manche von ihnen erst gegen Ende ihres biologischen Lebenszeitraumes – und (3) bei eineiigen Zwillingen festgestellt werden konnte, dass der eine Zwilling früher, der andere sehr viel später oder auch gar nicht erkrankte – was insofern nicht plausibel ist, da beide ja das Gen tragen. Wenn also dieser Mechanismus der Zellentartung Grund für den Ausbruch der Erkrankung wäre, müsste bereits der Fetus, der das Gen vererbt bekommen hat, im Mutterleib Krebs entwickeln. Tut er aber nicht. Nehmen wir einmal an, dass aus irgendeinem nicht bekannten Grund Embryos, (Klein-) Kinder, Jugendliche und junge Erwachsene bis zum Alter von 20 Jahren verschont werden („verborgene Variable") – warum dann aber die Unterschiede bei den Zwillingen? Warum erkranken Frauen hundertmal häufiger als Männer, die auch Brustdrüsen, wenn auch funktionslos, haben?

Die Wahrscheinlichkeit, an „erblichem" Brustkrebs zu erkranken, müsste also in Kindheit und Jugend um ein Vielfaches höher liegen als im Erwachsenenalter und bei Männern und Frauen gleich hoch. Die tägliche Erfahrung aber zeigt das genaue Gegenteil. Es ist also ein Widerspruch, dass Zellen, die aufgrund eines genetischen Defekts über einen klassisch erklärbaren Mechanismus entarten können, dies gerade dann *nicht* tun, wenn sie am ehesten dazu die Möglichkeit hätten, es aber ausgerechnet *dann* tun, wenn es weniger wahrscheinlich ist. Diesen Widerspruch hat unsere klassische Sicht der Dinge bis heute nicht gelöst! Er zeigt, dass die vermeintliche Kausalität Krebsgen – Krebs, die maximal eine Korrelation und offenbar noch nicht einmal das ist, auf falsche Pfade führt.

Anscheinend spielen hier also Wahrscheinlichkeiten eine Rolle, die aufgrund eines anderen cat-states entstehen, der zwar die möglichen Zustände des cell-cat-states der einzelnen Zelle und damit die Möglichkeit zur Entartung beinhaltet, aber auch andere, die einer Entartung entgegenstehen. Das ist der tissue-cat-state, also die Überlagerung der möglichen Zustände verschränkter Zellen, wie er in einem Gesamtorganismus vorliegt. Es muss offenbar Mechanismen geben, die den Ausbruch der Erkrankung trotz eines sehr klaren und wissenschaftlich fundierten molekularen Mechanismus unterdrücken können.

Das sind offenbar (Kontext!) die Aktivitäten unseres Immunsystems! Dies ist durchaus in der Lage, entartete Zellen zu erkennen und zu eliminieren, also auf einer höheren als der molekularen Ebene Tumorunterdrückung zu bewirken – das ist Teil seiner Jobbeschreibung. Es tut das auch sehr häufig und zuverlässig: Täglich entstehen in jedem von uns bis zu 10 entartete Zellen als Keimzelle für Tumore – sie werden aber i. d. R. still und höchst effektiv eliminiert. Es macht also wenig Sinn, von Detailkenntnissen (molekulare Mechanismen der Entartung) auf komplexe Phänomene (Ausbruch einer Erkrankung) schließen zu wollen. Exakt das drückt meine Theorie der Superposition und Verschränkung auch in belebter Materie aus: Ein Phänomen (flüssiger Zustand), kann sich zwar auf einer Ebene zeigen (Eigenschaften von freiem Wasser), muss das aber nicht zwingend auch auf einer höheren Ebene (gebundenes Hydratwasser im Kristall). Eigentlich ist es lächerlich einfach: Wenn ich eine isolierte Zelle in der Petrischale lange genug „ärgere", mutiert sie zu einer entarteten Zelle. Im Ganzkörper zwar auch, doch der eliminiert sie! Im ersten Fall ist das Ergebnis ein Tumor, im zweiten keiner.

Sollte also Quantenphysik mit ihren seltsamen Phänomenen und Prinzipien, Superposition und Verschränkung, und der Bedeutung von Wahrscheinlichkeit tatsächlich so grundlegend sein, dass man sie auf höhere Ebenen übertragen kann, könnten wir nicht nur bislang nicht (gut) erklärbare Beobachtungen aus der Medizin erklären. Doch nicht nur das, sondern auch durch geeignete Maßnahmen derart Einfluss auf die Wahrscheinlichkeiten nehmen, dass sich aus einer Superposition ein bestimmter Zustand ergibt – denken Sie an das Beispiel aus der Chemie oben! Ein Mediziner müsste sich dann als jemand verstehen, dem ein ganzes Arsenal an Maßnahmen aus unterschiedlichen Bereichen, auch alternativen (Homöopathie, Handauflegen: Plazeboeffekt) und Psychologie (Adressierung des Bewussten: Mediation und Unbewussten: Hypnose), zur Verfügung steht. Das träfe dann das, was ich an anderer Stelle schon mehrfach angesprochen habe: Es gibt klassisch-schulmedizinisch und nicht-klassisch-medizinisch kontrollierte Therapieformen, und es ist die Kunst des Arztes, zu wissen, wann und bei welchem Patienten man welche, ggf. in Kombination, einsetzt, um das Ziel zu erreichen. Das wäre dann individualisierte Medizin, die aber als Konsequenz den Verzicht auf heute praktizierte standardisierte Therapien auf der Grundlage statistisch ausgewerteter „Laborversuche" (klinischer Studien) zur Folge haben muss.

Wenn das wirklich der Fall sein sollte, und ich habe daran keinen Zweifel, hätte das dramatische Auswirkungen auf die Schulmedizin insgesamt. Denn das hieße, dass Erkrankungen mit den heutigen Methoden nicht oder zumindest nicht zielführend und adäquat genug behandelt werden, und dass mögliche genetische Einflüsse zwar in den Mechanismen eine Rolle spielen, *wenn* es zu einer Erkrankung kommt; dass sie aber keine Rolle dabei spielen, *ob* es dazu kommt! Das hieße: die Schulmedizin von heute könnte in einzelnen Fällen aufgrund ihrer Neigung zu Korrelationen und dem resultierenden Vertauschen von Ursache und Wirkung zumindest teilweise auf dem falschen Dampfer sein! Was durch Phänomene wie Spontanheilungen und Placebo-Effekt untermauert wird. Denn allein die Annahme, dass ein Arzt oder eine Behandlung helfen könnte, scheint offenbar dazu führen zu können, dass eine Erkrankung geheilt wird: Das ist der Placebo-Effekt, der mit einer nicht-klassisch-medizinischen Kontrolle des Krankheitsgeschehens identisch wäre! Und was steckt hinter Placebo? Das Vertrauen, dass einem geholfen wird. Oder anders ausgedrückt: die Psyche. »Das ist der beste Arzt, der die Wertlosigkeit der meisten Medikamente kennt.« Benjamin Franklin (1706–1790), US-amerikanischer Naturwissenschaftler, Politiker, Erfinder und Schriftsteller. Und der griechische Arzt und „Vater der Heilkunde", Hippokrates von Kos (460–377 v. Chr.), meinte: »Auch gar nichts zu verschreiben ist zuweilen eine vortreffliche Arzenei.«

Warum aber hilft Schulmedizin dann in vielen Fällen? Tut sie das wirklich – oder sind das nicht vielleicht nur unsere auf Quantenmikrobiologie aufbauenden Autopiloten, und unsere Medizin basiert, wie Homöopathie, ausschließlich auf dem Placeboeffekt? Verhindert lediglich unsere deterministische Sicht der Welt, das zu erkennen? Denn weil dieser Effekt bei unterschiedlichen Menschen unterschiedlich ausgeprägt zu sein scheint (nach heutigen Erkenntnissen!), treten eben auch unterschiedliche Resultate bei einer Behandlung auf. Verbirgt sich also hinter dem Placeboeffekt eine auf Quanten(mikro)biologie aufbauende Qantenmedizin? Denn das erklärte, was ja durchaus überraschend ist: dass ein Placeboeffekt „on top" auf einen klassischen Effekt gesetzt werden kann, wie ich an anderer Stelle dargestellt habe. Das hieße: Durch die Beteiligung der Psyche wird die Wahrscheinlichkeit erhöht, dass aus dem Zustand der Erkrankung der Zustand der Heilung entsteht. Oder aus dem anderem Blickwinkel: Die durch die Psyche hervorgerufene Wahrscheinlichkeit, nicht zu erkranken, wird durch eine Behandlung lediglich erhöht. Es ist also nicht erstaunlich, dass Placebo funktioniert. Denn ein Medikament kann nur wirken, wenn es einen natürlichen Mechanismus gibt, den es beeinflussen kann. Dann aber muss es ein natürliches Pendant zu dem Wirkstoff geben und es muss möglich sein, dieses freisetzen zu lassen, was den Wirkstoff dann überflüssig macht. Genau das lässt sich an beeindruckenden Beispielen aus der Schmerz- und Placeboforschung zeigen.

Wem das alles zu spekulativ sein sollte, für den habe ich etwas Handfesteres! Die Genetik kennt ein Phänomen namens „crossing over". Das ist ein Ereignis während einer bestimmten Phase der Herstellung von Geschlechts-, also Ei- und Samenzellen, der „Meiose". Sie wissen, dass jede Zelle zwei Chromosomensätze besitzt: einen von der Mutter und einen vom Vater. Auf den jeweils gleichen („homologen") Chromosomen dieser Sätze befinden sich jeweils die gleichen (homologen) Gene. Bei der Meiose („Reduktionsteilung"), in der diese beiden Chromosomensätze geteilt werden, um die „haploiden" (= „halbierten") Gensätze der Geschlechtszellen zu bilden, gibt es nun besagtes crossing over.

Hier werden Bereiche mit gleichen Genen („homologe Chromosomabschnitte") zwischen mütterlichem und väterlichem Chromosom ausgetauscht. Erfolgte dies nicht, hätten die Geschlechtszellen wieder die gleichen Chromosomen wie die, aus denen das Wesen entstand: entweder ursprüngliches väterliches oder MÜTTERLICHES Erbgut – im Sinne von Genomvielfalt nicht erstrebenswert. So aber gibt es ein „vÜTTerliches" und ein „MätERLICHES" Chromosom, entstanden aus der Über-Kreuz-Übertragung (crossing over: Überkreuzung) der homologen Genabschnitte „ÜTT" auf dem MÜTTERLICHEN und „ät" auf dem väterlichen Chromosom – und damit eine bislang nicht bekannte Genvariation.

Wir wissen heute um das „Dass": dass es diesen Vorgang gibt und wie er abläuft – Detailwissen! Er ist aber ein typisch stochastischer Vorgang: Niemand kann vorhersagen, ob er überhaupt erfolgt, welche und wie viele Gene betroffen sind und ob es nicht vielleicht sogar zu einem „doppelten crossing over" kommt, bei dem eine Rückübertragung von Teilen des gerade ausgetauschten Bereichs „ÜTT" und „ät" erfolgt, sodass es nun „MÜtERLICHE" und „väTTerliche" Geschlechtszellen gibt.

Naturwissenschaft versteht sich deterministisch; und so hat sie ein großes Problem, diesen Vorgang zu begreifen. Nicht den Mechanismus selbst, der ist, wie gesagt, weitgehend klar. Und auch nicht das Warum: Triebkraft ist die evolutionär bedeutsame Genvielfalt. Auch nicht das Wann: Es erfolgt als Teil der Meiose. Alles andere aber, was zu wissen sehr bedeutsam wäre, lässt sich nur mit Zufall und Wahrscheinlichkeit erklären, da es analog zum radioaktiven Zerfall eines Atoms keinen bekannten Auslöser oder Mechanismus gibt, anhand dessen ermittelt werden könnte, wo und in welchem

Umfang Genabschnitte ausgetauscht werden. Wer aber den Begriff Zufall und Wahrscheinlichkeit in die streng deterministische Naturwissenschaft einbringt, hat kapituliert: Er gibt indirekt zu, es klassisch nicht verstehen und erklären zu können!

Wenn nicht Krebs – ist nicht das ein ausgezeichnetes Beispiel, das geradezu nach einer nicht-klassischen Mikrobiologie schreit? Wäre das Phänomen nicht zwanglos erklärbar, wenn man analog zum Zerfall des Atomkerns eines radioaktiven Elements aufgrund quantenphysikalischer Prinzipien eine quantenmikrobiologische Superposition aus all den möglichen Rekombinationen des Erbguts annimmt, die solange unbestimmt ist, bis es darum geht, die Trennung endgültig zu vollziehen und damit Fakten zu schaffen in Form eines crossing over an ganz bestimmten Stellen mit ganz bestimmtem Umfang – einer der möglichen Endzustände? Und dass dieser Endzustand abhängig von den aktuellen Umweltbedingungen ist; wobei ich als „Umwelt" durchaus auch die mikroskopische Umgebung eines Zellkerns bezeichne, nicht nur die makroskopische der Gewebe. Aus solchen Phänomenen ergibt sich also nur eine Schlussfolgerung: Wir müssen quantenphysikalische Prinzipien wie Superposition und Verschränkung auch für andere Disziplinen annehmen. Für mich steht somit außer Frage, dass es eine Quantenmikrobiologie gibt!

Ein weiteres Beispiel ist die X-Inaktivierung. Das Phänomen beruht darauf, dass Frauen zwei X- und Männer je ein X- und Y-Chromosom haben. Bis vor kurzem war man der Meinung, dass Frauen beide X-Chromosomen aktiviert haben. Von der Epigenetik nun müssen wir lernen, dass das offenbar nicht der Fall sein soll. So wird nach heutigem Wissen eines der beiden X-Chromosomen bei Frauen bereits im embryonalen Stadium epigenetisch für immer stillgelegt, also niemals mehr im Leben aktiviert. (Welches? Und warum dieses?) Die bisher angegebene Begründung ist, dass auf genetischer Ebene ein „Ungleichgewicht" zwischen männlichen und weiblichen Wesen herrschte, weil das X-Chromosom 1 300, das Y-Chromosom dagegen nur 100 Gene umfasst. Während also, heißt es, beim Mann 1 400 Gonosomen-Gene (1 300 X- und 100 Y-Gene) aktiv wären, wären es ohne diese Stilllegung bei Frauen 2.600 (2 · 1 300 X-Gene – na und?) Die daher erforderliche Stilllegung eines der beiden X-Chromosomen bezeichnet man als „X-Inaktivierung"; sie ist offenbar ein fundamentaler Vorgang. Nach Edith Heard, Professorin für Epigenetik und Zelluläres Gedächtnis am Collège France und Direktorin des Instituts für Genetik und Entwicklungsbiologie des Institute Curie in Paris, stirbt der Embryo sehr früh, wenn nicht eines der beiden X-Chromosomen während der Entwicklung ausgeschaltet wird. Die „Gendosierung" muss also exakt stimmen. Werden durch das zweite X-Chromosom übermäßig viele Gene aktiviert, ist der Tod vorprogrammiert.[39]

Was aber, wenn diese X-Inaktivierung lediglich ein Schatten an Platons Höhlenwand ist? Hat alles, was Genetik betrifft, seinen Ursprung in einer Superposition der möglichen Zustände, die mit den einzelnen Genen auf beiden Chromosomen gleichzeitig möglich sind? Könnte das dann Erklärungskrücken wie „Gendosierung" überflüssig machen, unter der man sich nicht wirklich etwas vorstellen kann, weil nun bei Frauen nicht zweimal 1300 isolierte X-Gene aktiv sind, sondern einmal 1300 verschränkte? Und warum müssen überhaupt bei Frauen und Männern die gleiche Zahl Gene aktiv sein?

Prüfen Sie selbst einmal, ob das Postulat quantenmikrobiologischer Effekte nicht Spontanheilung, Placeboeffekt und all die Phänomene erklären könnte, die wir heute nicht oder nur schwer verstehen. Ich weiß auch nicht, wie man Quantenmikrobiologie nachweisen kann. Und fühle mich daher, ohne mich auch nur andeutungswese auf eine Stufe mit ihm stellen zu können oder auch nur zu wollen, Einstein sehr nahe, der auch nichts beweisen und manches nicht erklären konnte. Aber Beobachtungen und vor allem die Existenz von klassisch nicht erklärbaren Phänomenen lassen mich, analog zur Quantenphysik, vermuten, dass wir offenbar makroskopisch Prozesse und Phänomene wahrnehmen, die ihren Ursprung in dieser nichtklassischen Form der Mikrobiologie haben.

Auch hier eine Etappenzusammenfassung: (1) Die Quantenmikrobiologie ist eine durch das Prinzip der Selbstähnlichkeit zur Quantenphysik auf das Niveau belebter Materie gehobene, nicht-klassische Mikrobiologie. (2) Sie definiert als „Elementarteilchen" (kleinste Einheiten) Zellen. (3) Da diese aus unbelebter Materie zusammengesetzt sind und unbelebte Materie durch die Quantenphysik mit ihren Phänomenen und Prinzipien beschrieben wird, können auch Zellen quanten*physikalischen* Effekten unterliegen. (4) Darüber hinaus aber ruht auch die Quantenmikrobiologie selbstähnlich auf drei Säulen: (a) Superpositionen in Form von cell-cat-states, (b) Verschränkung zu tissue-cat-states und (c) klassisch nicht beschreibbaren Prinzipien, die auf Wahrscheinlichkeiten und Zufall beruhen – und die wir heute noch weitgehend nicht kennen und erklären können.

Chaos

Punktförmige Entitäten
↓
Quarks/Leptonen/Bosonen
↓
Hadronen (Proton, Neutron)
↓
Atomkerne
↓
Atome
↓
Kristalle
↓
Moleküle
↓
Komplexe Kristalle/Moleküle
↙ ↘
Viren · Mischkristalle
↓ ↓
Zellen · Steine
↓ ↓
Gewebe · Gesteinsarten
↓ ↓
Organe · Kontinente
↓ ↓
Organismen · Sonnen/Planten/Monde
↓ ↓
Symbionten/Holobionten · Sonnensysteme
↓ ↓
Biozönosen · Galaxien
↓ ↓
Globale Biozönose · Galaxienhaufen
↓ ↓
Leben · „tote" Materie
↘ ↙
Universum

belebte dynamische Ordnung · **unbelebte statische Ordnung**

Abbildung 17: Vom Chaos zur Ordnung.

Quantenbiologie

Leben ist also ein Phänomen, das aus der Verschränkung einer Vielzahl unbelebter quantenphysikalischer Entitäten entsteht. Die grundsätzlichen, einfachen Phänomene des Lebens ergeben sich somit aus der Überlagerung aller möglichen unbelebten Zustände einer Zelle und Verschränkung ihrer Bausteine zu komplexen Objekten. Der Übergang von unbelebter zu belebter Materie, der so oft glorifiziert wird, ist also nicht mehr als ein banaler, konsequenter Schritt auf dem Weg zu immer höherer Organisation. Leben ist so eine von zwei zwingenden, logischen Konsequenzen des Zusammenschlusses komplexer, unbelebter Bausteine (Abbildung 17). Da haben Übernatürliches oder gar ein „intelligenter Gestalter" nicht die Spur ihre Finger drin, und es sind auch nicht prinzipiell andere Abläufe als sie bei der Organisation unbelebter Materie auftreten. So, wie sich in Kristallen unterschiedliche, geeignete Atome/Moleküle unter Bildung höherer Ordnung via Selbstorganisation verbinden, schließen sich auch geeignete, komplexe anorganische Moleküle unter Bildung höherer Ordnung als Triebkraft durch Selbstorganisation zu einfachsten organischen Molekülen zusammen – den Keimzellen des Lebens.

Der Unterschied besteht lediglich in den Phänomenen, die sich aus den verschiedenen Möglichkeiten der Zusammenschlüsse und dem erzielbaren Komplexitäts- und Ordnungsgrad ergeben. Viren zeigen das deutlich: Einerseits sind sie die kompliziertesten und komplexesten Organisationsformen unbelebter Materie, zum anderen die primitivsten und rudimentärsten Organisationsformen belebter. Diese Primitivität und Einfachheit aber ist deutlich komplexer als die alles Unbelebten. Dadurch stellen sie die Schwelle zum Belebten dar und sind das Bindeglied zwischen unbelebter und belebter Natur.

Leben auf unserem Planeten musste also entstehen, und es musste *so* entstehen, nicht im Detail, aber im Grundsatz. Damit steht außer Frage, dass es da draußen Leben gibt! Das wird sich, bei allen vermutlich bestehenden Unterschieden im Detail aufgrund der unterschiedlichen Umweltbedingungen dort, vom Leben auf unserem Planeten nicht grundsätzlich unterscheiden, da die Prinzipien, nach denen es entstand, die gleichen sind. Denn wenn die durch Selbstorganisation entstandenen einfachen bis komplexen extraterrestrischen Moleküle unseren ähnlich sind, was anzunehmen ist, kann extraterrestrisches Leben nicht grundsätzlich anders sein! Was nicht nur bedeutet, dass es das überhaupt gibt, sondern auch, dass es intelligentes gibt. Einstein: »Intelligentes Leben auf anderen Planeten? Ich bin nicht einmal sicher, dass es das auf der Erde gibt!« (Was er vermutlich ernster meinte, als es hier zum Ausdruck kommt …)

Wenn Sie bis hierher folgen konnten, ist der Rest trivial, wenn auch vielleicht gewöhnungsbedürftig, da der Gedanke nur weitergeführt wird: Die Prinzipien der Quantenmikrobiologie werden über Selbstähnlichkeit auf eine höhere Ebene mit neuen Phänomenen gebracht. Wie sich in der Quantenphysik zwei oder mehrere quantenphysikalische Entitäten wie Elektronen „verschränken" und eine Superposition mit neuen Phänomenen hervorbringen können, die sie ohne Verschränkung nicht zeigen können, können sich in *meiner* Quantenbiologie zwei oder mehrere quantenmikrobiologische Entitäten, Zellen, auch zu höheren Einheiten, Geweben, Organen und Organismen verschränken. Sie erzeugen dann via Superposition neue Phänomene, die sie allein nicht erzeugen können. Das definiert das Gebiet der (echten) Quantenbiologie, evolutionär durch Selbstähnlichkeit aus Quantenmikrobiologie und damit -physik entstanden.

„Evolutionär" verstehe ich hier durchaus im Sinne der Evolution auf unserem Planeten und, so es extraterrestrisches Leben geben sollte, auch dort.

Wenn es Evolution von nicht-belebter Materie zu belebter Materie in Form erster, einfacher Lebewesen über immer komplexere Systeme und darüber hinaus bis zu den heute lebenden Lebewesen gegeben hat – warum sollte das nur in klassischer Weise erfolgen? Der Schritt von unbelebter zu belebter Materie war (im Sinne des täglichen Sprachgebrauchs) ein Quantensprung. Der von der Quantenphysik zur Quantenmikrobiologie auch. Beides musste also parallel erfolgen!

Der Erklärungsansatz über Verschränkung mikrobiologischer Entitäten ist also nicht weit hergeholt. Denn bei einem höheren mehrzelligen Lebewesen basieren, lässt man sein Mikrobiom hier einmal ausnahmsweise außen vor, alle Zellen des Körpers auf einer einzelnen, befruchtete Eizelle genannten Urzelle. Im Fall des Menschen entstanden sie durch ca. 45 Teilungen dieser Urzelle und ihrer Tochterzellen. (So sind tatsächlich alle Zellen unserer 216 verschiedenen Zelltypen entstanden. Denn Zellen wachsen exponentiell nach der Formel $n = 2^N$, wobei n die Anzahl der Zellen nach der N-ten Zellteilung ist. Umgeformt ergibt sich so $N = ld[n]$. Und der logarithmus dualis von den 30 Billionen Zellen, aus denen ein Mensch besteht, ist „fuzzy" 45.) Liegt es da nicht nahe, eine „Beziehung" (anderes Wort: Verschränkung) zwischen ihnen anzunehmen, die über das gemeinsame Genom und den Austausch von Botenstoffen (klassische Betrachtung) hinausgeht?

Das Genom kann erklären, warum zwei biologische Entitäten „gleich" sind; die Phänomene aber, die daraus resultieren, erklärt es nicht und kann es nicht erklären. Auch nicht Epigenomik, die auch nur klassische Wechselwirkungen des Genoms mit der Umwelt beschreiben kann: das Verhalten isolierter Zellen. Aber Quantenbiologie kann sie über Verschränkung erklären! Anzeichen dafür, dass es diese tatsächlich gibt, gibt es eine Menge. Nur wurden sie bis heute nicht unter dem Gesichtspunkt einer Verschränkung betrachtet und sind daher i. d. R. klassisch nicht fassbar. Es betrifft Phänomene, die Zellverbünde zeigen, die die sie zusammensetzenden Zellen isoliert nicht zeigen.

Extreme Beispiele findet man dabei auf einem Gebiet, das mit Zellverbünden prima vista nichts zu tun hat: Zwillingsforschung. Und doch: eineiige Zwillinge, zwei vollständig eigenständige Lebewesen, stammen von einer gemeinsamen Zelle ab. Wenn wir also Hinweise darauf fänden, dass zwischen Zwillingen als eigenständigen Lebewesen so etwas wie eine Verschränkung besteht, müssen wir das für die einzelnen Zellen eines Lebewesens wohl auch annehmen. Schauen wir uns also an, was wir bei eineiigen Zwillingen an ungeklärten oder klassisch nicht erklärbaren Phänomenen kennen. Ich werde nicht auf deren IQ eingehen, wie es gerne in der Zwillingsforschung erfolgt und der bei 80 % identisch sein soll, weil ich mit diesem Maß ein Problem habe, solange nicht eindeutig geklärt ist, was „Intelligenz" tatsächlich ist und wie man sie korrekt misst; die Tests dazu, die wir heute kennen, sagen m. E. nicht viel aus. Es wird auch nicht ums Aussehen gehen, da Zwillingsforschung, wenn sie nicht den IQ anschaut, gerne mit Genen und Umwelt argumentiert. Das sind legitime und berechtigte, aber eben klassische Betrachtungen, um die es hier nicht geht!

Wir kennen viele Geschichten über eineiige Zwillinge, die zunächst so abwegig erscheinen, dass wir geneigt sind, sie als Märchen abzutun: Ein Mädchen in Korea wurde im Babyalter von einem französischen Ehepaar adoptiert. Sie wuchs in Frankreich als Einzelkind auf. Als Twen schildert sie heute, dass sie ihr Leben lang in ihrer Phantasie eine Schwester hatte, mit der sie sich intensiv im Zwiegespräch austauschte. Sie empfand sogar körperliche Schmerzen, wenn ihre Phantasieschwester ihr von Schmerzen berichtete. Erst vor wenigen Jahren erfuhr sie durch Zufall über den Trailer eines Films, der über Youtube verbreitet wurde, dass es in Los Angeles eine junge Schauspielerin gab, die exakt so aussah wie sie. Die beiden trafen sich und hatten vom ersten Moment an das Gefühl, zusammenzugehören: Die junge Frau aus den USA war die Fleisch gewordene Schwester der Phantasie, die auch berichtete, eine Schwester in ihrer Phantasie gehabt zu haben. Durch Genomanalyse stellte sich heraus, dass beide Zwillinge waren, die unabhängig und isoliert voneinander als Einzelkinder zur Adoption freigegeben worden waren, ohne die Adoptiveltern in Kenntnis davon zu setzen. Obwohl sie seit ihrer Geburt räumlich weit getrennt voneinander aufwuchsen, zeigten sie gleiche Vorlieben, gleiche Verhaltensmuster und gleiche Emotionen. Das ist weder genetisch noch epigenetisch zufriedenstellend erklärbar!

Solche Schilderungen sind keine Seltenheit, und dutzende Fälle, die ähnliches berichten, sind dokumentiert. Forscher erklären das heute dadurch, dass eineiige Zwillinge sich bereits im Mutterleib aneinander anpassen und daher die gleichen Verhaltensweisen und Eigenarten entwickeln. Die frühe Erfahrung der Körpersprache mache sie so ultrasensibel für einander, dass der eine den anderen „instinktiv" wahrnähme. Was anderes als eine „Verschränkung" könnte diese so klassisch wenig überzeugend gedeutete „instinktive Anpassung" besser erklären? Denn warum gilt das für eineiige, offenbar aber nicht für zweieiige Zwillinge?

40 % der eineiigen Zwillinge sind der festen Überzeugung, spüren zu können, was der andere macht, auch wenn sie getrennt sind. Das bezeichnet man als Fernwahrnehmung; sie wird oft mit Hellseherei gleichgesetzt und stigmatisiert. Hier kommen Gefühle ins Spiel, auf die wir weiter unten zurückkommen werden. Oft sind eineiige Zwillinge in der gleichen Stimmung und spüren gegenseitig ihre Gefühle. Sie haben die gleichen Ideen und Träume: In einem Experiment sollte ein Zwillingspaar im Jugendalter den letzten Alptraum beschreiben; einer hielt sich beim Interview im Kinderzimmer auf, der andere in der Küche. Sie beschrieben den gleichen Traum, der auch noch zur gleichen Zeit stattgefunden hatte! Zugegeben: Es könnten gemeinsame Phantasien sein, die sie im Gespräch entwickelt hatten und darüber nun detailreich berichten. Und so wären solche Berichte, für sich allein, kein Argument für Verschränkung; in der Summe aber und vor allem als nur eines von vielen anderen unglaublichen Phänomenen deutet das in eine ganz bestimmte Richtung.

»Es ist, wie mit sich selbst zu sprechen, als ob wir ein Gehirn hätten«, meinte ein eineiiges Zwillingspärchen in einem Interview. Die emotionale Bindung von eineiigen Zwillingen ist so tief, dass 40 % von ihnen eine eigene Sprache entwickeln, weil sie nach klassischer Erklärung mehr Zeit miteinander verbringen als zweieiige oder andere Geschwister. Warum? Deutet das nicht auf eine Verschränkung, da sie ja, wie zweieiige Zwillinge und Geschwister, auch über die Erwachsenensprache kommunizieren? Eineiige Zwillinge sind auch ehrgeiziger als andere Menschen. Ihr Ehrgeiz richtet sich aber nicht gegen den anderen, wie beim Konkurrenzverhalten der Nicht- oder zweieiigen Zwillinge, sondern als Einheit gegen den Rest der Welt. Verschränkung? Häufig stacheln sie sich zu gemeinsamen Höchstleistungen an: im Ballet, z. B., oder in der Musik, im Beruf. In Prüfungen schneiden eineiige Zwillinge meistens gleich ab und haben gleiche, zumindest sehr ähnliche Interessen. Nicht selten gehen sie dem gleichen Beruf nach. Häufig können sie auch das Verhalten des anderen voraussagen; dieses Phänomen kennt man zwar auch bei intensiven Partnerschaften, allerdings nicht in dem Ausmaß, wie es eineiige Zwillinge zeigen, und erst nach langer, intensiver Partnerschaft.

Das bedeutet nicht, dass eineiige Zwillinge identische Klone bis in die Gefühls- und Erlebnisebene sind: Makroskopisch unterscheiden sich z. B. ihre Papillarleisten (vulgo: Fingerabdruck). Sie sind bei der Geburt auch selten gleich schwer, und erstaunlicherweise scheinen die kontaktfreudigeren die schwereren zu sein, die dann später auch in der Beziehung untereinander eine dominierende Rolle übernehmen. Auch kann es passieren, dass der eine mutiger ist als der andere und häufiger lächelt, der andere sensibler und introvertierter. Betrachtet man diese Merkmale aber unter den Aspekt einer „Einheit" (= Superposition), stellt man verblüfft fest, dass die unterschiedlichen Attribute durchaus in einer Person vereint sein könnten, sich also gegenseitig nicht ausschließen.

Auch können sie unterschiedliche sexuelle Neigungen haben: Es gibt Zwillinge, in denen der eine heterosexuelle Vorlieben, der andere homo- oder bisexuelle hat. Es gibt auch Fälle, in denen einer der beiden transsexuell ist. Auch was die Gesundheit angeht, kann es Unterschiede geben: Bei einem Zwillingspaar hatte ein Zwilling keinerlei Probleme mit den Nieren, dem anderen musste bereits in der Kindheit eine Niere entnommen werden. Später verlor er dann auch die zweite und musste eine Nierenspende von seinem Zwillingsbruder annehmen.

Es gibt auch den Fall, bei dem einer von zwei seit Jahrzehnten weit getrennt lebenden Zwillingen einen Herzinfarkt erlitt und ein Stent gelegt werden musste. Die Ärzte machten dies (hilflos wie üblich in diesen Dingen) an seinem Gewicht und seiner „ungesunden" Lebensweise fest. In Unkenntnis der Lebensweise des anderen eineiigen Zwillings nahmen sie an, dass wegen der Zwillingsähnlichkeit der andere ebenso übergewichtig sein und ungesund leben müsse und somit bei diesem das Risiko eines anstehenden Herzinfarktes ebenso hoch sein könnte. Sie rieten daher dringend zu einer Abklärung. Ein anderes Krankenhaus mit anderen Ärzten stellte dann, bewusst in Unkenntnis des Problems des anderen Zwillings gelassen, fest, dass er tatsächlich kurz vor einem Herzinfarkt gestanden hatte – obwohl er schlank war und sich seit langer Zeit „gesund" ernährte. So konnte rechtzeitig chirurgisch interveniert und Schlimmeres verhindert werden.

Betrachtet man nun, was eineiige Zwillinge trennt und was sie verbindet, stellt man fest, dass, „materialistisch" betrachtet, Zwillinge sich nicht wesentlich von anderen Geschwistern unterscheiden! Die ursprüngliche genetische Identität, die sich bei detaillierterer Betrachtung als nicht 100 %ig erweist (weil epigenetische Veränderungen des Genoms nach der Trennung der beiden Zellhaufen bereits im Mutterleib eine Rolle spielen!), führt zwar oft zu sehr ähnlichem Aussehen. Aber nicht immer, wie ein Zwillingspaar zeigt, bei dem sich der eine „normal" entwickelte, der andere aber während Kindheit und Jugend unter Magersucht litt. Heute ähneln sich die beiden jungen Frauen weniger als normale Schwestern, sind sogar deutlich unterschiedlich groß. Im weiteren Verlauf des Lebens werden solche Unterschiede dann immer größer und deutlicher sichtbar, bis man irgendwann häufig nur noch eine geschwisterliche Ähnlichkeit feststellen kann.

Die verblüffenden Gemeinsamkeiten bestehen also eher auf der „immateriellen" Seite – Gefühle, Emotionen, unerklärbare „Bindungen", Fernwahrnehmung, kurz: dem Geist. Spricht das nicht für eine quantenbiologische Verschränkung? Zwei wenige Monate alte eineiige Zwillingsbrüder liegen im Bettchen und schlafen. Mit einem Mal werden die Eltern durch ein Schreien alarmiert, dass sie in Art und Heftigkeit bis dahin nicht erlebt hatten. Es war nicht das Schreien, das Hunger oder volle Windeln signalisierte, Langweile oder Missfallen, Ärger oder Schmerz. Es klang lebensbedrohlicher! Als die Eltern das Bettchen erreichten, sahen sie den einen, schreienden Zwilling, wie er seinen Bruder fest umklammert hielt. Der atmete nur noch mit Mühen. In der Klinik stellte sich dann heraus, dass er offenbar eine Virusinfektion hatte (drohender „plötzlicher Kindstod"?); die Behandlung schlug schnell an. Der andere Zwilling blieb alarmiert und nervös und fand erst zu seiner normalen Verfassung zurück, als er merkte, dass es seinem Bruder nach einigen Tagen wieder besser ging. Das kann man nicht klassisch erklären! Es ist sehr unwahrscheinlich, dass der eine im Schlaf die unzureichende Atmung des anderen wahrgenommen hat und sich der Konsequenzen bewusst war. Es kann nur daran gelegen haben, dass er „gespürt" hat, dass es dem Bruder dreckig ging.

Es gibt weitere erstaunliche Phänomene bei eineiigen Zwillingen. Ich meine, mit diesen wenigen aber ausreichend gezeigt zu haben, dass es durchaus Hinweise gibt, eine Quantenbiologie nach meiner Definition als Grundlage von Phänomenen verschränkter mikrobiologiescher Entitäten anzunehmen. Denn wenn biologische Systeme wie eineiige Zwillinge verschränkt sein können, können das mikrobiologische wie Gewebe und Organe schon längst. Es gibt also jede Menge Anzeichen, die darauf hindeuten, dass nicht-klassische Phänomene auch in der Natur auftreten und analog zur Quantenphysik naturwissenschaftlich, wenn auch nicht klassisch beschrieben werden können und müssen!

Doch es gibt noch einen wichtigen Aspekt der Quantenbiologie, aber auch der Quantenmikrobiologie, der bisher nicht zur Sprache gekommen ist. Wenn man Elektronen, Atome und Moleküle betrachtet, betrachten wir statische Entitäten! Zwar gibt es mit den radioaktiven Elementen Stoffe, bei denen Atome zerfallen und dadurch neue Atome und Elementarteilchen (wie Photonen und Elektronen) erzeugen. Das ist sicherlich nicht statisch. Und es gibt auch natürliche Prozesse, die Atome zu Molekülen reagieren lassen, wie das Rosten eines Nagels; auch das ist alles andere als statisch! Und doch verändert sich der größte Teil der unbelebten Materie während seiner Existenz in seinen chemischen Eigenschaften nicht: Selbst die Kernfusion in Sonnen ist, verglichen mit der Zeit vor und nach dem Prozess, nur ein sehr kurzes Ereignis: Die Atome, die fusionieren, bestehen bereits eine ganze Weile, und die, die dann entstehen, bleiben eine ganze Weile unverändert, bevor sie ggf. zu anderen Atomen fusioniert oder in Moleküle eingebaut werden. Daher hat unbelebte Materie wie ein Bergkristall über einen langen Zeitraum hinweg eine statische Superposition ihrer möglichen Zustände.

Bei belebter Materie ist das vollkommen anders! Leben basiert auf äußerst dynamischen Prozessen, in denen die Umwandlung von einem Molekül in ein anderes nicht nur häufig passiert; sie ist als „Stoffwechsel" sogar ein Kriterium der Definition von Leben! Das macht die Sache für Quantenmikrobiologie und Quantenbiologie nicht einfacher. Daher werden mit der Einführung der Quantenmikrobiologie nicht nur die quantenphysikalischen Grundlagen und Prinzipien unbelebter Materie auf belebte übertragen, was komplex genug ist, sondern auch noch eine Quantenwissenschaft dynamischer Prozesse eingeführt! Mit dem Ergebnis, dass wir nicht mehr einen statischen unbestimmten Zustand eines Systems haben, sondern einen dynamischen cat-state! Das bedeutet, dass sich unbestimmte Zustände unter Beibehaltung der Unbestimmtheit dynamisch verändern (z. B. Altern) und an die jeweiligen neuen Bedingungen anpassen (z. B. Menopause), weil mögliche Zustände des Systems hinzukommen, andere entfallen. Das bewirkt möglicherweise eine Änderung der Wahrscheinlichkeiten, mit denen die geänderten überlagerten Zustände eintreten können.

Aber damit nicht genug: Biologische Prozesse befinden sich i. d. R. im „Fließgleichgewicht" (steady state, "Homöostase"), in dem sie den Eindruck vermitteln, statisch zu sein. Vordergründig stellen sie sich also unveränderlich dar, hinter dem Vorhang aber ist die Hölle los! (Hatten wir das nicht schon bei der Vakuumenergie? Makroskopisch gähnt da Leere, mikroskopisch steppt der Bär! Auch hier: Selbstähnlichkeit.) Das bedeutet: Biologische Systeme haben, anders als unbelebte Materie wie Elementarteilchen aber auch Gesteinsklumpen, einen „pseudo-statischen" cat-state, der sich weniger in einer Veränderung des zugrundeliegenden dynamischen Zustands und der Art der an der Superposition beteiligten möglichen Zustände ausdrückt, das auch, als in einer möglichen Veränderung der Wahrscheinlichkeiten, dass einer dieser möglichen Zustände eintreten könnte. (Siehe die „thermodynamisch" oder „kinetisch" kontrollierten Reaktionen oben: Wenn C + D der Reaktion z. B. durch Stoffwechselprozesse dauernd entzogen werden, entstehen sie in größerem Ausmaß, da sie wegen des Fließgleichgewichts immer wieder aus A + B nachgebildet werden; das entspricht aber einer größeren Wahrscheinlichkeit der Bildung!) Sie merken: Es wird ein wenig dauern, bis das alles experimentell untermauert sein wird …

Immerhin existiert dieses Phänomen auch schon in der Quantenphysik. Es wird dort Quanten-Zeno-Effekt genannt und ist nach dem griechischen Philosophen Zeno dem Älteren (490–430 v. Chr.) benannt, der bereits die Grundlage für Heisenbergs Unschärferelation schuf, indem er argumentierte:»Das Bewegte bewegt sich weder in dem Raume, in dem es ist, noch in dem Raume, in dem es nicht ist.« Er begründet es so: Ein fliegender Pfeil lässt sich zu jedem beliebigen Zeitpunkt an einem Ort exakt nachweisen. Damit aber muss er sich in Ruhe befinden, da er sich jeweils an *einem* exakten Ort befindet. Nun denken Sie an das „instantan" oben: Könnten wir eine Slomo-Kamera mit einer etwas kürzeren Verschlusszeit als den heute maximal auflösbaren 10 nsec herstellen, befände sich der fliegende Pfeil in zwei einander folgenden Bildern, also „gleichzeitig", an verschiedenen Orten. Wenn wir einmal besser auflösen könnten, änderte das nichts, denn am Ende stünde die gequantelte „Planck-Zeit" von $5,4 \cdot 10^{-44}$ sec, die nicht besser auflösbar ist. Aus diesem Paradoxon folgt die Ortsunschärfe der Quantenmechanik: Der Pfeil kann sich nicht zu einem Zeitpunkt an exakt einem Ort befinden oder, wie der idealistische Monist Hegel sagte: »Es bewegt sich etwas nur, nicht indem es in diesem Jetzt hier ist und in einem anderen Jetzt dort, sondern in dem es in ein und demselben Jetzt hier und nicht hier, indem es in diesem Hier zugleich ist und nicht ist. Man muss den alten Dialektikern die Widersprüche zugeben, die sie in der Bewegung aufzeigen, aber daraus folgt nicht, dass darum die Bewegung nicht ist, sondern vielmehr, dass die Bewegung der daseiende Widerspruch selbst ist.«[40] Klassisch-physikalisch wird dieses Paradoxon gelöst, indem die Infinitesimalrechnung von Newton und Leibniz als Grundlage für Differential- und Integralrechnung herangezogen wird – ein mathematisch legitimierter Kunsttrick, diskrete Abläufe in kontinuierliche zu überführen. Bewegung ist also, wie Materie, eine Illusion und in Wahrheit die Überlagerung mehrerer möglicher Aufenthaltswahrscheinlichkeiten …

Der Quanten-Zeno-Effekt kurz angerissen: Die Interaktion mit einem Quanten-Objekt beendet den Zustand der Superposition, da dann sein Zustand bekannt ist. Betrachten wir nun z. B. ein Atom eines radioaktiven Elements mit langer Halbwertszeit. Angenommen, wir könnten es unmittelbar nach seiner Entstehung „fangen", z. B. als Ergebnis des Zerfalls eines anderen radioaktiven Elements. Dann ist die Wahrscheinlichkeit, dass es unmittelbar nach seinem Entstehen zerfällt, sehr nahe bei 0 und damit die, dass es nicht zerfallen ist, fuzzy 1. Wenn wir nun messen, beenden wir die Überlagerung mit der Erkenntnis, dass es noch nicht zerfallen ist. Aber schon im nächsten Moment wissen wir das nicht mehr: Es besteht offensichtlich erneut der unbestimmte Zustand. Für den aber gilt natürlich das Gleiche wie für den alten: Unmittelbar nach seiner Erzeugung ist die Wahrscheinlichkeit, dass das Atom nicht zerfallen ist, sehr nahe bei 1. Wenn man das konsequent weiterdenkt, heißt das, dass man durch die Messung auf die Wahrscheinlichkeit Einfluss nimmt, dass ein konkreter Zustand erreicht wird. Hier: indem man kontinuierlich (als Grenzwert engmaschiger Einzelmessungen) misst, kann der Zerfall des Atoms verhindert werden! Das klingt gaga, weil wir es nicht mit unserer Erfahrung in Einklang bringen können und es daher paradox ist. Bizarr ist aber: Dieses merkwürdige Verhalten konnte experimentell bestätigt werden[41]. Den Zeno-Effekt gibt es also, was mein Postulat oben unterstützt.

Aber wir wären nicht in der Quantenphysik, gäbe es nicht Merkwürdiges zuhauf: Es konnte nämlich genauso gezeigt werden[40], dass, übertragen auf unser Beispiel, durch Messungen die Wahrscheinlichkeit des Zerfalls erhöht wird, man also das Atom dazu bringen kann, schneller zu zerfallen: der Anti-Zeno-Effekt! Wie kann das sein? Die Lösung: Zeitpunkt und Intervall der Messung nach der Herstellung des unbestimmten Zustands scheinen ausschlaggebend zu sein: Sind sie kurz genug, kann man das System „einfrieren", andernfalls kann man Wahrscheinlichkeiten, einen bestimmten Zustand anzunehmen, erhöhen. Das bedeutet: Auch hier haben wir wieder properties on demand als Ergebnis der Interaktion mit einem quantenphysikalischen System.

Zeno- und Anti-Zeno-Effekt könnten wir in der Medizin sogar schon lange kennen, ohne uns dessen bewusst zu sein! Ab einem gewissen Alter sollte man z. B. routinemäßig Vorsorgeuntersuchungen über sich ergehen lassen: Dickdarm, bei Männern Prostata, bei Frauen Brust. Ziel ist, auftretende Tumore möglichst früh zu erkennen. Nun ist es eine Binsenweisheit, dass, unterlässt man das, das Risiko für Tumore, seien sie gut- oder bösartig, und damit für eine Erkrankung steigt. Erklärt wird das damit, dass man aufgrund der Vorsorgeuntersuchungen Tumore schon in sehr frühen Zustand erkennen und eliminieren und so das Risiko einer Erkrankung senken kann. Soweit die klassische Erklärung. Doch nun kommen Zeno und Anti-Zeno: Eventuell aufgrund engmaschiger Beobachtung wie beim Zeno-Effekt entstehen entartete Zellen als Basis von Tumoren seltener, was nur nicht-klassisch-medizinisch mit einer Körper-Geist-Superposition vernünftig erklärbar ist, klassisch-medizinisch aber nur holperig, indem die Untersuchung, das Abtasten der Brust oder das Herumtasten an der Prostata und die mechanischen Reize bei einer Endoskopie ein ohne sie träges Immunsystem auf den Plan ruft, das entartete Zellen so früher und effektiver findet und eliminiert. Andernfalls steigt die Wahrscheinlichkeit, dass nicht nur Zellen entarten und sich Tumore bilden können, sondern auch, dass diese sogar das Immunsystem träge bleiben lassen. (Das hier zu erklären, sprengte den Rahmen dieses Buches. Ich tue das an anderer Stelle.)

Für mein Weltbild sind diese Aspekte von ebenso großer Bedeutung wie die Quantenphysik als Basis! Durch die Dynamik von Fließgleichgewichten stellen konkrete Zustände, die sich aus der pseudo-statischen Superposition ergeben, nur Momentaufnahmen des Zustands eines Lebewesens dar, die im nächsten Moment durch eine neue Superposition ersetzt werden. Der Normalzustand ist so der dynamische hybride Zustand zwischen den beiden Endzuständen „gesund" und „krank", die erst ein Pathologe nach dem Tod feststellen kann – wenn die pseudo-statische Superposition durch das Beenden der Fließgleichgewichte und „Nachschauen" aufgehoben wurde. Denn auch nach dem Tode befindet sich das System ja bis zur Leichenöffnung im geschlossenen, unbestimmten Zustand.

Krankheit ist somit nur ein Extrem eines Gleichgewichts, wie Gesundheit auch; das Normale ein Zustand zwischendrin: krankgesund! So, wie eine permanente leichte Infektion erforderlich ist, um unser Immunsystem alarmiert und schlagkräftig zu halten, ist eine gewisse Abweichung vom Extremzustand „gesund" erforderlich, um uns gesund zu halten – so paradox das klingen mag.

Dies könnte mehreres erklären: Spontanheilung, weil es den festgefahrenen Zustand „krank" nicht geben kann und der Körper, z. B. durch Autopiloten. das Fließgleichgewicht wiederherstellen könnte, nachdem er „gemerkt" hat, dass es aus diesem gerutscht ist. Placebo-Effekt, weil die Psyche geeignete Maßnahmen ergriffen hat. Oder denken Sie an Krebs: Die bis zu 10 entarteten Zellen pro Tag in uns, von denen ich oben gesprochen habe, wurden vom Immunsystem eliminiert: körpereigene Prophylaxe. Es könnte erklären, warum Krebs, vor allem auch der mit genetischer Beteiligung, nicht frühestmöglich ausbricht, sondern irgendwann im Verlaufe des Lebens eines Lebewesens – oder auch gar nicht! Darin liegt die Bedeutung quasi-stationärer Superpositionen: Sie müssen nicht zu einem Ergebnis führen, das aus klassischer Sicht unausweichlich ist.

Hier ist auch der Angriffspunkt für Hypnose und Meditation, die zunehmend naturwissenschaftlich nachweisbar einen positiven Effekt auf die Superposition krankgesund haben – prophylaktisch wie therapeutisch. Hier ist auch der Punkt, warum das Arztgespräch so wichtig ist. Aber auch hier: Das zu erklären, würde den Rahmen des Buches sprengen, weshalb ich an anderer Stelle darauf eingehe.

Diese quasi- oder pseudo-statische Superposition stellt also den aktuellen, nicht bestimmbaren Zustand eines Lebewesens dar. Da sie Wahrscheinlichkeiten beinhaltet, führt alles, was der Erhöhung der Wahrscheinlichkeit „gesund" dient, in die richtige Richtung; Gespräch, Meditation und Hypnose, aber auch „gesunde" Ernährung (was immer das auch ist, aber bestimmt nicht das, was heute als „gesund" propagiert wird) und ein „passendes" Mikrobiom. Und nicht zu vergessen: die Psyche, und damit Placebo und Nocebo!

Hier kommt unser Mikrobiom ins Spiel! Wenn es denn so ist, dass selbst die Bestandteile unseres Mikrobioms (zum größten Teil) von der Mutter vererbt werden, was ich wieder einmal an anderer Stelle zeigen werde, ist es nicht vermessen, zu behaupten, dass auch Verschränkungen biologischer Art zwischen den menschlichen Zellen und denen unseres individuellen Mikrobioms bestehen. (Denken Sie an Fremdatome im Kristall der Halbleiter oder Hydratwasser im Mirabilit/Glaubersalz!) Das bedeutet: Zum tissue-cat-state eines Lebewesens trägt das „Gewebe" Mikrobiom genauso bei wie andere, „menschliche" Gewebe. So können Phänomene erklärt werden, warum wir uns unwohl fühlen, wenn „im Bauch" etwas nicht stimmt. Und so können wir auch erklären, warum ein „gesundes" Mikrobiom nutzt und sogar helfen kann, wieder gesund zu werden.

Die übliche Etappenerkenntnis: (1) Quantenbiologie ist die auf einer höheren Ebene ablaufende Quantenmikrobiologie, die die Interaktion unterschiedlicher Zellen, Gewebe, ja sogar von Individuen betrachtet. (2) Da alle Zellen bei einem Individuum aus der gleichen Zelle, der befruchteten Eizelle entstehen, sind sie miteinander verschränkt, was Superpositionsphänomene zur Folge hat, die es ohne Verschränkung nicht gäbe. (3) Eine Konsequenz davon ist, dass biologische Wesen pseudo-stationäre unbestimmte Zustände besitzen, die der Tatsache geschuldet sind, dass Prozesse des Lebens dynamisch sind und sich biologische Systeme im Fließgleichgewicht (Homöostase) befinden. (4) Eine weitere Konsequenz ist, dass Lebewesen mit einer gemeinsamen Urzelle (eineiige Zwillinge) ebenfalls verschränkt sind und man daher bei ihnen Phänomene beobachten kann, die man bei Nicht-Zwillingen nicht vorfindet. (5) Krankheit ist nach dieser Erklärung wie Gesundheit ein nur nach dem Tod feststellbarer Endzustand einer Superposition krankgesund, in der „Krankheit" lediglich das Auftreten von Phänomenen („Symptomen") wahrscheinlicher macht als ihr Ausbleiben. (6) Dies ist der Boden, auf dem unsere gesundheitlichen Autopiloten, Einflüsse der Psyche auf die Physis (und umgekehrt), Placebo-Effekt und Spontanheilung sowie Hypnose, Meditation, Gespräch ruhen. (7) Damit ist zweitrangig, welche Maßnahmen das „normale" Fließgleichgewicht wiederherstellen: Schulmedizin, Naturmedizin, Alternative Medizin, Psyche! Es geht nur darum, *dass* es restauriert wird. (8) Unser Mikrobiom ist als Teil des Ökosystems Mensch auch Teil der Prozesse der Quantenbiologie und damit Teil der Superpositionen und Verschränkungen.

Quantendualismus

Soweit die Übertragung der Phänomene und Prinzipien der Quantenphysik in die Biologie. Kann das weitergehen? Geht es weiter? Ja! Indem wir das feststellen, zoomen wir aus der biologischen Ebene hinaus in eine höhere, die für die Spiritualität eines Menschen von großer Bedeutung ist: Zum „Leib-Seele-" oder „Körper-Geist-Problem", das heute vorwiegend philosophisch betrachtet wird, wenn überhaupt. Ich halte es für ein quantenwissenschaftliches Phänomen, was nicht bedeutet und bedeuten soll, dass es nicht auch philosophisch betrachtet werden kann und muss! Hier ist also die Stelle, an der wir den cartesianischen Dualismus und/oder die verschiedenen Monsimen infrage stellen müssen.

Bei der Vorstellung des Elektrons oben wurde die Existenz der Quantenphysik als Konsequenz der Tatsache erklärt, dass Beobachtungen klassisch nicht erklärt werden konnten. Das trifft auch auf die Medizin zu. Daher postuliere ich aus analogem Grund eine nicht-klassische Medizin als Folge und Konsequenz einer Quantenbiologie! Klassische („Schul-")Medizin betrachtet i. d. R. nur die Wirkung einer „Erkrankung" und bekämpft so Symptome, ohne an die Wurzeln zu gehen. Mit ihrer klassischen Sicht sieht sie Erkrankungen unter dem Aspekt Materie (und, ganz analog, Psychologie traditionell immateriell; erst mit den modernen bildgebenden Verfahren ändert sich das langsam). Im Bild des Elektrons oben: Indem Schulmedizin bei Messungen ein Schrotschussmuster beobachtet, zieht sie falsche Schlüsse auf den wahren Charakter der Entität: Teilchen (Physis). Dadurch kann es zu nicht erklärbaren Phänomenen kommen: ein Interferenzmuster (Reizdarm). Was müsste ein Teilchen tun, damit es das erzeugen kann? (= Wie kommt es zu physischen Problemen ohne physische Ursache?) Da dies klassisch-physikalisch nicht erklärbar ist, herrschte, wie gesagt, das große Staunen in der Physik 130 Jahre lang! In der Medizin herrscht es noch heute (Spontanheilung, Placebo-/Noceboeffekt, Fernwahrnehmung, Fernwirkung).

Das ist auch der Grund, warum inzwischen so viele Theorien zurückgezogen werden mussten und noch müssen. Der Zusammenhang zwischen BMI (body mass index) und Lebenszeit oder Herzinfarkt. Vor allem bei letzterem beruht der Glauben an einen Zusammenhang hauptsächlich darauf, vermeintlich die (materialistische) Ursache und den Mechanismus gefunden zu haben: das „böse Cholesterin". Wir wissen aber auch, dass auch in dieser Hinsicht Gesunde einen Herzinfarkt bekommen können. Können also erhöhte Cholesterinspiegel Ursache für Herzinfarkt sein? Nein, nur ein möglicher „Faktor"! Wenn Sie sich an das Reaktionsschema von oben erinnern und A als psychischen und B als physischen Faktor ansehen, gibt es zwei mögliche „Reaktionswege": C und D als physische und psychische Zustände, wenn ein Herzinfarkt eher unwahrscheinlich ist, und E und F, wenn eher wahrscheinlich. Welchen Weg die „Reaktion" nun tatsächlich geht, kann aber „thermodynamisch" oder „kinetisch" kontrolliert werden. Psyche (Stress: „thermodynamisch") und Physis (BMI: „kinetisch") bestimmen dann über ihr Verhältnis zueinander und damit eine Superposition den weiteren Verlauf. So könnte ein hoher BMI nun Folge eines höheren Stressspiegels sein („Stressessen") und so als physisches *Symptom* lediglich indirekt mit Herzinfarkt zu tun haben, weil psychischer Stress dessen eigentliche Ursache ist. Dann aber helfen keine Cholesterinsenker. »Wenn ein Arzt hinter dem Sarg eines Patienten geht, folgt manchmal tatsächlich die Ursache der Wirkung.«, meinte Voltaire.

Über die Art, wie Schulmedizin ihr Aufgabengebiet bearbeitet, reduziert sie die Superposition KörperGeist auf einen einzigen konkreten Zustand: den materiellen (Körper). Der ist zwar durchaus wichtig, keine Frage! Aber wie die ureigenste Eigenschaft des Elementarteilchens die Wellennatur ist, ist belebte Materie, je komplexer, umso mehr, primär ein „geistiges Wesen", was sich in der sozialen, schöpferischen, religiösen, zu Planung fähigen Kompetenz des Menschen, aber auch vieler anderer Tiere äußert. Die menschliche Physis ist, wie allein Groß- und Kleinhirn und die ungewöhnlich lange Entwicklungszeit unserer Nachkommen nach der Geburt zeigen, auf diese Existenzform hin angepasst und optimiert. Regenwürmer können das alles nicht! Ihre physische Erscheinung mag daher für sie von größter Bedeutung sein. Genies wie Stephen Hawking und der göttliche Saxophonist Klaus Kreuzeder, der leider viel zu früh starb, zeigen aber, wie unbedeutend Physis für uns Menschen in Wahrheit ist; und Geisteskranke wie Hitler oder Napoleon, wie bedeutend Psyche. Auch unsere Biologie zeigt das: Das Gehirn ist, wie andere Gewebe auch, abhängig von Mangan. Bei Manganmangel nun zieht es der Körper aus allen Geweben, inklusive Knochen, ab, um das Gehirn so gut wie möglich zu versorgen. Wenn wir also Psyche als wichtigen Teil eines Menschen betrachten, dürfen wir sie zwar niemals von Materie losgelöst betrachten. Aber eben auch umgekehrt nicht.

Vielleicht ergeht es Ihnen wie mir bei meinem eigenen ersten „Herauszoomen" aus der Quantenphysik: Wenn wir eine Quantenbiologie annehmen können und diese mit einer Superposition aller möglichen Zustände beschreiben, zu denen ein Organismus fähig ist, also auch immaterieller – klingt es da nicht geradezu lächerlich, zwischen Leib und Seele zu trennen? Und zwar in beiden Richtungen: In zwei strikt voneinander unabhängige Phänomene, wie beim Dualismus, wie auch strikt in ein untrennbares, allerdings materialistisches *oder* idealistisches Phänomen, wie es Monisten tun. Leib und Seele oder Körper und Geist oder wie immer Sie das nennen mögen sind vielmehr eine Konsequenz der unbestimmten Überlagerung aller möglichen quantenbiologischen Zustände materieller und immaterieller Art eines Lebewesens und damit jedem Lebewesen eigen – auch wenn die Verschränkungen und Superpositionen, die dazu führen, und damit die Phänomene artspezifisch und qualitativ und quantitativ unterschiedlich sind.

Was diese Einheit von Körper und Geist jenseits klassischer Betrachtungsweise beschreibt, bezeichne ich als Quantendualismus oder Superpositionismus, der sich vom „klassischen" Dualismus eines René Descartes wie der Welle-Teilchen-Dualismus dadurch unterscheidet, dass er zwar zwei mögliche Zustände eines „bodysoul-cat-state" kennt, materiellen Körper oder idealistische Seele, die allerdings nur das offene Ende eines unbestimmten Zustands der Superposition von Körper und Geist sind. Also, in Platons Höhlengleichnis, eine Projektion in unsere Welt der Schatten. Nichtklassisch kann nicht zwischen Energie in Form von elektromagnetischen Wellen, in Form von Materie und als Informationsträger unterschieden werden: $E = m \cdot c^2 = h \cdot \nu$! Allein das verbietet eine Trennung von Körper und Geist.

Erfolgt sie dennoch, fixiert man damit durch Projektion des nicht-klassischen Objektes in die klassische Welt der Schatten mit deren Gesetzmäßigkeiten einen der beiden überlagerten Extremzustände, Körper *oder* Geist, und es ergeben sich vollkommen andere Konsequenzen als erhielte man den Zustand der nicht-klassischen Unbestimmtheit vor der Höhle aufrecht. Um im Bild des Elektrons zu bleiben: Wie ich diesem durch Interaktion per Detektor den Teilchencharakter aufzwinge und damit der Fähigkeit zur Interferenz beraube, beraube ich ein Lebewesen um seine natürlichen Möglichkeiten, der Situation entsprechend auf psychischer, physischer oder gemeinsamer Ebene zu agieren und so geeigneten Einfluss auf die Homöostase zu nehmen. Deshalb reagieren Menschen auf Placebo und Nocebo, Auflegen oder Homöopathie unterschiedlich. Aus der Superposition heraus können andere Entwicklungen erfolgen als im bestimmten Zustand. Dann (!) kommen z. B. Spontanheilungen zustande, weil man nun dem System die Möglichkeit belässt, das Problem selbst mit den gesundheitlichen Autopiloten zu lösen. Dass wir dazu in der Lage sind, habe ich an anderer Stelle gezeigt (Stichwort: Sideropenie, die „Eisenmangelerkrankung", die in Wahrheit ein Autopilot, eine sehr effektive Selbstheilungskraft bei Infektionen ist).

Unterbricht man diesen unbestimmten Zustand, indem man z. B. durch Diagnose jenseits purer Beobachtung (ärztliches Gespräch!) wie Blutabnahmen und vor allem deren Analyse und der Reaktion auf Messwerte, oder durch Behandlung eingreift, zeigt das Wesen, wie das Elektron, ein Verhalten, das durch die Art des Eingriffs bestimmt wird. Das heißt: Der Arzt oder Therapeut und die Art seiner Behandlung legt, wie im Doppelspaltversuch, fest, ob und welche körperlichen oder seelischen Phänomene sich zeigen. Diese müssen dann aber nicht zwingend den tatsächlichen Sachverhalt widerspiegeln. Wenn der Arzt bei einer Anamnese (Erhebung von Daten) z. B. einen Verdacht auf Reizdarm äußert oder der Patient, alarmiert durch Recherchen im Internet, zu der Auffassung kommt, dass einer vorliegen könnte, kann die Folge sein, dass dann auch tatsächlich einer entsteht. Das nennt man dann in der Schulmedizin oft abfällig „psychogene" (im Sinne eingebildeter) Erkrankungen. Überspitzt heißt das, dass der Therapeut/Arzt einen möglichen Zusammenhang vielleicht sogar harmloser Symptome wie versetzten Blähungen mit einer Erkrankung erst herstellt und den Patienten somit erkranken lässt. Das zeigt der Nocebo-Effekt: Patienten, die Placebo erhalten, entwickeln vergleichbare Nebenwirkungen in vergleichbarem Ausmaß wie die, die das Medikament mit den Nebenwirkungen tatsächlich bekommen – nur, weil sie von deren Existenz erfahren haben. „Klinisch getestet" und bewiesen!

Allein durch die Art der Interaktion mit dem Behandelnden verschiebt ein Arzt so Wahrscheinlichkeiten einer Entwicklung der Superposition in eine bestimmte Richtung. Die geht heutzutage leider fast immer in Richtung des materiellen Extrems, was es schwer macht, z. B. besagten Reizdarm zu behandeln. Genau das macht Medizin unzuverlässig! Es war also falsch, den „Allgemeinmediziner" abzuschaffen, da der versucht hat, den Patienten ganzheitlich zu sehen; und es ist falsch, Schamanen und Alternative Medizin zu belächeln oder zu verteufeln. Denn die machen genau das, wenn sie seriös sind! Moderne Medizin muss daher eher mithilfe eines speziell dafür ausgebildeten Integrativen Mediziners, eines über den Tellerrand blickenden, psychologisch geschulten Generalisten zunächst prüfen, welche Mittel geeignet sind, ein Problem zu lösen. Ist es mit Zuspruch und Placebo getan, machen Psychopharmaka nicht nur keinen Sinn, sondern verschlimmern nur alles, da nun inakkurat in das System eingegriffen wird. Muss aber ein Bruch gerichtet werden, hilft es nicht, ihn zu besprechen.

Weil es wichtig ist, nochmals: Der Normalzustand eines lebenden Systems ist der unbestimmte, pseudo-statische bodysoul-cat-state zwischen den nur nach dem Tod festlegbaren konkreten Zuständen „gesund" und „krank". (Dass das so ist, zeigen Beispiele, bei denen erst nach einer Obduktion festgestellt wurde, dass der bis dahin als gesund geltende Mensch doch eine Erkrankung hatte.) Dass wir in einem solchen Zustand leben, zeigt allein schon die Tatsache, dass, falls man nicht eine Grippe oder einen Beinbruch hat, also offensichtliche Symptome vorliegen, und man sich „gesund" fühlt, man nicht weiß, ob man das tatsächlich ist: Bedeuten ein paar entartete Zellen schon, dass man Krebs hat? Nur dann, wenn der Körper sie nicht mehr entdecken und eliminieren kann! Ansonsten ist das business as usual für das Immunsystem. Das bedeutet: Eine „Störung" der Homöostase ist noch keine Erkrankung, solange unsere Autopiloten, kontrolliert und gesteuert durch unsere Psyche, Herr der Lage sind. Der Nachweis von irgendwelchen „Markern", seien es Krebsgene, zu niedrige oder zu hohe Blutspiegel, oder selbst Symptome machen einen also noch nicht krank! Krank wird man erst dadurch, dass man anhand solcher Marker mechanistisch interveniert.

Vielleicht wird Ihnen nun klar, warum ich so großen Wert auf die Nichtexistenz des cartesianischen Dualismus lege: Krankheit ist eine Folge eines falschen Verständnisses der Beziehung von Körper und Geist zueinander und der irrigen Annahme, das Lebewesen könne mit Abweichungen vom Normalen nicht selbst klarkommen. Ich bin der Überzeugung, dass wir vielen Patienten wesentlich besser helfen könnten, wenn wir größeren Wert auf die Psyche legten. Es geht um bodysoul-cat-states und die Aktivität der gesundheitlichen Autopiloten, nicht um die narzisstische Bestätigung menschlichen Größenwahns!

Wichtige Erkenntnis ist daher: Die Kunst von Medizin, in welcher Form auch immer, ist, Wahrscheinlichkeiten zu verändern, nicht etwa, jemanden gesund zu bekommen – denn das kann sie nicht! Rezidive nach Krebsbehandlungen zeigen, dass Tumore auch wieder entstehen können, obwohl sie ggf. chirurgisch entfernt und/oder eine Radio- und/oder Chemotherapie durchgeführt wurde. (Mediziner sprechen dann von übersehenen Tumorresten oder Metastasen.) Schulmedizin weiß das eigentlich, wie man daran erkennt, dass ein Krebspatient erst dann und vorsichtig als „geheilt" betrachtet wird, wenn fünf, besser zehn Jahre nach der Behandlung kein Rezidiv mehr aufgetreten ist, die Wahrscheinlichkeit also, dass er erneut aufbricht, gering ist! Aber ist das nicht allein schon ein Zeichen der Ohnmacht? Fünf bis zehn Jahre warten, um „sicher" zu sein? Nur verhält sie sich nicht danach, weil sie immer noch annimmt, dass sie ursächlich aktiv werden kann und für die Heilung verantwortlich ist. Das ist purer Unsinn, ohne damit die Arbeit und Bedeutung der Mediziner im Geringsten schmälern zu wollen!

Das Symbol für meinen Quantendualismus ist der Gott Janus, den es m. W. nur in den römischen Mythen gibt. Eine Medaille, auch ein mögliches Bild, hat zwar auch zwei Seiten, von denen man aber nur jeweils eine Seite sehen kann. Sie repräsentiert für mich daher den cartesianischen Dualismus: Seele *oder* Körper, Kopf oder Zahl. Janus aber konnte aufgrund seiner zwei Gesichter *gleichzeitig* in zwei entgegengesetzte Richtungen schauen: An den Anfang und das Ende. Nur er kann also zwei als gegensätzlich empfundene oder angenommene Phänomene in ihrem Zustand der Superposition erkennen: Seele *und* Körper. Und allein das zeigt, wie modern die antiken Gesellschaften waren: Janus ist die Mythologie gewordene Erkenntnis der Existenz einer Superposition von Extremen.

Daher sind quantendualistische Phänomene in der Tradition der Quantenphysik auch mehr als die Summe ihrer Einzelteile. Sie können zwar die bekannten klassischen Phänomene zeigen; aber sie zeigen eben auch Phänomene, die klassisch nicht mehr erklärbar sind. Phänomene, die wir, weil wir sie nicht erklären können, in die Welt des Spekulativen, des Spirituellen stecken: Esoterik und Religion, „spukhafte Fernwirkung". Wir sprechen von „Seele", ohne wirklich erklären zu können, was das ist. Wikipedia schreibt:»Der Ausdruck Seele hat vielfältige Bedeutungen, je nach den unterschiedlichen mythischen, religiösen, philosophischen oder psychologischen Traditionen und Lehren, in denen er vorkommt. Im heutigen Sprachgebrauch ist oft die Gesamtheit aller Gefühlsregungen und geistigen Vorgänge beim Menschen gemeint. In diesem Sinne ist „Seele" weitgehend gleichbedeutend mit dem Begriff Psyche. „Seele" kann aber auch ein Prinzip bezeichnen, von dem angenommen wird, dass es diesen Regungen und Vorgängen zugrunde liegt, sie ordnet und auch körperliche Vorgänge herbeiführt oder beeinflusst.«[42] Ist das nicht die Definition einer Superposition und durch Verschränkung erzeugter, neuer Phänomene?

Allerdings reicht mir Seele als Summe aller Gefühle und Aktivitäten des Geistes nicht! „Gefühl" ist auch ein Phänomen, das klassisch nicht gut erklärbar ist. Wir verstehen darunter das Ergebnis des „Fühlens" ebenso wie eine „Eingebung" (was etwas anderes als „Offenbarung" ist!) oder eine Gemütsregung. Auch da bleibt alles unscharf: Was ist Gemüt, was Intuition, was Emotion? Wikipedia schreibt zu Emotion:»Sie ist ein psychophysiologisches, auch psychisches Phänomen, das durch die bewusste oder unbewusste Wahrnehmung eines Ereignisses oder einer Situation ausgelöst wird. Das Wahrnehmen geht einher mit physiologischen Veränderungen, spezifischen Kognitionen, subjektivem Gefühlserleben und reaktiver Verhaltenstendenz des Menschen.«[43] Auch hier bleibt es unscharf: Was ist Kognition, was sind Gedanken? Dem werde ich an anderer Stelle versuchen, mich zu nähern.

Im Quantendualismus befinden sich Seele und Körper solange im unbestimmten bodysoul-cat-state, bis der Arzt (materiell) oder Psychologe (immateriell) eingreift! Bis dahin war der Mensch ein in sich geschlossenes System, danach ist er es nicht mehr – Therapeut und Patient bilden ein erweitertes, geschlossenes System mit neuen Superpositionen; und exakt das unterstreicht die Bedeutung des vielseits beschworenen besonderen Patienten-Arzt-Verhältnisses, das sich so einstellt. (Übrigens auch aller anderen besonderen Beziehungen: Mutter-Kind, eineiige Zwillinge, tiefe Partnerschaft.) Es zeigen sich dem Therapeuten nun zwar die jeweiligen Phänomene; dass Seele und Körper aber weiterhin über die dynamische Superposition quantenbiologischer Entitäten untrennbar verbunden sind und sich gegenseitig beeinflussen, ändert daran gar nichts! Denn durch das Eingreifen wird zwar für einen kurzen Moment die Unbestimmtheit aufgehoben! Da aber biologische Prozesse geregelte Prozesse in einem Fließgleichgewicht sind und sich daher die Zustände permanent verändern, stellt sich bereits im nächsten Moment die Superposition der veränderten Zustände und damit eine neue Unbestimmtheit wieder ein (Zeno-Effekt). Das ist der Grund, warum ein Arzt/Therapeut mit Laborwerten und Untersuchung nur „Schnappschüsse" zur Verfügung hat, mit denen er arbeiten kann – und damit nicht adäquat. Hier liegt auch die Begründung, warum Krankheit ein soziales Ereignis ist: Was für den Arzt/Therapeut gilt, gilt auch für das Umfeld des Patienten!

Was nun kommt, ist das gleiche wie bei der Infinitesimalrechnung in der Mathematik (bei der übrigens Descartes auch seine Finger drin hatte!): Je kürzer wir diese Schnappschüsse der Bestimmtheit machen, desto mehr nähern wir uns einem Grenzwert, der die Lösung richtig beschreibt. Der ist dann der bereits erwähnte Zustand dynamischer Unbestimmtheit, bei dem trotz Eingriff in das System das System selbst in einem unbestimmten Zustand bleibt, der aber nur einer von mehreren möglichen ist, die durch die Art des Eingreifens entstehen. Das bedeutet: Ein Eingriff in das System erzeugt hier nicht einen endgültigen, eindeutigen Zustand wie beim einfachen Elektron – Welle oder Teilchen. Da das System im Gegensatz zum statischen Elektron dynamisch ist, dirigiert ein Eingriff „lediglich" die weiterhin bestehende Unbestimmtheit in bestimmte Richtungen. Was allerdings Änderungen der Wahrscheinlichkeiten möglicher Zustände zur Folge hat, die zuvor auch existiert haben (Zeno-Effekt). So könnte auf diese Weise ein „falscher" Eingriff in das System dieses nicht nur in Richtungen lenken, in die es ohne ihn nicht gegangen wäre, sondern auch dazu führen, dass verschiedene Formen der Unbestimmtheit wahrscheinlicher oder weniger wahrscheinlich werden.

Das ist letztlich, was wir täglich sehen: Es ist unmöglich, die Entwicklung eines Menschen vorherzusehen – weder, wenn er krank ist und man eingreift, noch, wenn er ohne Eingreifen gesund wird. Das aber bedeutet dann in letzter Konsequenz, dass nicht immer Eingriffe materieller Art (Schulmedizin) erfolgen müssen, um ein Problem zu lösen – es können auch immaterielle sein; z. B. das einfache Zuhören, Handauflegen, Nähe zeigen (Placebo-by-Proxy-Effekt), da der erforderliche „materielle Anteil" an der Intervention vom Körper selbst kommt. Ich habe das an anderer Stelle am Beispiel Sympathikus-Parasympathikus-System gezeigt: Man kann eine Waage in eine Richtung neigen lassen, indem man auf dieser etwas dazu legt – oder auf der anderen etwas wegnimmt. So kann man Stress durch Gabe von Medikamenten abbauen, aber auch durch Wegnahme der Auslöser über Meditation, Hypnose und achtsamkeitsbasierte Therapie.

Konstatiert ist, dass es Situationen gibt, in denen eine Lösung nur rein schulmedizinisch (Knochenbruch) oder psychologisch (Depression?) gefunden werden kann. Aber in der Mehrheit der Fälle können auch Eingriffe über die Psyche zu den gewünschten materiellen Veränderungen führen – und umgekehrt: Sobald unsere medizinischen Autopiloten involviert sind, die, weil sie mit dem Prinzip Homöostase arbeiten, geregelten Fließgleichgewichten, mit dynamischen Unbestimmtheiten besser umgehen können als wir mit unseren Schnappschüssen konkreter Situationen (Blutwerte, Blutdruck, Körpertemperatur, Gewicht)! Diese Autopiloten kennenzulernen sollte daher primäres Ziel unserer medizinischen Forschung sein, und Neues zu erschaffen nur dann, wenn es einen solchen Autopiloten nachweislich nicht gibt – oder, als Übergangslösung, bis man ihn gefunden hat. Ich bin sicher: es gibt für die meisten Probleme, denen sich ein Mensch gegenübergestellt sehen kann, eine Autopilot-Lösung. Schließlich hat das Leben in den letzten Millionen Jahren gezeigt, dass es auch ganz gut ohne menschlichen Eingriff auskommt. Der Mensch selbst ist da keine Ausnahme!

Was für das Objekt gilt, den Menschen und seinen cat-state (der hier pars pro toto für alle Varianten steht), gilt auch für den Arzt. Auch der bildet zunächst ein in sich geschlossenes System, das nun um den Patienten erweitert wird. (Was mich an die Spezielle Relativitätstheorie mit ihren *relativen* Inertialsystemen erinnert!) Lassen Sie mich das mit dem Bild der Filter von oben erläutern, über die wir unsere Welt wahrnehmen – denn hier geht es um Wahrnehmung.

Je nachdem, was ich betrachte, physische oder psychische Phänomene, betrachte ich das Gesamtphänomen Mensch durch einen Filter, der nur die eine Seite sichtbar macht. Damit bin ich für die andere blind. Das aber ist nur die eine, klassische Hälfte des Phänomens Mensch. Indem ich meinen Filter auf „mechanistisch" stelle, wie es Descartes und Schulmedizin tun, bleiben mir die Phänomene verborgen, die belebte Systeme zu dem machen, was sie sind: reale Objekte vor der Höhle, die sich in cat-states befinden, die ganz andere Dinge sichtbar machen könnten, nähme man andere Filter. Das hat, wie oben gezeigt, Auswirkungen auf den Menschen! Indem ich ihn durch diese Betrachtungsweise dazu zwinge, sich mechanistisch zu zeigen, reduziert sich auch sein Verhalten auf rein mechanistisch, so wie ich das Elektron zum Teilchen mache, wenn ich den Durchgang durch einen bestimmten Spalt nachweisen will, und damit mit ihm materialistisch interagiere! Denken Sie an die Intensitätskurven oben. Hier zeigen sich die Unterschiede an einem einzelnen Teilchen mit einer einzigen Superposition von nur zwei Zuständen – wie gravierend müssen Unterschiede in Systemen der Komplexität eines Lebewesens sein?

Ich unterdrücke auf diese Weise nicht nur seine Fähigkeiten zur Intervention, z. B. seine gesundheitlichen Autopiloten, so wie die Möglichkeit zur Interferenz beim Elektron. Ich unterdrücke auch *meine* Möglichkeiten und Fähigkeiten als Behandelnder, helfen zu können, da ich nicht aus dem Zustand der Superposition mit dem Patienten agiere, sondern aus unserer materialistischen Projektion, mit Mitteln, die aus einer materialistischen Projektion abgeleitet wurden – Wissenschaft der Schatten! Das ist der Unterschied zum Fernheiler, der von seinem Gehirn „Faxe" auf das Gehirn seines Patienten übertragen und von ihm holen kann. Bewiesen ist das alles nicht, aber es wäre der Ansatz zu einer Erklärung, sollte dieses Phänomen tatsächlich existent sein!

Der Physiker und Psychologe Günter Haffelder kann, wie er sagt, mittels einer vergleichsweise einfachen bildgebenden, dreidimensionalen EEG-Analyse nicht nur sichtbar machen, was zu einem bestimmten Zeitpunkt im Hirn eines Patienten abläuft, sondern auch, was gleichzeitig im Hirn eines „Heilers" erfolgt, wenn der aktiv wird – und beides miteinander vergleichen. So konnte er nach eigener Aussage mit dieser Methode in einem Versuch, in dem ein Patient, der unter chronischen Schmerzen litt und von der Schulmedizin aufgegeben worden war, und ein „Fernheiler", der in einem anderem Raum ohne direkten Kontakt saß, zeigen, dass dieser durch geistige Aktivitäten Kontakt mit dem Patienten aufnehmen konnte. Er konnte so offenbar Informationen in Form Innerer Bilder übertragen und abrufen. Danach sei der Schmerz, unter dem der Patient gelitten hatte, in einem Prozess, in dem er sich zweitweise verschlimmerte, nach einiger Zeit weg gewesen. Haffelder konnte nun, wie er sagt, durch seine EEG-Analysen nachvollziehen, dass es trotz der räumlichen Trennung Interaktionen zwischen den beiden gegeben haben muss, die klassisch nicht erklärbar sind.

Ich kann das nicht nachprüfen. Klar – im ersten Moment muss dies jedem einigermaßen mit Naturwissenschaft Vertrauten die Nackenhaare aufstellen und Abwehrreflexe auslösen. Daher sind auch die Reaktionen darauf polarisiert von strikter Ablehnung als üblichem cartesianischen Reflex bis hin zu vehementer Zustimmung aus der Ecke der Spiritisten, die dadurch Bestätigung und Akzeptanz wittern. Ich gebe zu: Auch auf mich machte das Ganze zunächst einen mehr als fragwürdigen Eindruck.

Hat man aber die Zwillingsforschung im Hinterkopf mit ihren erstaunlichen Beobachtungen klassisch nicht erklärbarer Phänomene, muss man zumindest ins Grübeln kommen – es sei denn, man stellt auch diese Beobachtungen ins Reich des Irrealen! Wenn es Verschränkung gibt – warum sollte es Menschen nicht möglich sein, sich mit Anderen zu verschränken und eine Superposition zu erreichen, in der Dinge möglich sind, die uns irreal erscheinen? Bei Zwillingen und Mutter und Kind beruht diese Verschränkung auf der Tatsache, dass die verschränkten Wesen aus einer gemeinsamen Zelle entstanden sind: als natürlicher Klon oder aufgrund der Teilung einer Körperzelle zu einer speziellen Nachkommenzelle, der Eizelle: natürliche Verschränkung! Da Quantenphysiker heute Verschränkungen zwischen Elementarteilchen künstlich erzeugen können, Grundlage für Quantencomputer und Quantenkryptologie, könnte es möglich sein, auch solche Verschränkungen „künstlich" herstellen zu können. Warum sollten dann nicht Menschen dazu aktiv fähig sein? Paracelsus: »Die Lebenskraft ist nicht im Menschen eingeschlossen, sondern umstrahlt ihn wie eine leuchtende Kugel und kann in die Ferne wirken. In diesem halbstofflichen Strahlen kann die Vorstellungskraft eines Menschen gesunde oder krankmachende Wirkungen hervorrufen.«[44] Wirre Gedanken eines renaissancistischen Unwissenden?

Ich kann und will daher zu dem Fernheiler, Haffelder und seinen Erkenntnissen keine Position beziehen: Vielleicht sind sie Spinner oder, noch schlimmer, rein auf Geld fokussierte Scharlatane; vielleicht auch nicht – ich kenne beide nicht persönlich! Ich kann und will aber aufgrund meines Weltbildes auch nicht ausschließen – nein, das ist unfair! Ich muss aber aufgrund meines Weltbildes annehmen, dass es so sein kann, wie sie behaupten – und dass es diese Fernwirkungen, die Haffelder beweisen zu können glaubt, tatsächlich gibt. Übrigens: Dass der Fernheiler in diesem Beispiel mit „Inneren Bildern" Erfolg gehabt haben könnte, bezweifle ich nicht! Das ist, wie ich an anderer Stelle dargestellt habe, heute nicht mehr zu leugnen (Hypnose, Meditation, tiefes Gebet …). Fraglich ist lediglich, ob er solche Bilder „faxen" konnte.

(Möge sich nun kein „Wunderheiler" darauf berufen! Ich bin der Überzeugung, dass 99 % der Akteure in der spirituellen Ecke Scharlatane, zumindest aber Spinner sind, die entweder aus Profit- oder aus Geltungsgründen unterwegs sind. Auch meine „Freunde" aus der klerikalen Ecke mögen vorsichtig sein: Solange mir nicht das „Opfer" eines „Wunders" vor und nach der wie auch immer gearteten Fernwirkung durch einen künftigen Heiligen gezeigt und tatsächliche Änderungen *nachgewiesen* werden können, mögen sie bitte schweigen!)

Wie beim Elektron und Schrödingers Katze sind also beide Extreme der Betrachtung des Menschen, Körper und Geist, lediglich eine nicht der Realität entsprechende Erscheinung des gleichen Sachverhaltes, die nur aufgrund der Art der Betrachtung zustande kommt! So wenig, wie sich Wellen- und Materieeigenschaft des Elektrons trennen lassen, lassen sich Psyche und Physis des Menschen trennen (und jedes anderen Lebewesens natürlich auch, das über Psyche verfügt!), da sie über eine Superposition tief miteinander verwoben sind und sich gegenseitig nicht nur beeinflussen sondern voraussetzen: Ohne Physis keine Psyche, und ohne Psyche keine belebte („höhere") Natur. Denn sie beruhen beide auf Phänomenen der Quantenbiologie. Wenn wir sie künstlich trennen, heißt das nur, dass wir nicht die Wirklichkeit, sondern nur einen ihrer möglichen Schatten betrachten. Dessen sollten wir uns immer bewusst sein.

Die obligate Etappenzusammenfassung: (1) Jedes Lebewesen ist eine Einheit aus materiellen und immateriellen Phänomenen, die analog zum Welle-Teilchen-Dualismus des Elektrons im Normalzustand durch eine pseudo-statische, hoch dynamische Superposition aller möglichen materiellen und immateriellen Zustände repräsentiert wird. (2) Dieser Zustand ist unbestimmt und bleibt es auch, selbst wenn mit ihm in Kontakt getreten wird: Das unterscheidet ihn von dem quantenphysikalischen Vorbild. Bestimmt ist ein Zustand bei belebter Materie erst nach dem Tod des Wesens. (3) Durch die Dynamik der zugrundeliegenden Fleißgleichgewichte und Regelkreise können immer nur Schnappschüsse konkretisiert werden. (4) Kontaktaufnahmen mit dem System haben Einfluss auf den Weg, den die dynamische Unbestimmtheit im weiteren Verlauf nimmt. (5) Sie können auf die Wahrscheinlichkeiten der einzelnen überlagerten Zustände quantitativ und qualitativ Einfluss nehmen.

Quantenkosmos

Einstein: »Der Mensch ist ein Teil des Ganzen, das wir Universum nennen – ein in Raum und Zeit begrenzter Teil. Wir erfahren uns, unsere Gedanken und Gefühle als etwas vom Rest Getrenntes – eine Art optischer Täuschung des Bewusstseins. Diese Täuschung ist für uns eine Art Gefängnis, die uns auf unsere persönlichen Wünsche, und auf die Gefühle für die wenigen Personen reduziert, die uns am nächsten sind. Unser Ziel muss es sein, uns aus diesem Gefängnis zu befreien, indem wir den Kreis unserer Nächstenliebe so erweitern, dass er alle lebenden Wesen und das Ganze der Natur in ihrer Schönheit einschließt. Der wahre Wert eines menschlichen Wesens wird bezeichnet durch das Maß und den Sinn, in dem es Befreiung vom Selbst erlangt hat. Wir werden eine grundlegend neue Art des Denkens notwendig haben, wenn die Menschheit überleben soll.« Mit diesem Zitat nähern wir uns dem Ende unserer Zoomreise aus der subatomaren Welt der Quanten in das Universum. Auf jeder Etappe hatten wir versucht, Phänomene nach dem Prinzip der Selbstähnlichkeit mit Prinzipien und Phänomenen zu erklären, die aus der Quantenphysik stammen. Wagen wir einen letzten Versuch, so auf eine höhere Ebene zu kommen. Worin könnte diese nach unbelebter Materie, belebter Materie, Körper und vor allem Geist, noch bestehen? Nehmen wir an dieser Stelle die Bibel einmal ruhig wörtlich, die ja sagt, Gott hätte den Menschen nach seinem Bild erschaffen. Machen wir es hier allerdings, von unten nach oben kommend, umgekehrt: Gott ist ein Phänomen, das aus der Superposition aller belebter und unbelebter Materie entsteht. Das ist, wie jeder Pantheist weiß: das Universum, unser letzter Halt. Ich möchte auch hier versuchen, ein „Quanten-" Objekt einzuführen. Ich nenne es Quantenkosmos, Quantenuniversum – oder einfach nur: Natur!

»Natur [...] bezeichnet in der Regel das, was nicht vom Menschen geschaffen wurde. Der Begriff wird jedoch unterschiedlich und bisweilen in sich widersprechenden Bedeutungen verwendet, weshalb es öfter strittig ist, was zur Natur gehört und was nicht. [...] Die wichtigsten Bedeutungen des Naturbegriffs sind das Sein im Ganzen, der Kosmos (Universum), ein Teil der Wirklichkeit, der mit einem nichtnatürlichen Bereich – z. B. dem Göttlichen, Geistigen, Kulturellen, Künstlichen oder Technischen – kontrastiert ist, eine Eigenschaft der Wirklichkeit bzw. eines Wirklichkeitsbereiches und das Wesen eines Gegenstandes[45].« Und so unterscheidet sich meine Definition von Natur lediglich in zwei kleinen, aber wesentlichen Punkten von der aus Wikipedia: Das Göttliche einerseits sowie das Geistige und Kulturelle andererseits sind für mich Teil der Natur.

Auch im Universum finden wir – Selbstähnlichkeit! – Phänomene, die wir klassisch nicht erklären können: dunkle Energie und Materie, deren Existenz anhand ihrer Wirkung in Form „verborgener Variablen" klassisch-physikalisch zweifelsfrei bewiesen ist. Das heißt: Selbst in diesem Skalenbereich, dem der größten Dimensionen, die wir beschreiben können, herrscht die Quantenphysik! Mit Phänomenen, die es ohne sie nicht gäbe wie beschleunigter Expansion des Weltalls. Vielleicht wird man auf dieser quantenwissenschaftlichen Ebene Gravitation einmal als Folge quantenkosmischer Phänomene beschreiben und mit den drei anderen Grundkräften vereinheitlichen können, wie es die Quantengravitation versucht. Vielleicht werden wir andere Phänomene entdecken, die uns noch von Nutzen sein können – merkwürdig genug sind viele Beobachtungen, die Astronomen so machen und bisher nur schwer erklären können. Z. B. „Wurmlöcher", wie sie nicht nur von SciFi-Autoren diskutiert werden, oder die Theorie, dass die gesamte Information des Universums wie die eines Schwarzen Lochs auf dem jeweiligen Ereignishorizont versammelt ist, also erhalten bleibt, auch wenn die Materie, die sie getragen hat, im Schwarzen Loch oder im Universum aufgegangen ist.

Denn was der Energieerhaltungssatz für die klassische Physik ist, ist der Informationserhaltungssatz für die Quantenphysik; er besagt, dass Information genauso wenig vernichtet werden kann wie Energie. Vielleicht wird sie nur umgewandelt? Der britische theoretische Physiker und Astrophysiker Stephen Hawking (1942–2018) hielt das für eine von zwei möglichen Lösungen des Schwarzes-Loch-Problems, nachdem der niederländische Physiker Gerardus 't Hooft darstellen konnte, dass Vernichtung von Information eine spontane Aufheizung des Universums auf 10^{31} °C zur Folge hätte – was nicht der Fall ist, wie sehr überzeugend analog zu Descartes' Ausspruch nachgewiesen werden kann: „Cogito, ergo non extinctus sum": Ich denke, also bin ich nicht vernichtet worden. Begründung: Es ist auch quantenphysikalisches Prinzip, dass jeder Prozess rückgängig gemacht werden kann (vgl. heilender Jesus): Wenn ein radioaktives Teilchen zerfällt, ist es möglich, aus seinen Zerfallsprodukten das ursprüngliche Teilchen wiederherzustellen. Oder ein Atom, das ein Photon aufgenommen hat, kann dieses auch wieder abgeben.

Wenn nun stimmte, dass Schwarze Löcher Information zerstörten, könnte man ihr Wirken (theoretisch) nicht mehr rückgängig machen. Das verstieße gegen die Quantenphysik, da so in letzter Konsequenz Energie vernichtet oder erzeugt werden könnte; auf diese Weise käme die Erhöhung der Temperatur des Universums zustande. Das stünde zu einem der fundamentalsten Naturgesetze, dem Energieerhaltungssatz im Widerspruch. Zögen wir den in Zweifel, hülfe uns sogar Religion nicht mehr! Hawking schloss daraus, dass die Information eines Objektes, das von einem Schwarzen Loch aufgenommen wird, entweder zweidimensional auf seinem Ereignishorizont gespeichert und zusammen mit der Hawking-Strahlung von diesem langsam wieder abgegeben oder in ein anderes Universum gebracht wird. Es ist also nicht gerade langweilig, das Universum quantenphysikalisch zu betrachten …

Auch was ein schwarzes Loch betrifft, findet man Selbstähnlichkeit: Oben hatten wir festgestellt, dass ein Atom praktisch nur Energie ist: Das Elektron hat keine räumliche Ausdehnung, und der Atomkern auch nicht. Trotzdem hat es einen Raumbedarf, der durch seinen „Wirkungsbereich" definiert wird. Das ist, was wir auch am anderen Ende der Skala finden: Das Schwarze Loch ist eine Singularität, indem es ein punktförmiges, extrem massereiches Phänomen ist, das die beobachtbaren Wirkungen und Phänomene erzeugt. Auch das Schwarze Loch hat einen „Wirkungsbereich", der zu einem Raumbedarf führt, der sehr viel größer ist als sein so massereiches Zentrum. Ihn begrenzt der „Ereignishorizont", der Abstand zum Zentrum, jenseits dessen man keine Chance mehr hat, dem Einfluss des Schwarzen Lochs zu entkommen. So nimmt es z. B. mit der Masse einer gesamten Galaxie lediglich den Raum eines Sonnensystems ein, obwohl sein Zentrum weiterhin punktförmig bleibt. (Nicht vergessen: Materie ist nur eine Form von Energie und über Felder erklärbar! Es geht also durchaus, gigantische Mengen Materie auf kleinsten Raum zu komprimieren – Sie müssen sich von unserem täglich erfahrbaren klassischen Modell von Materie als massive Erscheinungsformen trennen! Auch ein Schwarzes Loch kann, wie ein Elektron, seine Masse beim Pförtner abgeben …)

Die Analogie geht sogar noch weiter! Ein Gedankenexperiment: Nehmen Sie die Festplatte eines Computers, auf der Information gespeichert ist. Diese schießen Sie in die Richtung eines Schwarzen Lochs. Es gibt nun zwei Möglichkeiten: (1) Sie bleiben in sicherer Entfernung und beobachten, was passiert. Oder (2) Sie begleiten die Festplatte und beobachten auch. Und nun wird es spannend:

Bei (1) sehen Sie, wie sich die Festplatte dem Ereignishorizont nähert. Durch die gewaltige Anziehungskraft wird sie dabei zunehmend beschleunigt, bis sie irgendwann fast so schnell wie das Licht ist. Dann schlägt Einstein mit seiner Relativitätstheorie zu, und zwar, wie beim GPS oben, sowohl mit der speziellen als auch der allgemeinen. Die Festplatte bewegt sich von Ihnen fort, sodass eine Relativbewegung zu Ihnen besteht. Nach der Speziellen Relativitätstheorie treten nun Zeitdilatation und Längenkontraktion auf. Über die Allgemeine verlangsamt auch die ungeheure Masse des Lochs zunehmend die Zeit. Das heißt: Die Festplatte mutiert immer mehr zu einer zweidimensionalen Abbildung von ihr selbst, weil die Ausdehnung in Bewegungsrichtung immer geringer wird (Längenkontraktion). Sie nähert sich dem Schwarzen Loch immer langsamer, weil die Zeit, in der gleiche Wegstrecken zurückgelegt werden, immer größer wird (Zeitdilatation). Am Ereignishorizont angekommen ist sie nur noch besagtes zweidimensionales Abbild, und wird es immer bleiben, weil die Zeit für dieses Abbild still steht, es sich also nicht mehr verändern kann.

Im Fall (2) nähern Sie sich dem Ereignishorizont zusammen mit ihrer Festplatte, ohne an sich und ihr irgendetwas Ungewöhnliches wahrnehmen zu können – keine Längenkontraktion, keine Zeitdilatation, denn Sie bewegen sich ja relativ zur Festplatte nicht! Schließlich überschreiten Sie ihn wie bei einer Äquatorüberquerung, ohne es zu merken, und nähern sich weiter dem Zentrum. Erst unmittelbar davor zerreißt es nicht nur Sie, sondern auch Ihre Festplatte, aufgrund der gigantischen Schwerkraft. Das war's dann für die Festplatte und Sie. Sie sehen: Manchmal macht es durchaus Sinn, nicht alles wissen zu wollen, sondern besser zu glauben ;-)

Es kommt also darauf an, wie Sie den Vorgang betrachten! Das ist zunächst einmal paradox – so paradox wie … Erinnert Sie das nicht an die Quantenphysik und den Welle-Teilchen-Dualismus der Elementarteilchen? Daher ist exakt dieser Dualismus das Problem gewesen, das Hawking, 't Hooft und viele andre kluge Leute umgetrieben hat. So erfolgte die o. g. Lösung auch nur mithilfe quantenphysikalischer Betrachtungsweise! Ist es, unter diesem Aspekt, nicht geradezu zwingend erforderlich, zwischen diesen beiden Extremen, Universum und Mikrokosmos, analoge Phänomene auf allen Ebenen des Seins anzunehmen? Ist es wirklich abwegig, Quantenbiologie und Quantendualismus zu postulieren und so oder so ähnlich wie geschehen zu erklären?

Wenn wir also mit Quantenphysik die unbelebte Materie beschreiben können, mit Quantenmikrobiologie die belebte, mit Quantenbiologie komplexe belebte Ökosysteme wie Lebewesen und mit Quantendualismus immaterielle Phänomene, die die belebte Natur begleiten, bleibt nur noch ein Aspekt übrig: Eine Verschränkung aller Quanten-Entitäten dieses Universums. Nennen Sie es Gott, wenn Sie Pantheist sind, Universum, wenn Atheist, Natur als Spinozist, Weltformel als Physiker oder wie auch immer: Es gibt diese Überlagerung aller möglichen Zustände des Universums, und unsere Naturgesetze sind die Folge unseres Versuchs, die resultierenden Phänomene in Modellen zu beschreiben. Daher bezeichne *ich* Gott als „quantenphysikalisches Prinzip"!

Die Naturgesetze, genauer: die Prinzipien, die wir als Naturgesetze glauben entdeckt zu haben, entwickelten sich also spontan zusammen mit der Materie und Energie, egal ob hell oder dunkel, als Folge der zunehmenden Komplexität des entstehenden Universums. Unmittelbar nach dem Urknall galt noch die Weltformel, da es noch so heiß war, dass sich Elementarteilchen und Atome noch nicht gebildet haben konnten. Parallel zur Ausdehnung und damit Abkühlung des Universums und der resultierenden Materialisation der Elementarteilchen entstanden die Prinzipien und Phänomene, die wir heute klassisch beschreiben. Da gab es niemanden, der sagte: »Es werde Licht«! Niemand formulierte, nach welchen Gesetzmäßigkeiten künftige Materie sich zu verhalten habe! Es entstanden, spontan, wie es die stochastische Quantenphysik beschreibt, Phänomene; und die Überlagerung aller möglicher ihrer Zustände drückte dann deren Verhalten aus, das sich uns klassisch als Schatten an Platons Höhlenwand darstellt. So entwickelte sich auch Psyche zusammen mit der immer komplexer werdenden belebten Materie spontan, ohne dass da jemand jemandem Leben oder Geist „einhauchen" musste. Psyche als Phänomen belebter Materie ist daher ebenso fundamental wie Materie selbst. Wenn wir die Entstehung von Materie ohne Gott erklären können, und heute stellen das nur noch sehr orthodoxe Gläubige infrage, die trotz Satelliten, deren Bilder, Interkontinentalflügen und Schiffsreisen über den Äquator hin und her auch heute noch an eine 6 000 Jahre alte, flache Erde glauben, weil sie meinen, das der Bibel entnehmen zu müssen – warum dann Seele nicht auch?

Wenn Sie Monotheist sind, erkennen Sie vielleicht, dass man so weit weg von Ihrer Religion nicht ist, wenn man diesem Weltbild folgt. Zugegeben: es basiert nicht auf höheren Wesen, Offenbarungen, Überlieferung von unglaubwürdigen Geschichtchen und widernatürlichem Verhältnis der Glaubensvermittler zu Frauen und Sexualität. Wer das braucht: Auch ich kann nette Geschichtchen erfinden, daran soll's nicht liegen! Aber es erzeugt, zumindest bei mir, eine große Demut, wie sie Gläubige ihrem Gott auch entgegen bringen. Auch aus diesem Weltbild resultieren tradierbare Werte, wenn man sich die Konsequenzen genauer überlegt – Einstein hat in der oben zitierten Rede an Kinder einige genannt. Vielleicht sogar weiterreichende als aus monotheistischen Religionen. Z. B. der Respekt vor der gesamten belebten und unbelebten Natur in ihrer Komplexität und Schönheit, wie er zwar bei einigen Naturreligionen besteht, wie ich ihn aber vor allem bei der christlichen bitter vermisse, die diese zu missionieren trachtet, weil das angeblich von Gott verlangt wird.

Wie Sie sehen, muss auch ich (an) manches, ja sogar das Meiste meiner Weltanschauung glauben, da es (noch) nicht beweisbar ist. Aber ich denke, Sie konnten auch sehen, dass das Weltbild selbst naturwissenschaftlich prinzipiell beweisbar ist, da seine Basis bereits bewiesen ist. Vielleicht wird auch das eine oder andere auf lange Zeit, vielleicht sogar grundsätzlich unbeweisbar bleiben. So hat Shmuel Nussinov, Professor an der Fakultät für Exakte Wissenschaften der Universität von Tel Aviv, berechnet, dass ein Linearbeschleuniger Ausmaße des Universums selbst haben müsste, der Temperaturen in einer Größe erzeugen könnte, bei der man die Gravitation und die drei bereits vereinheitlichen Grundkräfte (elektroschwache Wechselwirkung) experimentell bestätigt vereinigen könnte; Temperaturen, wie sie unmittelbar nach dem Urknall im Universum geherrscht haben! Ich glaube, den zu bauen, wird noch ein bisschen dauern (Der russische Astrophysiker Nikolai Semjonowitsch Kardaschow entwickelte die nach ihm benannte Skala, nach der eine Zivilisation des Typs I die Ressourcen ihres Planeten nutzen und kontrollieren kann, eine vom Typ II die ihres Zentralsterns und eine vom Typ III die ihrer Galaxie. Wir müssten also vom Typ IV sein, sind aber heute noch vom Typ 0, da wir noch nicht einmal Erdbeben und Hurrikane kontrollieren können, geschweige denn Kernfusion …) Daher wird man noch ein bisschen an die Weltformel glauben müssen!

Mein Weltbild erhebt sich nicht, wie ich oben gesagt habe, über bestehende Religionen – und soll das auch nicht! Aber es könnte eine Alternative sein für Menschen, die sich in und mit den zunehmend alltagsuntauglichen und realitätsfernen Zwängen ihrer Religion nicht (mehr) wohl fühlen. Und für die, die erkennen, dass allzu striktes Beharren auf klassischer Wissenschaft nicht weiterführt – vor allem in der Medizin. Denn wir sollten niemals vergessen: Ein Mensch ist kein Molekül und keine Zelle, die man so einfach im Reagenzglas oder unter dem Mikroskop studieren kann. Dazu ist er viel zu komplex!

Wir sind am Ende des Zoomens angekommen. Aber wenn Sie glauben, dass es das war, irren Sie sich! Wir zoomen nämlich gleich noch einmal! Denn bislang habe ich eher „unscharf" und nebulös von Zuständen und Superpositionen gesprochen, die aus der Quantenphysik abgeleitet wurden; also beobachtbaren Phänomenen. Wie sind die naturwissenschaftlich fassbar? Immerhin sprechen wir über so unterschiedliche Phänomene wie Ortsunschärfe, Kohärenz und Dualismus. Gibt es dafür außer dem Bezug auf quantenphysikalische Phänomene und Evolution durch Selbstähnlichkeit eine gemeinsame Basis, ein abstraktes, möglichst allgemeines, mathematisch beschreibbares Modell, wie wir es für unser Verständnis benötigen und wie es Naturwissenschaft in Form von Naturgesetzen zu finden sucht?

Wellen in belebter Natur

Ja! Um das zu zeigen, schalte ich noch einen Gang hoch! Was folgt, ist also, das mathematische Modell der Quantenmechanik, mit der Physiker sie greifbar machen, analog auf die unterschiedlichen Ebenen mit ihren virtuell beschreib- und so prinzipiell naturwissenschaftlich überprüfbaren Phänomenen anzuwenden und zu prüfen, ob es auch dort verwendbar sein könnte. Keine Angst, ich werde keine Formeln verwenden, das könnte ich gar nicht. Denn sogar Einstein meinte: »Seit die Mathematiker über die Relativitätstheorie hergefallen sind, verstehe ich sie selbst nicht mehr.« Aber ich argumentiere abstrakt mit ihnen.

Es gibt ernstzunehmende Forscher, die der aktuellen Quantentheorie auch heute noch zweifelnd gegenüber stehen, obwohl vieles von dem inzwischen bestätigt werden konnte, was sie vorhersagt; die Meisten zweifeln daher nur in Detailfragen. Eine davon ist, ob die Art, wie wir Naturwissenschaft betreiben, zielführend und richtig ist, wenn wir abstrakte physikalische Modelle erstellen, sie mit abstrakten mathematischen Gesetzmäßigkeiten bearbeiten und so die „Realität" durch rein abstrakte Operationen ohne jeglichen physikalischen Hintergrund ($1 + 1 = 2$ und $y = x^2$ haben nichts mit Physik zu tun!) in eine Zukunft bringen, um Vorhersagen über die Entwicklung eines physikalischen Systems machen zu können; also genau das, was ich im Folgenden vorhabe. Es ist die Basis des „Determinismus". (Für Medizin gilt das analog. Aber: Genau das, Abstraktion und Projektion, macht unser Gehirn, weshalb wir gar nicht anders können!) Der Professor für Physik und Astronomie an der Universität von San José Ken Wharton ist so jemand, wir werden ihn im Epilog treffen.

Doch auch diese Kritiker geben zu, dass es kaum einen anderen Weg gibt, wissenschaftlich tätig werden zu können! Nicht zuletzt, weil unser Gehirn so arbeitet, muss eine Abstraktion der Realität erfolgen, die mathematischen Modellen, Beschreibungen, Gesetzmäßigkeiten unterworfen wird. Nicht nur, um zu verstehen, wie unsere Welt funktioniert, sondern auch, um zu unserem Nutzen Vorhersagen machen zu können. Wie anders könnte das möglich sein? Der Mensch verfügt über Bewusstsein und Abstraktionsvermögen, um genau das zu tun. Die Frage ist also nicht, ob wir Naturwissenschaft betreiben, sondern mit welcher Herangehensweise: indeterministisch wie Lagrange oder deterministisch wie Newton. Auch das werde ich im Epilog erörtern. Daher ist es kein Widerspruch, wenn ich einerseits fordere, dass vor allem in der Medizin zunächst einmal der Mechanismus eines Geschehens klar sein muss („Evidenz"), bevor man diagnostische und/oder therapeutische Konsequenzen glaubt ableiten zu können, aber andererseits auf den Kontext, in dem das erfolgt, erheblich mehr Wert lege als auf den Mechanismus selbst – da der i. d. R. nur *ein* Faktor ist.

Weil es zurzeit noch die beste Lösung für mein Vorhaben ist, werde ich das mathematische Modell der Quantenmechanik nutzen, um erneut zu zoomen. Wir müssen uns dabei aber immer klar machen, dass diese Abstraktion lediglich ein Hilfsmittel ist, uns das Universum begreifbar zu machen. So, wie wir eingestehen müssen, eine Realität nicht wahrnehmen zu können, müssen wir erkennen, dass wir sie auch nicht korrekt beschreiben können, egal, wie wir das anstellen; und dass das Universum anders funktioniert (nicht etwa kann!) als wir glauben. Um mit Wharton zu sprechen: »Das Universum ist kein Computer«, der lediglich Anfangszustände und Gesetzmäßigkeiten nutzt, um (nach Newton) deterministisch Endzustände zu berechnen und diese dann für uns wie einen Film zeitabhängig abzuspielen.

Ich erwähnte oben die Quantenfeldtheorie. Vereinfacht gesagt versucht diese Disziplin, den Welle-Teilchen-Dualismus aus der Welt zu schaffen, indem sie, anders als die Quantenmechanik, die ja die Äquivalenz von Teilchen und Wellen beschreibt, beide als „Felder" auffasst, also als räumliche Verteilungen physikalischer Phänomene. Diese Sicht löst einige Probleme, die die Quantenmechanik hat, weil leicht einzusehen ist, dass sich Felder überlagern können, aber nur schwer, siehe oben, dass Teilchen das auch können. Daher wäre sie das geeignetere Teilgebiet der Quantenphysik, komplexe Systeme quantenwissenschaftlich zu beschreiben.

Mir geht es aber gar nicht darum, über solche Felder auch nur einen Wasserfloh als quantentheoretisches Objekt tatsächlich mathematisch fassbar zu machen! Ich könnte das auch gar nicht und bezweifle, dass es heute selbst einen Fachmann gibt, der es könnte. Mein Bewusstsein sucht daher lediglich abstrakt und virtuell Erklärungen für Phänomene, die klassisch nicht erklärbar sind, indem es versucht, Erkenntnisse aus einem Bereich unseres Seins, Physik, in einen anderen, Biologie und Medizin, zu übertragen und zu prüfen, ob das möglicherweise bislang Unerklärliches erklärt. Wenn das dann mit dem gleichen mathematischen Modell geht, ist das ein wichtiger unterstützender Hinweis.

Dazu reicht aber die schon exotisch genug anmutende Quantenmechanik mit ihren Wellen aus, auf die sie über die Materiewellen auch Materie zurückführt. Wenn sich herausstellen sollte, dass hinter diesen Wellen Strings oder Protyposis steht, ist das OK – dann muss ich mein Weltbild anpassen, aber nicht grundsätzlich ändern! Es geht mir im Folgenden also nicht darum, das Universum, einen Menschen, gar seine Seele oder auch nur ein Bakterium mathematisch oder gar im Detail zu beschreiben und sie auf eine Formel zu reduzieren. Ich versuche lediglich, was *klassische* Wissenschaft aufgrund der Art, wie unser Gehirn arbeitet, auch tut: Beziehungen zu erkennen, die sich uns in Form von Formeln und Gleichungen offenbaren! Auch wenn es mir schwer fällt, da ich versuche, genau davon wegzuführen: Betrachten wir das oben Geschilderte einmal klassisch deterministisch mit unseren gewohnten Modellen.

Naturgesetze sind analog zu religiösen Offenbarungen keine Gesetze der Natur, sondern lediglich unser Verständnis, wie Natur wirkt. Es ist, erneut, eine Frage von Ursache und Wirkung: Wer war zuerst da – das Naturgesetz oder die es beschreibenden Phänomene? Natürlich die Phänomene – die zur „Entdeckung" abstrakter Beschreibungen in Form von Naturgesetzen *durch uns Menschen* geführt haben. So wie in der Religion also Propheten als Gottes Wort offenbaren, was sie als das verstanden zu haben glauben, offenbaren uns Wissenschaftler, was sie glauben, als Gesetze der Natur verstanden zu haben. Ich mache also im Folgenden mikroskopisch nichts anderes als (Natur-)Wissenschaftler, Mediziner und Fachleute artverwandter Disziplinen („life sciences"), die versuchen, makroskopisch beobachtete Mechanismen und Phänomene in mathematische (statistische) Beziehungen zu setzen, um zu Erkenntnissen zu gelangen. Ein in Studien ermitteltes Risiko, an etwas zu erkranken, ist keine Reduktion eines Menschen auf eine mathematische Formel, sondern der Versuch, mit ihr vorhersagen zu können, in welchem Zustand dieser sich befinden *könnte.*

Zoom out – Von Wellen und Räumen

Einstein gilt als Urheber des Welle-Teilchen-Dualismus, da er 1909 alle ihm zur Verfügung stehenden Informationen zu Photonen und Teilchen zum Postulat verknüpfte, dass der Wellencharakter eines Teilchens durch die Überlagerung der Felder sehr vieler benachbarter „singulärer Punkte" mit Materieeigenschaften zustande kommt, aus denen es zusammengesetzt ist. Nicht schlecht, wenn auch von Leibniz und seinen Monaden abgeschaut, aber falsch: Er kannte Higgs noch nicht! Denn de Broglie hatte ja 1924 gezeigt, dass man Teilchen selbst als Welle auffassen kann, und ordnete ihnen in Abhängigkeit der Geschwindigkeit, mit der sie sich bewegen, eine „Materiewelle" zu; dafür erhielt er 1929 den Nobelpreis. Seither beschreiben auch Quanten*mechaniker* die Objekte ihres Interesses, Elementar*teilchen*, mit „*Wellen*gleichungen": ihren abstrakten, in eine mathematische Form gepackte Beschreibungen. Nach der von Bohr und Heisenberg erarbeiteten „Kopenhagener Deutung der Quantenmechanik" von 1927 enthält eine Wellengleichung sämtliche Informationen einer Entität (Elementarteilchen) oder eines Systems irgendwie „verbundener" Entitäten (Molekül, Kristall, …). Sie ist so die Repräsentation eines quantenmechanischen Objektes in einem mathematischen Modell, so wie eine Partitur die eines Musikstückes auf Papier oder ein Avatar die einer Person im Internet ist.

Bei einer Welle gibt es zwei Phänomene, die eine Bedeutung für sie haben und daher mathematisch in Form von Variablen erfasst werden müssen: der Ort x, an dem sie betrachtet wird, und die Zeit t, zu der es erfolgt. Alles andere, was sie ausmachen könnte, sind entweder Konstanten, wie bei mikroskopischen Wellen die Amplitude (die, anders als bei klassischen Wellen, wo sie eine Intensität ausdrückt, keine anschauliche Bedeutung hat), oder lassen sich als Funktion des Ortes ausdrücken (z. B. Phasenverschiebung oder Energie, die eine Funktion der Wellenlänge und so einer Ortsdifferenz sind). Sie können also für eine Welle zwei elementare Funktionen aufstellen: eine für ihr Verhalten an einem Ort, y = f(x) und eine für ihr Verhalten in der Zeit, $y = f(t)$. (Da wir alle, auch ich, keine Fachleute sind, möchte ich die Sache so einfach wie möglich erklären, um eine Ahnung vom der Quantenphysik zugrundeliegenden mathematischen Modell entstehen zu lassen – es geht nur ums grobe Verständnis von Zusammenhängen, nicht um die exakte Methodik.)

Zur mathematischen Beschreibung des Ortsverhaltens einer Welle verwenden Quantentheoretiker *Wellenfunktionen*. Es sind Sinusfunktionen, wie wir sie alle aus der Schule her kennen – allerdings sind sie zum einen komplexwertig, da komplexe anstelle reeller Zahlen verwendet werden. Zum anderen breiten sich Wellen in alle drei Dimensionen des Raumes aus, was die Sache nicht einfacher macht. Da nun das zeitliche Verhalten einer Welle nicht unabhängig vom Ort ist, an dem man sie betrachtet, kann es nicht mit ähnlich einfachen Funktionen beschrieben werden – es muss vielmehr die zeitliche Entwicklung der (örtlichen) Wellenfunktion betrachtet werden: $y = f(x,t)$. Dies erfolgt mathematisch über eine partielle Differentialgleichung, die man *Wellengleichung* nennt.

Mit ihr lassen sich nicht nur Wellen selbst sondern auch deren Überlagerungen (Superopsitionen!) und Verschränkungen („Schwebungen") mathematisch erfassen. Erwin Schrödinger war der erste, der so eine Wellengleichung für quantenmechanische Objekte aufgestellt hat: die Schrödinger-Gleichung. Haben Sie eine solche, ist wichtig, was Sie mit ihr betrachten wollen. Interessiert Sie, wie sich eine Welle an einem bestimmten Ort zeitlich verhält, müssen sie sie derart „zerlegen", dass sie aus ihr eine zeitabhängige Funktion erhalten: $y = f(t)$; auch das ist wiederum eine (komplexe) Sinusfunktion. Wenn Sie ihr Ortsverhalten zu einem bestimmten Zeitpunkt ermitteln wollen, entsprechend die ortsabhängige Funktion $y = f(x)$. Um das einfach zu gestalten, arbeiten theoretische Physiker wie Mathematiker gerne mit „Räumen". Mathematisch ist ein Raum das, was man vulgo als „Rahmen" bezeichnen würde, innerhalb dessen etwas passiert. Wie ein Rahmen basiert ein Raum auf Annahmen, Voraussetzungen und Vorgaben („Randbedingungen"), die bekannt oder abstrakt („verborgene Variable") oder eine Mischung davon sein können, und besitzt bestimmte Eigenschaften. In ihm lassen sich mathematische Objekte wie Zahlen, Matrizen, Vektoren, Formeln oder Funktionen ansiedeln, sowie Rechenregeln und Operationen, die damit umgehen; diese bilden dann die

„Operatoren" des Raums. Ein Raum gibt so einem physikalischen Modell eine mathematische Struktur.

Einsteins Raumzeit ist so ein „Raum". Das Interessante dabei: Es müssen nicht alle Komponenten eines Raums bekannt sein. Was noch unbekannt ist, wird abstrakt definiert – und zwar solange, bis das Modell mit seinen vorhergesagten und die beobachteten Ergebnisse übereinstimmen. Auf diese Weise können Sie, von einfachen Überlegungen ausgehend, den Raum immer komplexer werden lassen, indem sie (rein mathematisch!) versuchen, Zusammenhänge herzustellen. Das ist die Arbeitsweise von Theoretikern. So versuchte Einstein, wie bekannt, durch Einführung von verborgenen, also abstrakten Variablen in einen Raum diesen in seinem mathematischen Verhalten so zu verändern, dass seine Nutzung zu Ergebnissen führt, die besser oder exakter zu der zugrundeliegenden Theorie passen – z. B. einer Lokalität der Quantenmechanik. Wäre das erfolgreich gewesen, hätte man dann der Konkretisierung der verborgenen Variablen nachgehen müssen, um die Theorie wasserdicht zu machen. Wie gesagt: Mit den kürzlich nachgewiesenen Gravitationswellen und dem ersten echten Bild eines Schwarzen Lochs hat man das für die Relativitätstheorie mit ihrer Raumzeit viele Jahrzehnte nach ihrer Postulierung erfolgreich getan, mit der erwiesenen Nicht-Lokalität der Quantenmechanik erfolglos. In beiden Fällen dadurch, dass Beobachtungen mit Vorhersagen aus der Verwendung von Räumen mit und ohne verborgene Variable verglichen wurden.

Wellengleichung, Wellenfunktion und Räume sind daher die drei wesentlichen Begriffe, die bei der abstrakten Betrachtung der Quantenmechanik eine Rolle spielen! Ihre Berechtigung haben sie, da quantenmechanische Entitäten aufgrund ihrer Wellennatur über eine Wellengleichung mathematisch beschrieben werden können und Räume die Möglichkeit geben, mit ihnen mathematisch zu arbeiten.

Wenn Quantenmechaniker über Wellengleichungen sprechen, hört man schnell den Begriff des „Ortsraums". Der Ortsraum ist der abstrakte Raum, den wir ganz profan und unwissenschaftlich als *den Raum* bezeichnen: das durch uns wahrnehmbare Universum, präziser: der Teil davon, in dem das betrachtete Quantenobjekt sich gerade aufhält. Wendet man den Ortsraum auf dessen Wellengleichung an, erhält man seine Wellenfunktion, die das Verhalten des Teilchens in diesem physikalischen Raum beschreibt: $y = f(x)$.

Man sagt dazu: „Die Wellengleichung hat im Ortsraum eine sinnvolle Lösung". Da aus ihr die Wahrscheinlichkeit abgeleitet werden kann, dass sich (Unschärferelation!) das Teilchen an einem bestimmten Ort aufhält, ist sie wichtig und kann, zumindest in der Theorie, alle ortsgebundenen quantenmechanischen Phänomene in der uns bekannten Welt erklären, wenn man sie denn lesen kann.

Es gibt aber noch andere Räume, die den Quantenmechaniker interessieren. Elementarteilchen können z. B. einen „Spin" s besitzen – lassen wir im Dunkeln, was das ist und betrachten es nur als existentes, quantenmechanisches Phänomen mit weitreichender Bedeutung. Das bedeutet: Zur Wellengleichung einer spin-behafteten Entität muss eine Funktion hinzukommen, die ihr „Spinverhalten" beschreibt: y = f(x,t,s). Nach unseren bisherigen Erkenntnissen macht man das am einfachsten, indem man einen „Spinraum" definiert, in dem nicht nur der Spin mathematisch definiert wird, sondern auch, wie er in eine Wellengleichung eingebaut oder aus ihr extrahiert werden kann. Eine weitere wesentliche Eigenschaft ist z. B. der Impuls p = m · v, also das Produkt aus der Masse m eines Teilchens und seiner Geschwindigkeit v, also seiner zeitlichen Ortsänderung. Es gibt also auch einen „Impulsraum".

Alle relevanten Räume bilden den „Phasenraum" einer Entität. Mathematisch lässt sich also ein quantenmechanisches Phänomen durch zwei fundamentale Dinge beschreiben: Individuell und konkret über seine *spezifische* Wellengleichung und grundsätzlich und abstrakt durch den *allgemeinen* Phasenraum, in dem sie betrachtet wird. Sind beide vollständig und exakt definiert, bilden sie es eindeutig im mathematischen Modell ab. Die Quantenmechanik ist also eine Theorie, der diese beiden Dinge zugrundeliegen. Sie versucht, (a) die Wellengleichung quantenmechanischer Entitäten zu komplettieren, indem sie alle ihre beobachtbaren Eigenschaften, und (b) den Phasenraum zu komplettieren, indem sie die Zusammenhänge vollständig mathematisch erfasst. So hat sie inzwischen, beginnend mit einer sehr einfachen Entität, dem Elektron/Photon mit beschränkter Anzahl von Phänomenen, durch experimentelle Bestätigung ihre grundsätzliche Gültigkeit unter Beweis gestellt. Dass beobachtete Phänomene im Mikrokosmos mit ihr beschrieben (und dadurch erklärt) werden können, ist also nachgewiesen. Die Quantenmechanik hat so, wie die Relativitätstheorie, einen festen Platz in unserer Physik. Was also auf ihr aufbaut, ist grundsätzlich gültig.

Vor allem durch die Ausweitung auf „Mehr-Teilchen-Systeme" wird ein solches mathematisches Modell schnell so komplex, dass es mit unseren heutigen Fähigkeiten und Möglichkeiten nicht praktisch nutzbar ist. Denn die erforderliche Erweiterung der Wellengleichung, die solche Systeme vollständig beschreiben soll, führt dazu, dass man an Grenzen stößt. Das heißt: Aufgrund der täglichen Anwendung der Quantenmechanik und der erforderlichen Erweiterung auf komplexere Systeme wurde es erforderlich, eine abgewandelte Theorie zu entwickeln, die mit solchen Systemen besser umgehen kann. Dabei hat sich nicht die grundlegende Art der Behandlung geändert, sondern nur die mathematischen Methoden: Man betrachtet heute Elementarteilchen, wie gesagt, nicht mehr als Wellen mit Wellengleichungen, sondern als Felder, die mathematisch anders aber auch über Gleichungen beschrieben werden können. So entstand die Quanten*feld*theorie. Sie steht nicht in Konkurrenz zur Quantenmechanik, sondern ist deren Weiterentwicklung.

Für mich macht das keinen Unterschied. Da mein Weltbild rein auf einem Gedankenexperiment basiert, kann ich mir den Luxus erlauben, auch weiterhin mit Wellengleichungen und Räumen zu argumentieren, wohl wissend, dass diese so komplex werden, dass sie real niemals werden genutzt werden können. Was ich zeigen möchte, ist, dass es prinzipiell möglich ist, naturwissenschaftlich zu erklären, was sich einer naturwissenschaftlichen Erklärung bislang entzogen hat. Indem ich das schreibe, habe ich keine Ahnung, wie das alles dann konkret werden könnte! Muss ich aber auch nicht. Denn ich hatte in der Oberstufe am Gymnasium einen genialen Physiklehrer. Er hat mich tief beeindruckt und offenbar auch meinen weiteren beruflichen Lebenslauf mitgeprägt. Denn er sagte uns regelmäßig: »Denken sie sich eine theoretische Lösung für ein Problem aus, und zwar unabhängig davon, ob sie glauben, dass das technisch wirklich so geht oder nicht! Sie sind als Physiker für die prinzipielle Problemlösung da – das dann in die Realität umzusetzen, ist Sache der Techniker!« Das hat was. Denn damit werden möglicherweise Lösungen gefunden, die man nicht gefunden hätte, hätte man von vornherein die Realisierbarkeitsschere im Kopf gehabt. Dass das wirklich geht und Erfolg haben kann, zeigt Einstein mit der Relativitätstheorie.

Im Anfang steht: der Ton

Das war sehr abstrakt! Es wird Zeit, es zu veranschaulichen. Dazu nutze ich Töne, weil wir Erfahrung mit ihnen haben. Jeder Ton hat eine spezifische, ihm zuordenbare akustische Welle, die man mit einem Mikrofon und Oszilloskop sichtbar machen kann. Mikrofon und Oszilloskop stehen hier für einen real gewordenen abstrakten Raum von oben! Er überführt eine reale akustische Welle, die alle Informationen über den Ton enthält und somit durch eine Wellen*gleichung* repräsentiert wird, in eine Wellen*funktion* (Sinuswelle), mit der man real arbeiten (und sie so z. B. visualisieren) kann.

Wenn Sie also die typische Wellen*funktion* eines Tones kennen, können Sie ihn auf dem Oszilloskop eindeutig und unzweifelhaft identifizieren, ohne ihn selbst hören zu müssen – ja Sie können allein schon an kleinsten Änderungen der normalerweise sauberen Sinuswelle eines „reinen" Tons erkennen, wenn etwas „anders" ist, auch wenn Sie nicht unbedingt wissen, was und wie, bevor sie ihn akustisch wahrgenommen haben. Zum Beispiel, dass er, wie bei vielen Instrumenten, aus Grund- und Obertönen zusammengesetzt ist, Tönen, die nicht die Tonhöhe, sondern die Klangfarbe eines Tons bestimmen. (Sie könnten also einen „Klangfarbenraum" definieren, in dem Obertöne als ganzzahlige Vielfache des Grundtons festgelegt sind, um das mathematisch fassbar zu machen). Sie sehen: Die Wellenfunktion ist eine geeignete Form der Beschreibung realer Phänomene, sobald man sie, wie Töne, als Welle auffassen kann. Die Welle, die Sie auf dem Oszilloskop sehen und über eine Sinus-Funktion in eine Formel packen können, ist also nicht der Ton selbst – aber sie und die zugrundeliegende Formel beschreiben ihn eindeutig und ausreichend; sie repräsentieren ihn abstrakt bis hin zu der Tatsache, dass man ihn mithilfe dieser Beschreibung und geeigneter Mittel (z. B. Synthesizer) tatsächlich realisieren kann – Voraussetzung für eine experimentelle Überprüfung des Modells und damit der zugrundeliegenden Theorie.

So können Sie unterschiedliche Töne darstellen – Sie werden immer eine Sinuswelle sehen, auch wenn sich diese in Einzelheiten unterscheidet, so z. B. in der Anzahl sichtbarer Wellenhügel und -täler, was in ihrer unterschiedlichen Wellenlänge/Frequenz begründet ist. Unterschiedliche Töne werden daher durch unterschiedliche Parameter einer allgemeinen Wellenfunktionen repräsentiert, zuvorderst ihrer Wellenlänge. Da aber eine Wellenfunktion die Lösung einer Wellengleichung im Ortsraum ist, hat jeder Ton auch eine spezifische, individuelle Wellengleichung. Aber, und das ist wichtig: Bei allen Tönen kommt derselbe Raum (hier: Oszilloskop) zum Einsatz, um das eine in das andere zu überführen! So kann aus einer individuellen Wellengleichung über einen allgemein gültigen Raum eine individuelle Wellenfunktion und umgekehrt gebildet werden, die auf der Anwendung individueller Parameter (Wellenlänge) auf eine allgemeine Wellenfunktion (Sinus-Funktion) beruht.

Akkorde und Schwebungen – Superposition und Verschränkung

Verschiedene Töne können zu einem Akkord zusammengesetzt werden. Die Überlagerung (anderes Wort: Superposition!) dieser Töne wird mathematisch dadurch erreicht, dass die Wellenfunktionen der Einzeltöne addiert werden. Im Oszilloskop sehen Sie das als neues Bild, das sich von dem einer reinen Sinuswelle unterscheidet. Sie bilden eine „Summen-Wellenfunktion", die nicht mehr einen einzelnen Ton, sondern den Akkord beschreibt. Alles ist gleich geblieben: Auch die Summenwellenfunktion ist eine Wellenfunktion, auch wenn man ihr nicht mehr so ohne weiteres ansieht, dass sie aus Sinus-Funktionen zusammengesetzt ist. Aber es gibt mit der Fourier-Analyse für periodische und der Fourier-Transformation für aperiodische Signale auf den französischen Mathematiker und Physiker Jean Baptiste Joseph Fourier (1768–1830) zurückgehende Rechenvorschriften, die einzelnen, sie erzeugenden *elementaren* Sinusfunktionen der zugrundeliegenden Töne zu rekonstruieren. Fourier-Analyse und -Transformation sind somit Operatoren, die im benutzten Raum angesiedelt sein müssen, um damit arbeiten zu können. Hier zeigt sich erneut das Prinzip der Selbstähnlichkeit, auch wenn dies nicht ad hoc offensichtlich ist! Dieser Zusammenhang ist für mich Anlass, Grund und Rechtfertigung, eine Quantenmikrobiologie und Quantenbiologie als höhere Formen der Quantenphysik zu postulieren.

Akkorde sind also nicht nur als Phänomen Superpositionen, sondern auch in Form ihrer abstrakten Darstellung, ihrer Wellenfunktion! Bleibt noch das Phänomen Verschränkung. Denn der einzelne Ton C, der Ton E und der Ton G, die zusammen den C-Dur-Akkord bilden, haben ja primär nichts miteinander zu tun! Sie führen zwar zu einer Superposition, weil man nun anstelle eines Tones einen Klang hört, einen neuen Eindruck (Phänomen) bekommt. Trotzdem sind und bleiben es drei voneinander unabhängige Töne. Gibt es also in der Welt der Töne auch Verschränkungen, die für meine Theorie ja so wichtig sind?

Aber ja! Man nennt das Phänomen „Schwebung". Es entsteht durch und nur durch Überlagerung von zwei sich nur gering voneinander unterscheidenden Tönen. Sie werden repräsentiert durch Wellenfunktionen, bei denen die individuellen Parameter, hier die Wellenlänge λ, so nah beieinander liegen, dass sie (für das menschliche Ohr, nicht aber für eine mathematische Betrachtung) nicht unterscheidbar sind. Ihre Verschränkung beruht auf dieser Nähe.

Stellen Sie sich hierzu eine Stereoanlage in einem Raum vor, die einen reinen, sinusförmigen Ton einer bestimmten Frequenz (Tonhöhe) erzeugt. Stellen Sie sich ferner einen anderen Raum vor, in dem eine zweite Stereoanlage einen weiteren reinen, sinusförmigen Ton erzeugt – mit einer Frequenz, die sich sehr wenig, „unmerkbar", von der anderen unterscheidet. Beide Töne sind zwar gleich laut, stammen aber aus unterschiedlichen Quellen und haben zunächst nichts miteinander zu tun – sie sind nicht verschränkt! Wenn Sie zwischen diesen beiden Räumen hin und her wechseln, werden Sie jeweils den „gleichen" Ton und vermutlich keinen Unterschied wahrnehmen. Stellen Sie nun aber die Boxen der zweiten Stereoanlage neben die Boxen der ersten, werden sie feststellen, dass nun etwas anders ist! Sie nehmen ein neues Phänomen wahr, besagte „Schwebung" (Abbildung 18).

Eine Schwebung ist mathematisch das Ergebnis der Superposition der Wellenfunktionen zweier Töne, die aufgrund sehr ähnlicher Frequenzen miteinander verschränkt sind. Sie führt zunächst zu einer „Summenkurve", einer einfachen Überlagerung, dargestellt im oberen Teil der Abbildung.

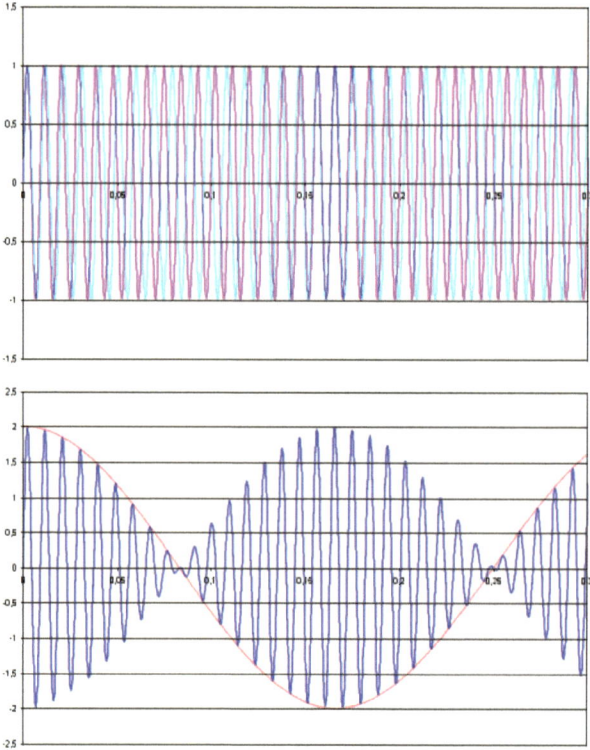

Abbildung 18: Schwebung. Oben: Zwei Wellen (in Magenta und Cyan dargestellt) können sich zu einer neuen Welle addieren (in blau dargestellt; wegen der großen Ähnlichkeit der drei Kurven überdeckt die blaue Summenwelle zum größten Teil die beiden anderen). Die Frequenz der Summenwelle ist der Mittelwert der beiden Frequenzen der Ausgangswellen. Unten. Ist der Unterschied der Frequenzen (Tonhöhen) klein, kommt es als Phänomen einer Verschränkung zur „Schwebung", der periodischen Änderung der Amplitude der Summenwelle von oben, weil durch die Unterschiede der Wellenlängen periodisch Bereiche mehr oder weniger destruktiver (sich auslöschender) und konstruktiver (sich verstärkender) Interferenz entstehen. Die „Schwebungsfrequenz" berechnet sich aus der Hälfte des Differenzbetrags beider Frequenzen.

Die Verschränkung erzeugt nun aber einen weiteren Effekt, ein Phänomen, das ohne sie nicht auftritt und in einer sich periodisch ändernden Amplitude der neuen Summenwelle besteht: der Schwebung (unteres Bild). Diese Schwebung nimmt man als periodische Änderung der Lautstärke des neuen Tones wahr – Sie werden den Effekt gut kennen! Er basiert auf der Interferenz (= Überlagerung) der beiden Ausgangswellen. Da die nicht mit der gleichen Frequenz schwingen, entstehen Orte, an denen sie sich verstärken und abschwächen. Daraus resultieren die Maxima und Minima in der Lautstärke, wenn sich nach einer bestimmten Anzahl von Schwingungen beide Kurven „gegenphasisch" oder wieder „gleichphasisch" verhalten. Die Überlagerung drückt sich hier in der Modulation der blauen „Hüllkurve" aus und ist damit eine neue Information, die mit dieser Hüllkurve übertragen wird (vgl. Abbildung 4). Bedeutend bei Schwebungen ist der Frequenzunterschied, also die Ähnlichkeit der beiden Töne: Wird der Unterschied in der Frequenz „zu groß", wird die Verschränkung beendet, der Effekt der Schwebung verschwindet und man nimmt zwei getrennte Töne wahr.

An dieser Stelle können wir nicht nur einen Ton, sondern auch die Superposition von mehreren Tönen sowie die Superposition verschränkter Töne beschreiben, und zwar immer mit den gleichen Mitteln und Methoden: Wellenfunktionen, die aus der Überlagerung grundlegender Wellenfunktionen entstehen. Geht das weiter? Aber klar! Warum bei einem Akkord aufhören? Er kann ja von einem Klavier oder einer Gitarre erzeugt werden. Deren Wellenfunktionen unterscheiden sich, da sie die individuellen Eigenheiten beinhalten, die bei der Erzeugung der Töne durch das jeweilige Instrument entstehen. Ihre Überlagerung ist aber nicht nur eine im mathematischen Sinne simple Addition der Wellenfunktionen: Durch analoge Effekte wie die Schwebung entstehen aus dem gleichzeitigen Klang der gleichen Töne aus unterschiedlichen Quellen neue wahrnehmbare Phänomene, die jedes einzelne Instrument alleine nicht erzeugen kann, und die in die Wellenfunktion einfließen. Das betrifft nicht nur verschiedene Typen von Instrumenten, sondern auch Instrumente gleicher Bauart.

Das Album *Sgt. Pepper's Lonely Hearts Club Band* der Beatles aus dem Jahre 1967 endet mit dem Lied *A Day in the Life* und einem markanten E-Dur-Schlussakkord eines Klaviers. Doch irgendwie ist dieser Akkord ungewöhnlich! Nicht nur wegen seiner Dauer von 43 Sekunden, er klingt auch irgendwie „anders", „voller" als erwartet. Der Grund: Er entstand aus den Akkorden von sieben (!) Pianos, einer elektrischen Orgel und einem Harmonium und wurde durch Anheben des Aufnahmepegels so lange wie möglich konstant laut gehalten. Was wir hier hören, ist nicht eine Überlagerung der Sinusfunktionen der beteiligten Töne eines Es-Dur-Akkords *eines* Instruments, sondern die der ganz individuellen, leicht unterschiedlichen Sinusfunktionen der Töne des Akkords auf neun unterschiedlichen Tasteninstrumenten mit deren Klangfarben, die aufgrund der feinen Stimmung zwar nahezu identische Töne erzeugten, diesen aber durch feinste, ggf. sogar gewollte Abweichungen vom Ideal und dadurch „Schwebungen" ihre ganz bestimmte, individuelle Note, Timbre genannt, mitgaben. Alle in der gemeinsamen Wellenfunktion enthaltenen Superpositionen machen diesen Schlussakkord einzigartig – und lassen einen aufhorchen, da man sich seine rein gefühlsmäßig empfundene Andersartigkeit nicht erklären kann. So kommt ein Gefühl zustande, das manche als „elektrisierend" bezeichnen würden.

Das Lied – Dynamik kommt ins Spiel

Bislang haben wir nur Akkorde betrachtet, also eine Gruppe zeitlich statischer Töne – Metaphern für unbelebte Natur. Sind Töne die grundlegenden Entitäten, die in der Quantenmechanik den Elementarteilchen entsprechen, sind Akkorde Gruppen solcher Entitäten mit neuen Eigenschaften wie Timbre (Superposition: Elemente), Schwebung (Verschränkung: Kristalle) und Klangfülle (Fremdatome in Kristallen). Da sich Töne als Phänomene zeitlich nicht verändern, konnten wir bisher alles mit Wellen*funktionen* erklären.

Ein Musikstück wie *A Day in the Life* beruht aber nicht auf einem statischen Schlussakkord, auch wenn der noch so außergewöhnlich ist. Er macht es zwar zu etwas Besonderem, aber das tun Rifts auch! Ein Rift aber ist eine markante *Folge* von Tönen und Akkorden, die ein Lied unverwechselbar machen. Diese Rifts sind eingebettet in weitere Abfolgen von Akkorden und Tönen – und Pausen! Es kommt also eine zeitliche Veränderung nicht nur der Töne selbst hinzu, sondern auch des Umfelds, in dem sie angesiedelt sind. Das heißt: Wir haben hier den zeitlichen Aspekt vor uns, dem eine Wellenfunktion unterworfen sein kann und i. d. R. auch ist. Zeitliche Änderungen einer Wellenfunktion aber werden durch eine Wellen*gleichung* beschrieben. Wellengleichungen sind also erforderlich, wenn in der Quantenphysik dynamische Prozesse eine Rolle spielen.

Damit ist es nicht mehr trivial! Dennoch: Auch für eine Partitur als Metapher für belebte Natur kann, theoretisch, eine Wellenfunktion definiert werden, weil alle Komponenten auf Wellenfunktionen beruhen, die sich überlagern. Und da sie gemeinsam einer zeitlichen Veränderung unterliegen, können sie durch eine Wellengleichung beschrieben werden. Wer sie in Aktion sehen möchte und Microsofts Media Player hat, kann nach einem Rechtsklick auf den geöffneten Player im sich öffnenden Menü den Eintrag „Visualisierungen" anwählen und aus dem sich darauf öffnenden Untermenü den Punkt „Streifen und Wellen". Dann möge er seinen Lieblingssong abspielen: Ein Screenshot der sichtbaren Welle repräsentiert die Wellenfunktion des Songs, und der zeitliche Verlauf mehrerer Screenshots die Wellengleichung. (Nochmals: Wellenfunktion und -gleichung *sind* nicht der Song, sie repräsentieren ihn nur zu welchem Zweck auch immer.)

Mit dem Lied als Bild haben wir die Schwelle zwischen unbelebter und belebter Natur überschritten: Wir sind in den Bereich dynamischer Veränderungen von Materie eingetreten, also den Bereich der Quantenmikrobiologie. Die nächste Stufe der Komplexität ist dann das Orchester als Bild für die Quantenbiologie. Hier werden die Töne aller Instrumente überlagert, wobei auf Verschränkungen beruhende Phänomene wie Schwebungen eine große Rolle spielen. Und es geht noch eine Stufe weiter: Jeder Dirigent hat seine individuelle Interpretation des Stückes. Selbst wenn die Musiker die gleichen sind, hört sich ein Musikstück anders an, ob es von Sir Simon Rattle (bis 2018 Berliner Philharmoniker) oder Andris Nelsons (Bostoner Symphonieorchester) dirigiert wird: Hier kommen individuelle Eigenschaften, Erfahrungen, Fähigkeiten der Person zum Tragen.

Aber auch der Musiker: Es macht einen Unterschied, ob die Bostoner oder die Berliner Philharmoniker unter Rattle oder Nelsons spielen. Auch der Ort hat, nicht zuletzt über seine Akustik, einen Einfluss. Hier spielen also Ursachen eine Rolle, die die Wellenfunktionen und somit die Wellengleichung durchaus beeinflussen. Dies entspricht dem „Spin" des Elektrons von oben, der nicht so ohne weiteres im Orts-Raum feststellbar ist, weshalb man sinnvollerweise einen „Spinraum" definiert. Hier sehen wir also den „immateriellen" Teil eines Musikstücks, der zusammen mit dem „materiellen" für den Quantendualismus von oben steht. Da beides, die den „materiellen" Teil (Instrumente mit ihren Tönen) beschreibenden Wellenfunktionen und ihren über den immateriellen Teil (Eigenheiten der Musiker, Dirigenten und Konzertsäle) entstandenen Modifizierungen in der Wellengleichung erfasst sind, bilden sie darüber eine Einheit: die Akustik des Saales, die Interpretation des Dirigenten und die Stimmungen der Musiker (das Immaterielle) sind ohne Instrumente (das Materielle) sinnlos! Aber eben auch umgekehrt: Eine Symphonie wird nur über diese immateriellen Einflüsse zu einer Symphonie – ohne sie ist sie eine Folge von nichtssagenden Tönen.

So beschreibt eine Wellengleichung eine Entität nur dann vollständig, wenn alle Räume zum Einsatz kommen, mit denen ihre Phänomene beschrieben werden können. Über den Ortsraum alleine kann ein Elektron zwar korrekt beschrieben werden – aber eben nur räumlich. Vollständig beschrieben wird es erst, wenn neben ihm auch Spin und Impuls berücksichtigt werden und sich zeigt, dass wir damit alle beobachtbaren Phänomene erklären können. Bis dahin können wir nicht wissen, ob wir eine Entität vollständig beschreiben. So wie wir nicht wissen, ob wir alle Phänomene, die sie ausprägen kann, (a) kennen und (b) mathematisch korrekt beschreiben können. Auf die Medizin zurückkommend: Solange Schulmedizin nicht in der Lage ist, Placebo-Effekt und Spontanheilung zu erklären, erkennt sie den Menschen nicht vollständig. Sie kann daher nicht wissen, was richtig für ihn ist.

Spätestens wenn Phänomene wie Akustik, Musiker und Dirigent berücksichtigt werden müssen, wird die Wellengleichung als übergeordnete Möglichkeit zur Beschreibung einer Entität sehr viel komplexer – umso mehr, je mehr es zu berücksichtigen gilt. Aber, wie wir täglich anhand von Vinyl, CD und MP3 feststellen können: Es muss offenbar diese eine, extrem komplexe Wellengleichung von *A Day in the Life* und anderen Musikstücken geben, sonst könnten wir nicht mit technischen Methoden dafür sorgen, dass sie über die „Uraufführung" in Studio oder Konzerthalle hinaus in jedem Wohnzimmer oder Smartphone beliebig oft wahrnehmbar gemacht werden kann. Wenn dann diese Reproduktion im Vergleich mit dem Original nicht vollständig identisch ist, liegt das weniger an der Wellengleichung als an der Beschränktheit, mit unseren technischen Möglichkeiten und aufgrund des Zwangs zu Informationsreduktion (MP3) die Wellenfunktion ausreichend gut abzuleiten – oder zuvor zu erstellen.

Hier zeigt sich die Stärke von Räumen: Wenn man anhand der Analyse einfacher Systeme einen Raum definieren kann, kann dieser dann auch auf komplexe angewendet werden. Das ist der Grund, warum Räume bei Mathematikern und theoretischen Physikern so beliebt sind. Aber nicht immer muss das erforderlich werden: Erfahrung und Interpretation durch den Dirigenten können z. B. auch darin Ausdruck finden, wann er welche Musiker(gruppen) zu welchen Tonfolgen veranlasst (einsetzen lässt). Das drückt sich dann erneut in der Wellengleichung aus. Es ist also wirklich komplex! Was aber nicht heißt, dass es zu komplex ist, um wahr zu sein. Wie gesagt: Jede CD im Media Player mit der Wellendarstellung zeigt das! Was wir da sehen, und was auf der CD gespeichert ist, ist zwar „nur" die Lösung der Wellengleichung des Musikstücks im Ortsraum; welche Gefühle der Dirigent und die Musiker dabei hatten, bleibt uns verborgen, da wir uns auf den Ort beschränken. Aber deren Auswirkungen („Phänomene") bekommen wir mit. Es sind Platons Schatten an der Höhlenwand.

Zoom in – vom Pantheismus zu uns

Zumindest im Gedankenexperiment können wir also eine Reihe von Räumen definieren, die unterschiedliche Phänomene beschreiben und mathematisch fassbar machen, und wir können eine Wellengleichung schaffen, die ein beliebig komplexes System vollständig beschreibt. Durch geeignete Wahl des Raumes und der Parameter und Komponenten der Wellengleichung können wir dann eine Lösung dieser in Form einer mathematischen Beschreibung z. B. einer Wellenfunktion, generieren, die Aussagen zulässt, ob und, wenn ja, in welcher Qualität und Quantität die Entität, die die Wellengleichung beschreibt, darüber verfügt. Das ist darunter zu verstehen, wenn ein Quantenphysiker von einer „sinnvollen" Lösung der Wellengleichung in einem Raum spricht. Falls wir dann feststellen sollten, dass unser Modell die Situation nicht ausreichend gut beschreibt, können wir durch Variation der Räume und ihrer Komponenten oder Hinzuziehen oder Wegnahme von Räumen solange experimentieren, bis es unseren Ansprüchen genügt. Zu sehen an Einstein und Quantenphysikern!

Räume stellen daher so etwas wie die „Filter" dar, mit denen ich gerne als Bild arbeite. Sie filtern aus einer ein Objekt beschreibenden Wellengleichung jeweils die Funktionen heraus, die von Interesse sind („Equalizer"),

weil die gleichzeitige Verarbeitung aller Informationen einer Wellengleichung unsere kognitiven Möglichkeiten in jeder Hinsicht weit überschreiten würde: Wir müssen also vereinfachen! Das exakt erlauben Räume. Da
Räume aufeinander aufbauen, also Methoden und Operatoren, Variable
und Konstanten von einem anderen Raum übernommen werden können
(„Vererbung"), kann man Räume bilden, die aus Wellengleichungen höherer Ebenen Funktionen auf niedrigerer Ebene in einem Prozess erzeugen –
wie mehrfach ineinander verschachtelte Siebe sieben sie gemäß ihrer Definition jeweils die gewünschten Informationen aus. Im Platon'schen Höhlengleichnis haben sie ihr Pendant in den „Projektoren", die aus dem Objekt vor der Höhle die Schatten an der Wand erstellen – also das konkrete
Licht von Sonne oder Feuer und das abstrakte Prinzip des Schattenwurfes.
So wie der Schattenwurf als Prinzip abstrakt ist und dennoch konkret anwendbar, sind auch Räume abstrakt – und dennoch in ihrer Wirkung konkret nutzbar! Es sind Mittel zur Beschreibung von Phänomenen. Platons
Schattenwurf ist anschaulich, Räume mathematisch hilfreich.

Als Konsequenz heißt das, dass jedes makroskopische Objekt im klassischen Kosmos wie seine mikroskopischen, quantenphysikalischen Bausteine aber auch das ganze Universum selbst, durch eine zugegebenermaßen
unfassbar komplexe Wellengleichung eindeutig und allumfassend beschrieben werden kann, aus der in untergeordneten Räumen Wellengleichungen
extrahiert werden können, deren Überlagerung sie ist. Diese beschreiben
dann Entitäten auf entsprechend niedrigeren Ebenen, die zur Bildung der
umfassenden Wellengleichung beitragen. Im Bild eines Musikstückes wird
aus dessen Wellengleichung, die auf einer CD in abstrakter Form enthalten ist, über einen Saxophonraum die des Saxophons extrahiert. Unbestrit-
ten ist auch diese Wellengleichung so komplex, dass wir sie niemals werden aufstellen und mit ihr arbeiten können. Und es kann sein, dass die erzeugte Wellengleichung nicht ein, sondern mehrere Saxophone beschreibt,
wenn mehrere im Stück zum Einsatz kommen – deren Wellengleichungen
müssten dann über weitere, untergeordnete, konkretere Räume voneinander getrennt werden.

Wenn wir uns nun in einem ersten Schritt auf das (wahrnehmbare) Universum selbst beschränken, reicht uns dessen Wellenfunktion als Lösung
der universellen Wellengleichung im Ortsraum aus: Astronomie. Aber wir
können auch einen TrutzPodschun-Raum definieren! Er erhält alles, was

erforderlich ist, um aus der Wellengleichung des Universums eine Wellengleichung zu extrahieren, die Trutz Podschun vollständig beschreibt, da die universelle Wellengleichung eine Superposition der Wellengleichungen aller Objekte des Universums ist, sei es belebter oder unbelebter Natur. So, wie man mit einer Fourier-Analyse eine Summenwelle in ihre Einzelwellen und so einen Akkord in einzelne Töne zerlegen kann, kann man die Wellengleichungen aller Objekte dieses Universums – Galaxien, Sonnensysteme, Sonnen, Planeten, Monde, Asteroiden, Bakterien, Würmer, Fische, Säugetiere bis hin zu meiner Familie und mir und der gesamten Menschheit – über geeignete Räume aus der universellen Wellengleichung extrahieren. Exakt das ist die mathematische Beschreibung des Pantheismus: Wir sind alle Teil eines universellen Phänomens, dem manche den Namen Gott zugeordnet haben. So haben Sie, wenn Sie so wollen, mit der Wellengleichung des Universums eine abstrakte mathematische Beschreibung von Gott. Erschrocken? Tja so sind wir naturwissenschaftlich orientierten Nicht-Theisten: kein „Respekt", vor wem auch immer …

Die gesamte Information über mich steckt also in meiner ganz individuellen Wellengleichung in der Anzahl, Art und Verschränkung all der Quanten und ihrer möglichen Zustände, aus denen ich bestehe! Hier steckt, codiert als Information, meine Erinnerung, meine Erfahrung, mein Wissen in Form der Vernetzung (= Verschränkung) meiner Neuronen, hier stecken meine Gefühle (codiert als zeitveränderliche Superposition meiner Wahrnehmungen und Erfahrungen) - kurz: alles, was mich zu mir selbst macht. Und diese Wellengleichung beschreibt eine „Welle" unter unzählbaren, die die „oberste" Welle, das Universum, durch Überlagerung und Verschränkung bildet.

Mit der Zeit ändert sich mein Ich: Ich vergesse, lerne Neues dazu, verliere Fähigkeiten, gewinne neue dazu, werde krank und wieder gesund, traurig und wieder froh – das ändert zwar die aktuelle Lösung meiner Wellengleichung, die aktuelle Wellenfunktion, nicht aber, dass diese weiterhin existiert, alles über mich enthält und individuell und sehr dynamisch ist. Und immer ist sie eine Lösung der universellen Wellengleichung im TrutzPodschun-Raum, die aus diesen Gründen ebenfalls hochdynamisch ist und sich analog zu meinen aktuellen Zuständen (und nicht nur denen!) ändert. Allein das zeigt, dass es niemals möglich sein wird, eine universelle Wellenfunktion als Lösung der universellen Wellengleichung aufstellen zu können: Bei der schieren Masse von Quanten, die das Universum ausmachen, ändert sie sich innerhalb der kleinsten möglichen Zeiteinheit, der Planck-Zeit von $5,4 \cdot 10^{-44}$ Sekunden. Das drückt sich in Quantenfluktuationen und Unschärfe aus!

Vielleicht passt an dieser Stelle ein nachdenklicher Einschub über den Tod: Wenn ich sterbe, lösen sich alle Verschränkungen und Superpositionen auf, die meine Wellengleichung bilden. Zwar sind zunächst noch untergeordnete Wellenfunktionen vorhanden, die die Atome und Moleküle beschreiben, aus denen ich bestand. Aber alle Phänomene, die auf deren Verschränkung und Superposition beruhten, sind endgültig weg, da ihre Verschränkung aufgehoben ist: Meine Erfahrung, mein Wissen, meine Gefühle! Die Wellengleichungen der Atome und Moleküle werden dann irgendwann Teil anderer komplexer Wellengleichungen werden – eines Regenwurms, beispielsweise, wenn ich begraben werde, oder einer Pflanze, die in der Nähe des Grabes steht. Oder der Luft, falls ich eingeäschert werde, des Planktons, das meine Asche nutzt. Insofern ist mein Weltbild, zumindest was das Materielle betrifft, nicht tragischer und daher unattraktiver als das christliche: Erde zu Erde, Asche zu Asche, Staub zu Staub.

Aber das Leben danach? Tja, da haben es religiös Gläubige besser. Nach meinem Weltbild ist Seele das Ergebnis der Superposition verschränkter quantenbiologischer Entitäten. Wenn die sich, warum auch immer, entschränken und die Superposition aufheben … Und so bleibt von mir und meiner Seele nicht viel, es sei denn, ich konnte andere Spuren hinterlassen! Also Leute, empfehlt das Buch weiter und kauft die anderen … Erzählt denen, die es nicht kaufen wollen, von meiner Weltanschauung! Dann lebe auch ich nach dem Tod weiter.

Doch ich frage mich, ob das in einer Religion wirklich anders ist. Da gibt es zwar „ein Leben nach dem Tod". Nur – wie sieht das aus? Darüber hört man von Kirche und Religion nicht mehr als allgemeine, nebulöse Textbausteine, und ich bin sicher, dass viele es sich nicht so wesentlich anders vorstellen als hier auf der Erde; nur „schöner". Aber Ich kann es ja nicht mehr sein, der da weiterlebt, weil zum Ich auch meine Materie gehört, die nun nicht mehr Teil von mir sein kann. Wenn also dieses entleibte Ich, was viele als Seele bezeichnen, weiterlebt: in welcher Form und wo? Ist das Jenseits nur ein Raum für Immaterielles? Macht es also Sinn, an ein „besseres"

Leben nach dem Tode zu glauben, wenn man nicht weiß, worin dieses „besser" konkret bestehen könnte? Doch wohl nur, wenn man wie in einigen Religionen an Reinkarnation glaubt. Und dann noch in ein menschliches Wesen … Auch im Islam scheint das, wenn auch nicht explizit erwähnt, der Fall zu sein – denn wozu 72 Jungfrauen für den Märtyrer, wenn der sie mangels geeigneter Materie gar nicht mehr beglücken kann? Ich glaube, da haben Religionsstifter, Kirchenväter und -lehrer und auch die Schäfchen, friedlich oder terroristisch, nicht weitergedacht … Das bedeutet: Wenn Seele im Jenseits tatsächlich ebenfalls Teil einer Einheit mit Materie sein soll, und anderes würde mich eher abschrecken als erbauen, weil ich die irdischen Genüsse liebe, wäre das Leben nach dem Tode einfach eine Übertragung von Information (Seele) von einem „Vormenschen" auf einen „Nachmenschen", der dazu aber unbeseelt sein müsste. Und er muss dann erneut durch die gleiche irdische Hölle gehen wie zuvor – eine unendliche Geschichte! Aber genau das nimmt monotheistische Religion ja nicht an. Fragen über Fragen, auf die ich bisher von den „Fachleuten" keine plausible und nachprüfbare Antwort erhalten habe.

Eine quantenmechanische Betrachtung auch belebter Natur ist also nicht nur möglich und vermutlich richtig, sondern würde auch viele Fragen an heutige Religionen beantworten! Klingt das nicht plausibler als ein über Wasser laufender, Wasser in Wein verwandelnder und Tote erweckender Halbgott mit haploidem Genom, der mit seinem gewalttätigen und grausamen Vater ohne Genom irgendwann zu Gericht sitzt, um Ungläubige in die ewige Verdammnis mit Höllenqualen zu verbannen? Als Pazifist, Philanthrop und Humanist befriedigt mich mein Ansatz erheblich mehr als der andere …

Ist dann aber nicht das zumindest deprimierend: Ein Mensch, reduziert auf eine Wellengleichung ohne Aussicht auf Ewiges Leben? Nein, überhaupt nicht! Denn zum einen lässt sich der Mensch in verschiedenster Weise auf einfache Dinge reduzieren: Er besteht z. B. aus ein paar Dutzend Grundstoffen mit einem Materialwert von ca. 3 800 € und zu Zweidritteln aus Wasser. Die 60 Kilogramm Wasser, in denen die 3 800 € teuren Stoffe gelöst sind, kosten bei Aldi und Lidl ohne Pfand keine 8,00 €, also weniger als das Pfand selbst (10,00 €). Aber: Ich bin ja mehr als die Summe meiner Grundstoffe!

Im Schnitt wiegt der Mann 75 kg und ist 175 cm groß. Er benötigt irgendwas mit 2 500 kcal am Tag, wird heutzutage 80 Jahre alt und muss an der Prostata operiert werden. Sein Blutdruck liegt bei 120/80 mm Hg, sein Puls bei 60, seine Atmung bei 15 pro Minute, der Cholesterinspiegel bei 200 mg/dl. Das bedeutet: Wir reduzieren den Menschen alle Nasen lang und überall auf irgendetwas. Und sei es auf eine „Norm", mit der man dann arbeiten kann: Tragkraft eines Fahrstuhls: eine Tonne oder 13 Personen. Was anderes als meine Reduktion auf eine Wellengleichung, die sehr viel mehr, präzisere und, vor allem, individuelle Aussagen zu einem Menschen zuließe, ist das? Zum anderen ist, wie gesagt, die Wellengleichung ja nicht der Mensch selbst, sie beschreibt ihn nur mathematisch – genau so, wie die Kurve, die Sie im Media Player sehen, wenn der ein Musikstück abspielt, nicht das Stück selbst ist, sondern eine optische Repräsentation.

Daher bin ich mehr als eine Wellengleichung. Sie repräsentiert mich nur in einem Modell, so wie ein Foto von mir mich im Familienalbum repräsentiert oder die Wellenfunktion eines Elektrons dieses in der Quantenphysik, ohne es zu sein. Oder, vielleicht deutlicher: Die Sammlung aller Notenblätter, Geburtsurkunden, Lebensläufe, Baupläne von Instrumenten und Sinfoniehalle usw. *ist* nicht Ravels Bolero – aber man könnte es daraus rekonstruieren. Darin besteht dann noch eine Parallele zur Genetik: Unser Genom und Epigenom sind nicht wir, aber man könnte uns daraus machen, wenn man das denn auch tatsächlich könnte und alle Informationen, auch die Beziehung zur Umwelt, zu jedem Zeitpunkt der Existenz hätte. Da das nicht so ist, ist auch der Glaube, durch Klonen ein Wesen wieder auferstehen zu lassen, Unsinn. Der tote Struppi bleibt tot.

Kurz und mit Platon gesagt: Unsere Wellengleichung beschreibt das Objekt vor der Höhle, das unsere Naturwissenschaft über die mathematischen Räume als Schatten auf die Höhlenwand der von uns real gehaltenen Welt projiziert. Denken Sie daran: Ein Atom hat keine räumliche Ausdehnung, ist also als „Teilchen" (was wir darunter verstehen!) nicht existent. Es erzeugt aber den Eindruck einer Ausdehnung und damit einen Schatten über seinen Wirkungsbereich.

Warum ist mir das Bild der Wellenfunktion so wichtig? Nicht nur, weil sie eine mathematische Beziehung zur Quantenphysik herstellt und damit Vorhersagen in üblicher wissenschaftlicher Weise ermöglicht – wie gesagt: zumindest im Gedankenexperiment. Sie passt auch zur Arbeitsweise unseres Gehirns: Wellen kann man durch Filter jagen (andere Sichtweise: ihre Gleichungen in Räumen lösen), die, wie ein Sieb, nicht gewünschte Dinge aussortieren und nur das durchlassen, was man haben möchte. Indem man also Filter maßschneidert, die ein gewünschtes Ergebnis abstrakt beschreiben, reduziert man Information auf das, was man gerade benötigt. Das erfolgt „parallel": Das Ergebnis ist „sofort" da, nicht als Ergebnis langwieriger serieller Prozesse auf unterschiedlichen Ebenen: Wenn Sie bei Ihrem Equalizer Einstellungen ändern, können Sie das Ergebnis sofort feststellen: Die Bässe sind sofort überbetont, die Höhen reduziert.

So beruht ein „Mustervergleich", also z. B. das Erkennen von Gesichtern, auf solchen Vorgängen: dem Aussieben ungeeigneter Muster durch die parallele Aktivität des Unbewussten. Da wird nicht erst geprüft, ob das linke Auge „stimmt", dann das rechte, das Kinn und die Nase – entweder das Bild stimmt in toto oder nicht – und das auch noch fuzzy, um ein durch Brillen, Schwellungen (Schnupfen) oder Älterwerden unterschiedliches Aussehen erkennen zu können. Innerhalb von weniger als 500 Millisekunden hat unser Gehirn seine Datenbank durchforstet und entweder ein passendes Gesicht gefunden oder nicht. Das hat seinen Grund: Es machte (und macht auch heute noch) einen Unterschied, ob man eines Freundes oder Feindes gewahr wird. Bei letzterem bleibt oft wenig Zeit, richtig zu reagieren. Serielle Analyse wäre da wenig hilfreich! Geeigneter Ausweg: Siebe und Filter und eine Repräsentation der Welt, die dazu passt!

Auch ein anderer Aspekt kann mit Wellenfunktionen erklärt werden: die Existenzberechtigung von klassischer Biologie. Wenn sie und ihr kontinuierlicher Determinismus als „analoge" Wissenschaft bezeichnet würden, wäre die Quantenbiologie aufgrund ihrer diskreten Arbeitsweise „digital". Aber wie man sehen kann, kann ein Musikstück mit seiner Wellengleichung über beide Methoden wiedergegeben werden: über Vinyl und CD, da die Digitalisierung der Wellenfunktion, so sie hochauflösend genug ist, zu einem vergleichbaren Eindruck führt. (Wenn sie audiophil sind, auf Vinyl stehen und analog für besser halten, stimme ich Ihnen uneingeschränkt zu. Das liegt aber nicht an der Überlegenheit analoger Technik, sondern lediglich darin begründet, mit welcher Rate und mit welchem gewollten Verlust gesampelt wird. Auch analog arbeitet verlustbehaftet ...)

Wellenfunktionen als mathematisches Modell auch von lebender Materie sind daher m. E. geeignete Methoden, die teilweise unglaublichen Phänomene, die Leben begleiten, zu verstehen, nicht sie anwenden zu wollen. Wellengleichung und Räume, aus der Quantenphysik stammend selbstähnlich weiterentwickelt, bilden also den abstrakten, mathematischen Hintergrund, wenn Einstein sagte: »Körper und Seele sind nicht zwei verschiedene Dinge, sondern nur zwei verschiedene Arten, dasselbe Ding wahrzunehmen.« In der Tat!

Psychizin

Dieses Kapitel ist mit „Psychizin" überschrieben, was ausdrücken soll, dass eine moderne Medizin diese Superposition von Physis und Psyche zur Grundlage haben muss. Ich habe bewusst auf den Begriff „Quantenmedizin" verzichtet, da der, wie Quantenbiologie, schon belegt ist und im Unterschied zu dieser auch praktisch verwendet wird. Denn anzunehmen, dass Quantenphysik als inzwischen akzeptierte Disziplin auch in anderen Bereichen wie Biologie und Medizin Auswirkungen haben kann, ist wirklich keine kognitive Leistung, auf die man stolz sein könnte! So gibt es schon Menschen, die „Quantenmedizin" propagieren und betreiben. Deren Hintergrund ist aber ein ganz anderer als meiner: Es ist, was ich analog zu oben als „Quantenphysik in der Medizin" bezeichne: Wechselwirkungen quantenphysikalischer Objekte wie Photonen oder Felder mit menschlichen Zellen. Natürlich ist das nicht abwegig, siehe Sehen (Photonen) oder die Wechselwirkung von äußeren elektromagnetischen Feldern mit denen, die durch biologische Aktivitäten entstehen wie Nervenreizen. So ist nicht auszuschließen, dass solche Wechselwirkungen biologische und damit medizinische Effekte zeigen oder Phänomene begründen können. „Lichttherapie" z. B., wie sie solche „Quantenmediziner" als Konsequenz betreiben, mögen daher durchaus sinnvoll und hilfreich sein.

Ich befürchte allerdings: Nur über den Plazeboeffekt, wenn überhaupt. Das soll nicht arrogant klingen, und ich habe außer Plausibilitätsbetrachtungen keinerlei Beweise für meine Skepsis. Denn dass Licht Einfluss auf Zellen haben kann, weiß jeder, der einmal einen Sonnenbarand hatte. Dass das dann nicht nur die Haut betrifft, weiß er auch: Es kann zu psychischen Problemen führen. Klar ist auch, dass Licht über Melanom-Freisetzung wesentliche Körperfunktionen steuert wie den Tag-Nacht-Rhythmus, und dass es zur Vitamin-D-Synthese erforderlich ist. Das alles muss aber nicht

„quantenmedizinisch" erklärt werden, es reicht die Quantenphysik! Elektromagnetische Strahlung zu Diagnose und Therapie einzusetzen, ist daher wirklich nicht neu und naturwissenschaftlich *klassisch* erklärbar. Einer „Quantenmedizin", vor allem, wie ich sie verstehe, bedarf es dazu also nicht. Daher habe ich, um nicht in diese Schublade gesteckt zu werden, den Begriff Psychizin gewählt, der *meine* Quantenmedizin und was sie bedeutet umschreibt.

Wesentlicher Teil dieser Psychizin ist die Psyche, die so bedeutend ist wie die Physis – obschon ich durchaus der Auffassung bin, dass sie viel mehr Bedeutung hat. Wenn aus der Verschränkung von Materie durch Ausbildung neuer Phänomene Psyche entsteht, sind Psyche und Körper nicht trennbar. Daher müssen Disziplinen, die sich um „krankhafte" Abweichungen von der Homöostase sowohl bei Körper als auch Geist bemühen, Schulmedizin und Psychologie, diese enge Beziehung berücksichtigen; und zwar aufgrund einer individuellen Psyche individuell! Heute tut das aber vor allem Medizin nicht bzw. nicht ausreichend. Auch Psychosomatik und Somatopsychologie, die einen Zusammenhang herzustellen für sich in Anspruch nehmen, tragen dieser engen Beziehung zu wenig Rechnung! Denn beide berücksichtigen Psyche nur in der Weise, wie man glaubt, dass Psyche nach *dualistischem* Weltbild ansonsten rein physische Vorgänge beeinflussen kann und umgekehrt: psychisch bedingte Ausschüttung von Hormonen (Adrenalin bei Stress), psychische Bewältigung des Wissens um eine schwere Erkrankung (Krebs), physische Auswirkungen von Verhaltensstörungen (Bulimie) usw. Beide Disziplinen sind also, auch wenn sie zunehmend einen Zusammenhang zwischen Körper und Seele herzustellen versuchen, klassische, auf dualistischem Weltbild aufbauende „Schattendisziplinen", die den Menschen nicht als Überlagerung materieller und immaterieller Phänomene betrachten, sondern als um eine verborgene Variable, Psyche, erweiterte Physis (Schulmedizin, Psychiatrie) bzw. um die verborgene Variable Physis erweiterte Psyche (Psychologie). Mit Psychizin, die auf unseren von der Evolution entwickelten und umgesetzten gesundheitlichen Autopiloten aufsetzt, hat das mikroskopisch nichts und makroskopisch nicht viel zu tun!

Bis hierher haben wir zweimal das Prinzip der Selbstähnlichkeit angewendet: Einmal, um drei quantenmechanische Phänomene auf jeweils höhere Ebenen zu hieven: Superposition, Verschränkung und Prinzipien wie Wahrscheinlichkeit, Möglichkeit und Zufall. Damit haben wir neue Disziplinen definiert, die die klassischen bereichern und bislang nicht erklärbare beobachtbare Phänomene erklären sollen: Quantenmikrobiologie, -biologie und -dualismus. Das zweite Mal haben wir, ebenfalls mit wenigen, drei, Werkzeugen, Wellengleichung, -funktion und mathematischen Räumen, das aus der Quantenphysik stammende mathematische Modell so verallgemeinert, dass es auf den jeweiligen Ebenen angewendet werden kann. Es fragt sich also, was uns das an Erkenntnis bringen könnte!

Zoomen wir dazu in die Welt des Quantendualismus. Dort extrahieren wir aus der Wellengleichung des Universums über einen „Mensch-Raum", z. B. den TrutzPodschun-Raum, also der mathematischen Beschreibung eines konkreten Menschen, mir, dessen Wellengleichung, die wir im Folgenden etwas genauer betrachten wollen – im Bild einer Symphonie fischen wir uns die Wellengleichung des Fagotts aus der des Orchesters heraus, die ja in der des Musikstückes enthalten ist. Wenn diese individuelle Wellengleichung eine Wellenfunktion als Lösung im Ortsraum hat, die unsere wahrnehmbare Existenz im Universum beschreiben kann – könnte es dann nicht auch einen Raum geben, in dem quantenbiologische Effekte als extrem komplexe quantenphysikalische Phänomene mehrerer Entitäten sichtbar werden? Nennen wir einen dieser Räume einmal den „Intelligenz-Raum".

Das Beispiel habe ich wegen der „Schwarm-Intelligenz" gewählt, der Intelligenz von „Schwärmen". Träger dieser Intelligenzform sind z. B. Insektenstaaten – allen voran Ameisen. Eine einzelne Ameise erscheint uns strohdumm, wenn wir sie auf ihrer chaotischen, wenig zielgerichteten Suche nach Futterquellen beobachten. Das ändert sich in dem Moment, wenn sie eine gefunden und deren Lage ihren Kollegen mitgeteilt hat. Nun erinnert ihr Verhalten, bei dem Gruppen von bis zu 15 Ameisen als Team größere Futterstücke auf dem direktesten Weg nach Hause zerren, wobei ihnen immer wieder zur Futterquelle eilende Artgenossen den richtigen Weg zurück zeigen, an die sehr zielgerichtete und koordinierte Aktivität intelligenter Einzelwesen. Voraussetzung: Kommunikation.

Als Staat zeigen Ameisen also Verhaltensmuster, die als „intelligent" bezeichnet werden müssen, wofür sich der Begriff „Schwarm-Intelligenz", die Intelligenz eines Schwarmes gleicher Lebewesen eingebürgert hat: Sie planen (indem sie Pilzgärten zu ihrer Ernährung anlegen: Landwirtsschaft), nutzen andere Lebewesen (Blattläuse: Viehzucht), gehen arbeitsteilig vor (Bauingenieure, Soldaten, Müllwerker, Kindergärtner, …) und können große Wasserhindernisse wie den Amazonas durch Ausbildung eines lebenden Floßes überwinden. Dabei begehen sie, wie z. B. bei Infektion auch unsere Körperzellen, durchaus im Interesse des Gemeinwohls Selbstmord, falls das nötig sein sollte. Was von ihrer bautechnischen Fähigkeit und der aktiven Aufrechterhaltung eines geeigneten Klimas in ihrem Bau zu halten ist, lässt heutige Klimatechniker blass werden.

Doch es wird noch erstaunlicher. Die Biologin Christina Grätz[46] beschäftigt sich mit ihnen. Falls erforderlich, z. B. im Rahmen von Straßenbaumaßnahmen, setzt sie ganze Ameisenstaaten um – denn z. B. die Große Waldameise ist geschützt. So versetzte sie einmal einen Bau um 500 m – eine große Entfernung für Ameisen, die sie nicht an einem Tag hin und zurück und auch nicht einzeln bewältigen können. Wie bei jedem Umsetzen konnten nun auch in diesem Fall nicht alle Ameisen eingesammelt und umgesiedelt werden. Daher bleiben einige „Innendienstler" zurück, wie Grätz die Spezialisten nennt, die den Bau i. d. R. niemals verlassen, wie die Kindergärtner beispielsweise. Tage nach dem Umsetzen beobachtete sie eine breite Ameisenstraße, die vom neuen Ort zurück zum alten verlief – mit 200 m Umweg aus topographischen Gründen. An ihr waren verschiedene „Stützpunkte" angelegt worden. Die umgesiedelten „Außendienstler" trugen nun auf ihr ihre zurückgebliebenen Innendienstkollegen zur neuen Position des Baus. Über mehrere Tage hinweg und unter Einsatz von Versorgungstruppen und dem Wechsel der Träger an den Stützpunkten. Wie würden Sie das bezeichnen? Das ist nicht nur intelligent – das zeigt auch ein (Selbst-)Bewusstsein: Die Ameisen haben sich sicherlich nicht durchgezählt und festgestellt, dass einige fehlen – was intelligent wäre! Und für Signalstoffe dürfte die Distanz zu groß gewesen sein – Kommunikation. Ihnen war also bewusst, sie „wussten" instinktiv, dass etwas nicht stimmte und was. Und obwohl es für den Staat energetisch und ökonomisch günstiger gewesen wäre, die vergleichsweise wenigen Zurückgebliebenen ihrem Schicksal zu überlassen und durch neue zu ersetzen, taten sie es nicht, sondern retteten sie unter großem Aufwand! Wie lässt sich dieses Verhalten klassisch wissenschaftlich erklären, das an das in Gesellschaft lebender Säugetiere erinnert?

Woher kommt diese Intelligenz, dieses Bewusstsein? Man kann es sich natürlich einfach machen und behaupten, beides sei etwas, was nur Menschen und vielleicht noch ein paar andere höhere Lebewesen wie Affen, Wale und Delfine besitzen (können) oder gar „gottgegeben" ist. Dann aber möge man mir erklären, was Intelligenz und Bewusstsein eigentlich sind und was das bei den Ameisen dann sein soll! Pillepalle?

Oder man macht es sich nicht leicht, lässt als erstes das homozentrische Weltbild dort, wo es hingehört, und stellt fest: Intelligenz und Bewusstsein erwachsen aus der zunehmenden Komplexität der Superposition quantenbiologischer Zustände, wenn sich deren Träger zu einer größeren Entität zusammenfinden. Das hätte zwei Vorteile: Es erklärte die Natur von Intelligenz als quantenbiologisches Phänomen, und sie wäre nur von der Komplexität der quantenbiologischen Zustände dieser Entität abhängig, wobei zunächst keinerlei Annahme über die Entität selbst gemacht wird und werden muss, sondern nur, ob die betrachtete Wellengleichung als Lösung in einem Intelligenz-Raum, einer abstrakten Definition von Intelligenz, zu einem sinnvollen Ergebnis führt. Dann könnte eine solche Entität auch ein Ameisenstaat als Organisationsstruktur einzelner Individuen sein – so wie es der menschliche Körper ist. Besser formuliert: Intelligenz ist aufgrund der während der Evolution immer komplexer werdenden biologischen Systeme und der damit verbundenen Verschränkungen und Superposition ihrer quantenphysikalischen Zustände eine zwangsläufige Folge, die nicht auf den Menschen beschränkt ist, sich aber bei ihm besonders eindrucksvoll äußert, da er, nicht zuletzt aufgrund seines Gehirns und der kognitiven Fähigkeiten, die er entwickelt hat, einen höheren Grad an Komplexität erreicht hat – vielleicht sogar den höchsten auf diesem Planeten. Wobei ich, wie Einstein, sehr skeptisch bin! Denn unser Handeln zeugt selten von hoher Intelligenz.

Ich verstehe, wenn das weh tut! Denn es trifft tief in unser Selbstbewusstsein und unseren Stolz. Und doch: Intelligenz als Superpositionsphänomen fände man dann objektiv eben auch bei einem Schwarm Makrelen oder Vögel. Vor allem bei Vögeln müssen wir aufpassen: 2016 erschien ein Artikel[47], nach dem die Dichte der Nervenzellen im Vorderhirn von Vögeln die von Säugetieren deutlich übersteigt. Ihre Gesamtzahl schlägt danach die der meisten Affen. Und wenn unsere derzeitige Vorstellung vom Entwicklungsgrad eines Gehirns stimmt, die an der Dichte von Neuronen und der Zahl von Synapsen festgemacht wird, scheinen Vögel „kognitives Potenzial" zu haben, das das der meisten Säugetiere in die Schranken weist. Das gilt analog, wenn auch auf viel niedrigerem Niveau, für Insekten: Der „Pilzkörper" der Bienen, also der Teil ihres Gehirns, der eine wichtige Rolle bei Lernen und Gedächtnis spielt und dem Cortex der höheren Lebewesen entspricht, ist bei ihnen deutlich komplexer als bei Ameisen – wohl infolge der „Sprache", die Bienen im Gegensatz zu Ameisen entwickelt haben („Tanzsprache"). Und die 5-10 mm große Springspinne Portia mit räumlichem Sehvermögen (!) scheint planvoll handeln zu können: Sie setzt erlernte Angriffstechniken situationsgerecht ein und ändert sie ab, wenn sich zeigt, dass sie nicht zielführend sein werden, indem sie sich z. B. über ihr Opfer, eine Netzspinne, begibt und sich zu ihr abseilt, falls das Zupfen am unteren Ende des Netzes nichts bringt. Ein Zeichen ihrer Fähigkeit zu Abstraktion – bisher haben wir so etwas für uns exklusiv reserviert.

Indem wir einen Intelligenz-Raum abstrakt definieren, also nur bestimmen, wie sich intelligentes Verhalten objektiv äußert, und diesen Raum dann als Filter nutzen, festzustellen, ob ein zunächst nicht identifiziertes Objekt, repräsentiert durch seine Wellengleichung, diese Kriterien erfüllt, haben wir intelligentes Verhalten objektiv festgestellt. Intelligenz wird auf diese Weise unabhängig von unserem Selbstbild und daraus resultierenden Wertungen erkannt. Da wir dabei keine Annahme über die Entität selbst gemacht haben, kann dieselbe Wellengleichung, nun auf den Ortsraum angewendet, ein konkretes Wesen beschreiben; z. B. einen Menschen; aber eben auch einen Ameisenhaufen. Übertragen auf die Medizin: Spontanheilungen sind keine „Wunder" mehr.

Zugegeben: Naturwissenschaft versucht, so gut es geht, objektive Kriterien bei der Forschung anzuwenden. Nur: Das geht eben nicht gut, solange sie dabei, wie Einstein Heisenberg entgegnete, Daten anhand einer Theorie interpretiert (s. Seite 82)! Ich war bei dem Gespräch nicht dabei, sodass ich nicht sagen kann, ob Einstein tatsächlich dieser Überzeugung war – oder sie nicht vielleicht eher als kritischen Kommentar herrschender Praxis verstand. Denn nicht nur seine Relativitätstheorie war ja eine Folge von Beobachtungen, also der Interpretation von Daten. Auch der Photoelektrische Effekt und die Grundlage des Welle-Teilchen-Dualismus. Damit aber handelte er selbst im Sinne Heisenbergs ... Das Problem ist also die Herangehensweise. Darauf werde ich im Epilog noch zurückkommen. Es ist die Begründung, warum ich mit Wellengleichungen und Räumen arbeite, wohl wissend, dass das niemals real wird praktiziert werden können: Ich zwinge mich so zu größtmöglicher Objektivität durch Abstraktion, ohne eine „Realitätsschere" zu nutzen, die z. B. „Fernheilung" von vornherein ausschließt, nur weil wir sie nicht wahrnehmen und erklären können.

Intelligenz ist so ein durch Superposition quantenphysikalischer Zustände entstandenes Phänomen, das, um sichtbar zu werden, eine Mindestkomplexität des „Organismus" haben muss – so, wie ein Akkord aus mindestens drei Tönen zusammengesetzt sein muss, um Akkord sein zu können. In der Konsequenz hätte eine einzelne Ameise keine Intelligenz, da sie als Organismus gerade noch nicht komplex genug ist, die Kriterien zu erfüllen: Sie ist so strohdumm wie jede einzelne menschliche Zelle übrigens auch. Da Dummheit nicht zu Intelligenz wird, wenn sie gehäuft auftritt, kann nach unserer aktuellen Vorstellung ein Staat von Ameisen auch nicht intelligent sein. Aber das stimmt eben nicht! Das Zusammenspiel vieler „gleicher", verschränkter Ameisen kann, vor allem, wenn sie sich in Einzelheiten unterscheiden (ein Soldat zeigt andere Phänomene als eine Amme) und miteinander kommunizieren, Komplexität erhöhen und eine Schwelle überschreiten. Wir selbst mit unseren isolierten, strohdummen Zellen sind das beste Beispiel – auch unsere Zellen kommunizieren über Botenstoffe und Nervenreize.

Der Vergleich eines Menschen mit einem Ameisenstaat ist durchaus nicht unsinnig: Wie alle (nicht mikrobiomiellen) Zellen eines Menschen entstand jede Ameise eines Staates aus einer einzelnen, der befruchteten Eizelle ihrer Königin. Ameisen sind also ähnlich verschränkt wie menschliche Zellen und Zwillinge! Daher steht für mich außer Zweifel, dass Computer und/oder Roboter einmal intelligent sein werden, sobald ihre Komplexität so groß geworden ist, dass eine Lösung ihrer Wellengleichung, denn wie alle Materie und jede Energieform haben natürlich auch sie so etwas, die Schwelle im Intelligenz-Raum überschreiten wird, die ein Ameisenstaat als Ganzes offenbar gerade so überwindet, und damit eine sinnvolle Lösung ergibt.

Erklärbar wären so auch unterschiedliche Qualitäten von Intelligenz. Das Verhalten von Ameisen mag intelligent erscheinen, ist aber doch nicht mit der höherer Lebewesen wie Säugetieren oder Vögel vergleichbar, da Ameisen z. B. keine Werkzeuge benutzen, was Säugetiere und Vögel aber tun – und was häufig als Ausdruck von Intelligenz interpretiert wird. Auch wenn ich mich als Mensch nicht als besonders hervorgehoben in der Evolution betrachte, bilde ich mir doch ein, intelligenter als ein Affe zu sein, wenn viele von ihnen auch zu erstaunlichen und sogar solchen kognitiven Leistungen fähig sind, bei denen wir Menschen Schwierigkeiten haben (was zeigt, dass Intelligenz nicht notwendigerweise mit Kognition und/oder Fähigkeiten zu tun haben muss). Denn ich habe noch kein Buch von einem Affen gelesen, aber selbst schon mehrere geschrieben.

Es gibt also nicht nur eine Schwelle, ab der sich das Phänomen Intelligenz von selbst entwickelt, sondern es ist auch individuell abhängig davon, wie komplex die quantenbiologischen Zustände sind, die sie hervorrufen. Das könnte erklären, dass Genies wie Einstein oder Hawking „intelligenter" waren als andere, weil sie komplexer verschränkte quantenphysikalische Zustände (aufgrund komplexer verdrahteter Nervenzellen, warum auch immer) ausgebildet hatten. Es könnte erklären, warum Oktopusse, obwohl sie ein sehr viel kleineres und vollständig anders aufgebautes Nervensystem als Säugetiere haben, dennoch so intelligent wie Mäuse sind: Es ist nicht die Art und Zahl der Nervenzellen, die hier eine Rolle spielen, sondern deren Verschränkungen (klassisch: die Zahl der Synapsen) und die Art und Zahl möglicher Superpositionen.

Das Schöne an Formeln und Gleichungen ist, dass sie abstrakt sind! Man kann mit ihnen spielen und dann prüfen, ob das, was dabei herauskommt, Sinn macht, ein Vorteil, den Theoretiker haben. Lassen Sie uns einmal eine Wellengleichung gedanklich mathematisch in zwei absolut identische aufteilen. Wir haben also zwei Wellengleichungen, die sich von der sie erzeugt habenden Wellengleichung nur darin unterscheiden, dass ihre Lösungen, die Wellenfunktionen, jeweils eine halb so große Amplitude besitzen – was auch immer das aussagen mag, ich bin kein Quantenbiologe! Wenn wir diese Wellengleichungen nun in den Ortsraum auflösen, erhalten wir offenbar: zwei identische Entitäten – eineiige Zwillinge, unmittelbar, nachdem sie sich als Embryo getrennt haben! Da mit der gleichen Wellengleichung verschränkter Wellenfunktionen beschreibbar, sind ihre quantenbiologisch kleinsten Einheiten, die Zellen, offenbar weiterhin verschränkt!

Wir wissen aber, dass Verschränkung nicht-lokal ist, also bestehen bleibt, auch wenn sie und ihre „Besitzer" (räumlich) getrennt sind. Hier haben Sie die Erklärung für die sehr erstaunlichen und manchmal geradezu unglaublichen Phänomene bei eineiigen Zwillingen! Sie sind noch immer eine Einheit, auch wenn sie räumlich getrennt sind – wie die verschränkten Elektronen oben. Daran ändert auch nichts, dass sich die Wellengleichungen beider im Laufe ihres Lebens nicht zuletzt aufgrund von unterschiedlichen Wechselwirkungen mit der Umwelt ändern: Der eine hat ein bestimmtes Buch gelesen, was Spuren hinterlasst, der andere nicht. Der eine hat diesen Partner, der andere jenen. Und doch: Die Verschränkung, die ursprünglich bestand, bleibt! Diese verschiedenen Wechselwirkungen mit der Umwelt bestehen bereits unmittelbar nach der Trennung der Zellhaufen im Uterus: Der eine Zwilling liegt näher am Herzen der Mutter als der andere, der andere wird häufiger durch die Bauchdecke gestreichelt als der eine. Eineiige Zwillinge unterscheiden sich also bereits im Mutterleib. Exakt das ist, was Zwillingsforschung heute auch klassisch herausgefunden hat.

Auf diese Weise ist auch das besondere Verhältnis von Mutter und Kind erklärbar! Auch wenn der Vater einen nicht ganz unwesentlichen Beitrag geliefert hat, entsteht ein Kind aus einer (speziellen aber immerhin) Körperzelle der Mutter, die ihrerseits aus einer Zelle entstanden ist. Die Eizelle, die dann befruchtet wird, wird nun zur Urzelle eines neuen Lebewesens mit neuen Eigenschaften und quantenbiologischen Zuständen; sie bleibt aber ihr Leben lang mit den Zellen der Mutter verschränkt, und sei es, klassisch betrachtet, nur, weil sie ausschließlich Mitochondrien der Mutter („Mitochondrial Eve") und das sich aus ihr entwickelnde Wesen deren Mikrobiom erbt. In der Physik bezeichnet man das als „Kohärenz" (= gemeinsame Entstehungsgeschichte [von Wellen]). Da eine mütterliche Zelle und eine ihres Kindes ein unterschiedliches Genom besitzen, sind die Phänomene, die sich aus ihrer Verschränkung ergeben, anderer Qualität und Quantität als die von eineiigen Zwillingen. Und doch sind sie, im Gegensatz zu Zellen des Vaters, verschränkt und zeigen daher unglaubliche Phänomene.

Aber auch nicht verwandte Wellenfunktionen (und damit ihre -gleichungen) können Verschränkungen ausbilden. (Was die Väter trösten könnte ;-) Wenn zwei Individuen, die zunächst nichts miteinander zu tun haben, lange genug (nach Beobachtung der Forscher 10 Jahre) zusammenleben und die Herausforderungen des Lebens gemeinsam meistern, kann es zu einer Angleichung ihrer Wellenfunktionen kommen. Das Ergebnis sind dann Phänomene, wie sie für Partner in einer langen, intensiven Partnerschaft tatsächlich gefunden werden. Somit haben sich aufgrund dieser intensiven Beziehung Verschränkungen ergeben, die qualitativ und vor allem quantitativ anders sein mögen als die bei eineiigen Zwillingen oder Mutter und Kind, aber mit ihnen in ihrer Bedeutung auf einer Stufe stehen. Wir können sogar noch einen Schritt weiter gehen! Wenn wir das auf eine enge Partnerschaft übertragen (können) – warum dann nicht auch auf intensive Beziehungen zu Menschen, die einen wesentlichen Einfluss auf uns haben (können)? Sehr gute Freunde, z. B. – oder eben Therapeuten oder Ärzte mit Einfühlungsvermögen!

Je ähnlicher sich Wellengleichungen und die ihnen zugrundeliegenden Wellenfunktionen sind, desto eher besteht die Möglichkeit, dass es zur Verschränkung dieser wie der sehr ähnlicher Töne kommt – einer „Schwebung" mit bis dato unbekannten Phänomenen wie Fernwahrnehmung bei Zwillingen oder Mutter und Kind. Könnte dies auch erfolgen, wenn die beiden Menschen selbst nicht wie eben beschrieben verschränkt sind? Empathie wäre dann in einer ähnlichen Wellenfunktion zumindest in einigen sie bildenden Teilfunktionen begründet, die einem ermöglicht, sich in sein Gegenüber hineinversetzen zu können. Sympathie wäre die Schwebung, die sich ergibt, wenn zwei Wellenfunktionen sich so ähnlich sind, dass man im wahrsten Sinne des Sprichwortes „auf einer Welle" schwimmt – die good vibrations in einem Refrain der Beach Boys: »I'm pickin' up good vibrations | She's givin' me the excitations.« Bei Antipathie wären die Wellengleichungen sehr unterschiedlich. Ein Hinweis darauf könnte sein, dass Sym-/Antipathie innerhalb weniger Millisekunden auftreten. Es erfolgt so schnell, dass es klassisch nur sehr schwer erklärbar ist.

Wie oben schon angedeutet: Ich ändere mich im Laufe meines Lebens – und mit mir meine Wellengleichung. Wenn ich nun über lange Zeit einen Partner oder Freund und ein intensives Verhältnis zu ihm habe, ändern sich beide in Richtung zum Anderen hin. Jede Wellengleichung wird so um Bestandteile der jeweils anderen ergänzt, mit der Folge, dass sie sich immer mehr einander angleichen, und dem Ergebnis, den anderen besser verstehen zu können, zu wissen, was und wie er fühlt. Drückt sich hierin „blindes Vertrauen" aus, das Gefühl der Nähe? Aus meiner eigenen Partnerschaft kann ich das nur bestätigen! Könnte hier auch der Hintergrund nicht nur für Sympathie und Antipathie liegen, sondern auch der für Fernheilungen? Beruht die Fähigkeit eines Schamanen oder „Fernheilers" oder wie immer Sie das nennen wollen, darin, dass er entweder bestimmte, dem Patienten sehr ähnliche Wellengleichungen hat oder aber die Fähigkeit, seine mit der des zu Heilenden zu synchronisieren? Es klingt absurd! Aber vergessen wir nicht: Zur Wellengleichung eines Menschen gehören alle Phänomene, also auch die, die wir typischerweise mit „Psyche" bezeichnen – also Phänomene, die sich unserem Verständnis heute noch weitgehend entziehen.

Es ist schon erstaunlich, dass mir manche Menschen, die ich noch nie zuvor gesehen habe, auf Anhieb sympathisch sind, sodass ich ihnen vom ersten Moment an einen Vertrauensvorschuss gewähre. Warum? In den wenigen Millisekunden, die mein Unbewusstes benötigt, den Gegenüber „abzuchecken", können nicht so viele einzelne Wahrnehmungen wie Gerüche („Ich kann den anderen nicht riechen!"), Pheromone (nicht bewusste Geruchswahrnehmung), Gesten, Mimiken, Erscheinung usw. verarbeitet worden sein, dass daraus echte Sympathie oder das genaue Gegenteil erwachsen könnte. Die heute bestehenden Erklärungsversuche über Gene, HLA (human leukocyte antigen) und was weiß ich überzeugen mich nicht, da sie versuchen, Kausalitäten zu erzeugen, die bisher nicht nachgewiesen werden konnten und die es daher eventuell in Wirklichkeit gar nicht gibt! Das riecht mir, wie in der Medizin heute leider allzu üblich, nach einer Korrelation von unabhängigen, beobachteten Phänomenen, um überhaupt etwas zu haben (vgl. Religion: Cargo Cult Science!). Mag ja sein, dass zwischen Sympathie und Pheromonen eine Korrelation herstellbar ist; dann aber nicht, weil Pheromone für Sympathie verantwortlich sind (Kausalität), sondern weil Pheromone und Sympathie zwei voneinander unabhängige, kausal in einer ähnlichen Wellengleichung verankerte Phänomene sind – und Korrelierbarkeit ausschließlich darin begründet ist: Wenn auf einem Schrottplatz viele rote Autos stehen, heißt das nur, dass rote Autos beliebt und daher häufiger in Unfälle verwickelt sind, nicht aber, dass sie häufiger einen Unfall haben, weil sie rot sind.

Was aber sagt dann eine Korrelation tatsächlich aus? Sie ist entweder das Eingeständnis, einen Zusammenhang nicht zu kennen und das Gehirn mit seiner Gier nach Erklärungen mit einer plausiblen, wenn auch erdachten

Begründung zufrieden stellen zu müssen oder lediglich ein Hinweis, der dann zu eigentlichen Untersuchungen zu den Ursachen führen muss, die in diesem Fall so leicht nicht durchzuführen sind, weil man Phänomene wie „Sympathie" und ihre Entstehung nicht erklären kann! Wenn also Pheromone, Gene, HLA usw. nur ein Faktor in einer Wellengleichung sind, kann es sein, dass die Effekte, wenn sie gleich oder ähnlich sind, von ganz anderen Faktoren, die stärker ins Gewicht fallen, überdeckt werden. So klärt sich dann die Diskrepanz in Sprichwörtern wie „Gleich und Gleich gesellt sich gern" vs. „Gegensätze ziehen sich an".

Ich wurde in meiner Jugend häufiger gefragt, ob ich „Beatles oder Stones bin". Abgesehen von der mir die Fußnägel schon damals gekräuselt habenden Grammatik dieser Frage hatte ich Probleme, sie wahrheitsgemäß zu beantworten. Denn zum einen mochte ich Hardrock und damit die Stones – auch heute noch, wo ich eher zu Classic Metal von Gruppen wie AC/DC, Led Zeppelin und Deep Purple neige. Zum anderen aber faszinierten mich auch die Beatles, vor allem, als sie mit Sgt. Pepper begannen, wahre Kunstwerke an Komposition zu entwickeln, und extrem experimentell unterwegs waren. Ein Stück wie das oben angesprochene *A Day in the Life* ist weniger ein klassisches Stück Rock als eine hinreißende Kollage von Harmonien und Disharmonien aus Elementen des Rock – mit eigenem Reiz. Denken Sie nur an die disharmonische Entwicklung, die dem Es-Dur-Akkord vorangeht: Die Musiker des Orchesters durften sich hier unabhängig voneinander unter drei Voraussetzungen austoben: Sie mussten (1) mit dem gleichen Ton beginnen und (2) nach der gleichen Zeit mit (3) dem gleichen Ton enden. Das Ergebnis: einer der elektrisierendsten Aufbauten von Spannung der Musikgeschichte, die sich im End-Akkord entlädt.

Überhaupt nicht vergleichbar mit einem „Sweet Child in Time". (Auch wenn andere auf den von den Beatles angeschobenen Zug aufspringen wollten – die Stones z. B. mit *Their Satanic Majesties Request*; einem John Lennon konnte ich psychedelische Ambitionen abnehmen, einem Mick Jagger niemals!) Wenn ich mich also als alten Rocker und somit als Stones-Fan bezeichne, gesellt sich mit den Stones, Deep Purple u. v. a. Gleiches zu Gleichem; aber die Gegensätze in Form der Beatles u. v. a. ziehen sich eben auch an, weshalb ich auch Beatles-Fan war und bin! Das heißt: Meine in den Musik-Raum gelöste Wellengleichung scheint dort viele sinnvolle Lösungen zu haben ...

Psyche, Seele und Geist

Was Körper ist, meinen wir aus unserer täglichen Sinnenwahrnehmung und der klassischen Wissenschaft einigermaßen genau zu wissen. Was aber ist Seele, was Psyche? Kann Materie Grundlage für Immaterielles sein? Wie unterscheiden sie sich? Spirituell ist Seele etwas von Gott Gegebenes; etwas, das uns „zum Menschen" macht. Und nicht nur zum Menschen, sondern zu dem Menschen, der wir sind. In Seele kommt somit Individualität zum Ausdruck. Aber auch ein Wertesystem. Und eine Beziehung zu Gott, unabhängig davon, ob der religiös oder nicht-religiös verstanden wird. Bei mir also zum Universum, zur Natur.

Psyche wird von vielen mit Seele gleichgesetzt. In vielerlei Hinsicht ist das auch richtig: Beides sind immaterielle Seiten des Menschen und somit Ausdruck und Ergebnis der Superposition aller quantenbiologischen Phänomene des Lebewesens. Wikipedia schreibt zu Seele: »Im heutigen Sprachgebrauch ist oft die Gesamtheit aller Gefühlsregungen und geistigen Vorgänge beim Menschen gemeint. In diesem Sinne ist „Seele" weitgehend gleichbedeutend mit dem Begriff Psyche. „Seele" kann aber auch ein Prinzip bezeichnen, von dem angenommen wird, dass es diesen Regungen und Vorgängen zugrunde liegt, sie ordnet und auch körperliche Vorgänge herbeiführt oder beeinflusst.«[47] Und zu Psyche: »Die Psyche [...] kann als ein Ort menschlichen Fühlens und Denkens verstanden werden. Sie ist die Summe aller geistigen Eigenschaften und Persönlichkeitsmerkmale eines Menschen. Im Gegensatz zur Seele umfasst die Psyche keine transzendenten Elemente.«[48]

Für mich sind beide Phänomene tatsächlich weitgehend synonym verwendbar, auch wenn ich Unterschiede im Detail mache. Seele ist für mich die „extrovertierte" Seite menschlicher Immaterialität, Psyche die „introvertierte" – Psyche und Seele sind also erneut eine Superposition. Seele ist im Kontext des Nicht-Ichs eines Wesens zu sehen, sie ist das Wesen in seiner Umgebung, in der Welt. Das drückt sich bei uns Menschen in Aussagen aus wie: »Der hat eine gute Seele« oder »Die gute Seele der Familie«. Gemeint ist sein Verhalten anderen gegenüber: egoistisch oder altruistisch. Viele stellen die Seele eines Menschen in den Bezug zu der eines anderen. So z. B. Goethe, wenn er sagt: »Da ich nicht reich bin, bring ich dir viel in der Seele mit.« Und Nietzsche meinte: »Nicht darin, wie eine Seele sich der anderen nähert, sondern wie sie sich von ihr entfernt, erkenne ich ihre Verwandtschaft und Zusammengehörigkeit mit der anderen.« Da gibt es also die „Seelenverwandtschaft" – eine Beziehung von Menschen mit ähnlichen Vorstellungen, Vorlieben und Empfindungen.

Psyche dagegen ist „Ich-bezogen", was nicht egoistisch bedeutet, sondern nur sich selbst betreffend. Psyche beschreibt das Wesen als Wesen selbst. Wenn wir zum Psychologen gehen, soll der zunächst einmal uns selbst helfen, auch wenn sich das dann in einem anderen Verhältnis „nach draußen", also anderen gegenüber äußern kann und oft sogar soll. Die Psyche eines Menschen ist daher ein aus der Überlagerung aller immateriellen Komponenten eines Lebewesens resultierendes Phänomen: Sinneswahrnehmungen, Gefühle, Stimmungen, Gedanken, Vorstellungen, Vorlieben, Werte, Interessen und Erwartungen. Seele ist dann eine über dieses Wesen hinaus gehende Psyche, in die auch (unbewusste) Wahrnehmungen einfließen, die andere (Lebe-)Wesen betreffen – Empathie z. B. und solche, die wir vielleicht bewusst noch nicht kennen, wie Fernwahrnehmung aufgrund von Verschränkung.

In diesem Zusammenhang sei auch der Begriff „Geist" genannt. Lässt man einmal den spirituellen Ansatz, also Religion („Heiliger Geist", von Gott eingehauchter Geist) und Esoterik („Geisteranrufung") weg, so handelt es sich bei Geist um die kognitiven Fähigkeiten eines Wesens. Geist hat damit mit dem Verarbeiten der Informationen zu tun, die über die Sinne von außen (Sehen, Hören, Fühlen, Riechen, Schmecken) aber auch von innen kommen: Homöostase (Sympathikus/Parasympathikus, Enterisches Nervensystem, Mikrobiom usw.). Dem werde ich mich an anderer Stelle ausführlich widmen, da es hier den Rahmen sprengen würde. Neben Informationsverarbeitung von Input ist Geist aber auch für deren Speicherung verantwortlich sowie dafür, wozu wir sie und unser Gedächtnis nutzen: Abstraktion, Planung, Entscheidung und darauf bauende Aktivitäten. Und, vor allem, das Projizieren von aktuellen Szenarien in die Zukunft, die Beobachtung, ob eintritt was man sich vorstellt, und eine Bewertung, wenn nicht, wie ich es oben anhand des „durchs Leben ruckeln" angedeutet habe. Geist ist also die abstrakte, die erkennende und planende Seite von Psyche/ Seele. Geist ist mit zwei anderen Begriffen eng verbunden, die ich aber von Geist, Psyche und Seele abtrennen und im folgenden Abschnitt, vor allem aber an anderer Stelle behandeln möchte: Bewusstsein und Unbewusstes.

Das bedeutet: Psyche, Seele und Geist sind zwar unterscheidbar, stellen aber dennoch, vor allem in ihrer Kombination oder, in meinem Weltbild als Superposition, die immaterielle Seite eines Wesens dar – sein ICH. Die Übergänge zwischen ihnen sind unscharf (!) und fließend.

Im mathematischen Modell meines Weltbildes kann man Seele beschreiben, indem man die Wellengleichung eines Menschen im „Wir-Raum" löst, der uns über unsere Beziehungen zu anderen Menschen, anderen Lebewesen, zum Universum definiert. In dieser Abstraktion von Seele sind Begriffe wie Moral und daraus resultierende Ableitungen wie „gut" und „schlecht", „richtig" und „falsch" definiert. Psyche erhält man, wenn man die Wellengleichung im „Ich-Raum" löst. Er ist also ihr mathematisches Modell. In beiden erhält man als Lösung eine Superposition materieller und immaterieller Phänomene. (Wir-Raum und Ich-Raum sind Unterräume des oben bereits angesprochenen Mensch-Raums.) Damit aber ist es überflüssig, Seele/Psyche irgendwo lokalisiert zu suchen, wie es für die Seele in der Antike und für Psyche heute noch erfolgt: Als quantenbiologisches Phänomen ist sie nicht-lokal und daher nicht lokalisierbar, weil sie, wie alle Quanten-Phänomene, durch die Verschränkung über das gesamte materielle System („Elektronengas", s. o.) und evtl., wie bei eineiigen Zwillingen, sogar über mehrere Individuen hinweg verteilt ist. Hier kommt auch die Bedeutung von Moralvorstellungen wie zu tradierende Werte ins Spiel, Freuds Über-Ich. Um danach zu leben, ist also keine moralische Religion erforderlich.

An dieser Stelle vielleicht ein kleiner Hinweis darauf, wie dynamisch mein Weltbild ist. Allein durch die Anpassung der Eigenschaften von Räumen an die jeweiligen Gegebenheiten, noch nicht einmal der Räume selbst, ist es möglich, dieses an Veränderungen anzupassen – z. B. an geänderte Moralvorstellungen, aber auch, siehe verborgene Variablen, an neue Erkenntnisse oder Theorien. So ändert sich am Weltbild selbst nicht das Geringste, wenn z. B. mit einem Mal im Wir-Raum auch „Homo-Ehen" als gerechtfertigt und erlaubt definiert oder Inter- und Transsexuelle nicht mehr als abartige Randerscheinung betrachtet, sondern als Phänomen der Bandbreite des Normalen angesehen werden! Das Einzige, was sich dann ändert, ist, ob eine individuelle Wellengleichung weiterhin eine Lösung in diesem Raum hat. Wenn ja, scheint der Betreffende aufgeschlossen und tolerant zu sein, wenn nein, unfähig zur Anpassung an eine sich verändert habenden Gesellschaft – *er* ist dann der Außenseiter, nicht der „Andersartige"! Daher muss ich auch nicht, wie Kirche, pedantisch auf (m)einem starren Weltbild beharren, weil irgendwann einmal jemand Homosexualität, ja Sexualität überhaupt als böse dogmatisiert hat, auch wenn ich mich damit zunehmend von der aktuellen Gesellschaft entfremde. Das ist das Faszinierende an Naturwissenschaft und Dingen, die auf ihr aufbauen: Sie sind über menschliche Wert- und Moralvorstellungen erhaben. Denn dafür ist die Philosophie zuständig, die genau diese Eigenschaften der Räume ändern kann und zwecks Aktualität anpassen muss.

Doch es besteht noch ein Unterschied zwischen Seele und Psyche: Wenn Psyche »die Summe aller geistigen Eigenschaften und Persönlichkeitsmerkmale eines Menschen« ist, unterliegt sie dynamisch Veränderungen aufgrund dynamischer Veränderungen der geistigen Eigenschaften und Persönlichkeitsmerkmale – z. B. durch Erkrankungen. Der „Ich-Raum" hat daher eine feinkörnige zeitliche Auflösung mit entsprechender Auswirkung auf die Wellengleichung. Bei der Seele dagegen kann eine gröbere Skala angelegt werden: Da sich Werte nur langsam ändern und ändern müssen, wenn überhaupt, ist auch die Seele eines Menschen weniger zeitabhängig als die Psyche.

Der Ich-Raum (und damit Psyche) ist nicht psychologisch („Ich", „Über-Ich", „Es") zu sehen! Er wurde abstrakt als Raum definiert, der ein Individuum von seiner Umwelt abgrenzt. Innerhalb dieses Raums dürfen sich Psychologen und Psychoanalytiker mit meinem Segen nach Herzenslust austoben, wie das Orchester bei dem Hinführen zum Schlussakkord von *A Day in the Life* oben: Ob es Freuds Es, Ich und Über-Ich sind, die im Ich-Raum eine Rolle spielen oder die Vorstellungen eines Mark Solms und/oder Ap Dijksterhuis oder wem oder was auch immer. Wichtig ist nur, dass am Ende der Raum mit konkreten Elementen gefüllt wurde, die eine Bearbeitung einer Wellengleichung ermöglichen, die die jeweilige Situation dann richtig darstellt. Vielleicht sehen Sie auch hierin den Vorteil der Nutzung von „Räumen", wenn man ein Weltbild aufbaut, und warum theoretische Physiker und Mathematiker so gerne mit ihnen arbeiten.

Seele/Psyche ist für mich die Repräsentation eines Menschen in seiner virtuellen Welt. Damit spielen Gefühle eine Rolle. Es ist etwas rein Persönliches, da es keinem Menschen möglich ist, Gefühle und Selbstwahrnehmung eines anderen erfassen zu können. Es stellt also die Abstraktion eines Menschen von sich selbst in seiner Gesamtheit dar. Empathie ist zwar die Fähigkeit, sich in den Anderen hineinversetzen zu können. Aber es sind dann stellvertretend eigene Gefühle, nicht dessen, die man dabei empfindet.

Wenn wir unsere Umwelt, wie ich an anderer Stelle ausführen werde, virtuell wahrnehmen, müssen wir auch uns selbst virtualisieren, um darin „leben" zu können – eben wie Avatare in Videospielen. Deshalb fällt es uns auch so schwer, zu akzeptieren, dass mit dem Tod auch Seele und Psyche enden, da wir uns virtuell vorstellen können, ewig zu leben. Wir machen so den gleichen Fehler, den Descartes gemacht hat. In seinen *Meditationes de prima philosophia* von 1641 schreibt er, seinen Dualismus ableitend: »Ich kann mir klar und deutlich vorstellen, dass Geist ohne Materie existiert. Was man sich klar und deutlich vorstellen kann, ist zumindest prinzipiell möglich. Also ist es zumindest prinzipiell möglich, dass Geist ohne Materie existiert. Wenn es prinzipiell möglich ist, dass Geist ohne Materie existiert, dann müssen Geist und Materie verschiedene Entitäten sein. Da also Geist und Materie verschiedene Entitäten sein müssen, ist der Dualismus folglich wahr.« Ein echter Wissenschaftler mit überzeugender, „induktiver" Beweisführung nach seinem berühmten Satz: »Cogito, ergo sum« – Ich denke, also bin ich. Soweit, so gut und richtig.

Nur: Der Ausgangspunkt stimmt bereits nicht. Man kann sich sehr wohl Dinge vorstellen, die auch prinzipiell unmöglich sind. Ich kann mir z. B. als (Bio-)Chemiker „klar und deutlich vorstellen", mich mit einer noch zu erfindenden Technologie auf atomare Dimensionen schrumpfen zu lassen, damit ich endlich einmal die Dinge sehe, mit denen Physiker und Chemiker arbeiten: Atome und Moleküle.[†] Das aber ist prinzipiell unmöglich. Denn bei klassischer Betrachtung müssten dazu die Atome und Moleküle, aus denen ich bestehe, entweder um den gleichen Faktor schrumpfen; dann aber wären es keine Atome und Moleküle mehr – sie wären dann so groß wie deren Bausteine, was nicht sein kann. (Ich könnte auch quantenphysikalisch argumentieren, dann aber weniger anschaulich!) Oder die Atome und Moleküle blieben, um nicht gegen Naturgesetze zu verstoßen, gleich

---

[†] Da gibt's genügend andere, die sich das offenbar auch vorstellen können und sogar filmisch umgesetzt haben, z. B. Joe Johnston in „Liebling, ich habe die Kinder geschrumpft".

groß. Dann könnte ich nur schrumpfen, indem sich mein Verbund aus Atomen und Molekülen in seine Komponenten auflöste, Atome und Moleküle, und ich ähnlich der Audiokompression nach MP3 & Co. verlustbehaftet (!) schrumpfe. Ich bestünde dann nur noch aus einer zwar immer noch großen Menge von ihnen, aber dramatisch weniger, was die Komplexität des Systems deutlich reduzierte. In beiden Fällen gäbe es mich also als Person nicht mehr. Das ICH wäre physisch wie psychisch zerstört – ich könnte dem Ziel meiner Zerlegung nicht mehr folgen: zu *sehen*, wie Atome und Moleküle aussehen. Daher ist es prinzipiell unmöglich, auf diesem Wege Atome sehen zu können, auch wenn ich es mir durchaus vorstellen kann. Das ist der Grund, weshalb Descartes' Argumentation und sein Dualismus in die Hose gehen.

Das Beispiel zeigt auch, warum Naturwissenschaften undogmatisch sein müssen und religiöse Dogmata nicht helfen. Hätte Descartes die wissenschaftlichen Erkenntnisse von heute gehabt, hätte er den Beweis der Existenz des Dualismus gar nicht aufstellen können: Es gäbe ihn also schlichtweg nicht! Analog gäbe es die institutionalisierten Religionen von heute nicht (mehr), unterlägen sie nicht Dogmata, die unter großem Einsatz konserviert werden. Daher ändere ich seine Beweisführung wie folgt ab: »Ich kann mir klar und deutlich vorstellen, dass Superpositionen und eine universelle Wellengleichung als mathematisches Modell das Universum korrekt beschreiben. Was man sich klar und deutlich vorstellen kann, ist zumindest prinzipiell möglich. Also ist es zumindest prinzipiell möglich, dass Geist und Materie nach den Prinzipien der Quantenphysik als Superposition vorliegen. Wenn es prinzipiell möglich ist, dass Geist und Materie sich überlagern, dann können sie keine verschiedenen Entitäten sondern nur verschiedene Eigenschaften einer Entität sein. Da also Geist und Materie keine verschiedenen Entitäten sein müssen, ist der Dualismus folglich falsch.« Der Unterschied zu oben: Hier ist der Ausgangspunkt richtig, wie die Quantenphysik lehrt: Es gibt Superpositionen und Wellengleichungen!

Wir „wissen" zwar, dass wir sterblich sind und uns einmal der Tod ereilen wird. Aber in unserer Virtualität wollen wir das nicht wahrhaben: Es betrifft gemäß der Arbeitsweise unseres Gehirns immer alle anderen, nicht uns selbst: Rauchen führt zu Lungenkrebs, nur nicht bei mir, daher rauche ich weiter. Rasen führt zu schwersten Unfällen, aber ich kann ja autofahren, deshalb rase ich weiter – pure Selbstüberschätzung! Konsequenz: Alle sterben, nur nicht ich. Weil das aber mit den täglichen Erfahrungen auf den Friedhöfen nicht in Einklang zu bringen ist, muss es also etwas geben, was von mir weiterlebt: die Seele. Daher stellt sich der Mensch in seiner Virtualität eine Welt nach dem Tode vor, in der seine Seele ewig lebt: Er kann es sich prinzipiell vorstellen, also ist es so. Real ist davon allerdings – nichts!

Jetzt wird's philosophisch: Aber vielleicht ist ja doch etwas dran? Wenn es eine universelle Wellengleichung gibt und wenn man aus ihr die individuelle einer Person extrahieren kann – könnte man dann nicht auch aus dieser alles „Materielle" extrahieren? Bliebe dann nicht der „immaterielle" Teil, Seele und Psyche, übrig? Könnte es dann nicht sein – Information kann nicht vernichtet werden! –, dass diese Information auch weiterhin bestehen bleibt, was bedeutete, dass die Seele tatsächlich unsterblich wäre, da sie ja noch Teil der universellen Wellengleichung ist? Gibt es also eine „kollektive Seele" aka Jenseits?

Die alten Griechen konnten sich das vorstellen: »Die Seele ist unsterblich und wechselt den Ort, indem sie von einer Art Lebewesen in eine andere übergeht.« (Pythagoras, 570–510 v. Chr.) Das ist ja auch Basis religiösen Glaubens und könnte Phänomene wie Déjà-vu erklären, die ich auch schon hatte. Oder „Erinnerungen" an ein Vorleben, wie sie manchmal berichtet werden. Lassen wir einmal außen vor, wie eine solche Seelenwanderung erfolgen könnte: Das hauptsächliche Problem ist das dadurch entstehende Paradoxon, dass etwas Immaterielles offenbar durch Verschränkung und Superposition entsteht und an etwas konkretem Materiellem gebunden ist, aber eben auch nicht. Daher gaben viele Philosophen auch Orte an, an denen die Seele „wohnt": Zirbeldrüse, Herz, Bauch … Wenn Seele aber so eigenständig ist, dass sie auch losgelöst von Materie existieren kann – wozu dann überhaupt Materie? Warum gibt es dann kein materieloses „Leben"? Oder – gibt es das?

Wenn Seele also Materie verlassen könnte: Kann ich dann nach einer solchen Seelenwanderung, sei es in Form einer Loslösung des „Geistigen" von der Materie oder sei es nach dessen Übertragung auf andere Materie, noch von „meiner Seele" sprechen? Wenn also mein Ich in meiner Seele steckt – wer oder was ist dann „Ich plus irgendein Leib"? Wenn aber „Ich plus irgendein Leib" Ich bin – was ist dann meine Seele? Ein halbes Ich? Diese paradoxe Situation können wir nur auf eine Weise lösen: Indem wir wie immer in solchen Fällen einen Kategorienfehler machen, also falsche Bezugssysteme verwenden. Hier: abstrakten Vorstellungen materielle, physische Eigenschaften verleihen. Mit anderen Worten: Dinge vergegenständlichen, die keine Gegenstände sind; z. B. Gott. Daher greifen wir auf Metaphern zurück, wenn wir über Sachen reden, die wir nur im übertragenen Sinn erfassen können – ich tue das ausgiebig!

Ein weiteres Zeichen für die paradoxe Situation ist, dass es uns überhaupt nicht stört, vor unserer Geburt nicht existiert zu haben; wir kommen aber nicht damit klar, nach unserem Tode nicht weiter zu existieren. Weil wir uns genau das auch nicht vorstellen wollen, sucht und findet unser Gehirn einen Ausweg, indem es eben rein virtuell eine unsterbliche Seele erschafft und von deren Existenz überzeugt ist. Dass wir daran glauben, heißt aber nicht, dass es auch so ist … Übrigens: Wo war diese unsterbliche Seele eigentlich vor der Geburt?

Der Körper ist ein Schatten an Platons Höhlenwand – der materielle. Die Seele auch, der immaterielle. Vor der Höhle aber steht das gleiche schattenwerfende Objekt! Nun gibt es zwei Möglichkeiten: Das Objekt lebt ewig, oder nicht. Spricht nicht die Tatsache, dass durch den Tod der materielle Schatten an der Wand verschwindet, dafür, dass das schattenwerfende Objekt selbst und damit auch der immaterielle Teil es tun? Welchen Sinn hätte es, wenn das Objekt einen Teil seiner Eigenschaften, Leib, aufgibt, andere aber, Seele/Psyche, nicht? Übertragen auf Elektron und Photon hieße das, dass sich beide wie Neutrinos der Möglichkeit berauben, mit dem Higgs-Teilchen zu interagieren und damit materialisieren zu können. Warum sollten sie das tun? Sie beraubten sich ohne Not wesentlicher Möglichkeiten! Und mit dem Bild der Symphonie oben: Was nutzt Akustik der Philharmonie, Emotionen der Musiker, Interpretation des Dirigenten, wenn es keine Instrumente gibt? Macht Seele ohne Körper Sinn?

Evolutionär ist der Tod notwendig, um besser angepassten Lebewesen eine Chance zu geben. Warum also sollte Seele weiter existieren? Muss nicht auch sie sterben, um „besser angepassten Seelen" eine Chance zu geben? So glaube ich mit Aristoteles, dass auch die Seele stirbt, wenn der Leib stirbt. Denn er veranschaulicht Körper und Geist als untrennbare Einheit durch Auge und Augenlicht. Kann es Augenlicht (immateriell) ohne Auge (materiell) geben? Und welchen Sinn macht ein Auge (Körper) ohne Augenlicht (Seele)?

Bewusstsein

Was aber ist nun das schon angesprochene Bewusstsein, das uns ebenso viele Probleme aufgibt, es zu verstehen? Ich sagte bereits: Bewusstsein ist eng mit der Trias (philosophischer Begriff, von gr. τριάς [trias]: Dreiheit) Seele/Psyche/Geist verbunden. Und doch ist es damit nicht gleichzusetzen: Bewusstsein ist das Sich-bewusst-werden dieser Trias (im Folgenden einfach als Psyche subsummiert), eine Konsequenz, eine Eigenschaft dieser Phänomene. Hier zeigt sich wieder die Virtualität, in der wir gefangen sind: In unserem Bewusstsein erfahren und abstrahieren wir unseren realen, immateriellen Teil unseres Seins. Vielleicht lässt sich das an den Wellengleichungen besser erklären. Zoomen wir daher weiter aus dem Universum zurück in Richtung Mikrokosmos.

Manche Menschen machen zwischen Psyche und Bewusstsein keinen Unterschied. Aber wie bei Seele/Psyche gibt es in meinen Augen sehr wohl einen, und zwar einen großen: Bewusstsein selbst ist kein quantenbiologisches Phänomen, es ist der Ausdruck eines solchen – der *Tanz* des immateriellen Schattens an Platons Höhlenwand! Insofern ist der Stopp beim Zoomen hier eigentlich nicht angezeigt; ich tue es aber trotzdem, da Fähigkeit zu Bewusstsein durchaus ein quantenbiologisches Phänomen, eine Eigenschaft der Entität (des Wesens) ist, die aufgrund der Art und Anzahl der Verschränkungen ihrer Komponenten und der möglichen cat-states beginnend mit den einfachen bis hin zu den bodysoul-cat-states zustande kommt. An dieser Stelle betrachten wir Bewusstsein aus einer nicht-klassischen Top-down-Ansicht: anhand von Wellengleichung und Räumen vom Universum in Richtung Elementarteilchen gehend. An anderer Stelle werde ich das klassisch „bottom-up" versuchen. Für das Verständnis wird jeweils wichtig sein, zu erkennen, dass wir heute aufgrund neuer neuropsychologischer Erkenntnisse z. B. des Psychoanalytikers und Neurologen Mark Solms, Leiter der Abteilung für Neuropsychologie am Groote Schuur Hospital in Kapstadt und Professor für Psychiatrie am Mount Sinai Hospital in New York, wohl zwei Arten von Bewusstsein unterscheiden müssen: ein emotionales Bewusstsein, das als Konsequenz unserer Gefühle „aus dem inneren Menschen", Freuds Es, entspringt. Und ein kognitives Bewusstsein, also das, was wir bislang und vor allem Freud unter „Bewusstsein" verstanden haben: das Ich, das auf der Verarbeitung von (Sinnes-)Wahrnehmungen eines „äußeren Menschen" im präfrontalen Cortex beruht. Dazu, wie gesagt, an anderer Stelle mehr!

Bewusstsein ist also das Bewusstwerden der eigenen Psyche, aber eben auch der eigenen Physis – der Vorgänge in einem, seien sie materiell oder immateriell. Meinem Weltbild entsprechend, können wir beides nicht dualistisch betrachten: Sie sind sich nicht einer Verletzung, etwas Materiellem, bewusst, ohne Schmerz und damit ein Gefühl, also etwas Immaterielles, zu empfinden und ihn ggf. sogar zu ignorieren, weil Sie aus Erfahrung wissen, dass er schnell wieder aufhört. Die hier herrschende Superposition erkennen Sie daran, dass Sie Schmerz wegdenken können, auch wenn die Sinneszelle, die ihn auslöst, (materiell) weiter feuert. Ohne das Gefühl als Ergebnis der Wahrnehmung eines physischen Reizes ist eine Verletzung, so man sie überhaupt bemerkt, lediglich eine abstrakte Erinnerungsspur, derer man sich nicht, höchstens abstrakt bewusst sein kann. Wie häufig habe ich mir kleine Kratzer oder Blutergüsse geholt, ohne das zu bemerken: Sie wurden mir nicht bewusst, waren, für mich, nicht da. Wird ein Schmerz zu groß, kann das Gehirn ihn „abschalten", indem es das Bewusstsein „verliert". Andererseits kommen viele mit Amputationen schlecht klar: Ihre abstrakte Vorstellung des amputierten Körperteils führt zu „Phantomschmerzen", Gefühlen, die auch entstünden, hätte man sich dieses Körperteil tatsächlich real verletzt. Sie sehen auch hier, dass die Grenze zwischen Realität und Virtualität mehr als fließend ist – sie ist künstlich definiert! Unser Bewusstsein, egal ob emotional oder kognitiv, ist ein Objekt und Ergebnis unserer Virtualität.

Dieses Bewusstwerden stellt sich in der von mir skizzierten theoretischen (mathematischen) Betrachtung auf mehreren Ebenen dar: (1) Als *Objekt* im Wir-Raum: Hier begreift man sich als Teil einer größeren Gruppe oder Gemeinschaft oder, im Extrem, als Teil des Universums: „Ich bin mir meiner Verantwortung bewusst!" oder „Ich weiß, wo ich stehe!", „Ich bin Teil eines Teams!" Man nimmt sich als Wesen in seiner Einzigartigkeit und Andersartigkeit abgegrenzt gegenüber anderen Objekten, belebt (Wesen) oder unbelebt (Gegenständen), wahr, aber eben in einem wie auch immer gearteten Verhältnis zu ihnen. (2) Über „Selbst-Bewusstsein" als *Subjekt* im

Ich-Raum: „Das im Spiegel da bin ich!", aber auch „Ich weiß, was ich kann!"
oder gar „Ich kann das besser!" Hier erlebt man nicht nur sich selbst, auch
in einem spezielleren, ich-betonten Zusammenhang mit anderen, sondern
stellt auch fest, dass man ein Bewusstsein hat. (3) Als Körper im „Körper-
Raum": „Ich habe Schmerzen im Knöchel – was ist da los?" Bewusstsein
ist hier Schnittstelle oder Vermittler zwischen Körper und Geist. Womit
wir zum Immateriellen kommen. (4) Als Seele im „Seele-Raum", in dem
Werte und Moral eine Rolle spielen: „Darf ich das tun?" oder „Wem helfe/
schade ich mit meinem Tun?" (5) Als Subjekt oder Objekt im „Wahrnehmungsraum": „Diese grüne Beere da drüben könnte giftig für mich sein!",
„Ich will die Antilope da drüben!", aber auch: „Ich denke, also bin ich *bei*
Bewusstsein!" (6) Im „Gedanken-Raum": »Cogito – ergo sum!« Ich denke,
also bin ich. Um denken zu können, Gedanken zu haben, braucht man die
abstrakte Ebene des Bewusstseins und seine Virtualität. (7) Im „Supervisions-Raum", in dem bewusste Entscheidungen gefällt werden: „Ich weiß,
was ich will!" oder „Das ist nicht, was ich tun werde!" Es gibt noch viele
Aspekte von Bewusstsein, die ich hier nicht weiter ansprechen kann – ich
denke aber, es ist auch so schon klar geworden, dass Bewusstsein ein komplexes Phänomen ist, das nicht mit einfachen Erklärungen wie nur Körper
oder nur Geist behandelt werden kann.

Während Körper und Geist, also Physis und Psyche sowie Seele, wenn man
unterscheiden will, quantenbiologische Phänomene, die aus der Überlagerung und/oder Verschränkung unzähliger quantenphysikalischer Entitäten resultierten, und damit *Eigenschaften* eines Wesens sind und so über
eine Wellengleichung mathematisch beschrieben werden können, ist Bewusstsein mathematisch die Überlagerung der Lösungen einer Wellengleichung in zwei Räumen: der des individuellen Körpers und der der individuellen Seele. Und damit, wie gesagt, eine *Folge* quantenbiologischer Phänomene und wie die miteinander wechselwirken. So wie die Wahrnehmung eines Tons Folge einer akustischen Welle ist, die mittels Wellengleichung beschreibbar ist.

Bewusstsein als konkretes Phänomen, nicht als abstrakter Begriff, existiert
ausschließlich im Wesen selbst: Das Subjekt, und nur das Subjekt, nimmt
sich und seine Umwelt auf diese Weise als Objekt wahr. Bewusstsein ist,
wie gesagt, keine Eigenschaft eines Wesens, sondern ein Mittel, diese zu
erfahren und ggf. zu nutzen, so wie ich Maurice Ravels Bolero benutze, um

mich zu beruhigen, oder AC/DC's Hell's Bells, um mich in Stimmung zu bringen. Während jemand Drittes etwas zum Körper und vielleicht auch, weit schwieriger, zur Psyche eines Anderen aussagen kann, kann er von dessen Bewusstsein lediglich feststellen, ob dieses gerade „da ist" („bei Bewusstsein") oder nicht („bewusstlos") – und auch das nicht perfekt, wie man daran sehen kann, dass auch komatöse Patienten Gesprächen folgen und, nach ihrem Aufwachen, darüber berichten können. Habe ich selbst mehrfach im Rettungsdienst erlebt. Warum? Weil Gefühle Bewusstsein aktivieren, dieses also konkret ohne den Auslöser Gefühl nicht existiert. Gefühle aber sind Ausdruck der aktuellen individuellen Situation.

Wesentliche Voraussetzung für (kognitives!) Bewusstsein ist die Fähigkeit zu Abstraktion und so die Möglichkeit zu virtueller Abbildung nicht nur der Realität, sondern auch von sich selbst. Während die unbewusst arbeitenden Autopiloten des philosophischen Zombies die Umwelt über Sinnesorgane „nur" wahrnehmen, um wie der Druckmesser unserer Flugzeuge, das Echolot von U-Booten oder das Außenthermometer moderner Heizanlagen externe Ist-Werte zu ermitteln, nutzt unser Bewusstsein sie abstrakt als Ausgangswerte, mit denen es „spielen" kann: Wie würde unsere Welt aussehen, wenn unsere Sonne nicht weißes Licht aussenden würde, sondern das rote eines Roten Zwergs? Wie könnten Aliens aussehen? Wie schön wäre dieser Strand, wenn er nicht aus Kieseln, sondern Sand bestünde? Was passierte, wenn ich diesem kleinen Wurm da, der sich gerade so wahnsinnig aufregt und mich anschreit, meinem Chef, den Mittelfinger zeigen würde? Besonders letzteres zeigt, dass es durchaus nicht schlecht ist, wenn Gedanken in der reinen, individuellen Virtualität bleiben ...

Unsere Autopiloten nehmen „objektiv" Reize aus dem Inneren eines Menschen und seiner Umwelt auf, analysieren sie und reagieren darauf autonom, soweit möglich und nötig. Dass diese Aktivitäten den eigenen Körper betreffen, spielt dabei keine Rolle: Sie würden, sofern vorhanden, das gleiche tun, würden die Informationen (wie auch immer) von einem anderen Körper stammen und die Resultate an einen anderen Körper zur Ausführung übermittelt werden. (Denken Sie jetzt an Fernheilung?) Nicht so das Bewusstsein. Es stellt fest, dass da etwas passiert, und dass es einen selbst betrifft, was da passiert! Kälte ist ein abstrakter Begriff! Das Bewusstsein stellt nicht fest, dass die Außentemperatur derart gesunken ist, dass

Wärme durch Muskelzittern erzeugt werden muss, damit der Körper nicht auskühlt. Das macht der Autopilot. Aber dieses wahrgenommene unbewusste bzw. unbewusst wahrgenommene Muskelzittern abstrahiert das Bewusstsein mit Hilfe der durch das Unbewusste erzeugten Gefühle zu „ich friere, also ist es kalt" (oder, wie Descartes argumentieren würde: Algeo, ergo frigus est). Analog sorgt der Autopilot für Schweißabsonderung, falls die Körpertemperatur gefährlich hoch zu steigen droht, um über die Verdunstung Körperwärme abzuführen. Die Rezeptoren in Ihrer Haut signalisieren nun nicht: Die Temperatur beträgt 39,8 °C, was Ihr Bewusstsein als „es ist heiß" interpretiert, weil für es alles über 25 °C heiß ist. Vielmehr stellt es fest, dass die Schweißperlen, das Ergebnis der Arbeit der Autopiloten, nicht verdunsten: „Ich schwitze, also ist es heiß". Daher werden Temperaturen von 25 °C bei hoher Luftfeuchtigkeit eher als „Hitze" empfunden als solche um 35 °C bei Trockenheit, bei denen der Schweiß sofort und unbemerkt verdunstet. Der Autopilot reagiert in beiden Fällen gleich: Schweißproduktion zur Kühlung. (Ein Horror aus eigener Erfahrung: Ninety-five/ninety-five, das z. B. in den Südstaaten der USA häufig anzutreffende Verhältnis von Temperatur 95 °F [= 35 °C] und 95 % Luftfeuchtigkeit! Wenn Sie dort aus dem klimatisierten Haus gehen, um im klimatisierten Auto in den klimatisierten Supermarkt zu fahren, können Sie auf den jeweiligen kurzen Wegen dazwischen sofort das T-Shirt wechseln. Wirklich!)

Diese Abstraktion der Aktivität von Autopiloten ist Ausgangspunkt für abstrakte Berechnungen unseres Quantencomputers namens Gedanken („Kognition"), was man damit machen soll, welche Möglichkeiten es gibt, theoretisch (Klimaanlage heraufschalten, Pulli ausziehen) und praktisch (habe keine Klimaanlage), sie abzuwägen (also Pulli!) und daraus einen Plan für eine bewusste Handlung zu erstellen (Pulli ausziehen). Wie sehr dabei individuelles Bewusstsein involviert ist, zeigt, dass der Eine noch lange nicht friert, wenn der Andere arktistaugliche Thermojacken wie Zwiebelschalen anlegt, oder der Andere noch im Pulli dasitzt, wenn der Eine gerne noch seine Haut ablegen würde. Diese unterschiedlichen Reaktionen auf objektiv gleiche Situationen sind also nur damit erklärbar, wie individuelle Psyche mit der individuell wahrgenommenen Realität umgeht.

Ap Dijksterhuis, Sozialpsychologe an der Universität Nijmegen, unterscheidet daher nicht mehr zwischen Bewusstsein und Unbewusstem. Er vergleicht beide mit einem gigantischen Prozessor, der auf eine riesige Datenbank zurückgreifen kann, und in dem sehr viele Prozesse parallel ablaufen, die erforderlich sind, um zu einem konkreten Ergebnis zu kommen – die einen „bewusst", die anderen „unbewusst". Wobei die unbewussten offenbar deutlich überwiegen: Man glaubt zu wissen, dass man ca. 200 000mal mehr unbewusst verarbeitet als bewusst. Damit schließt sich der Kreis zur klassischen Betrachtung. An anderer Stelle werde ich Autopiloten als unbewusste Prozesse unseres Quantencomputers beschreiben. Bewusstsein ist damit auch („nur") ein solcher Prozess: Sie sind sich ja üblicherweise dessen nicht bewusst, dass Sie „bei Bewusstsein" sind. Das ist auch der Grund, warum der Thalamus, eine wichtige Struktur im Gehirn, seine Funktion als „Wächter des Bewusstseins" wahrnehmen kann: Bewusstsein ist in der Sprache von Systemprogrammieren ein ganz normaler Prozess, der sich „nur" darin von allen anderen unterscheidet, dass er unsere „Aufmerksamkeit", Fach-Jargon: den Fokus besitzt. Wie gesagt: an anderer Stelle mehr dazu.

Das passt zu Solms' Theorie: Bewusstsein lässt sich auf zwei „Prozessarten" zurückführen – nicht-fokal, also nicht den Fokus, die Aufmerksamkeit besitzend (emotional, Es) und fokal (kognitiv, Ich), wobei fokale Prozesse den Fokus von einem nicht-fokalen erhalten und selbst danach streben, ihn wieder abzugeben. Wechselt der Fokus, wird einem ein anderer unbewusster Prozess bewusst. Das drückt sich in den lateinischen und altgriechischen Worten für „Bewusstsein" aus: conscientia „Mitwissen" und συναίσθησις [synaísthesis] Mitwahrnehmung, Mitempfindung: das „Bewusstsein" weiß also etwas zusammen mit etwas anderem, dem Unbewussten, nimmt mit ihm zusammen etwas wahr, empfindet gemeinsam. Im Kontext der Quantenphysik kann man Bewusstsein auch als Superposition auffassen – allerdings nicht quantenphysikalischer Phänomene: Es ist eine Überlagerung aller unbewussten Prozesse und Wahrnehmungen. In Platons Höhlenmetapher ist Bewusstsein, wie oben erwähnt, die Wahrnehmung der Schatten Physis und Psyche an der Höhlenwand, nicht die Schatten selbst.

Bewusstsein ist also das Ergebnis der Arbeit des biologischen Quantencomputers eines Menschen, seines Gehirns. Damit ist auch klar, warum Bewusstsein alles andere als deterministisch ist und sein kann und es bisher unmöglich ist, es auf einfachen, deterministisch arbeitenden Systemen wie digitalen Computern abzubilden. Ja sogar, es deterministisch erklären zu wollen. Echtes künstliches Bewusstsein als Folge von künstlicher Intelligenz, wie wir es hochentwickelten Androiden gerne einbauen würden, wird also nicht so einfach herzustellen sein – zumindest nicht mit unseren heutigen Methoden. Das schränkt die Möglichkeiten Künstlicher Intelligenz von heute ein, da Intelligenz ebenfalls Folge quantenbiologischer Phänomene ist. Exakt das stellt man fest: Trotz intensiver Forschung ist noch kein wirklich fassbarer Erfolg, nicht einmal eine Weiterentwicklung, geschweige denn ein Durchbruch sichtbar, außer dem, dass man heute versucht, künstlich Unschärfe in deterministische Systeme einzubauen. Man nennt das dann „fuzzy logic" („unscharfe Logik"), und die kennt nicht nur das „ja" und „nein" der Logik sondern auch ein „vielleicht" in verschiedenen Nuancen!

Nicht mathematisch über Wellengleichung und Raum betrachtet, wenn auch quantenphysikalisch, ist Bewusstsein also eine komplexe Superposition. Wie die Aufzählung oben gezeigt hat, spielen viele unterschiedliche Aspekte in das Phänomen hinein – angefangen von kognitiven Vorgängen wie Gedanken über Meldungen unserer unbewusst agierenden Autopiloten durch Gefühle bis hin zu rein abstrakten Gebilden wie Vorstellungen und Planungen. Dieses Gemenge so unterschiedlicher Dinge kann nicht anders als über Verschränkung und Superposition erklärt werden, was aber eine gemeinsame Basis dieser so unterschiedlichen Dinge voraussetzt. Das können nur Quantenbiologie und die ihr zugrundeliegende Quantenphysik mit ihren merkwürdigen Phänomenen sein!

Gefühle

Eine interessante Frage ist, wie die nun schon mehrfach angesprochenen Gefühle in dieses Weltbild passen. Sind wenigstens sie, wenn schon nicht Bewusstsein, quantenbiologische Phänomene? Nein. Sie sind die Bewusstwerdung von Emotionen, also Zuständen, deren Ursache solche Phänomenen sind: Fühle ich Schmerz, basiert das auf der Aktivität eines an anderer Stelle angesprochenen Schmerznetzwerkes, die mir bewusst werden. Spüre ich Durst, wird mir bewusst, dass offenbar die Salze in meinen Körperflüssigkeiten verdünnt werden müssen. Ja, es ist nicht ganz einfach, und darum streiten Psychologen untereinander und mit Philosophen von Anfang an. Ich werde an anderer Stelle meine Sicht darstellen – an dieser Stelle soll „Gefühl" sowohl für Affekte und Emotionen wie auch die eigentlichen Gefühle stehen. Denn hier geht es nur um das Konzept.

Gefühle sind also quantenbiologisch einmal mehr *Folgen* aktueller Zustände, genauer: Zustandsänderungen der verschränkten Komponenten des Körpers: Erstem, zweitem, drittem Gehirn, Immun- und Drüsensystem, Sinnesorganen und endogenem Internet, Dingen also, um die ich mich an anderer Stelle intensiver kümmern werde. Mit anderen Worten: Sie sind Konsequenz dessen, dass die einzelnen Komponenten, zu denen auch unser Mikrobiom gehört, miteinander in einer Art Homöostase verschränkt sind! Freud bezeichnet den Soll-Zustand der daraus resultierenden Superposition als „Nirwana" – das anzustrebende Fehlen jeglicher Affekte, Emotionen und damit Gefühle (weil dann alles im „Soll" ist). Sie sind immateriell, aber an Materie gebunden. Das aber bedeutet: Gefühle entstehen tatsächlich nur nicht-klassisch durch eine nicht-materielle Beziehung von materiellen, klassisch beschreibbaren Einzelteilen unter- und zueinander.

Gefühle sind ohne diese Komponenten, materielle Körperteile wie Organe und ihre Vernetzung, nicht möglich und verändern sich, falls einzelne dieser Komponenten sich ändern oder wegfallen (oder hinzukommen). Soweit die Richtigkeit des Dualismus nach Descartes und die Fehleinschätzung der Monisten: Es gibt Körper und Geist als unterscheidbare Phänomene, so wie es das Elektron oder das Photon als Welle oder Teilchen gibt. Aber beide sind nur zwei Eigenschaften, zwei Schatten eines quantenbiologischen Objektes, die während dessen Existenz einen dynamischen, unbestimmten bodysoul-cat-state bilden und damit Ergebnis einer ganz speziellen Art von nicht-klassischen Beziehungen innerhalb der Materie sind und nicht von ihr trennbar.

Auch Gefühle können in meinem Weltbild in unterschiedlichen Räumen betrachtet werden: (1) Wir-Raum: „Was die Veranstaltung betrifft habe ich kein gutes Gefühl!" (2) Ich-Raum: „Ich sollte besser nicht auf diese Veranstaltung gehen!" (3) Körper-Raum: „Ich fühle mich heute nicht wohl!" (4) Seele-Raum: „Ich sollte das nicht tun!" (5) Wahrnehmungsraum: „Oh, oh, oh: das könnte ins Auge gehen!" (6) Gedanken-Raum: „Ich hätte heute die Tür doch nicht zuknallen sollen!" (7) Supervisions-Raum: „Und wenn schon, ich tu's trotzdem!"; usw. Gefühle sind also das Produkt der Verarbeitung von Reizen durch unser Unbewusstes, unsere Autopiloten, die ihren Ursprung in unseren Sinnen haben (Wir werden an anderer Stelle sehen, dass es mehr als fünf sind!). Sie sind Zustände des Systems und vermitteln dem Bewusstsein ein bewertetes Bild von der Umwelt und uns selbst. Da diese Bewertungen das Ergebnis von Erfahrung sind, sind Gefühle Ausdruck unserer Erfahrung, angepasst an die aktuelle Situation. Mit Solms Worten: Das Ergebnis eines *prediction errors*, einer Abweichung dessen, was unser Gehirn in seiner Virtualität anhand aktueller Wahrnehmung (Sinne) und Erfahrung (Erinnerung an Wahrnehmungen in der Vergangenheit) als wahrscheinlichstes Szenario in die Zukunft projiziert hat und dem, was es dann tatsächlich wahrnimmt.

Der Superpositionismus

So viel zu Seele/Psyche/Geist und dem Körper-Geist- oder Leib-Seele-Dualismus. Das Schlimme und Unattraktive für rechtschaffene Gläubige an einen monotheistischen Gott: Es gibt weder ein Leben nach dem Tod noch einen Garten Eden. Das Gute: aber auch kein Fegefeuer und keine Hölle! Auch die Konsequenzen sind für viele nicht erstrebenswert: Man kann Verfehlungen, so es denn tatsächlich welche sind und sie einem nicht nur eingeredet werden, hier und jetzt weder auf andere abschieben und sich ritualisiert mit lächerlichen „Strafen" reinwaschen, noch sich auf Rechtfertigung vor einem Gott anstelle irdischer Gerichtsbarkeit beziehen: Jeder ist für das, was er tut, in vollem Maße selbst verantwortlich! Hier und jetzt, und in jeder Hinsicht. Wie heißt es in Monty Pythons *Das Leben des Brian*? »Du kommst aus dem Nichts und du gehst wieder ins Nichts zurück. Was hast du also verloren? Nichts!«[49]

So viel auch zur Unrichtigkeit des Descartes'schen Ansatzes. Der Dualismus findet ausschließlich abstrakt in einer künstlichen, klassischen Betrachtung der Welt Berechtigung, ist für alles Konkrete ungeeignet und kann als These nur dazu dienen, zu „Reagenzglaserkenntnissen" zu gelangen, die in einen Kontext gebracht werden müssen. Wenn auch spannend, kann und möchte ich an dieser Stelle nicht in die philosophische Debatte eintreten, die sich um Monismus, welcher Art auch immer, Dualismus wie der streng trennende Descartes'sche aber auch der Epiphänomalismus (der Körper hat Einfluss auf den Geist, aber nicht umgekehrt) oder Repräsentationalismus (der Geist beeinflusst lediglich sich selbst) oder der Leibniz'sche Parallelismus oder andere Ansätze dreht. Wer Interesse daran hat, kann z. B. mit Marys Zimmer[50], einem Gedankenexperiment des australischen Philosophen Frank Cameron Jackson aus dem Jahre 1982 beginnen. Es handelt sich um eine Abwandlung von Platons Höhlengleichnis, allerdings mit anderer Zielrichtung.

Mary ist eine außergewöhnliche Neurophysiologin, also Wissenschaftlerin, die *alle* physikalischen und physiologischen Details kennt, die beim Sehen eine Rolle spielen. Aber sie hat ein Handicap: Sie sieht in ihrem Zimmer die Welt nur über einen schwarz-weißen Monitor. Eines Tages wird sie aus dem Zimmer herausgeführt und sieht das erste Mal die Welt in Farbe. Die Frage ist nun: Lernt sie dadurch etwas Neues von der Welt, was bedeutete, dass es neben physikalischen Phänomenen, die sie ja alle kennt, auch immaterielle, nicht-physikalisch erklärbare geben muss, die sie noch nicht kennt und die man als Qualia bezeichnet – subjektive Qualitäten von Bewusstseinsinhalten? Wenn ja, wäre der materielle Monismus widerlegt. Das führte zum Epiphänomalismus, wie Jackson zunächst folgerte. Wenn aber nicht?

Auch heute noch wird jeder Monismus als Gegenthese zum Dualismus wie dieser *klassisch* diskutiert: nur materiell *oder* nur ideell. Und wenn es monistisch nicht geht (Marys Zimmer!), führt das automatisch zum Dualismus in seinen verschiedenen Ausprägungen. Mein aus nicht-klassischer Betrachtungsweise folgender Superpositionismus dagegen betrachtet Körper und Geist als Einheit und als properties on demand *eines* Phänomens, ist also ein Monismus, der sich von allen anderen unterscheidet, selbst dem „neutralen Monismus" eines Spinoza oder dem reduktionistischen eines Ernst Mach (1838–1916, österr. Wissenschaftstheoretiker, Physiker und Philosoph), die auf vollkommen anderen Vorstellungen beruhen. Doch hätten sie und Leibniz mit seinen Monaden die Quantenphysik bereits gekannt, gäbe es den Superpositionismus vielleicht schon.

Es wird wohl noch ein bisschen dauern, bis sich die Laienbevölkerung mit der Quantenphysik angefreundet haben wird und an Schulen nicht mehr unterrichtet wird, dass wir aus Atomen und Molekülen bestehen, sondern aus Feldern und Superpositionen mit und ohne Higgs-Feld. Aber so, wie sich auch Atome und Moleküle erst durchsetzen mussten, wird das mit den cat-states alles Lebens irgendwann auch sein! Max Planck meinte treffend: »Irrlehren der Wissenschaft brauchen 50 Jahre, bis sie durch neue Erkenntnisse abgelöst werden, weil nicht nur die alten Professoren, sondern auch deren Schüler aussterben müssen.« Ich jedenfalls bin überzeugt: Da Materie quantenmechanisch betrachtet werden kann und diese quantenmechanischen Betrachtungen zu korrekten Vorhersagen führen, gibt es keinen Grund, das Immaterielle, das die materielle Seite der Medaille „belebte Natur" komplementiert, Gefühle, Bewusstsein, Psyche, Geist und Seele, nicht ebenfalls quantenphysikalisch erklären zu können. Denn egal, wie man es dreht und wendet: Das Universum besteht aus verschiedenen Erscheinungsformen von Energie! Was immer in diesem Universum passiert, muss auf einer dieser Erscheinungsformen von Energie beruhen und erklärbar sein. Wer, wie Religionsvermittler, anderes annimmt, muss erst zeigen, dass das nicht so ist – es einfach behaupten und dann auf „Glauben" zu verweisen, reicht nicht. Solange aktuelle Religionen eine objektive, nachprüfbare Untersuchung auf Spiritualität und übersinnlichen Wesen beruhender Erklärungen unserer Welt nicht nur nicht unterstützen sondern be- und verhindern, haben sie sich in meinen Augen als Quelle möglicher Sichtweisen selbst aus dem Rennen geworfen.

Was uns also bei der Beschreibung des Lebens mit dem Dualismus von René Descartes und seiner Fixierung auf die beiden unabhängigen Phänomene Körper und Geist fehlt, sind exakt die Bindeglieder in Form quantenphysikalischer Phänomene, die durch Superposition und Verschränkung entstehen. Sie sind ja immateriell, müssen es sein! Das hat weitreichende Konsequenzen!

Denn das bedeutet (1), wenn wir vom Körper als Materie ausgehen, weil wir damit eher vertraut sind als mit Feldern und Wellen, dass Bewusstsein und Seele Phänomene sind, die zwangsläufig durch Selbstorganisation der materiellen Bestandteile des Menschen entstehen, also aus sich selbst heraus. Ein Gott, der einem Menschen die Seele einhaucht/einhauchen muss, ist also nicht nur nicht notwendig sondern eher hinderlich, weil er die Erklärung verkompliziert. Wer unbedingt einen Gott für seinen Glauben benötigt, kann ihn mit den Prinzipien der Quantenphysik gleichsetzen, die komplex und unverständlich genug sind, dass „ihre Wege wundersam und für uns noch unergründbar" sind. Mit Betonung auf „noch", weil sie im Gegensatz zu denen eines religiösen Gottes prinzipiell, wenn auch mit unserem Wissen heute noch nicht (vollständig) erklärbar sind. Sie erkennen hier, was ich Ihnen oben versprochen hatte: Sie müssen nichts an den religiösen Begriffen ändern, lediglich an ihren Inhalten: Gott ist kein höheres Wesen, sondern ein Prinzip der Natur, ja *die* Natur.

Es bedeutet (2): Alle Systeme, die sich zu höheren, komplexeren Systemen organisieren, können Bewusstsein und Seele ausbilden, da beide nicht von Materie unabhängige Phänomene sind, sondern aufgrund deren Komplexität zwangsläufig und automatisch entstehen. Dabei ist unerheblich, um welche Form von Materie es sich handelt! Die Phänomene, die zu Seele und Bewusstsein führen und die wir heute noch nicht erklären können, sind eine Folge der Überlagerung der möglichen Zustände der Materie, die sie bildet. Eine Handvoll von Atomen und Molekülen wird sicherlich ebenso wenig ein Bewusstsein und eine Seele entwickeln (können) wie Intelligenz, weil die Superposition der möglichen Zustände hier noch zu einfach sein dürfte – auch zwei Up- und ein Down-Quark alleine bilden noch kein Atom mit seinen Phänomenen, sondern „nur" ein Proton. Andere Formen aber, insbesondere belebte wie Tiere, sind komplex genug. Ausprägung und Grad von Bewusstsein und Seele mögen daher aufgrund unterschiedlicher Komplexität der Superpositionen als Folge unterschiedlicher Anforderungen, sich in der jeweils eigenen Umwelt zurechtfinden zu können, unterschiedlich sein; sie aber generell Lebewesen außer uns Menschen abzusprechen, erscheint bei dieser Sichtweise nicht nur falsch und arrogant zu sein, sondern geradezu unrealistisch und unwissenschaftlich.

Unter diesem Gesichtspunkt sollten wir auch unsere Einstellung zu Pflanzen überprüfen: Sind Bewusstsein und Seele Folge der Superposition aller möglichen Zustände eines komplexen Systems, könnte zutreffen, was viele seit langem annehmen, die gerne allzu schnell zumindest ins esoterische Lager wenn nicht mehr gestellt werden: Auch Pflanzen könnten Gefühle, vielleicht sogar ein (primitives) Bewusstsein haben. Vermutlich sehr viel weniger ausgeprägt als bei Tieren, da die allein schon aufgrund ihrer Fähigkeit zum Standortwechsel, der ausgeprägteren Möglichkeiten zur Wahrnehmung, dem Beute machen und dem Besitz eines Nervensystems komplexer sind und so komplexere cat-states haben; aber dennoch grundsätzlich vorhanden. Vermutlich nur in Form eines Solms' emotionalem vergleichbaren Bewusstseins, das nicht auf Gefühlen basiert, sondern der ihnen zugrundeliegenden Änderung der auch bei Pflanzen existierenden Homöostase physiologischer Vorgänge direkt, vielleicht aber sogar doch. Denn auch Pflanzen können, wie z. B. die Venusfliegenfalle eindrucksvoll zeigt, trotz fehlendem Nervensystem auf Reize reagieren – analog zu unseren Reflexen: mit Aktivität (Bewegung) und Kommunikation (Signalstoffe bei Insektenfraß). Verrückt? Was wissen wir denn von den immateriellen Vorgängen bei Lebewesen, selbst bei uns – wie können wir uns da mit unserem Wissen ein endgültiges Urteil erlauben? Sie mögen lächeln oder sich an die Stirne tippen; aber solange nicht definiert werden kann, was jenseits psychologischer/philosophischer Sicht Seele und Bewusstsein sind und wie sie zustande kommen, erscheint es mir vermessen, diese Möglichkeit von vornherein auszuschließen. Das ist keine Frage von Spiritismus oder Esoterik, sondern das Eingeständnis, nicht genügend Informationen zu haben, um es grundsätzlich ausschließen zu können. Das einzugestehen stünde jedem gut zu Gesicht, der Spontanheilung, Fernwahrnehmung und Zwillingsphänomene nicht überzeugend erklären kann.

(3) Da wir in dieser Welt auch zu anderen Objekten in Beziehung treten und mit ihnen wechselwirken, bilden wir *nicht* in sich abgeschlossene Systeme. Diese aber sind noch komplexer mit noch komplexeren Superpositionen (s. o. Podschun und Schrödingers Labor). Wir sind und bleiben so nur Teil eines Gesamtsystems namens Universum, da wir mit ihm interagieren, und sind mit ihm über cat-states untrennbar verbunden! Auf dieser Sicht bauen, unbewusst, viele Naturreligionen auf, so die der nordamerikanischen Indianer, die Gleichberechtigung aller Lebewesen und die Einbettung aller in Harmonie zugrunde legen. Diese Sicht haben uns Einsteins primitive und moralische Religionen genommen, denn das führt logischerweise zum Pantheismus spinozistischer Ausprägung, der von vielen, die sich eingehend mit der Natur beschäftigen, unterstützt wird – so von Einstein! Mit anderen Worten: Wer Quantenphysik ernst nimmt, muss Spinozist sein!

(4) Wenn Bewusstsein und Seele zwar abhängig von der Komplexität eines Systems sind, nicht aber von der Materie, die ihr unterworfen ist, gibt es keinen Grund, auszuschließen, dass auch künstliches „Leben" in Form von Androiden entstehen und beides entwickeln könnte. Das mag viele erschrecken, abstoßen und reflexhaft veranlassen, diese Theorie abzulehnen. Denen kann ich nur zurufen:»Und sie werden sie *doch* haben!«. (Der berühmte Satz wird Galileo zwar zugesprochen; es scheint aber nicht so zu

sein, dass er ihn tatsächlich geäußert hat. Und wenn schon: Stimmen tut er …)

Wer an meinem Weltbild Gefallen finden will, muss absolut open minded sein – in jeder Richtung! Denn was wäre so schlimm daran? Stellen Sie sich vor, man könnte einen Androiden als exakte Kopie eines Menschen schaffen, der sich in keiner Weise von ihm unterscheidet. Stellen Sie sich weiter vor, wir hätten, was hoffentlich niemals der Fall sein wird, einen menschlichen Klon von ihm. Stellen Sie sich schließlich vor, daneben existierte sein natürlicher Klon, sei eineiiger Zwilling. Sie wüssten über die anderen nichts! Nun fangen Sie eine rege Unterhaltung mit ihnen an. Am Ende erführen Sie: Einer von ihnen war Zwilling. Sie können ihn aber weder optisch noch aufgrund der Unterhaltung identifizieren. Hätten Sie damit ein Problem?

Hoffentlich nicht! Bei einem Klon würde Ihnen vielleicht ein wenig mulmig werden; aber nur, weil Sie eine Beziehung zu ihm herstellen, die auf einem bestimmten Weltbild mit einer bestimmten Moral gründet: Klonierung von Menschen ist unethisch! Finde ich zwar auch, aber – warum eigentlich? Vor allem, wenn man bedenkt, dass ein Zwilling ein natürlicher Klon ist. (Ich habe ein paar Gründe, die ich 1999 in *Man nannte sie Dolly* bereits geäußert habe.) Wenn sie aber diese ethischen Bedenken über Bord werfen, weil Sie erkennen, dass sie Unsinn sind und ausschließlich auf einer bestimmten Sicht auf die Welt beruhen – wie weit ist es dann wirklich noch, den Androiden als gleichberechtigt zu betrachten? Weltbilder sind Wandel unterworfen – glücklicherweise. Fragen Sie einmal Frauen. Oder Homosexuelle. Oder Luise Brown! Sie hatte es sehr schwer, weil sie das erste „Retortenbaby" war. Heute ist künstliche Befruchtung kein Thema mehr, und es gibt die Ehe für alle. (Außer in der katholischen Kirche und bei denen, die sie so engagiert verteidigen! Aber mit welchem Weltlichen hat/haben die keine Probleme?) Und was Frauen betrifft: Nun ja, da gibt es noch erhebliches Verbesserungspotential. Aber für die auch heute noch existierende Geschlechterungleichheit gilt analog Max Plancks Ausspruch: »Eine neue […] Wahrheit pflegt sich nicht in der Weise durchzusetzen, dass ihre Gegner überzeugt werden und sich als belehrt erklären, sondern dadurch, dass die Gegner allmählich aussterben und dass die heranwachsende Generation von vornherein mit der Wahrheit vertraut gemacht ist.« Es gibt also Hoffnung …

Gehen wir letztmalig zurück zu Photonen und Elektronen! Bei ihnen hatten wir festgestellt, dass sie ein unterschiedliches Verhalten zeigen, je nachdem, ob man sie beobachtet oder nicht. Wir wissen nun auch, dass Elektronen Photonen sind, die mit massevermittelnden Higgs-Teilchen (Higgs-Feld) interagieren. Das heißt: Erst ein Austausch zwischen den Elementarteilchen, also Kommunikation und Interaktion, schafft die Welt mit „festen Formen", die wir kennen. Findet diese Interaktion nicht statt, warum auch immer, gibt es diese feste Form nicht mehr.

Neutrinos z. B. sind „Elektronen ohne Ladung", die von der Sonne und anderen Sternen erzeugt und abgestrahlt werden. Pro Sekunde rasen auf der Erde mehrere zehn Milliarden von ihnen durch die Fläche der Größe eines Daumennagels, egal worum es sich handelt: Luft, Gestein, Ozeane – oder Lebewesen. Sie werden permanent von einer gigantischen Menge von ihnen „durchlöchert", ohne, dass Sie das merken und Löcher zurückbleiben! Warum? Weil Materie eben nicht fest ist, sondern – buchstäblich nichts als Felder, die miteinander interagieren oder eben nicht. Für Neutrinos, die, wie Elektronen, Masse haben, sind Sie also keine undurchdringliche Materie, da sie wegen ihrer fehlenden Ladung nicht mit den Elektronenhüllen Ihrer Atome wechselwirken können und Atome zu mindestens 99,998 % leerer Raum sind (Der Durchmesser des Kerns eines Wasserstoffatoms beträgt 1,5, der des Atoms selbst etwa 70 000 fm [Femtometer = 10^{-15} Meter])! Sie sind für sie also einfach – nicht existent! Obwohl beide, Sie und sie, real sind. „Feste Materie" ist also eine Illusion, ein Konstrukt unseres Gehirns. Genau hierin liegt der Grund, warum der Descartes'sche Dualismus heute keinen Sinn mehr macht: Wenn man konsequent ist, sind Physis und Psyche nichts anderes als eine jeweils andere Form von interagierenden Feldern, so wie Teilchen und Wellen auch. Da das so ist, „funktioniert" auch Einsteins Relativitätstheorie, in der Massen nur „Potentialtöpfe", also Energiephänomene sind, die eine „Raumzeit" krümmen.

Entsprechend ist die Koordination von Lebewesen im Schwarm nur schlecht mit klassischer Informationsübertragung erklärbar! Wer Stare oder Makrelen beobachtet, stellt fest, dass alle Tiere wie auf ein geheimes Zeichen hin fein aufeinander abgestimmt und unmittelbar reagieren. Erklärbar ist das nur, wenn man eine Verschränkung zwischen ihnen annimmt, über die jedes Einzelwesen unmittelbar mit dem Schwarm verbunden ist und „instantan" reagieren kann. Die klassischen Erklärungsversuche, dass sich jedes Individuum an seinem direkten, nächsten Nachbarn orientiert, ist durchaus anschaulich und nachvollziehbar – sie erklären aber die Synchronisation und Perfektion der Bewegung nicht wirklich, da kumulative Verzögerungen zwischen Wahrnehmung und Reaktion in einer so aufgebauten Reaktionskette unvermeidbar sind, sich aber nicht beobachten lassen. Betrachtet man einen Schwarm, ähnelt dessen Verhalten eher dem eines einzelnen, zentral gesteuerten Lebewesens, bei dem ein Nervensystem die Bewegung koordiniert. Das kann nur über eine nicht sichtbare Verschränkung erfolgen.

Wir sehen also einmal mehr, dass biologische Systeme quantenphysikalische Effekte nutzen können und nutzen! Kann man das dabei ernsthaft bewenden lassen? Kratzen wir nicht nur an einer Oberfläche, wenn wir das beobachten? Stellen wir nicht nur die lächerlich einfachen, für uns aber aufgrund unserer Denkweise nur schwer nachvollziehbaren Mechanismen fest, die unser klassisch-deterministisch arbeitendes Hirn gerade noch verstehen kann? Sind also solche Phänomene nicht das stärkste Indiz dafür, dass da noch mehr sein muss?

Ich behaupte nicht, dass dieses Weltbild richtig oder das richtige ist – es ist meines! Es erlaubt *mir*, Fragen zu beantworten, die *ich* bislang von niemandem, auch Fachleuten nicht, beantwortet bekommen habe. Es erlaubt, Phänomene zu erklären, die wir täglich erfahren (können), wenn wir die Augen aufmachen: Liebe zur Natur, Fernwahrnehmung, Fernheilung, Spontanheilung, Plazebo- und Nozeboeffekt, Sympathie, Antipathie u. v. a. Es liefert eine Möglichkeit, Bewusstsein und Seele zu erklären, nicht einfach nur daran glauben zu müssen! Und wenn Sie es einmal mit den Ideen vorchristlicher, von christlicher, jüdischer und islamischer Religion unbeeinflusster Philosophen der Antike vergleichen: Da passt manches, obwohl es aus einem rein naturwissenschaftlichen Gebiet, der Quantenphysik, entwickelt wurde. Aber vielleicht ja auch gerade deshalb.

Für mich besonders erfreulich: Platon passt mit seinem Höhlengleichnis in idealer Weise ins Bild: Die in unserer Scheinrealität existierenden klassischen Naturwissenschaften wie Physik und Biologie sind seine „Wissenschaften der Schatten", Projektionen nicht-klassischer Wissenschaften wie Quantenphysik, -biologie und -dualismus auf die Höhlenwand der klassischen, makroskopischen Welt. An diesen Schattenwissenschaften arbeiten wir seit Menschengedenken, intensiv und systematisch jedoch erst seit der Aufklärung. Sie sind einseitig, weil wir bislang alles an der Erfahrbarkeit von uns Menschen, eben den Schatten, festmachen mussten, hauptsächlich über unsere beschränkten sensorischen Fähigkeiten. Erst seit Genies wie Einstein, Heisenberg, Bohr, Born, Pauli u. v. a. unsere Fesseln gelöst und uns Richtung Höhleneingang geführt und gezeigt haben, dass hinter den Schatten reale Objekte mit eigenen „Gesetzen" stehen, und erst seit wir erneut mit Dunkler Materie und Dunkler Energie Phänomenen auf der Spur sind, für die diese Schattenwissenschaften nicht den Hauch einer Erklärung haben, können wir daran arbeiten, herauszufinden, wovon wir immer schon eine Ahnung hatten, es aber bislang nur spirituell erklären konnten: Der immaterielle Teil der Welt, Gefühle, Bewusstsein und Seele, sind nichts weiter als eine andere Projektion der Objekte außerhalb unserer Höhle in diese; in eine „immaterielle Welt" mit deren Schattenwissenschaften wie klassischer Psychologie – und damit ebenfalls nur Schatten. Diese Welten existierten bislang wegen des Dualismus nebeneinander und voneinander so gut wie unabhängig. Da sie aber lediglich zwei mögliche Zustände eines Objektes sind, ist es für dessen korrekte Wahrnehmung unzulässig, sie getrennt zu betrachten – so unzulässig, wie vor dem Öffnen der Kiste in Schrödingers Gedankenexperiment zu behaupten, die Katze sei tot *oder* lebendig – oder ein Elektron Welle *oder* Teilchen!

Wenn Sie genauer hinschauen, ist auch in unserem täglichen Leben eher die Unschärfe eines Heisenbergs die Regel als die Exaktheit naturwissenschaftlicher Gesetze: Es gibt nicht nur schwarz/weiß, gut/böse, richtig/falsch, Recht/Unrecht, Gerechtigkeit/Ungerechtigkeit, groß/klein, dick/dünn, männlich/weiblich usw., sondern jede Menge Abstufungen dazwischen. Logik erscheint uns nur deshalb so klar und exakt, weil wir sie so definiert haben! Gibt es sie überhaupt oder ist sie nur in unserer Virtualität existent? Ist auch sie ein Platon'scher Schatten? Ob sie eine Situation richtig erklären kann, bleibt offen! Aus diesem Grunde gibt es inzwischen die fuzzy logic, die Unschärfen zulässt. Um mit diesen Gedanken auf den Titel des Buches zurückzukommen: »Die Kunst zu Heilen bedeutet nicht, die atemberaubenden Fortschritte der modernen Wissenschaft preiszugeben, sondern sie eher in einen einfühlsamen, humanen, aufgeklärten Denkansatz der ärztlichen Fürsorge zu integrieren.«[51] (Bernard Lown, amerikanischer Kardiologe)

Abschließend ein „Evangelium" für die, die glauben, nichts verstanden zu haben. Feynman sagte: »Wer glaubt, die Quantentheorie verstanden zu haben, hat sie nicht verstanden«, »[sie] ist aus der Sicht des gesunden Menschenverstands absurd. Und doch bestätigen Experimente sie vollständig. Daher hoffe ich, dass man die Natur als das akzeptieren kann, was sie ist: absurd.« In diesem Sinne: Auch Psychizin, die Quantentheorie der Medizin und Psychologie, ist … absurd!

Epilog

Prägnanter als Christian Schubert (aus dem Vorwort) kann man eine Antwort auf die Frage, ob man wissenschaftlich beweisen könne, dass Körper und Seele eins sind, nicht geben: »Ja« Punkt.[1] So viel daher zu Materie und Energie in der in die Medizin erweiterten Welt der Quanten und damit (m)einer Erklärung der Einheit von Körper und Geist. Bei der Herleitung kamen zwei Aspekte zu kurz, die in meiner Weltanschauung eine wesentliche Rolle spielen und daher noch ein wenig genauer erörtert werden sollen. Der wichtigste: der Determinismus; denn er ist (nicht nur in meinen Augen) das größte Problem, das klassische (Natur-)Wissenschaft als solche und Medizin als deren Anwendung hat. Mit weitreichenden Auswirkungen, weil damit gravierende Änderungen an der Art und Weise erforderlich werden, mit der wir die zu Recht geforderte Evidenz in Medizin und Psychologie fest- und sicherstellen können und müssen. Aus folgendem Grund.

Wenn wir uns in der Realität zurechtfinden wollen, muss unser Gehirn Verläufe vorhersagen können: Anhand aktueller Informationen (Wahrnehmung) berechnet es mit der Erfahrung der Vergangenheit (Erinnerung) ein Szenario, wie sich die derzeitige Situation *vermutlich* in die Zukunft entwickeln wird. Der Klassiker: das spielende Kind, dessen Ball zwischen parkenden Autos auf eine Straße rollt, auf der sich ein Auto nähert. Lebte ein Beobachter dieser Szene anhand der aktuellen Wahrnehmungen, also „in der Gegenwart", müsste er tatenlos zusehen, wie das Kind in sein Unglück rennt, da er ja immer nur auf die aktuelle Wahrnehmung re-agieren könnte: Er liefe seinen Erkenntnissen daraus hinterher. Indem er (anhand von ähnlichen, bereits erlebten Situationen: Vergangenheit) eine *Annahme* machen kann, wie das Szenario in ein paar Millisekunden aussehen könnte/wird (Zukunft), kann er aber (1) Aktionspläne proaktiv „berechnen" und (2) beginnen, diese dann „in Echtzeit" umzusetzen und so geplant zu *agieren*, indem er z. B. das Kind einzufangen versucht (Gegenwart). Diese Superposition aus Vergangenheit, Gegenwart und Zukunft ist auch der Grund dafür, dass viele Fachleute, unter anderem Ken Wharton und Einstein, den Begriff „Zeit" kritisch hinterfragen bzw. hinterfragt haben. Denn diese Überlagerung, dieses Verschmelzen von Zeitpunkten und -spannen, führt zumindest während der Dauer unserer deterministischen Projektion zu einem unscharfen Punkt „in der Zeit", zu einem unfassbaren Übergangszustand wie oben bei der chemischen Reaktion: Wo bin ich virtuell gerade – in der Erinnerung, der aktuellen Wahrnehmung oder dem, was sein wird? Diese zur Ortsunschärfe der Quantenmechanik analoge Zeitunschärfe aber, die es quantenphysikalisch tatsächlich gibt, weil aufgrund der Beziehung von Ort und Zeit über die Lichtgeschwindigkeit als größtmöglicher Geschwindigkeit ($\Delta t = \Delta s \div c$) die kleinste mögliche Zeiteinheit die Planck-Zeit von $5{,}4 \cdot 10^{-44}$ sec ist, hat konsequenterweise analog Indeterminismus zur Folge.[†]

Unser Gehirn benötigt also diesen Vorlauf von einigen Hundert Millisekunden, um überhaupt geplant handelnd aktiv werden zu können. Denn stimmt zum Zeitpunkt, für den die Projektion erfolgte, die aktuelle Wahrnehmung mit dem berechneten Szenario überein, ist alles OK, die begonnene Aktivität kann fortgesetzt werden, und der nächte Zyklus des „Durchs-Leben-Ruckelns" beginnt. Andernfalls schlägt es Alarm (prediction error) und es tritt die berühmte Schrecksekunde ein, in der es die neue Situation analysiert, um dann wie üblich fortzufahren. Diese Schrecksekunde aber ist Zeichen und Beweis, dass (1) unsere Welt nicht deterministisch sein kann, sonst gäbe es sie nicht, (2) wir nicht in Realität und Gegenwart („hier und jetzt"), sondern einer aus ihr abgeleiteten Virtualität und Zukunft leben und (3) die Kontinuität von Abläufen nur Zeichen dieser Virtualität ist – unser Unbewusstes benötigt sie nicht, ihm reicht das „Ruckeln", um sich in der Welt zurechtzufinden. Objektiv betrachtet ist Kontinuität also nur eine subjektive Empfindung, wie man an den 25 Bildern pro Sekunde

---

[†] Leider sprengte es hier den Rahmen, Einsteins Erkenntnis der Relativität, also der Nicht-Absolutheit der Zeit, aus der Speziellen Relativitätstheorie hinzuzuziehen, was interessante Aspekte lieferte. Aber glauben Sie mir: Es erschiene uns mindestens genauso absurd und gaga wie die Quantenmechanik mit ihren Phänomenen. Und doch ...

erkennt, die uns bei einem Film einen kontinuierlichen Verlauf der Szene vorgaukeln. Am deutlichsten wird das, wenn wir sie mit den bis zu 1000 Bildern pro Sekunde einer Hochgeschwindigkeitskamera aufnehmen und mit den üblichen 25 Bildern pro Sekunde abspielen: Die resultierende „Zeitlupe" gaukelt uns einen kontinuierlichen Ablauf vor, bei dem wir oft nicht entscheiden können, ob er real war (extrem langsame Bewegung, z. B. von Faultieren) oder eben nicht (Sport, Crashtest). Analog funktioniert der „Zeitraffer": Fehlt ein Bezug zu bekannten (Erfahrung!), sich verändernden Objekten in der Umgebung wie Sonne, Wolken oder krabbelnde Insekten, können Sie anhand Ihrer Wahrnehmungen nicht feststellen, ob sich die Blüte tatsächlich so schnell entfaltet, wie Sie gerade wahrnehmen, oder nicht.

Da solche Projektionen unbewusst erfolgen, also nicht aktivem, bewusstem Denken und Handeln unterliegen, sind die Abläufe, die zu ihnen führen, das Ergebnis einer Millionen Jahre andauernden Evolution; man kann daher davon ausgehen, dass das System Realität/Virtualität in dieser Zeit perfekt aufeinander abgestimmt worden ist, damit wir uns in unserer Welt zurechtfinden können. Der Determinismus, den unser Gehirn benötigt, kann so höchstens ein individueller, rein virtueller, „gequantelter" Determinismus sein und darf nur „innerhalb von Quanten", hier: einigen Hundert Millisekunden, als existent angenommen werden. Was wir als Determinismus bezeichnen, ist damit lediglich die uns in unserer Erinnerung kontinuierlich und damit vorhersehbar erscheinende Abfolge indeterministischer Vorgänge, weil die zur Quantelung führenden Prozesse, die Verarbeitung unserer Sinneswahrnehmungen, nicht ins Bewusstsein gelangen. Ein Szenario muss für uns also rückblickend genau *so* und damit vorhersehbar verlaufen sein. Umso mehr, wenn die beteiligten prediction errors mit zunehmender Erfahrung vom Kleinkind zum Alten immer seltener werden.[†]

---

†   Ändern wir kurz einmal die Perspektive: Wenn es aufgrund des Prozesses und der Art der Informationsverarbeitung von Wahrnehmungen in unserem Gehirn eine *kontinuierliche* Abfolge der Entwicklung einer Szene in unserer Virtualität nicht gibt – wer sagt uns dann, dass es sie in der Realität gibt und geben muss? Hätten wir jemals Determinismus zur Beschreibung eines Ablaufs entwickelt, würden uns diese *diskreten* Verarbeitungsschritte bewusst? Ist also die Kontinuität unseres Determinismus nicht nur eine Illusion unserer Virtualität, sondern auch tatsächlich nicht real? Ist dieser dann eine künstliche Approximation ana-

Unsere Gegenwart ist also nichts anderes als eine durch aktuelle Wahrnehmungen korrigierte Vorhersage von Szenarien! Dass der dazu benötigte
Determinismus eine schöne, weil zu unserer Wahrnehmung der Welt passende Illusion ist, zeigt abseits von Quantenphysik, Schrecksekunde und
Filmchen das „n-Körper-Problem" ernüchternd ausgerechnet anhand eines deterministischen, mathematischen Modells. Es führt uns vor Augen,
dass klassische Physik oft versagt, weil mit ihr ein Problem prinzipiell und
beweisbar unlösbar ist! Wir sollten uns daher hüten, uns wie im Mittelalter dogmatisch in den Kram passende Erklärungen zusammenzubasteln
und stur darauf zu beharren. Stochastik ist keine Hexerei und Zufall kein
Hexer, der auf den Scheiterhaufen gehört, nur weil wir beide (noch) nicht
verstehen und klassisch nicht erklären können.

Ich möchte das an einem Spezialfall, dem „Drei-Körper-Problem", erläutern. Es stammt aus der „Himmelsmechanik", einer auf den Philosophen,
Mathematiker, Astronom und Theologen Johannes Kepler (1571–1630) zurückgehenden Disziplin. Die Sache ist eigentlich geradezu lächerlich primitiv: Es gibt eine Sonne, einen Planeten, der sie umkreist, und einen Mond,
der um den Planeten kreist – also nichts Dramatisches. Es geht nun nur
darum, dieses System aus drei Körpern mathematisch so zu beschreiben,
dass mit einer Ausgangssituation und dem sich ergebenden Modell deterministisch festgestellt werden kann, wie es zu einem bestimmten Zeitpunkt
in der Zukunft oder Vergangenheit aussehen wird oder ausgesehen hat.
Kein Problem, denkt man, ein Planetarium macht das nicht nur mit drei
Körpern, sondern mit dem ganzen Sonnensystem. Ja schon, aber!

Kepler und seine Gesetze sind für eben diese Himmelsmechanik „zuständig". Wichtig ist hier das zweite: „Die Verbindungslinie zwischen Sonne
und einem Planeten überstreicht unabhängig vom Ort des Planeten auf

---

log zu Integration und Differentialrechnung? Das passte gut zu den Prinzipien
und Phänomenen der Quantenphysik (Zeitunschärfe durch „Zeit-Quanten":
Planck-Zeit!) – aber nicht zu unserer *Wahrnehmung* und der sich ergebenden
deterministischen Erklärung der Welt. Nur – ist sie, kann sie das Maß sein, an
dem sich die Natur messen lassen muss? Befindet sich analog zum geozentrischen
Weltbild des Mittelalters in einer „determinismuszentrischen" Sackgasse, wer das
annimmt? Ist also das, was wir als Zeit bezeichnen und als Ursache eines kontinuierlichen Verlaufs der Entwicklung des Universums definieren, auch eine Illusion? Nur – wie erklären wir dann ohne Zeit, was wir heute mit ihr erklären?

der Ellipse in gleichen Zeitintervallen gleiche Flächen". Nun könnte man geneigt sein, wie Kepler zu glauben, dass man damit jeden beliebigen Zustand der Komponenten unseres Sonnensystems berechnen kann. Wenn wir den Zustand eines Systems heute beobachten, sagt uns der Determinismus klassischer Wissenschaft, können wir ihn mit den ihm zugrunde liegenden „Gesetzen" zu jedem beliebigen Zeitpunkt berechnen. Ziel und Triebkraft von Naturwissenschaft ist also, solche Gesetze zu „finden".

Doch da kommt plötzlich der englische Naturforscher Isaac Newton (1643–1726) mit *seinen* Gesetzen um die Ecke. Sie sind bedeutsam, da sie Einflüsse zwischen Körpern, hier also Planet, Mond und Sonne, beschreiben. Das zweite, das Kepler noch nicht kennen konnte, ist das berühmte F = m · a, Kraft gleich Masse mal Beschleunigung. Da Bewegungen auf elliptischen Bahnen (Kepler!) beschleunigt sind und sich die Himmelskörper wegen der Gravitation gegenseitig anziehen (Newtons Drittes: Kraft = Gegenkraft), also Kräfte aufeinander ausüben, spielt Newton auch bei Sonnensystemen eine Rolle. Kepler'sche und Newton'sche Gesetze zu trennen ist so das gleiche wie Körper (materielle Himmelsmechanik) und Geist eines Lebewesens (immaterielle Kräfte) isoliert zu betrachten!

Wir kennen diese Gesetzmäßigkeiten (glauben wir zumindest) heute vollständig (und irren uns erneut, wie zeigt, dass wir mit Dunkler Energie und Materie verborgene Variable annehmen müssen, um beobachtbare Phänomene wie ein beschleunigt expandierendes Universum erklären zu können). So müsste es doch zumindest uns heute möglich sein, die Abläufe in unserem Sonnensystem korrekt verstehen und beschreiben zu können. Ereignisse wie erfolgreiche Exkursionen unserer Sonden in der Vergangenheit, die sogar auf Asteroiden landeten und bei denen durch die Anziehungskraft von Planeten (Newton!) ein „Swing-by" genannter Beschleunigungsschub ausgenutzt wurde, sowie die Mondlandungen der 1960/1970er Jahre scheinen das ja auch eindrucksvoll zu bestätigen.

Aber das ist Wunschdenken, da es, so unsinnig es erscheinen mag, unmöglich ist, die Bewegungen von drei Körpern *exakt* berechnen zu können, die einen Einfluss aufeinander ausüben – das Drei-Körper-Problem! Stellen Sie sich vor: Ein banales ternäres System bestehend aus Sonne, Erde und Mond ohne weitere Störung durch andere Planeten und Monde ist nicht eindeutig beschreibbar, sein Verhalten nicht genau vorhersehbar! (Erinnert Sie das nicht auch irgendwie an die Unschärfe der Quantenphysik?) Das Demotivierende daran ist, dass diese Unfähigkeit prinzipbedingt ist, wir also grundsätzlich keine Chance haben, sie überwinden zu können, auch wenn wir uns noch so viel Mühe gäben und immer noch bessere Computer bauten oder zu immer neueren Erkenntnissen kämen.

Hintergrund ist ausgerechnet die Mathematik, was besonders tragisch ist, da damit diese Unfähigkeit unwiderlegbar bewiesen werden kann! Das würde hier aber zu mathematisch, was ich Ihnen und vor allem mir ersparen möchte. Daher nur kurz angerissen: Im zweiten Kepler'schen Gesetz spielen Flächen eine Rolle. Die berechnet man aber über Integration, wirkende Kräfte (Newton) auch. Es lässt sich nun zeigen, dass es über Integralrechnungen, bei denen drei (oder mehr) sich beeinflussende Körper eine Rolle spielen, *prinzipiell* unmöglich ist, zu einer exakten Lösung zu kommen, weil die dabei auftretenden Integrale keine algebraischen mehr sind[52]. Unsere „exakte" Mathematik ist also nicht in der Lage, ein simples physikalisches Problem zu lösen, was mich zu der Frage von oben führt, ob sie entweder zu oder zu wenig exakt ist. Können wir mit dieser Mathematik (und Physik) also eine Realität überhaupt beschreiben? Ist nicht die Notwendigkeit zu Infinitesimalrechnung (Integrale, Differentiale) und Approximation, wie beim Zeno-Effekt, ein Zeichen dafür, dass wir etwas grundsätzlich falsch machen?[†] Einstein:»Gott kümmert sich nicht um unsere mathematischen Schwierigkeiten. Er integriert empirisch.« Oder eben gar nicht!

In der Medizin entspricht das dem Problem der Spontanheilung: Wissenschaft ist an den Grenzen ihrer Möglichkeiten angekommen. Alles, was

---

[†]   Ein Hinweis darauf könnte sein, dass die Infinitesimalrechnung, die der Integral- und Differentialrechnung zugrunde liegt, zumindest in den Fällen falsche Ergebnisse liefern muss, in denen Längen und/oder Zeiten eine Rolle spielen. Denn nach der Quantenphysik kann es keine kleinere Länge als die Planck-Länge geben und keine kürzere Zeit als die Planck-Zeit. Beide sind zwar sehr klein, aber deutlich größer als 0! Wann immer also eine Berechnung unter der Bedingung $\Delta x \to 0$ oder $\Delta t \to 0$ erfolgt, wie bei Grenzwertberechnungen, Differentialen und Integralen, ist das Ergebnis, wenn auch oft vernachlässigbar, falsch – eben nicht exakt! Denn korrekt wäre: $\Delta x \to lp$ und $\Delta t \to tp$ und das Resultat unscharf. Leibniz und Newton, auf die die Infinitesimalrechnung zurückgeht, konnten das noch nicht wissen – es ist eine Erkenntnis aus der Quantenphysik!

man nun tun kann, ist, einer exakten Lösung durch geeignete Methoden möglichst nahe zu kommen, ohne sie jemals erreichen zu können. Das nennt man dann in der Mathematik Iteration (rekursive Annäherung), in der Medizin Einstellung einer Therapie. Die Qualität der Lösung ist dann beide Male abhängig von der Qualität der Iteration: Ist die lausig, ist auch das Ergebnis lausig.

Ist also ein System komplexer als aus zwei sich beeinflussenden Entitäten oder Phänomenen bestehend, deren Abhängigkeiten mathematisch über Integrale oder Differentiale dargestellt werden müssen, was (wie in der Medizin die zeitliche Abhängigkeit von Wirkspiegeln) eher Regel als Ausnahme ist, können nur Näherungslösungen durch Computer und Iteration gefunden werden. Wie beim Wetter, für dessen Verständnis „nur" drei Parameter wichtig sind: Luftfeuchtigkeit (Trockenheit/Regen), Temperatur (vertikale Luftbewegungen: „Thermik") und Druck (horizontale Luftbewegungen zum Druckausgleich: Winde)! Und nun stellen Sie sich die Situation in der Medizin vor, in der wir mindestens ein Sieben-Körper-Problem vorliegen haben, selbst wenn man, wie in der Schulmedizin, Psyche außen vor lässt und, rein physisch orientiert, „nur" die vier Hauptgewebearten („Grundgewebe" wie Epithel-, Binde- und Stütz-, Muskel- und Nervengewebe), das Immun- und Drüsensystem und die Nervenreizverarbeitung betrachtet.[†]

Was wir heute also nur können, ist, Spezialfälle zu betrachten, in denen in der Astronomie die Masse des dritten Körpers gegenüber den beiden anderen vernachlässigbar gering ist (Raumsonden, Asteroiden), und in der

---

† In diesem Zusammenhang denken Sie bitte an unsere heutige Forschung, mit der wir zwar immer detaillierteres Wissen um Einzelheiten bekommen, was aber, in einen Kontext gebracht, nicht hilfreich sein muss: Selbst wenn wir Temperaturen, Druckunterschiede und Luftfeuchtigkeit, die keine voneinander unabhängigen Phänomene sind, weltweit noch engmaschiger und noch genauer ermitteln könnten, sagt das Drei-Körper-Problem, dass wir niemals exakte Wettervorhersagen werden machen können! Es werden immer nur Annäherungen sein. Das ist der Grund, warum es verschiedene „Wettermodelle" gibt, deren in Hochleistungscomputern errechnete Prognosen sich voneinander unterscheiden. Auch hieran erkennen Sie, dass unser Determinismus nicht real ist und sein kann: Er gilt hier zwei, vielleicht drei Tage lang mehr oder weniger (approximiert!) gut, wie man an den von den Wetterdiensten konstatierten unsicheren mittel- und langfristigen Vorhersagen sehen kann.

Medizin die abstrakten, statistischen Näherungslösungen heranziehen, anhand derer die Erkenntnisse gewonnen wurden. Was darauf hinausläuft, dass das Problem auf ein prinzipiell lösbares Zweikörpersystem zurückgeführt wird. Aber dadurch wird die Lösung erneut „unscharf", wie die Notwendigkeit zu Bahnkorrekturen und die Spannung derer, die die Sonde losgeschickt haben, vor einer Landung zeigen; oder aber die Erfordernis zur Therapieanpassung oder zum Umstieg auf eine andere!

Ein anderes, wohl bekanntes Problem ist das des Doppelpendels, also eines Pendels, an dem ein Pendel hängt. Es ist ein vortreffliches Beispiel für Chaos, da analog zum n-Körperproblem die Differentialgleichungen, die es beschreiben, nicht-linear und damit algebraisch nicht lösbar sind. Wer das nachvollziehen will, sollte sehr gut in Höherer Mathematik sein und z. B. hier nachschauen[53]. Ein weiteres Beispiel: Das „Travelling Salesman Problem" (Problem des Handlungsreisenden) als „NP-vollständiges (= indeterministisches) Problem"[54].

Vielleicht ist also die prinzipielle Unlösbarkeit des Drei-Körper-Problems, des Doppelpendels usw. ein Zeichen dafür, dass es anstelle, zumindest aber neben der klassischen, reinen, exakten Mathematik auch eine nicht-klassische geben sollte. Resultieren viele unserer Probleme daraus, dass die Welt eben nicht exakt ist, sondern unscharf, fuzzy? In jedem Bereich: Physik, Chemie, Biologie und auch Mathematik. Könnte eine „Quantenmathematik", die nicht auf den kontinuierlichen reellen Zahlen, Infinitesimalrechnung und Logik aufbaut, sondern auf diskreten ähnlich den natürlichen und einer fuzzy logic, unsere Welt besser beschreiben? Gäbe es dann die Notwendigkeit zur Approximation durch Iteration nicht und Integrale wären keine Integrale und damit nicht-klassisch lösbar? Nicht, dass ich nun in einem „Quanten-Hype" alles auf „Quanten-" umstellen will – aber wenn die Quantenphysik unsere Welt korrekter beschreibt als die klassische, was sich abzuzeichnen scheint, ist dann eine an die Quantenwissenschaften angepasste Mathematik nicht die logische Konsequenz? Mathematik ist ein Hilfsmittel für uns, unsere Welt zu verstehen. Wer muss sich also wem anpassen – die Welt sich an unsere Mathematik oder unsere Mathematik sich an die Welt?

Das ist bedeutsam, weil zunehmend „Algorithmen" unser tägliches Leben auch außerhalb von Wissenschaft bestimmen; denken Sie an Google! Es sind in Software gegossene „Gesetzmäßigkeiten", die aus einem Input *deterministisch* ein Ergebnis liefern: Jobtauglichkeit, Versicherungseignung, Kreditwürdigkeit. Wer älter als 50 ist, fällt bei solchen Algorithmen oft durch: Warum soll man ihm mehr Gehalt zahlen, wenn es mit Jüngeren billiger geht? Er kommt auch in die Jahre, wo es gesundheitlich bergab geht! Kann er den beantragten Kredit in seinem Leben überhaupt zurückzahlen? Wer im Kiez wohnt, kann so viel Geld haben, wie er will: Ein Algorithmus wird ihm schlechte Kreditwürdigkeit allein wegen der Adresse attestieren, weil alle anderen um ihn herum kreditunwürdig sind. In China werden bereits konsequent und großflächig Algorithmen genutzt, die aus Überwachungsbildern anhand von 108 (!) Gesichtspunkten Mimik auswerten und ermitteln, ob der Beobachtete in ausgeglichener Stimmung ist, etwas zu verbergen hat oder aggressiv oder potentiell gefährlich sein könnte. Indem er den Gesichtern einen „Score" zuweist, bestimmt ein Algorithmus hier, wen die Polizei überprüft. Auch in Medizin und Juristerei sind Algorithmen nicht mehr wegzudenken. Und Autonome Mobilität wird uns weitere bescheren.

Was aber, wenn die Welt in Wahrheit indeterministisch funktioniert? So zeigt sich, dass diese Algorithmen auch nur deshalb so erfolgreich sind, weil sie auf Statistik setzen: Google wird anhand seiner Algorithmen (noch!) nicht Sie als Individuum beim Surfen erkennen können; aber Sie als Phänotypen, als Vertreter einer Gruppe von Menschen mit ähnlichen Eigenschaften und Verhaltensweisen. Schlimm genug: Um die Absurdität solcher Algorithmen zu zeigen, haben Forscher um Michael Kusinski an der Stanford Universität einen entwickelt, der über Gesichtserkennung homosexuelle Neigungen entdecken sollte. Was sie nicht für möglich gehalten hatten: Bereits die erste Version konnte das mit einer Wahrscheinlichkeit zwischen 80 und 90 %[55]. Anerkannte Forscher wie Alexander Todorov von der Princeton Universität meinen, Kusinskis *Schlussfolgerungen* widerlegen zu können, widerlegen die Auswertung selbst aber nicht! Was bedeutet das in Ländern, in denen Homosexualität unter (Todes-)Strafe steht? Algorithmen verändern unsere Art zu leben von Grund auf: Nicht die Polizei muss in China nachweisen, dass von jemandem Gefahr ausgehen könnte, sondern ein durch eine Maschine in Verdacht Geratener, dass das *nicht* der Fall ist – die Umkehr der Unschuldsvermutung, die ein hohes Gut zivilisierter, humanistischer Gesellschaften und ein Ergebnis der Aufklärung ist!

Im Zusammenhang mit Determinismus ist ein weiteres häufig zu beobach-
tendes Problem wesentlich für klassische Wissenschaft: das daraus resultierende, von mir so vehement beanstandete Vertauschen von Ursache und
Wirkung. Auch darauf möchte ich eingehen. So hatte ich oben Ken Wharton vorgestellt, einen Zweifler an der Richtigkeit der aktuellen Interpretation der Quantentheorie. Seine Einwürfe sind berechtigt und ich kann nicht
leugnen, dass sie bei mir auf Sympathie treffen. In einem wesentlichen
Punkt seiner Argumentation[56] folge ich ihm uneingeschränkt, wenn er z. B.
zeigt, dass Ursache und Wirkung oft vertauscht werden, wenn wir die Welt
deterministisch beschreiben.

Er kritisiert, was ich besonders in der Medizin anprangere: Man sucht nach
Zusammenhängen („Korrelationen") und erhebt sie, fündig geworden, in
den Rang einer Kausalität (Ursache – Wirkung). Er lehnt das kritisierte
Vorgehen nicht generell ab, sondern versucht, eine neue Sicht der Dinge
einzubringen, die unsere Vorstellungen von der Welt ändern könnte. So
begründet er z. B. die Unschärfe der Quantenphysik über „Retrokausali-
tät", also den kausalen Einfluss der Zukunft auf die Vergangenheit. Das ist
so schräg, dass für die Erläuterung ein eigenes Buch notwendig wäre, weshalb ich es bei dem Stichwort belasse.

Seinen Standpunkt verdeutlicht er mit dem „Brechungsgesetz": Ein Lichtstrahl geht von einer Quelle A zu einem Ziel B, an dem man ihn detektiert.
Auf seinem Weg dorthin kommt er an die Grenze zweier Medien, z. B. Luft
und Wasser. Was nun passiert, sehen wir an einem Löffel in einem wasser-
gefüllten Teeglas: An der Grenze zeigt sich aufgrund der Richtungsände-
rung des Pfads des Strahls ein Knick im Löffel – der Lichtstrahl wird „gebrochen". Dieses Phänomen hat den niederländischen Astronom und Mathematiker Willebrord van Roijen Snell („Snellius"; 1580–1626) zu seinem
„Brechungsgesetz" gebracht, das wir aus der Schule kennen. Es ist, so argumentieren wir heute, Ursache des Phänomens.

Wharton argumentiert jedoch, dass ein Lichtstrahl an der Grenzfläche
zweier Medien nicht aufgrund dieses Brechungsgesetzes gebrochen wird,
sondern weil das Licht den schnellstmöglichen Weg geht – es schert sich
um Formeln und Gesetze nicht die Bohne! Die Lichtbrechung sei also Folge eines Prinzips, schnellster Weg, nicht Ergebnis einer Gesetzmäßigkeit.
Dennoch lernt jeder Schüler: *Wegen* des Brechungsgesetzes (Ursache) en-

det der Lichtstrahl nicht da, wo zunächst erwartet, sondern dort (Wirkung)! Korrekterweise müsste es aber heißen: Weil er, *wie wir beobachten*, da beginnt und dort endet (Ursache) muss etwas unterwegs seinen Pfad ändern (Wirkung). Dass uns das zu erkennen und zu würdigen schwer fällt, zeigt, dass wir mathematischen, deterministischen Modellen der Welt eher trauen als der Realität.

Wharton stellt also zwei grundsätzliche Sichtweisen gegeneinander, mit denen man das Problem betrachten kann: die Newton'sche, nach der das Universum ein gigantischer Computer ist, der lediglich Regeln und Gesetzen folgt und damit deterministisch und sequentiell (Zeit!) arbeitet. Auf dieser Sichtweise setzt klassische Wissenschaft auf! Sie sei so stark, dass es Physikern (ich ergänze: Wissenschaftlern generell, besonders aber Medizinern) unmöglich sei, auch nur über ein anderes Universum (Schulmedizin: Einheit von Körper und Geist) nachzudenken. Er fügt hinzu, dass eben diese, wie er es nennt, anthropozentrische Sichtweise genau die ist, vor der Physiker (und andere Wissenschaftler) selbst zurückschreckten. Sie beruhe auf der Annahme, dass das Universum so funktioniert, wie wir physikalische (wissenschaftliche) Probleme gewöhnlich lösen: Indem wir zunächst unsere Erkenntnisse der Welt in eine mathematische Abstraktion (Wellengleichung!) übertragen, auf sie einige dynamische Gesetzmäßigkeiten anwenden („Räume"!), die wir entdeckt zu haben glauben, um den aktuellen Zustand in einen anderen zu transferieren und das Ergebnis wieder in unsere Welt rückübertragen. Hilfreich, so Wharton, weil wir so etwas, das wir erkennen, in die Zukunft projizieren können und müssen! Denn genau dieses Vorgehen kommt unserem Bewusstsein (und auch Unbewusstem) in seiner Virtualität und abstrakten Arbeitsweise entgegen. Nicht nur das: Unser Gehirn wird während seiner Entwicklung an diese Sichtweise derart angepasst, dass es andere als irreal verwirft und sich lieber in einer Einbildung dessen verliert, was es für real hält. Oder sind auch hier Ursache und Wirkung vertauscht? Handeln und denken wir in dieser Weise, weil unser Bewusstsein und Gehirn so funktionieren? Wie ich oben am „durchs Leben ruckeln" versucht habe zu zeigen, denke ich: ja!

Die andere Sichtweise stamme von Joseph-Louis de Lagrange (1736–1813, italienischer Astronom und Mathematiker) und basiere auf dem sehr einfachen Fermat'schen Prinzip (Pierre de Fermat, 1607–1665, französischer Jurist und Mathematiker), das nur annimmt, dass der Lichtstrahl den schnellsten möglichen Weg nimmt, einem Prinzip folgt: dem des „geringsten Widerstands". Es benötige keine Formel, um die Brechung plausibel zu erklären: Das Phänomen, dass sich Lichtwellen in Wasser langsamer ausbreiten als in Luft, führt in den beiden Medien zu unterschiedlichem Ausbreitungsverhalten und so zum „geknickten" Teelöffel. Zwar gibt es auch hier meistens Formeln als Erkenntnis, und auch Lagrange war Mathematiker. Doch im Unterschied zu den statistischen des Determinismus klassischer Wissenschaften sind das individuelle und für den jeweiligen Einzelfall gültige, da hier Wahrscheinlichkeiten ins Spiel kommen. Sie begründen, was als Lagrange-Formalismus bezeichnet und in der nicht-klassischen Relativitätstheorie verwendet wird. Feynman hat den dann über das „Pfadintegral" in die Quantenmechanik eingebracht.

Der Unterschied zwischen beiden Sichtweisen mag sich nicht jedem sofort erschließen oder als marginal betrachtet werden, ist aber alles andere als das: In der Newton'schen Welt benötigt man als Folge eines vermeintlichen Gesetzes einen Auftreffwinkel θ an der Phasengrenze, um mit einem „Brechungsindex" und der Snellius'schen Gleichung ausgehend von A einen Endpunkt B berechnen zu können. Das ist der Determinismus, den wir in Schule, Lehre und Universität lernen: Ausgangssituation – aus Beobachtung abstrahierte Gesetzmäßigkeit – Ergebnis, das Universum als Computer! Wir ermitteln einmal im Experiment den Brechungsindex und können ab jetzt in der Praxis anhand der Gesetzmäßigkeit für jedes A durch Messung von θ vorhersagen, wo B liegen wird – und freuen uns wie Kinder, wenn Vorhersage und Beobachtung übereinstimmen: Theorie bestätigt! Nun haben wir ein „Naturgesetz", nach dem die Natur „funktioniert".

In der Lagrange'schen Sicht dagegen gibt es nur Ausgangs- und Endpunkt. θ und Brechungsindex sind hier keine Eingabewerte, sondern ein Ergebnis: die Ausgabewerte einer Formel. Sie werden aus A und B und dem *beobachteten* Pfad zwischen ihnen im Einzelfall neu berechnet; ein indeterministisches Vorgehen! Anstelle der Betrachtung zeitlicher Entwicklung unterworfener Zustände, wie es bei Newton erfolgt, betrachtet man bei Lagrange zeitunabhängige Pfade, da der Pfad selbst die entsprechende Zeitspanne beinhaltet, was den im Determinismus so wichtigen Begriff Zeit relativiert. Das läuft erneut auf eine Überlagerung, hier mehrerer möglicher Wege zwischen A und B, hinaus, die sich nur in der Wahrscheinlichkeit unterscheiden, welcher konkret gewählt wird (→ Pfadintegral). Das ist

eine vollkommen andere und für meinen (indeterministischen) Superpositionismus grundlegende, wichtige Sichtweise.

Newtons klassische Sicht ist also solange legitim, wie sichergestellt ist, dass
alle Einflussgrößen bekannt sind, erfasst werden und in ein mathematisch
lösbares (!) Modell einfließen. Beobachtet man nun, dass dem in einem
Fall nicht so ist: Mars oder Jupiter bewegen sich entgegen der Gesetze eines geozentrischen Weltbildes unerwartet rückläufig oder der austhera-
pierte Patient erfreut sich selbst nach Jahren immer noch bester Gesundheit, kommt es zu einem prediction error, gefolgt von der „Schrecksekunde" zur Analyse – ist die Beobachtung falsch und die mühsam erarbeitete
Gesetzmäßigkeit stimmt, oder ist sie richtig und die vermeintlich bestehende Kausalität falsch? Wir neigen dann aufgrund der deterministischen
Arbeitsweise unseres Gehirns dazu, Ersteres anzunehmen und ggf. verborgene Variable einzuführen, um diesen Determinismus zu retten, anstatt
anzunehmen, dass an der Kausalität etwas nicht stimmen könnte. Gut zu
sehen an Einsteins Bemühungen, die Nicht-Lokalität und den Indeterminismus der Quantenmechanik durch solche Variablen aus der Welt zu
schaffen.

Da Medizin auf Naturwissenschaft aufbaut, ist Vertauschen von Ursache
und Wirkung hier häufig anzutreffen, weil die eigentlichen Ursachen selten bekannt sind. Zur Verdeutlichung ein Beispiel aus täglicher Erfahrung.
Man hat beobachtet, dass Straßenverkehr in einer nachvollziehbar kausalen Beziehung zu Todesfällen auf der Straße stehen könnte: wo kein Verkehr, da kein tödlicher Unfall! Daher wird versucht, die Zahl der Todesfälle als Ergebnis (*Wirkung*) der *Ursache* Straßenverkehr dadurch zu senken,
dass man korrigierend auf ihn Einfluss nimmt: Verkehrsberuhigung, Tem-
polimits, drakonische Strafen. Und siehe da: Die Zahl der Toten geht tatsächlich zurück! Heureka, ein neues Gesetz: Man kann nun vorhersagen,
was passieren wird, wenn der Verkehr wieder zu- oder aufgrund noch dras-
tischerer Einschnitte weiter abnimmt.

So funktioniert Schulmedizin heute: Bei Herzinfarktpatienten hatte man
häufig erhöhte Cholesterinspiegel im Blut gefunden. Das führte zur These,
dass diese Grund für die Erkrankung sein könnten. Gemäß der Newton'schen
Sichtweise hat man daher die Häufigkeit von Herzinfarkt mit der Menge
an zirkulierendem „bösem Cholesterin" korreliert, über Untersuchungen

im Labor versucht, die involvierten Mechanismen zu identifizieren („Evidenz") und so eine vermeintliche Kausalität hergestellt. Neben anderen „Risikofaktoren" wie Rauchen oder Übergewicht gelten seither hohe Cholesterinspiegel als mögliche *Ursache* für Herzinfarkt. Dabei „streuen" die beobachteten Werte, was mit „Standardabweichungen" und „Vertrauensbereichen" statistisch und abstrakt fassbar gemacht wird und „Normalbereiche" für die Praxis notwendig macht. Was sich nun außerhalb dieser „Normalität" befindet, ist nach Definition krank oder zumindest gefährdet („Risiko"). Doch ist das so?

Lagrange würde anders vorgehen. Er würde den Straßenverkehr nicht als Ursache einer Wirkung (Todesfälle: A + θ → B) ansehen, sondern als Ergebnis (Symptom) der Wirkung der Ursachen Verkehrs*teilnehmer* und Todesfälle (A + B → θ) – wie es ja auch kommuniziert wird: Wegen der Todesfälle (Ursache) ändern wir den Straßenverkehr! Die Korrelation Verkehrsteilnehmer und Todesfälle brächte vollkommen neue Aspekte ins Spiel: Fahrerfahrung, Verantwortungsbewusstsein usw. und führte nicht zur „Bestrafung" sich korrekt verhaltender Verkehrsteilnehmer, sondern zur besseren Prüfung, wer zur verantwortungsvollen Teilnahme am Verkehr geeignet ist (Aggressionspotential, Risikobereitschaft, Fahrpraxis, Alter, Reife, …). Das Ergebnis wäre zwar vergleichbar: weniger Todesfälle. Doch in diesem Fall durch Bekämpfung der Ursache (ungeeignete Verkehrsteilnehmer), nicht der Symptome (Straßenverkehr) – die Umkehrung der Ursache-Wirkungs-Beziehung!

Beim Cholesterin findet man also nach Lagrange vier Pfade: zwei, die der vermeintlichen „Gesetzmäßigkeit" folgen (hohe Spiegel und Herzinfarkt, normale und keiner), aber eben auch zwei, die das nicht tun (normale Spiegel und Herzinfarkt, hohe und keiner). Damit muss die Gesetzmäßigkeit aber, da sie letztere nicht berücksichtigt, auf den Müll geworfen werden. Wie der BMI, bei dem sich gezeigt hat, dass ausgerechnet die Personen, die man bisher als gefährdet betrachtet hat (BMI 25–30, präadipös), am längsten und selbst „Risikopatienten" mit BMI 30–35 (adipös) länger leben als „gesunde" mit BMI 20–25.

Da Medizin heute evidenzbasiert sein soll, wird Newtons Determinismus zur Grundlage erklärt. Krankheit ist so das Ergebnis eines gesetzmäßigen Verlaufs weg von Gesundheit, und wir müssen nur diese mühsam erarbeiteten Gesetze (Normbereiche und Mechanismen) anwenden, um ein Ergebnis vorhersagen zu können („Prognose") – und damit eine Behandlung mit mehr oder weniger guten Therapieformen. Das Ergebnis: Labormedizin („Blutwerte"). Folgten wir aber Lagrange, gäbe es mit Gesundheit und Krankheit nur zwei mögliche Zustände (einer Superposition), die zwar auch einen Verlauf („Pfad") definieren, der nun aber Ergebnis einer konkreten, individuellen Situation und so vollkommen anders zu bewerten ist. »Ärzte schütten Medikamente, von denen sie wenig wissen, zur Heilung von Krankheiten, von denen sie noch weniger wissen, in Menschen, von denen sie gar nichts wissen.« sagte schon Voltaire. Provokant zugespitzt hat sich daran im Grundsatz nicht viel geändert. Das Merkwürdige: Um einer Gesetzmäßigkeit nach Newton auf die Spur zu kommen, wenden wir Lagranges Weg an, indem wir individuelle Pfade indeterministisch beobachten, sie dann aber durch Statistik deterministisch machen. Das Verfahren, nach dem das erfolgt, nennt man Heuristik (gr. εὑρίσκειν [heurískein]: finden, entdecken).

Darunter versteht man, auf dem aktuellen Erkenntnisstand mit unsicherem, weil aufgrund unzureichender Informationen unvollständigem Wissen aufbauend in kurzer Zeit zu neuen Erkenntnissen zu kommen. Seit Descartes spielt dabei „Intuition" (lat. intuitio: Anschauung, Betrachtung) eine wesentliche Rolle: die Fähigkeit, unbewusst und ohne Einschalten des Verstandes zu Einsichten in Zusammenhänge wie die Stichhaltigkeit von Sachverhalten oder Entscheidungen und die Plausibilität von vermeintlichen Gesetzmäßigkeiten zu kommen. In die Intuition fließen damit Erfahrungen und Erinnerung an ähnliche Vorkommnisse ein, nicht aber bewusste Auseinandersetzung mit der Thematik. Heuristik ist damit zwar ein analytisches Verfahren; doch wie im Fall des ballspielenden Kindes oben ist das Ergebnis nicht ein Szenario, wie es aufgrund einer Gesetzmäßigkeit nach Determinismus eintreten *muss*, sondern eines, wie es nach subjektiver Einschätzung eintreten *könnte*. Heuristik passt daher ideal zur Funktionsweise unseres Gehirns und wie wir unsere Umwelt betrachten und uns in ihr zurechtfinden: prediction und prediction error. Wie bei der Bildsynthese („Rendern") durch Zerlegung komplexer Oberflächen in ein Netz feiner, einfach zu berechnender Dreiecke („Approximation") werden komplexe Sachverhalte in einfache zerlegt, die dann „intuitiv erfasst", also augenblicklich, „instinktiv", in ihrem Wesen erkannt werden können. Selbst dann aber, wenn uns das korrekt gelänge, bestünde die Kunst nun darin, sie wieder zum Ganzen zusammenzusetzen – in den von mir bemühten Kontext zu stellen! Das aber erfolgt in der Schulmedizin i. d. R. eben nicht!

Das bekannteste Beispiel heuristischer Vorgehensweise ist der „Versuch und Irrtum" (trial and error), mit dem auch Evolution arbeitet, und das ein klassisches Prinzip naturwissenschaftlicher Forschung ist. Laien weniger, dafür Fachleuten umso mehr bekannt sind die statistische Analyse „repräsentativer Stichproben" aus Populationen, die idealerweise, im praktischen Alltag aber i. d. R. nicht zufällig zustande kommen, sowie das „Ausschlussverfahren", über das man zu einer umso besseren Lösung kommt, je mehr man Einflussfaktoren ausschließen kann (Straftat: Alibi). Da Heuristik auf subjektiven Erfahrungen und Sichtweisen aufbaut, kommt sie erneut der Arbeitsweise unseres Gehirns entgegen, kann aber dadurch auf falschen Erkenntnissen beruhen, z. B. einer wodurch auch immer verzerrten Wahrnehmung („bias"), was Descartes mit der Wirkung eines Dämons umschrieb, oder einer „Scheinkorrelation", einer Korrelation, die es in Wirklichkeit nicht gibt. Heuristische Ergebnisse sind so keine gesicherten Erkenntnisse, weichen von der Realität mehr oder weniger stark ab und führen fälschlicherweise zum Eindruck eines deterministischen Vorgehens („Evidenz"). Schulmedizin weiß das eigentlich, verdrängt es aber allzu oft.

Was folgt daraus? Determinismus und Indeterminismus sind erneut zwei extreme Formen einer Superposition! »Wir können nicht vorhersagen, ob ein bestimmtes Photon an Punkt A oder B eintreffen wird. Alles, was wir vorhersagen können, ist, dass im Durchschnitt 4 von 100 Photonen an einer Oberfläche reflektiert werden, die auf sie einstürzen. Heißt das, dass Physik, eine Wissenschaft größter Exaktheit, darauf reduziert wird, nur die Wahrscheinlichkeit eines Ereignisses zu berechnen, nicht vorherzusagen, was exakt passieren wird? Ja. Das ist ein Rückschritt, aber so ist es: Die Natur erlaubt uns nur, Wahrscheinlichkeiten zu berechnen. Und dennoch bricht Naturwissenschaft nicht auseinander.« sagte Feynman. Solange wir, wie in der Physik, eine große Anzahl von Entitäten/Ereignissen/Phänomenen betrachten, können wir evtl. mit diesem Vorgehen und dem Newton'schen Determinismus eine ausreichende, wohlgemerkt *statistische* Vorhersage der Entwicklung eines Szenarios in die Zukunft oder Vergangenheit anhand von Gesetzmäßigkeiten machen. Dann sind er und die Anwendung von „Gesetzen" oder Algorithmen gerechtfertigt. Und so sagen, wie gesagt, die von Google & Co. auch nicht das Verhalten eines Individuums voraus, sondern seines abstrakten Phänotypen. Sobald wir aber individuell werden wollen/sollen/müssen, bleibt uns nichts anderes übrig, als Lagranges Indeterminismus heranzuziehen. Dann aber machen statistische Vorhersagen, wie sie in der Medizin für Therapie und Prognose gemacht werden, keinen Sinn mehr.

Daher stelle ich zunehmend Sinn und Aussagekraft von Klinischen Studien, wie sie heute nach deterministischem Weltbild unter dem Gesichtspunkt Evidenz durchgeführt werden, infrage. Wie man an Werbung und Internet erkennen kann, wird heute mit „klinisch erprobt" argumentiert, und jeder Unsinn wird mit Klinischen Studien angeblich belegt. Ich komme aus der medizinischen Forschung und kann Ihnen garantieren, dass ich alles, was Sie wollen, mit einer Klinischen Studie beweisen kann! Ob die sich daraus ergebenden *Konsequenzen* dann aber auch tatsächlich zutreffen … Das ist Cargo Cult Science!

Im Rahmen der Quantenteleportation oben kam der zweite Aspekt ins Spiel, den ich noch ansprechen möchte und den wir bislang nicht betrachtet hatten: Information. Was ist das quantenphysikalisch? Da wir zur Beantwortung dieser Frage wegen ihrer maximalen Ausbreitung mit Lichtgeschwindigkeit auf den Wellencharakter der Elementarteilchen schauen müssen, betrachten wir, seit die Physik mit Max Planck auf Quanten als kleinster Einheit basiert, einmal ein Lichtquant, ein Photon. Eine seiner Eigenschaften ist, eine bestimmte Energie zu besitzen, die man nach Plancks einfacher Formel berechnen kann: $E = h \cdot \upsilon$, wobei h das „Planck'sche Wirkungsquantum" von oben, eine Naturkonstante, darstellt und υ für die Frequenz steht, mit der das Wellenstücken schwingt. Die Energie des Photons ist also direkt proportional zur Frequenz seiner Welle, und über die Beziehung $\upsilon \cdot \lambda = c$ umgekehrt proportional zu seiner Wellenlänge λ; denn deren Produkt ist nach der Formel konstant und dem Betrag nach mit dem Wert der Lichtgeschwindigkeit, c, identisch. Mit anderen Worten: Je höher die Frequenz oder, gleichbedeutend, kleiner die Wellenlänge, desto mehr Energie besitzt das Photon.

Photonen unterschiedlicher Energie können zu Wellenzügen („Wellenpaketen") überlagert werden. Sie besitzen auch eine definierte Energiemenge, doch lässt diese sich z. B. durch Fourier-Analyse (s. o.) mathematisch (!) in die der sie aufbauenden Photonen zerlegen. Es gibt noch eine weitere Energieform: gleiche Photonen oder Wellenzüge können sich überlagern – mit dem Ergebnis einer höheren „Amplitude". Sie ist somit Ausdruck der Intensität, mit der eine Welle wirken kann. Wir nehmen sie bei Tönen als Lautstärke wahr, bei Licht als Helligkeit und im Young'schen Versuch oben als unterschiedliche Schwärzung des Films. Sie basiert bei Licht auf der Menge, genauer: der Dichte identischer Photonen/Wellenzüge, aus der der Strom besteht, und so der Summe ihrer Energieinhalte. Wellen können also Energie in verschiedener Form besitzen, die sie bildenden einzelnen Quanten jedoch nur in einer.

Was ist nun Information? Ein Phänomen, das diese Arten von Energie nutzt. Ein Beispiel: Ein Photon mit dem Energieinhalt $4,4 \cdot 10^{-19}$ Joule schwingt nach den obigen Formeln mit einer Frequenz von 666 THz (Tera-Herz, 10^{12} pro Sekunde), was einer Wellenlänge von 450 Nanometer (nm, 10^{-9} Meter) entspricht. Ein anderes Photon mit $3,6 \cdot 10^{-19}$ Joule schwingt mit 540 THz. Seine Wellenlänge beträgt dann 550 nm. Und ein drittes besitzt einen Energieinhalt von $2,8 \cdot 10^{-19}$ Joule bei 428 THz und 700 nm. Drei Photonen also, mit drei unterschiedlichen Energieinhalten. Was uns das im Hinblick auf Information bringt, sagen Ihnen Ihre Augen! Die Farbstoffe in den Sinneszellen der Netzhaut werden durch die jeweilige Energie dieser Photonen angeregt (Quantenphysik!), was letztlich als Signal über den Sehnerven ans Gehirn gesendet wird. Hieraus *berechnet* dieses dann die Farb*eindrücke* tiefblau, grasgrün und dunkelrot. Die Photonen haben so nicht nur physikalisch Energie übertragen, wenn sie in den lichtempfindlichen Zellen absorbiert wurden, sondern auch Information – eben zur „Farbe" des Stoffes, der sie ausgesendet hat. Information ist also immer an Energie gebunden. Oder umgekehrt: Energie wird benutzt, um Information zu übertragen. Das erklärt, warum sie als Welle maximal mit Lichtgeschwindigkeit übertragen wird – als Teilchen (Schall!) käme sie an diese nicht einmal heran (vgl. Blitz und Donner)! Weshalb Einstein auch so verzweifelt gegen das „instantan" bei der Nicht-Lokalität gekämpft hat (»spukhafte Fernwirkung«).

Ein Strom Photonen/Wellenzüge, ein Lichtstrahl, kann also qualitativ (Farbe) und quantitative (Intensität) Information übertragen. Betrachten Sie ein Bild, erhalten Sie dessen Information also (nach klassischer, physikalischer Sicht) ausschließlich über die Energieinhalte aller Photonen im Lichtstrahl: Setzt dieser sich aus Wellenzügen mit Photonen der Wellenlängen 450 und 550 nm in einem bestimmten Verhältnis zusammen, extrahiert ihr Körper (Netzhaut) daraus eine Information, aus der das Gehirn (Geist) Ihnen die Farbwahrnehmung „türkis" generiert. Sie erhalten daraus zusammen mit Ihrer Erfahrung die Information, dass das Ufer hier flach sein muss. Erfahrung ist also nicht nur wesentlicher Bestandteil der Wahrnehmung der Welt, sondern auch der Übertragung von Information. Deshalb dauert es bei uns Menschen so lange, bis wir uns in ihr zurechtfinden können – bis in die Pubertät bei körperlichen und weit in das dritte Lebensjahrzehnt bei geistigen Belangen. Das ist auch der Grund, warum eine Gesellschaft schlecht beraten ist, auf die Erfahrung der Alten zu verzichten. Aber das nur nebenbei!

Bei Informationsübertragung spielen also kein Zauber und nichts Spirituelles eine Rolle! Lediglich Frequenz und Amplitude einer „modulierten" Gesamtwelle als Ergebnis der Addition der Einzelwellen der beteiligten Photonen/Wellenzüge einer Welle reichen aus. Denn der Begriff Information hat eine Konsequenz: Es muss ein Sender-Empfänger-Paar aus zwei (quantenwissenschaftlichen) Entitäten geben: eine, die Information sendet und eine, die sie erhält. Ohne beides ist Information keine Information, sondern einfach nur Energie. Abstrakte Information anzunehmen, wie es in manchen Theorien als postulierte Grundlage der Quantenphysik erfolgt, um sie deterministisch zu machen, ist daher sinnlos. Information ist selbst ein quantenphysikalisches Phänomen.

Doch abschließend zu etwas ganz anderem.

Es werde Licht![†]

Ich möchte mein Versprechen einlösen und zeigen, dass man mit meiner Weltanschauung eine besser zu unseren Erkenntnissen passende, moderne, auf Naturwissenschaft aufbauende, Einsteins „kosmische" Religion schaffen kann, ohne auf Begriffe wie „Gott", „Seele" und „Mystik" verzichten zu müssen. Hier also *meine* Schöpfungsgeschichte, die mystisch mit einem Axiom, einem nicht beweisbaren Grundsatz beginnt, den man glauben muss; dem Glaube an das, was Naturwissenschaft eine Maxwell'sche, eine stochastische Singularität nennt – eine „zufällige, kleine Ursache mit

---

[†]   Eine Hommage an Christine und Frido Mann.

großer Wirkung". Durch ein Phänomen, das wir vielleicht einmal (quantenphysikalisch?) erklären werden können, wurde ein „Knopf gedrückt", der gewaltige Energien freisetzte: der Urknall oder Big Bang, mit dem im wahrsten Sinne des Wortes Licht in Form elektromagnetischer Strahlung wurde. Da es kein Medium gab, das Schallwellen tragen konnte, war der jedoch lautlos; also big, aber nicht bang! Dazu war niemand erforderlich, das geschah rein zufällig und aus sich selbst heraus, wie es nicht ungewöhnlich in der Quantenphysik ist! So entstand zunächst Gott, ein *quantenphysikalisches Prinzip*, das Ursache („Schöpfer") für alles Weitere sein wird.

Nach den derzeitigen Vorstellungen der Quantenphysiker spielten „Quanten-" oder auch „Vakuumfluktuationen" eine Rolle, was immer das auch ist. Solche quantenphysikalischen Phänomene werden, wie wir noch sehen werden, auch am Ende der Existenz des Universums stehen. Vielleicht entstand Gott daher nicht *mit* dem Big Bang – vielleicht hat er sich über eine solche Fluktuation aus einem vorangegangenen Universum in unseres herübergerettet. Da es schwer ist, mit Prinzipien zu kommunizieren, was seinen Autismus erklärt, werden wir das vielleicht niemals erfahren!

Hier enden bereits Glaube und Mystik! Ab jetzt sprechen wir bei Vermutungen, die wir (noch) nicht (ausreichend) beweisen können, von Postulaten – Annahmen einer überprüfbaren (!) Hypothese. Der Unterschied: Es ist prinzipiell unmöglich (mathematischer Beweis) oder aussichtslos schwierig (Teilchenbeschleuniger in Universumsgröße, s. o.), ein Axiom zu beweisen, ansonsten wäre es keines. Beweis oder Widerlegung eines Postulats dagegen sind prinzipiell möglich und nur eine Frage des Erkenntnisstands und/oder des experimentell Machbaren und damit der Zeit. Das schließt jedoch nicht aus, dass es evtl. eines Tages möglich sein könnte, auch ein Axiom zu beweisen oder zu widerlegen; dann war es eben kein echtes Axiom, sondern ein besonders kühnes Postulat. Am Ergebnis ändert sich nur so viel, dass man in diesem Fall nicht mehr an das ursprüngliche Axiom „glauben" muss, sondern auch das nun begründen oder beweisen kann.

So schuf Gott, das Prinzip, zunächst Phänomene in Form quantenphysikalischer Entitäten. Vielleicht sind das die eindimensionalen, vibrierenden Strings der Stringtheorie mit ihren bis zu 11 Dimensionen und den „Branen", vielleicht die dimensionslosen Elementarteilchen der Quantenfeld-

Theorie. Das wird noch zu klären sein. Ich bevorzuge letztere und kann mir das leisten, da ich keine Ahnung davon habe! Wie auch immer: Er verlieh ihnen bestimmte Fähigkeiten. So z. B. sich zu verschränken oder auch nicht, und so neue Phänomene zu erzeugen, die sie alleine nicht zeigten. Doch noch nicht zu diesem Zeitpunkt, da alles noch so chaotisch war, dass sich nichts verschränken konnte. Später werden kluge Köpfe darüber streiten, ob dies bestimmten Regeln, Naturgesetze genannt, folgte und, wie ein gewisser Newton glauben wird, Grundlage für ein deterministisches Weltall sei oder ob die Naturgesetze keine Verhaltensregeln für physikalische Entitäten sind, sondern nur mehr oder weniger passende abstrakte Annäherungen an etwas, dass sich aufgrund einer quantenphysikalisch bedingten Unschärfe des Verhaltens deterministischer Beschreibung grundsätzlich entzieht, wie Anhänger eines gewissen Lagrange glauben werden. Wie auch immer: Der Ursprung bestand also aus Chaos, Wahrscheinlichkeiten und Zufall, und stellte die zweite Hälfte dessen dar, was später einmal ein gewisser Einstein über Chaos und Ordnung sagen wird: » … nichts kann entstehen ohne Chaos.« Was sich, da es ein Prinzip ist, bis heute erhalten hat, schaut man z. B. in mein Arbeitszimmer.

Diese quantenphysikalischen Entitäten waren also der Grund für die Hitze, und ich meine wirklich große Hitze in Form dessen, was wir heute Wärmestrahlung nennen, die unmittelbar nach dem Urknall herrschte. Denn sie waren an einen Raum gebunden! Daher schuf Gott parallel dazu das Universum („am ersten Tag", wobei der „Tag" 10^{-30} Sekunden gedauert hat; es ging ihm also flott von der Hand). Die Energie, die er schuf, heizte es auf unvorstellbare Temperaturen von 10^{32} K (Kelvin) auf, dem, was einmal „Planck-Temperatur" heißen wird: 100 000 Milliarden Milliarden Milliarden °C (bei diesen Temperaturen spielt der Unterschied zwischen Kelvin und °C keine Rolle: °C = K −273,15). Später wird ein gewisser Planck diese Objekte als „Lichtquanten" bezeichnen, die noch später zu „Photonen" umbenannt werden und damals (und noch ein wenig heute als Hintergrundstrahlung) als (Wärme-)Strahlung durch das frühe Universum sausten. Ein gewisser Schrödinger wird einmal eine mathematische Beschreibung der Objekte aufstellen, die Gott da mit den Photonen geschaffen hatte: eine Wellengleichung, mit der man Phänomene und Eigenschaften von Objekten abstrakt erfassen und ihr Verhalten mit einem mathematischen Modell beschreiben wird.

Weil die Wellen, aus denen die Strahlung bestand – sog. Quanten, die für den Quantenphysiker die Atome der Chemiker sind, die kleinsten Einheiten, mit denen sie sich beschäftigen –, aufgrund der herrschenden Temperatur noch beziehungslos vorlagen, waren sie und ihr Verhalten mit unserem beschränkten Geist noch nachvollziehbar und mit sehr einfachen Wellenfunktionen mathematisch beschreibbar. Die Schrödinger-Gleichung, von der sie Lösungen in bestimmten abstrakten Räumen des Modells sind, war daher ebenfalls sehr einfach. Im Prinzip kam es nur darauf an, ein Photon im physikalischen Raum zu verstehen – und später in der Raumzeit besagten Einsteins, weil der herausfinden wird, dass Gott den Raum nicht als dreidimensionales Phänomen geschaffen, sondern eng mit einem fast so unverständlichen Phänomen wie Zufall, Zeit, verflochten hatte.

Während dieser 10^{-30} Sekunden Tageslänge passierte eine Menge: Früh morgens, in der „Planck-Ära", die die „Planck-Zeit" von 10^{-43} Sekunden dauerte, verhielten sich die beobachtbaren Entitäten noch so als würden sie von einer „Urkraft" angetrieben – also dem, was Wissenschaftler einmal als „Weltformel" zu finden trachten werden: die Vereinheitlichung der vier Grundkräfte, mit denen sie die Natur beschreiben werden. Ihr schloss sich mittags die GUT-Ära (Grand Unified Theories) an, die sich in unserer Perzeption durch eine Vereinheitlichung der drei Grundkräfte ohne die Schwerkraft auszeichnet, die wir heute zur Beschreibung klassischer Phänomene nutzen. Denn heute sind unsere Methoden und Kenntnisse so weit gediehen, dass wir an Zentren, die Teilchenbeschleuniger besitzen, die Situation während dieser GUT-Ära im Kleinen nachbilden und damit die Gültigkeit der GUT als mathematisches Modell bestätigen können. Sollten wir einmal in der Lage sein, Temperaturen zu erzeugen, wie sie in der Planck-Ära herrschten, werden wir auch die Urkraft mit einem Modell beschreiben und experimentell bestätigen können, dass dieses Modell die Realität mathematisch korrekt abbildet. Sie sehen: Glauben müssen wir da gar nichts! Es ist lediglich eine Frage der Zeit und der Weiterentwicklung unseres Wissens und Könnens, wann wir die Theorie bestätigen oder widerlegen können werden.

Nachmittags kam dann die Phase der Inflation des Universums, in der es innerhalb von höchstens 10^{-32} Sekunden um einen Faktor in der Größenordnung 10^{40} expandierte – von subatomaren Dimensionen auf ca. 10 cm niedliche Größe: Man stelle sich vor: Ein ganzes Universum in der Größe einer Orange, entstanden buchstäblich aus – nichts! Das gilt heute als nachgewiesen, da sich am Rand des sichtbaren Universums, der den Zustand von damals konserviert hat, genügend Hinweise finden lassen, die diese Annahme bestätigen.

Es mag Ihnen wenig erscheinen, was Gott da am ersten Tag erschuf, auch wenn dieser recht kurz war: ein 10-cm-Universum gefüllt mit ein paar Lichtblitzen! Aber: An ihm schuf er nicht nur die Phänomene, Entitäten und deren Verhalten, die wir heute „elementar" nennen, mit Naturgesetzen zu beschreiben und im Rahmen mathematisch-naturwissenschaftlicher Abstraktion der Welt zu benutzen trachten, sondern auch den Raum, in dem das erfolgte. Sowie die gesamte Energie des Universums. Und er schuf die Grundlagen und Prinzipien, nach denen sich dieses, der Ort für die Phänomene, weiterentwickelte. Also nicht wirklich wenig! Was sich an diesem ersten Tag ereignete, war wesentlich für das Universum. Ab da wurde alles Routine! Denn nun sollte es darum gehen, Ordnung in das Chaos zu bringen.

Da die Photonen „am zweiten Tag" durch voranschreitende Expansion des Universums immer mehr Platz zum Herumsausen hatten, kühlte sich dieses zunehmend ab. Denn Wärme ist, wie jeder sich überzeugen kann, der seine Hand unmittelbar über oder aber in 20 cm Entfernung von einer heißen Herdplatte hält, eine Frage der Dichte solcher „Wärmepakete". Als es sich auf doch deutlich kühlere 10^{25} °C (bzw. K), also „nur" noch 10 Millionen Milliarden Milliarden °C abgekühlt hatte, gab Gott den Photonen die Möglichkeit, mit anderen quantenmechanischen Phänomenen, Higgs-Teilchen, wechselzuwirken. So materialisierten einige von ihnen im wahrsten Sinne des Wortes. Es tauchten die ersten Phänomene auf, die den Physikern später erhebliche Kopfschmerzen bereiten werden. Eines war, dass sich masselose Photonen und massebehaftete „Teilchen" ineinander umwandeln konnten. Nicht nur das: Sie konnten sich entsprechend verhalten. Damit entstand die Grundlage für eine Theorie einiger kluger Köpfe wie Planck, Heisenberg, Pauli, Bohr, Born und vieler anderer, die man einmal als Quantenmechanik bezeichnen wird. Die Phänomene, die man mit Schrödingers Wellengleichung einmal zu beschreiben versuchen wird, wurden komplexer, und damit auch die Wellengleichung als mathematisches Modell, da sie nun auch Phänomene beschreiben können musste, die aus den durch die Wechselwirkung entstandenen Superpositionen und ihren

Konsequenzen – z. B. Masse – entstanden. Und doch: Das Prinzip hinter Wellengleichung und Wellenfunktionen blieb.

Nun konnten die ersten quantenphysikalischen Phänomene auftreten, die wir heute auch noch beobachten können: Es entstanden die Quarks und die sie zusammenhaltenden Gluonen mit ihren elementaren Wellenfunktionen als Ergebnis der Verschränkung der „Elementarteilchen". Die Temperatur des Universums war in dieser Quark-Ära noch zu hoch, als dass sie sich zu „höheren" Teilchen, Protonen und Neutronen, zusammenschließen und neue Verschränkungen mit Superpositionen ausbilden konnten. So entstand zunächst „nur" ein Quark-Gluonen-Plasma.

10^{-6} Sekunden nach der Singularität hatte Gott das Universum durch weitere Expansion dann auf 10^{13} also 10 000 Milliarden °C abgekühlt (der Unterschied zwischen °C und K ist immer noch bedeutungslos!) – der Temperatur, ab der sich Quarks mit Gluonen endlich verschränken konnten und so neue Entitäten mit neuen Phänomenen ausbildeten, die wir heute als Hadronen (Baryonen wie Protonen und Neutronen sowie Mesonen) bezeichnen. Damit einher ging höhere Ordnung und Komplexität, die das Modell über Wellengleichung und mathematische Räume zufriedenstellend erklären können musste. So kamen neue Phänomene wie ein Spin bei der Beschreibung zum Einsatz. Uns noch immer im submikroskopischen Bereich befindend, ist die Gültigkeit der Quantenmechanik auch hier heute nachgewiesen. Noch entstanden nur Materie-Antimaterie-Zwillinge, die sich zum größten Teil gleich wieder vernichteten und wieder zu Photonen wurden. Heute nennen wir das Vakuumenergie.

Doch 10^{-4} Sekunden nach der Singularität betrug die Temperatur dann 10^{12} oder eine Billion °C, sodass echte Protonen und Neutronen ohne Antimateriezwilling entstanden, die noch rege ineinander überführt wurden. Wie und warum, ist noch unklar, da das ja asymmetrisch erfolgt sein musste: Wo war dann aber die Antimaterie zur heute existierenden Materie geblieben? 1 Sekunde nach dem Urknall hörte auch dieses Treiben auf, da das Universum „nur" noch 10 Milliarden °C heiß war. Es ist die Geburtsstunde dessen, was man einmal den Welle-Teilchen-Dualismus nennen wird. Ja, Gottes Wege sind in der Tat wundersam, aber für uns durchaus ergründbar. Die Energie lag nun nicht mehr nur in Form masseloser Photonen vor. Sie konnte im wahrsten Sinne des Wortes materialisieren, wie ein gewisser de Broglie es mathematisch beschreiben wird: $m \cdot v \cdot \lambda = p \cdot \lambda = h$, das Produkt aus Masse m und der Geschwindigkeit v, also der Impuls p, den ein Quant im materialisierten Zustand hat, sowie der Wellenlänge λ, die es als Welle hat, ist gleich dem Planck'schen Wirkungsqantum h. Hat also ein Photon einer bestimmten Wellenlänge λ Masse, entspricht dies einem Teilchen, das mit einem Impuls herumfliegt, der durch diese Masse und seine Geschwindigkeit bestimmt ist. Die Materiewelle war geboren, die die Phänomene am Doppelspalt erklären konnte. Mit dieser Beziehung war es möglich, auch Materie als Welle aufzufassen und über Wellenfunktionen in eine Wellengleichung zu integrieren.

Ganz schön viel, was Gott da in der ersten Sekunde, pardon: den ersten beiden Tagen schuf! Denn nun hatte er das erste handfeste Baumaterial, mit dem er tatsächlich in unserem Sinne gestalterisch tätig werden konnte: das, was man später klassisch-physikalisch als Materie bezeichnen wird, aber in Wahrheit lediglich ein gigantischer Haufen von quantenphysikalisch erklärbaren Feldern, den „Teilchen" und deren Phänomene ist.

10 Sekunden nach der Singularität („am dritten Tag") und bei einer Temperatur unterhalb 1 Milliarde °C vereinigten sich Protonen und Neutronen zu den ersten Atomkernen – „Prä-Wasserstoff" entstand mit neuen Phänomenen, erwachsen aus der Superposition der Zustände seiner Bestandteile. Die Temperatur war immer noch so hoch, dass auch er, wie zuvor die Quarks, zunächst ein Plasma bildete – ein Gemisch aus Atomkernen und freien Elektronen. 70 000 Jahre nach dem Urknall war dann die Energie, die sich als Materie darstellte, so groß wie die Strahlungsenergie, was bedeutete, dass sich diese zur Hälfte in Materie umgewandelt hatte – und das Universum kühlte weiter ab. 200 000 Jahre nach dem Urknall endete die Strahlungs-Ära; da war die Temperatur gering genug, dass sich aus Kernen und Elektronen stabile Atome bilden konnten: Wasserstoff entstand und die Materie-Ära begann, die bis heute andauert. Mit ihm zeigten sich Phänomene, die später mit den Wellenfunktionen beschrieben werden mussten. Und es gab etwas Neues: Das Universum wurde durchsichtig! Denn bis zu einer Temperatur von etwa 3 000 K waren Photonen an elektrisch geladenen, freien Teilchen wie Atomkernen und Elektronen gestreut worden, wie ein gewisser Joseph John Thomson (1856–1940), britischer Physiker, nobelpreisprämiert herausfinden wird. Was „Milchsuppe" zur

Folge hatte: dichtesten „Nebel", den nichts durchdringen konnte. Der verzog sich nun und zeigte das Universum in seiner vollen Pracht.

Die Temperatur sank weiter, denn das Universum expandierte weiter. Nun trat ein Effekt auf, der bisher aufgrund der ungeheuren Energie der Beteiligten keine Rolle gespielt hatte: Gravitation. Sie führte dazu, dass Gott („am vierten Tag") die stabilen Atome des Wasserstoffs, die am „dritten Tag" entstanden waren, zu Gasbällen formte, in denen dann sofort Kernfusion startete, mit der zunächst Helium und dann in mehreren Schritten und Sternexplosionen die schwereren Elemente erbrütetet wurden, die wir heute kennen. Der erste Stern muss irgendwann zwischen 200 000 und 600 Millionen Jahren nach dem Urknall entstanden sein. Man nimmt an, nach 1 Million Jahren. Die Wellengleichung des Universums als Zusammenfassung der überlagerten Wellenfunktionen seiner Bestandteile war seit dem Urknall deutlich komplexer geworden, da aufgrund der Superpositionen und Verschränkungen und daraus resultierenden neuen Phänomenen neue Wellenfunktionen hinzukamen. Dennoch war das Prinzip, das dahinter steckte, einfach und stringent geblieben: Auch jetzt gab es eine universelle Wellengleichung und auch die mathematischen Räume zu ihrer Lösung waren noch immer anwendbar.

Bis hierher war vieles passiert: Energie war entstanden, Raumzeit, punktförmige Elementarteilchen mit Wirkungsbereichen, die weit über ihre räumlichen Ausdehnungen hinausgingen, Photonen, Quarks, Hadronen, Leptonen und der ganze Quantenzoo und schließlich Protonen, Neutronen und Elektronen sowie die chemischen Elemente. Auch`wenn so unterschiedliche Entitäten mit so verschiedenen Eigenschaften entstanden waren wie unfassbare Felder oder „feste" Atome – die Entstehung klassisch-physikalisch erklärbarer Phänomene war das Ergebnis eines einfachen Prinzips, das gemäß Selbstähnlichkeit immer wieder angewendet wurde: cat-states als Ergebnis der Überlagerung von möglichen Zuständen der Entitäten und deren Verschränkung zu höheren Entitäten mit neuen cat-states und neuen Eigenschaften und damit Phänomenen.

Am „fünften Tag" schuf Gott dann das, was wir heute vulgo Materie nennen: Zusammenballungen aus Elementen, die die Sonnen am Tag zuvor erbrütet hatten. Auch hier spielte die Gravitation die entscheidende Rolle. Das begann etwa zwei Millionen Jahre nach der Entstehung des ersten

Sterns. Das Prinzip Superposition und Verschränkung hatte sich bewährt, und so geht die unendliche Geschichte von Selbstähnlichkeit, Superposition und Verschränkung weiter! Neben Sternen bildeten sich so Planeten, Monde und Asteroiden, und diese bildeten Sonnensysteme, die zu Galaxien aggregierten. Die derzeit älteste, eine nicht direkt sichtbare und damit bisher unbenannte, muss mach ihrer Spektralzusammensetzung 13,2 Mrd. Jahre alt und so 600 Millionen Jahre nach der Singularität entstanden sein. Wir wissen von ihr, da wir ihr Licht aufgrund Einsteins Gravitationslinsenphänomens eines Galaxienhaufens namens Abell 383, zu dem sich Galaxien ordneten und der sie verdeckt, einfangen und analysieren konnten.

Doch nun werden unsere Erkenntnisse unschärfer! Wir wissen, dass es ältere Galaxien gibt als unsere. Wir wissen auch, dass es ältere Sonnensysteme selbst in unserer Galaxie gibt als unseres. Wir wissen ebenfalls, dass es nicht nur in unserem Sonnensystem Planeten gibt, generell, und solche, die ihre Kreisbahn in der „habitablen" Zone ziehen, in der Leben entstehen kann. Es scheint so zu sein, dass wir nicht von einigen Tausend, ja nicht einmal wenigen Millionen, sondern von unglaublichen 100 Milliarden bewohnbarer Planeten sprechen – allein in unserer Milchstraße. Und es gibt 100 Milliarden Galaxien. Wir wissen jedoch nicht – da sind Gottes Worte für uns (noch) zu kryptisch! –, ob der sechste Tag vor 3,77 Mrd. Jahren begann, also 600 Mill. Jahre nach der Schaffung unseres Planeten, wie aktuelle Funde erster Mikroben nahelegen, oder schon ([sehr] viel) früher auf einem „Exoplaneten" eines älteren Sonnensystems in unserer oder einer anderen, evtl. älteren Galaxie. Leben, das vielleicht schon ausgelöscht wurde, bevor es hier bei uns entstand, weil dessen Sonne es inzwischen zerstört hat – so wie es uns auf unserer Erde in 4 Mrd. Jahren ergehen wird. Vermutlich werden wir daher niemals erfahren, wann der sechste Tag tatsächlich begann.

Aber er begann! Denn ihn nutzte Gott, einen weiteren Schritt zur Reduktion der Entropie, also der Unordnung zu machen, die er über den Urknall erzeugt hatte. Er schaffte weitere, noch höhere Ordnung in Form noch höherer Komplexität von Materie: Leben entstand, zunächst in Form sich selbst replizierender Moleküle, dann in einfachen Lebewesen wie Archaeae, dann Bakterien. Aber auch hier: Es kam nichts „Neues" hinzu, das ein Abrücken von den bewährten Prinzipien Selbstähnlichkeit, Superposition und Verschränkung gerechtfertigt hätte. Warum also sollte Gott nun nach neuen Strategien suchen und vorgehen? Es gab dazu keinen Grund. Daher ist es wenig plausibel, anzunehmen, dass all dies spätestens ab jetzt nicht mehr gelten sollte. Die neuen Phänomene resultierten also, wie vom ersten Moment an, lediglich daraus, dass die Zusammenlagerung und Verschränkung immer komplexerer Bausteine noch komplexere Bausteine mit noch komplexeren Phänomenen und komplexeren Möglichkeiten mit ihren Wahrscheinlichkeiten hervorrief! So ist es nur logisch, dass auch die neuen, auf Leben beruhenden Phänomene durch das gleiche mathematische Modell, lediglich mit komplexerer universeller Wellengleichung beschrieben werden können. Nichts anderes macht die Quantenmikrobiologie: Sie ist die Quantenphysik des Lebens, entstanden nach dem ersten Teil in Einsteins Bemerkung: »Nichts kann existieren ohne Ordnung – ...«

Archaeae und Bakterien erzeugten dann die ersten eukaryontischen Zellen – eine weitere Stufe höherer Komplexität, da nun Zellstrukturen entstanden, die diese nicht hatten: Zellkerne, Zellorganelle, Stützstrukturen und Signalwege – unter dem Aspekt Selbstähnlichkeit die Vorstufen von Gehirn, Organen, Skelett und Nervensystem höherer Lebensformen, entstanden durch Selbstähnlichkeit der zugrundeliegenden Atomkerne, Elektronen, Grundkräfte und Photonen. Und es wurde immer komplexer, indem diese sich zu Kolonien zusammenschlossen, aus denen sich durch Arbeitsteilung primitive Mehrzeller wie die Volvox, eine Alge, entwickelten. Gewebe entstanden und damit die Quantenbiologie. Und bereits schon die ersten Holobionten – Wesen aus unterschiedlichen Arten, die sich in eine vollständige Abhängigkeit voneinander begaben. Wir finden sie heute in Form der Mitochondrien und Chloroplasten in *allen* eukaryontischen Zellen; sie waren ursprünglich Bakterien, mit denen sich ein Prä-Eukaryont, vermutlich ein Archaeon, verschränkt hat.

Dass sich also das Leben im weiteren Verlauf des sechsten Tages zu immer komplexeren Wesen, angefangen vom „einfachen" British Soldier (Abbildung 15) bis hin zu intelligenten Lebensformen wie Delphinen, Primaten und Vögeln, um nur einige zu nennen, weiterentwickelte, ist nichts Außergewöhnliches: Nachdem sich elementarste Teilchen zu Quarks, diese zu Protonen und Neutronen, diese zu Atomen und diese zu zunächst einfachen, dann aber auch komplexeren Molekülen wie Aminosäuren weiterentwickelten, ohne dass da jemand persönlich Hand hätte anlegen müssen, wäre es höchst merkwürdig, wenn dieses göttliche Prinzip nicht auch auf die elementarsten biologischen Teilchen, Zellen, angewendet werden könnte und so dafür sorgt, dass die Entwicklung zu höherer Komplexität mit neuen Phänomenen zwanglos weitergeht. Allein schon aus diesem Grunde macht es wenig Sinn, Evolution zu leugnen: Sie ist das vielleicht fundamentalste göttliche Prinzip, das in der Entwicklung einer Singularität als Ursprung des heutigen Universums seinen Anfang hat und selbstähnliche Weiterentwicklung als Methode.

Daher ist die Konsequenz: Wenn sich Leben so entwickelt hat, muss auch das mathematische Modell, das bis dahin die Situation offenbar korrekt darstellt, über diesen Punkt hinaus gelten, ohne am Grundsatz etwas zu ändern: Wellengleichung und mathematische Räume! Womit wir bei der Quantenbiologie sind, die nächste Stufe. Und wenn wir nun (a) unbelebte, (b) einfache belebe und (c) komplexe belebte Materie haben, ist dann nicht als Konsequenz der nächste logische Schritt (d) beseelte belebte Materie, wie wir sie als Phänomen ja beobachten können? Warum sollte dann aber ausgerechnet an dieser Stelle ein mystisches Wesen eingreifen müssen? Nur, weil es unsere Vorfahren mit ihren beschränkten Erkenntnissen von der Welt so gesehen haben?

An dieser Stelle gibt es zwei Möglichkeiten: (1) Einen personenhaften Schöpfer annehmen, der nach 13,7 Mrd. Jahren ohne Eingreifen ausgerechnet uns und niemand anderem diese Seele einhaucht. Dann haben wir Theologie. Oder aber (2), Seele als quantenbiologisches und damit quantenphysikalisches Phänomen aufzufassen, das in komplexer Verschränkung und Superposition der neuen Möglichkeiten einer gigantischen Zahl biologischer Einheiten besteht – Wissenschaft. Letztere Sicht erklärt die Situation in Einsteins Sinne so einfach wie möglich. Aber, auch in Einsteins Sinne, nicht einfacher, wie es beim Glauben an ein Überwesen der Fall wäre. Denn dieser erklärte Seele vordergründig zwar einfacher und damit im Sinne ungebildeter Gesellschaften. In Wahrheit aber käme mit diesem Wesen ein sehr kompliziertes Phänomen hinzu, dessen Existenz dann, wenn wir ehrlich zu uns sind, erklärt werden müsste. Wie sagte William of Ockham gleich? Von mehreren möglichen Erklärungen für ein Phänomen ziehe die einfachste Theorie allen anderen vor. Welche von beiden kommt ohne neue Annahmen aus?

Meine Schöpfungsgeschichte beruht also darauf, dass auch nicht-materielle Phänomene, die Leben hervorbringt, als Konsequenz des Zusammenschlusses immer komplexer werdender Einheiten nach den gleichen, bewährten Prinzipien, Selbstähnlichkeit, Superposition und Verschränkung, auf naturwissenschaftlich beschreibbaren Phänomenen beruhen. Und dass die beste Art, das abstrakt zu beschreiben, in den mathematischen Modellen besteht, die die Quantenphysik als Grundlage haben. Wenn unsere Nachfahren in 1 000 000 Jahren noch existieren sollten, werden also auch sie durch dieses mathematische Modell beschreibbar sein. Es mag im Detail anders realisiert oder ergänzt sein: Felder statt Teilchen, Hyperräume anstelle von Räumen, neue Phänomene. Aber, und das ist das göttliche Prinzip, das hinter allem steht: Dieses modifizierte Modell wird dann auch von der ersten Planck-Zeit an den Verlauf des Universums darstellen können. *Das* ist das deterministische Prinzip hinter der Natur, nichts anderes!

Für mich und nach meinem Weltbild ist es keine Frage, ob es extraterrestrisches Leben gibt oder nicht! Wenn Quantenphysik die Grundlage allen Seins ist und Gott, das Prinzip, das Chaos unmittelbar nach der Singularität beseitigen wollte, indem er das Universum expandieren ließ und einfache Grundelemente in Form von Energie-Quanten durch Ausprägung neuer Qualitäten und Phänomene zu „höheren", d. h. „geordneteren" Entitäten wie Gasen, Nebel, Sonnen, Planeten und Monden formte, muss Leben ein universelles Phänomen sein! Denn dann ist der Unterschied zwischen unbelebter und belebter Materie lediglich eine Frage neuer, durch komplexere Überlagerungen entstandener Phänomene. Wer also außerirdisches Leben in Zweifel zieht, glaubt für mich auch, dass die Erde im Zentrum des Universums steht und flach und von einem Ozean umgeben ist, der verhindern soll, dass Menschen an seinem Ende von der Scheibe herunterfallen, indem vernichtende Stürme und viele Ungeheuer im Ozean dafür sorgen, dass sie Angst haben, ihn zu befahren.

Für mich und mein Weltbild steht ferner außer Zweifel, dass Seele und Psyche naturwissenschaftlich erklärbar sind. Sie sind, im Gegenteil, eine konsequente „Weiteranwendung" der Prinzipien, die stufenweise aus Nichts belebte Materie werden ließen, über eben diese einfache belebte Materie hinaus. Damit nicht genug: Der Mensch, dem wir in unserer Arroganz als einzigem Lebewesen zumindest in diesem Sonnensystem – mehr können wir nicht ernsthaft behaupten – Psyche, Seele und Geist zusprechen, ist nicht das Ende dieser Entwicklung! Wenn höhere Lebensformen eine Verschränkung von quantenmikrobiologischen Entitäten gleicher Art sind, da sie aus einer einzelnen Zelle entstehen, ist die nächste Stufe der Evolution die Verschränkung von quantenmikrobiologischen Entitäten unterschiedlicher Art. An dieser Stelle spätestens treten dann komplexe Holobionten auf die Bühne meiner Weltanschauung, Wesen, in denen Zellen unterschiedlicher Art und Herkunft verschränkt sind: z. B. der Mensch und sein Mikrobiom. Warum? Wenn sich so unterschiedliche Elementarteilchen wie Quarks, Leptonen (das Elektron in drei unterschiedlich schweren Varianten und deren nicht geladene Vettern, die Neutrinos), Eichbosonen (Photon, Gluon, W- und Z-Boson) und das Higgs-Boson zu Atomen mit ihrem unterschiedlichen, individuellen Verhalten zusammentun – drängt sich da nicht geradezu auf, dass sich auch menschliche und nicht-menschliche Zellen, die in einem gemeinsamen Ökosystem namens Mensch zusammenleben, quantenbiologisch verschränken und neue Entitäten, eben die Holobionten, mit neuen Eigenschaften und Phänomenen ausbilden? Fragten Sie mich: kein Zweifel, noch nicht einmal Descartes' Methodischer. (Und das will was heißen!)

Doch selbst damit hört es nicht auf! Vielleicht gibt es sie schon, und wir können sie nur (noch) nicht wahrnehmen: Lebensformen, die aufgrund der weiteren Anwendung der grundlegenden Prinzipien Selbstähnlichkeit, Superposition und Verschränkung eine neue, höhere Ebene als die der Holobionten erklommen haben – mit neuen Fähigkeiten, Eigenschaften und Eigenheiten, die wir uns in unserer Beschränktheit heute (noch) nicht vorstellen können. Oder finden wir die nächste Stufe vielleicht in den Telepathen und Präkognostikern, die wir heute als „Fernheiler" bezeichnen und (leider i. d. R. zu Recht) als Spinner, Aufschneider und sogar Kriminelle abtun? Gibt es Wesen, die die Gedanken anderer lesen und ihnen eigene einpflanzen können?[†] Denn entsprechende Redewendungen gibt es ja: »Kannst du meine Gedanken lesen?« Was wäre die logische Folge nach den Holobionten? Die Verschränkung zweier oder mehrerer Holobionten mit neuen cat-states: Eineiige Zwillinge mit ihren erstaunlichen, unglaublichen

---

[†]   Gedanken beruhen auf der Aktivität unserer Nervenzellen, damit Reizleitung, damit fließenden elektrischen Strömen und damit elektromagnetischen Wellen („EEG"), die sich gegenseitig beeinflussen können („Schwebung"), wie es Christine und Frido Mann in ihrem Buch beschreiben …

Fähigkeiten. Sind sie Protagonisten einer großen Zahl von „Hyperbionten", Holobionten, die sich mit anderen verschränken können? Blieb uns das bisher nur verborgen? Diese Phänomene, die als „parapsychologisch" belächelt und als „pseudowissenschaftlich" wenig ernst genommen werden, lassen sich zwanglos und naturwissenschaftlich erklären, wenn man sich denn aus Platons Höhlenfesseln befreit hat.

Um nicht missverstanden zu werden: Esoterik, Astrologie und was heute größtenteils als „Parapsychologie" bezeichnet wird – zu Recht oder zu Unrecht – sind für mich tatsächlich weitestgehend Spinnereien ohne wissenschaftlichen Hintergrund, und daher lehne ich sie ab! Aber sich auf den Standpunkt zu stellen, dass nur die klassischen „echte" Wissenschaften sind und nur Phänomene, die wir mit ihnen erklären können, real, alles andere sei Mummenschanz, zeugt von wenig naturwissenschaftlicher Denkweise und geringer geistiger Leuchtkraft! Denn klassische Naturwissenschaft und klassische Medizin könnten sich selbst als „Pseudowissenschaft" herausstellen. Dann, wenn sich zeigen lässt, dass Platon mit seiner Höhle recht hatte und sich die Wissenschaften der Schatten zweifelsfrei als solche erweisen. Wir sind mit Relativitätstheorie, Quantenphysik, der Erforschung von Spontanheilungen, Psyche und dem Placebo-Effekt auf dem besten Wege dahin! Für naturwissenschaftliche wie schulmedizinische Arroganz gibt es also keinen Anlass.

Allerdings glaube auch ich, dass 95 % dessen, was uns heute als „unerklärliche Phänomene" untergeschoben wird, Effekthascherei, Wichtigtuerei bis hin zu unsauberen und unlauteren Methoden der Bereicherung und des Betrugs, ja im medizinischen Bereich sogar Tatbestand der Körperverletzung oder gar Totschlag oder zumindest ihrer Inkaufnahme sind. Daraus aber abzuleiten, dass die restlichen 5 % auch in diese Schublade gehören, mag nachvollziehbar sein, ist aber falsch und bringt uns nicht weiter. Es ist der wissenschaftliche Reflex, der auch Grundlage von Religion und daher allzu menschlich ist: Was nicht mit dem existierenden Weltbild erklärt werden kann, ist nicht!

Quantenmikrobiologie und Quantenbiologie entstanden als Beschreibung der immer komplexer gewordenen Quantenphysik unbelebter Materie. Und mit zunehmender Komplexität des Lebens der Quantendualismus als Beschreibung der immer komplexer werdenden Quantenbiologie. So, wie ein

Chemiker zwecks Vereinfachung mit Atomen und Molekülen als „zusammenhängender Haufen von Quarks und Elektronen „spielt" und nicht mit den Quarks und Elektronen selbst[†], spielt der Mikrobiologe auch nicht mit einzelnen Atomen und Molekülen, sondern mit ihrem zusammenhängenden Haufen, der Zelle. Und Mediziner und Psychologen mit zusammenhängenden Haufen von Zellen, dem Organismus Mensch. Was als Konsequenz Quantendualismus und eine Psychizin erfordert, da sich zeigt, dass Medizin und Psychologie isoliert nicht ausreichen, die jeweils beobachteten Phänomene korrekt zu beschreiben. Was kommt danach? Träumen Sie, denn exakt dafür hat Gott Sie mit Ihrer Virtualität ausgestattet! Vielleicht hilft Abbildung 17 dabei. Doch Vorsicht! Es könnte Ihre Einstellung zur Natur im Sinne Spinozas und vieler (ehemaliger) Naturvölker wie der nordamerikanischen Indianer ändern … Back to the roots!

Wir schreiben inzwischen den „Siebten Tag", und Gott ruht *nicht*! Im Gegenteil, er ist agiler denn je und hat noch eine Überraschung für uns parat: Dunkle Energie und Materie, die uns einerseits das Problem liefern, unser abstraktes Modell an die neuen Erkenntnisse anpassen zu müssen, andererseits bewirken, dass das Universum sich nicht nur weiter ausdehnt, sondern das auch noch beschleunigt macht. Ein existenzielles Problem, weil uns dadurch eventuell nur noch 22 Milliarden Jahre bleiben werden, bis es zur Katastrophe kommt! Klingt viel; aber es ist nur unwesentlich mehr als die Zeit vom Urknall bis hierher (13,8 Mrd. Jahre) und deutlich kürzer als die „Ewigkeit" der Religionen. Wir leben heute also nicht nur in der Zeit der Midlife unserer Sonne, sondern auch des Universums! Bekommen Sie nun selbst eine Crisis?

Die verbleibende Zeit könnte recht ungemütlich für uns werden. Denn die Katastrophe wird kommen, so wahr die Bibel mit ihrem Jüngsten Gericht uns helfe: Entweder in Form des Big Rip, einer Singularität wie der Big Bang, mit dem das Universum entstand, bei dem durch zunehmende Fluchtgeschwindigkeit der Galaxien als Folge der beschleunigten Expansion des Weltalls Fliehkräfte entstehen, die buchstäblich alles zerreißen: Zuerst die Galaxienhaufen, dann die Galaxien, die Sonnensysteme, die Sonnen und Planeten und schließlich die Materie und die Atomkerne. Also der ganze

---

[†]   Weshalb er auch, nach Feynman oben, für Physiker so merkwürdig zählt: Ein
      Proton = Wasserstoff, zwei Protonen = Helium, drei = Lithium …

mühsame Prozess der Entstehung von Ordnung umgekehrt: zurück zum Chaos – oder erneut: Back to the roots.

Aber es wird auch eine Alternative in Form des Big Freeze diskutiert, ebenfalls eine Singularität, bei der sich das Universum auch immer weiter ausdehnt und so immer kühler wird, bis schließlich der absolute Nullpunkt bei 0 K (273,15 °C) erreicht wird, an dem alles „einfriert". Bei diesen Temperaturen könnten nach einer Theorie die Protonen zerfallen, sollte sich herausstellen, dass sie instabil sind und mit einer Halbwertszeit von 10^{40} Jahren zerfallen. (Seit dem Urknall wäre so bereits ein Stern der Größe unserer Sonne zerfallen!) Die Folge: Die gesamte Materie zerstrahlte. Übrig blieben zunächst nur Schwarze Löcher. Doch auch die würden sich wegen der Hawking-Strahlung irgendwann auflösen. Aber selbst wenn das Proton stabil sein sollte, hülfe uns das nicht: Auch dann zerfiele die Materie, wenn auch langsamer. Das Ende: ein kaltes Universum, in dem ein paar Photonen herumschwirren, ohne sich, anders als nach dem Big Bang, wegen seiner unermesslichen Weite jemals treffen und sich mit Verschränkung und Superposition zusammenrotten zu können. Schrecklich, apokalyptisch!

Um Ihnen einen Anhaltspunkt für Ihre persönliche Planung zu geben: Das worst case scenario, instabile Protonen, geht von 10^{40} Jahren aus, bis außer Schwarzen Löchern keine weitere Materie mehr existiert. Und ich gehe davon aus, dass Sie mit denen keinen Kontakt pflegen möchten. Also holen Sie sich schon 'mal einen Termin beim Anwalt Ihres Vertrauens zwecks Testaments ... In 10^{100} Jahren dann übernähmen die Photonen, die dann noch 10^{460} Jahre als Lonely Rider umherschwirren, bevor – ja bevor vielleicht Quantenfluktuationen einen neuen Big Bang erzeugen könnten, z. B. weil der Raum, nun leer und unnütz, kollabiert. Aber glauben Sie mir: Den wollen Sie nicht erleben, die Hölle wäre eine Tiefkühlkammer gegen das, was dann auf Sie zukäme! Sie haben es oben ja gesehen. Wollen Sie also wirklich ewig leben? Und doch: Es begänne eine neue Woche! Ach ja: Falls Sie sich wundern, dass die Tage unterschiedliche Längen hatten: Einstein sagte ja, Zeit sei relativ. Und vielleicht gibt es sie ja gar nicht ...

Übrigens: Die Mehrheit der Forscher geht zurzeit von einem Big Freeze (auch Big Chill oder Big Whimper genannt) aus, da es Anzeichen dafür gibt, dass das Universum die Voraussetzungen dafür exakt erfüllt. Verstehen Sie, warum *ich* nicht ewig leben möchte? Ich friere zwar nicht leicht, leide aber unter einer Kontaktmangel-Phobie … Übrigens: die Temperatur zurzeit beträgt im Universum 3 K (oder -270,15 °C, also nicht wahnsinnig weit weg vom absoluten Nullpunkt; hier ist der Unterschied zwischen °C und Kelvin durchaus relevant …)

Nicht erfreulich, unsere Zukunft! Wenn Gott sich das inzwischen nicht anders überlegt oder wir „aufgrund unserer Intelligenz" eine Möglichkeit gefunden haben werden, ihm ein Schnippchen zu schlagen und in ein Nachbaruniversum abzuhauen – oder uns ein neues, eigenes erschaffen. Vorausgesetzt natürlich, dass wir die „Kleine Hölle" in ca. 1 Milliarde Jahren überstehen, wenn unsere Sonne zum Roten Riesen wird, der zunächst die Lebensgrundlage auf der Erde zerstört, dann innerhalb von 3 Milliarden Jahren die inneren Planeten in Magmabälle umwandeln und sich innerhalb weiterer 3 Milliarden Jahre über die Erdumlaufbahn hinaus ausdehnen und unser schönes Zuhause in seine Bestandteile zerlegen wird.

Gott scheint also doch ziemlich böse zu sein, auch meiner! Warum könnte er nicht sagen: OK, die Expansion hört auf, und alles bleibt so, wie es ist? Also Garten Eden und so. Muss er wirklich mit Dunkler Energie und Materie seine Macht demonstrieren? Denn das tut er, und das ist, bei dem Ende, böse! Findet auch Einstein:»Ich habe noch einmal darüber nachgedacht. Vielleicht ist Gott doch boshaft.« Aber eines ist er zumindest nicht: arrogant, grausam und pervers! Er macht keine Unterschiede und ergötzt sich nicht am Leid seiner Geschöpfe. Denn mit uns und unserem Universum wird auch er enden, und er ist nicht verantwortlich für unser Verhalten. Arroganz, Perversion und Grausamkeit erwachsen in meinem Weltbild nicht aus dem Wegschauen eines Wesens, das das alles ändern könnte, sondern aus den Handlungen der Einzelnen – ohne Möglichkeit, sie auf besagtes Wesen abwälzen zu können.

Wir wissen es heute noch nicht so genau. Aber eventuell ist das, was uns einmal zerreißen wird, Dunkle Materie/Energie oder, gemäß der alternativen Skalar-Tensor-Vektor-Gravitations-Theorie, eine der Gravitation entgegengesetzte, fünfte Kraft, der Grund, warum wir existieren. Denn es gibt Fachleute, die annehmen, dass diese dem Universum Struktur und damit Ordnung gebracht und die Entwicklung von Galaxienhaufen, Galaxien, Sternensystemen und Sternen erst ermöglicht haben. Man sieht auch hier:

Alles ist eine Superposition aus mindestens zwei Möglichkeiten – bislang nannte man das „die zwei Seiten einer Medaille" oder „wo Licht ist, ist auch Schatten". Ist also das „Dunkle" das, was in Lebewesen das Skelett ist, in Zellen die Stützstrukturen und in Atomen die Bindungskräfte – ordnende Phänomene?

Soweit meine Schöpfungsgeschichte. Das Schlimme und Unattraktive für rechtschaffene Gläubige an einen monotheistischen Gott: Es gibt weder ein Leben nach dem Tod noch einen Garten Eden. Das Gute: aber auch kein Jüngstes Gericht, kein Fegefeuer und keine Hölle! Auch die Konsequenzen sind wohl für viele nicht erstrebenswert: Man kann seine Verfehlungen hier und jetzt weder auf andere abschieben und sich ritualisiert mit lächerlichen „Strafen" reinwaschen, noch sich auf die Rechtfertigung vor einem Gott anstelle irdischer Gerichtsbarkeit berufen: Jeder ist für das, was er tut, in vollem Maße selbst verantwortlich! Und zwar hier und jetzt, und in jeder Hinsicht und Konsequenz.

Diese Schöpfungsgeschichte ist weitestgehend Stand naturwissenschaftlicher Erkenntnis, da ich außer der Tatsache, dass ich die ebenfalls heute akzeptierte Quantenphysik über das auch nachgewiesene Prinzip der Selbstähnlichkeit auf höhere Ebenen ausgedehnt habe, selbst nichts zu ihr beigetragen habe. Insofern meine ich, dass sie schon so in etwa stimmen wird. Wichtig ist mir, festzustellen, dass sie prinzipiell naturwissenschaftlich überprüfbar ist, anders als „die" Schöpfungsgeschichte. Vielleicht wird sich dabei herausstellen, dass ich unrecht habe. Gut, dann ist die Theorie widerlegt – Risiko eines Naturwissenschaftlers! Aber wenn nicht, bleiben ab jetzt Einsteins primitive oder moralische Religionen jeglicher Art dort, wo sie hingehören: in ein abgeschlossenes Kapitel vieler aufeinander folgender im Buch der Geschichte der Menschheit, das, beginnend mit dem ersten primitiven Glauben an „Geister", bei vielen Gesellschaften mit ihrem beschränkteren Wissen um die Welt durchaus erfolgreich versuchte, Erklärungen für Phänomene zu finden, die mit dem jeweiligen Wissen um Zusammenhänge unerklärbar waren. Und damit prinzipiell etwas Gutes, wenn auch Temporäres und oft mit unschönen Begleiterscheinungen behaftet, das in unserer modernen Zeit schon viel zu lange persistierte. Mehr nicht! Und so ist es höchste Zeit, endlich zu Einsteins kosmischer Religion zu kommen. Ich bin sicher: Auch die wird einmal „nur" ein Kapitel im besagten Buch sein.

So, wie es den Körper-Seele-Dualismus nicht gibt, gibt es auch keinen Religion-Naturwissenschaft-Dualismus. Das wollte ich mit meiner Schöpfungsgeschichte zeigen. Unser ICH braucht beides, um sich die Welt erklären zu können: Wissen um das, was nachprüfbar ist, und Glaube an das, was (aktuell) nicht nachgeprüft werden kann. Denn so funktioniert der Teil von uns, der unserer immateriellen Seite einen Sublimationskeim bietet: unser Gehirn. Es ist also absoluter Unsinn, beides getrennt zu betrachten und ggf. sogar gegeneinander auszuspielen. Auch diese vermeintlichen Gegensätze liegen in einer individuellen Superposition vor. Und wenn Sie Einsteins Zitate oben genauer lesen, werden Sie erkennen, dass auch er über seine kosmische Religion immer einen Zusammenhang zwischen beiden herstellt. Naturwissenschaft und Religion sind also zwei Extreme, die in der Realität niemals rein, sondern nur als Superposition auftreten können.

Das Problem dabei: Dessen müssen sich die Religionswächter bewusst sein und sich dem auch stellen! Solange sie, wie Schulmedizin, an ihrem Absolutheitsanspruch festhalten und sich unter Bezug auf eine Moral, die sie selbst oft nicht teilen, in Dinge einmischen, die nicht in ihren Zuständigkeitsbereich gehören, alles Weltliche, berauben sie unser ICH eines wesentlichen Teils – je nach Individuum entweder der Naturwissenschaft oder der Religion. Solange sie mit Interpretation von Geschichtchen aus Tausend und einer Nacht die Welt erklären wollen, machen sie sich in unserer aufgeklärten Welt nur noch lächerlich, so wie sich Bush mit den alternativen und Trump mit den fake facts lächerlich machen – was allein deren Sache wäre, hätte es nicht aufgrund ihrer Funktion auf uns alle fatale Auswirkungen.

Oben bemerkte ich, Religion sei vermutlich mit den Neandertalern entstanden. Sie ist damit, wie Naturwissenschaft, eine Folge immer komplexer werdender geistiger Fähigkeiten und Erkenntnisse und der zunehmenden Fähigkeit zu Abstraktion – wer sein Spiegelbild sieht und darin nicht sich erkennt, kann es auch nicht auf andere Wesen, einen personenhaften Gott, übertragen! Das bedeutet: Auch Religion unterliegt der Evolution, dem Wandel, wie Einstein es andeutete: von der archaischen der Neandertaler, der mystischen der frühen Kulturen im Orient und der primitiven der Antike über eine moralische des Mittelalters zur kosmischen von heute. Wer als selbsternannter Hüter von Religion das nicht (an-)erkennt, beleidigt die sich parallel entwickelt habenden intellektuellen Fähigkeiten und Erkenntnisse des Menschen. Es ist keine Blasphemie, Gott infrage zu stellen, denn er ist eine menschliche Idee; aber es ist Blasphemie, den Menschen in seiner Komplexität und Würde infrage zu stellen. Wer behauptet und predigt, ein personenhafter Gott bestimme unsere Geschicke und entscheide über die Art und Weise eines nicht nachgewiesenen Lebens nach unserm Tod – *der* betreibt Gotteslästerung. Denn Gott, das sind wir: die Menschen, die Tiere, die Pflanzen, die Bakterien und die Pilze auf diesem und vermutlich unzähligen anderen Planeten und Monden. Und die göttlichen Prinzipien, die uns aus Nichts haben entstehen lassen und uns ins Nichts zurückführen werden. Kurz: die Natur.

Ich bin kein Quantenphysiker, sondern Biochemiker. Ich mag Mathematik ganz gerne, stehe aber mit allem, was mit Differentialen, Integralen, Operatoren und was für Räumen auch immer zu tun hat, ein wenig auf dem Kriegsfuß. Denn ich arbeite viel mit Bildern und Vergleichen – weil ich die, wie Einstein, brauche: »Wenn ich es mir nicht vorstellen kann, kann ich es nicht verstehen.« Daher habe ich mit allem, was sich nur mit wenig anschaulichen, mathematischen Formeln beschreiben lässt, meine Probleme. Das (und bei weitem nicht nur das! Ich warte noch auf den Nobelpreis ;-) unterscheidet mich von Feynman.

Den Grund dafür nennt Herbert Pietschmann, Physiker, Theologe und Philosoph, emeritierter Professor für theoretische Physik an der Universität Wien und Verfechter einer ganzheitlichen Medizin: »Ich kann eine Sache nur verstehen, wenn ich mir von ihr ein mechanisches Modell machen kann. Kann ich das nicht, kann ich es auch nicht verstehen.«[57] Wir müssen uns also unsere Realität mit solchen deterministischen Modellen konstruieren. Das ist auch der Grund, warum kaum eine Religion einen abstrakten Gott wie „die Natur" oder „das Universum" kennt oder ihn zumindest an etwas Greifbarem, einem „Propheten" wie Jesus, Mohammed oder Buddha festmacht. Auch wenn man die nicht persönlich kennt, hat man doch Erfahrung mit Menschen und damit ein Modell der Propheten. Wie aber kann ich mir einen nicht personenhaften Gott oder den „Heiligen Geist", „die Natur" vorstellen? Oder, mit Feynman: »Wie kann das sein?« Nur über ihre Wirkung auf eben diese Propheten! Solche Modelle sind, wie Einstein den Kindern im Zitat oben vermitteln wollte, das Ergebnis des Wahrnehmens anderer und eigener Erfahrungen. Und zwar in Naturwissenschaft

und Religion! Im Falle der (Natur-)Wissenschaft objektiv und nachprüfbar, im Falle der Glaubenschaft subjektiv und nicht nachprüfbar.

Weil der Mensch also mechanische Modelle benötigt, ist auch heute noch
die Descartes'sche und Newton'sche Weltsicht so erfolgreich: Sie beruht auf
Materie, Mechanik und Modellen, die man mit ihnen baut und anhand derer man sie erfahrbar überprüfen kann. Pietschmann: »Deshalb sagen ja
auch berühmte Kenner der Quantenphysik wie Feynman: ›Die Quantenphysik kann man nicht verstehen‹. Damit meint er: Man kann sie nicht
mechanistisch beschreiben. Wir kommen so zu einer anderen Form der
Wirklichkeit.« Er muss es wissen, denn er gilt als engagierter Förderer der
Öffnung des naturwissenschaftlichen Denkens.

Mein Ansatz mag mathematisch/(quanten-)physikalisch reichlich naiv sein.
Aber so stelle ich mir als „gebildeter Laie" auf diesem Gebiet die Welt vor.
Daran glaube ich, es ist meine Realität, und an die müssen Sie *nicht* glauben. Punkt. Wer's besser kann: Nur zu, ich bin für alles offen! Denn bei mir
heißt es: Halt *nicht* die Klappe, sondern frag' weiter! Kinder sind die gebo-
renen Forscher. Sie wollen alles erkunden und alles wissen. Ein richtiger
Forscher ist also, was das betrifft, Kind geblieben. Das ist gut, darauf sollte er stolz sein und sich dazu bekennen. Denn wer nicht mehr fragt, wer
glaubt, alles zu wissen, hat den Sinn seines Lebens verloren und ist bereits
„tot". Und nun schauen Sie einmal nach, wie viele und welche Religionshüter in Glaubensfragen Kind geblieben sind.

Ich habe das Buch mit Einstein begonnen, und ich möchte es mit ihm beenden: »Eine Theorie ist desto eindrucksvoller, je größer die Einfachheit
ihrer Prämissen ist, je verschiedenartigere Dinge sie verknüpft, und je weiter ihr Anwendungsbereich ist.« Nach aktuellen naturwissenschaftlichen
Erkenntnissen geht es nicht einfacher. Verschiedenartiger können die Dinge auch nicht sein, die ich verknüpft habe: materieller Körper und immaterieller Geist. Und mit Quantenbiologie und Psychizin dürften weite An-
wendungsgebiete bestehen. Daher: »Es ist ein herrliches Gefühl, die Ein-
heitlichkeit eines Komplexes von Erscheinungen zu erkennen, die der direkten sinnlichen Wahrnehmung als getrennte Dinge erscheinen.«

Danksagung

Alina Podschun verdanke ich wesentliche Erkenntnisse in Psychologie und Psychoanalyse, aber auch sehr viel Bestätigung meiner Weltsicht. Ich denke zurück an abendfüllende Diskussionen, die häufig sehr emotional und kontrovers wurden, aber immer konstruktiv waren und mich weitergebracht haben. Es war für mich extrem wichtig, aus der Naturwissenschaft kommend, einen psychologischen Sparringspartner zu haben, der mir nicht nach dem Munde redet. Den Job hast Du, liebe Alina, exzellent erfüllt! Du hast mehr zu diesem Buch und meiner Weltsicht beigetragen, als Dir vermutlich *bewusst* sein wird. Ich habe viel von Dir gelernt! Herzlichen Dank dafür.

Bildnachweis und Links

Abbildung 1, Seite 11:
Links: © Mdf, lizensiert unter CC BY-SA 3.0,
URL: commons.wikimedia.org/w/index.php?curid=1327025
Rechts: © Bill Ratcliff, Public Domain
URL: commons.wikimedia.org/w/index.php?curid=359483

Abbildung 2, Seite 39:
© Manu Forero – Bacterial Fimbriae Designed to Stay with the Flow.
Gross L, PLoS Biology Vol. 4/9/2006, e314. doi:10.1371/journal.
pbio.0040314, lizensiert unter CC BY 2.5,
URL: commons.wikimedia.org/w/index.php?curid=1479172

Abbildung 3, Seite 74:
Durch den Autor verändert. Original: © vermutlich NekoJa, Public
Domain,
URL: commons.wikimedia.org/w/index.php?curid=61496401

Abbildung 4, Seite 74:
Links: Von Richard Bartz, Munich aka Makro Freak – Eigenes Werk,
CC BY-SA 2.5,
URL: commons.wikimedia.org/w/index.php?curid=3408857
Rechts: CC BY-SA 3.0
URL: commons.wikimedia.org/w/index.php?curid=514199

Abbildung 5, Seite 75:
© RWTH Aachen: Sammlung physikalischer Demonstrationsexperi-
mente,
URL: sammlung.physik.rwth-aachen.de/index.php?id=SW-51

Abbildung 6, Seite 78:
Links © I,, lizensiert unter CC BY 2.5,
   URL: commons.wikimedia.org/w/index.php?curid=2224354
Rechts © Klaus-Dieter Keller, lizensiert unter CC BY 3.0,
   URL: commons.wikimedia.org/w/index.php?curid=24952637

Abbildung 7, Seite 89:
© Wolfgangbeyer, lizensiert unter CC BY-SA 3.0,
   URL: commons.wikimedia.org/w/index.php?curid=352895

Abbildung 8, Seite 90:
Links: © Richard Bartz, lizensiert unter CC BY-SA 2.5
   URL: commons.wikimedia.org/w/index.php?curid=3408857
Rechts: © Wolfgang Beyer, lizensiert unter CC BY-SA 3.0
   URL: commons.wikimedia.org/w/index.php?curid=514199

Abbildung 9, Seite 91:
Links: © Global Anatomy Project
   URL: www.globalanatomyproject.org/about
Rechts: © Institut für Naturwissenschaften, Geographie und Technik
der Pädagogischen Hochschule Heidelberg;
   URL: www.ph-heidelberg.de/mikroskopie-original-und-digital/
   nierengewebe.html

Abbildung 10, Seite 91:
© GOHO91A – Galerie Für Fotografie Jochen Köhler
   URL: goho91a.de/wp-content/uploads/2013/01/IMG_6229web1.jpg

Abbildung 11, Seite 94:
© pixabay.com

Abbildung 12, Seite 102:
© Martin Bahmann, lizensiert unter CC BY-SA 3.0,
   URL: commons.wikimedia.org/w/index.php?curid=375172

Abbildung 13, Seite 114:
© Trutz Podschun

Abbildung 14, Seite 114:
© Trutz Podschun

Abbildung 15, Seite 122:
© Louise K. Broman (courtesy Indiana Dunes National Lakeshore),
Public Domain
URL: www.epa.gov/glnpo/image/viz_nat2.html
commons.wikimedia.org/w/index.php?curid=3899384

Abbildung 16, Seite 133:
© Trutz Podschun

Abbildung 17, Seite 152:
© Trutz Podschun

Abbildung 18, Seite 196:
© Army1987, Copyrighted free use
URL: commons.wikimedia.org/w/index.php?curid=4124203

Endnoten

Alle folgenden Links wurden am 22. 03. 2019 auf Existenz und korrektes Zitat überprüft.

1   Persönliche Mitteilung
2   www.zeit.de/zeit-wissen/2017/03/frido-mann-christine-mann-quantentheorie-philosophen-familie-werner-heisenberg
3   Markus 6,3
4   Lukas 5,1–11
5   Matthäus 9,9–13
6   de.wikipedia.org/wiki/Religion
7   w2.vatican.va/content/john-paul-ii/de/apost_letters/1988/documents/hf_jp-ii_apl_19880815_mulieris-dignitatem.html
8   1. Timotheus 2, 11–14
9   clicktopray.org/de/was-ist-click-to-pray
10 www.ekd.de/segen-roboter-ekhn-hessen-nassau-23961.html
11 www.vaticanstate.va/content/vaticanstate/de/altre-istituzioni/accademia-scienze.html
12 de.wikipedia.org/wiki/Päpstliche_Akademie_der_Wissenschaften
13 de.wikipedia.org/wiki/Rehabilitation
14 Matthäus 10, 34–39
15 Lukas 19,27
16 Logion 114: www.heiligenlexikon.de/Literatur/Thomas-Evangelium.html
17 In: *Hätte man Verstand, bräuchte man keine Götter – Religionskritik in Zitaten,* Klaus Hober, 2011, ISBN 978-3-7386-0277-7, Seite 143
18 1. Mose 19,2–8
19 Richter 19, 22–29
20 de.wikipedia.org/wiki/Junia_(Apostel)
21 www.domradio.de/themen/papst-franziskus/2018-10-11/harsche-worte-fuer-den-absoluten-wert-menschlichen-lebens
22 www.humanist.de/zitate/sexu.html
23 atheisten.at/
24 Richard Feynman: Cargo Cult Science. Eröffnungsrede des California Institute of Technology zum Semesterbeginn 1974, nachzulesen in calteches.library.

caltech.edu/51/2/CargoCult.pdf, zitiert aus Jeffrey Robbins (Hrsg.), Richard P. Feynman, Freeman J. Dyson: Es ist so einfach – Vom Vergnügen, Dinge zu entdecken (München/Zürich: Piper Verlag, 2001).

25 The World as I See It, Philosophical Library, New York, 1949, pp. 24–28.

26 atheismus-deutschland.de/zitate_atheisten.html

27 Kirchenlehrer und Heiliger Thomas von Aquin (1225–1274); Gedenktag 28. Januar (kath.) bzw. 8. März (ev.)

28 Im Januar 2019 wurde von IBM der erste kommerzielle Quantencomputer vorgestellt. Es existiert aber zum Zeitpunkt der Drucklegung des Buches erst ein unverkäuflicher Prototyp mit 20 QBits. Und dieser ist vergleichbar mit dem ersten Personal Computer der 1980er Jahre: Noch recht bescheiden, was seine theoretischen Möglichkeiten betrifft. Aber immerhin! Die Grundlage ist geschaffen, die Weiterentwicklung wird ähnlich exponentiell verlaufen wie beim PC. www.research.ibm.com/ibm-q/system-one; www.faz.net/aktuell/wissen/computer-mathematik/ibm-praesentiert-den-ersten-kommerziellen-quantencomputer-15980196.html

29 www.nanalyze.com/2016/09/5-quantum-cryptography-encryption-companies/

30 T. Herzog et al., Complementarity and the Quantum Eraser, Phys. Rev. Lett. 75, 3034, 1995; (doi.org/10.1103/PhysRevLett.75.3034)

31 en.wikipedia.org/wiki/Wheeler %27s_delayed-choice_experiment

32 www.youtube.com/watch?v=H6HLjpj4Nt4

33 www.anu.edu.au/news/all-news/experiment-confirms-quantum-theory-weirdness

34 de.wikipedia.org/wiki/Mandelbrot-Menge

35 de.wikipedia.org/wiki/Pythagoras-Baum

36 2,3 Millionen Arten sind 2015 bekannt und taxonomisch erfasst (tree.opentreeoflife.org/). Es gibt Thesen, dass bis zu 80 % heute noch unbekannt sind. Eine Schätzung aus dem Jahr 2011geht von 8,7 Millionen Arten aus.

37 2014 berichtete eine kanadische Forschergruppe, dass tatsächlich elektrostatische Anziehung, also die permanente unterschiedliche Ladung von Oberfläche und Geckofuß verantwortlich sein soll. Das ist aber bislang nicht bestätigt worden und erscheint weniger plausibel als die Haftung über Van-der-Waals, zumal heute bereits Klebstoffe existieren, die dieses quantenphysikalische Phänomen nutzen. Wie auch immer es sei, es gibt diese van-der-Waals-Kräfte, und sie lassen sich nur quantenphysikalisch erklären. doi.org/10.1098/rsif.2014.0371

38 de.wikipedia.org/wiki/Sauerstoff

39 vgl. Heard, E. and C. M. Disteche (2006). „Dosage compensation in mammals: fine-tuning the expression of the X chromosome." Genes Dev 20(14): 1848-1867

40 Wissenschaft der Logik, Georg Friedrich Wilhelm Friedrich Hegel, Seite 414, ISBN 978-3-8430-2181-4

41 M. C. Fischer, B. Gutiérrez-Medina M. G. Raizen: Observation of the Quantum Zeno and Anti-Zeno effects in an Unstable System. Physical Review Letters 87, 040402 (2001); www.ncbi.nlm.nih.gov/pubmed/11461604

42 de.wikipedia.org/wiki/Seele

43   de.wikipedia.org/wiki/Emotion

44   gedankenfundus.de/lebensweisheiten/zitate/ermutigung/wie-eine-leuchtende-kugel.html

45   de.*wikipedia*.org/wiki/Natur

46   *Die fabelhafte Welt der Ameisen: Eine Ameisenumsiedlerin erzählt*

47   Seweryn Olkowicz, Martin Kocourek, Radek K. Lučan, Michal Porteš, W. Tecumseh Fitch, Suzana Herculano-Houzel, and Pavel Němec: *Birds have primate-like numbers of neurons in the forebrain*. Proceedings of the National Academy of Science of the United States of America (PNAS), June 28, 2016 113 (26) 7255–7260; www.pnas.org/content/113/26/7255

48   de.wikipedia.org/wiki/Psyche

49   Monty Python's Life of Brian, © 1979 Monty Python: Graham Chapman, John Cleese, Terry Gilliam, Eric Idle, Terry Jones and Michael Palin.

50   Epiphenomenal Qualia, Frank Jackson, *The Philosophical Quarterly*, Volume 32, Issue 127, April 1982, Pages 127–136, (doi.org/10.2307/2960077)

51   The Lost Art of Healing: Practicing Compassion in Medicine", The Ballantine Publishing Group, 1999

52   www.uni-muenster.de/imperia/md/content/physik_ft/pdf/ws1112/seminar/111918/willems-kemper.pdf, www.itp.uni-hannover.de/fileadmin/arbeitsgruppen/ag_flohr/lectures/proseminar/ss15/Vortrag9.pdf

53   de.wikipedia.org/wiki/Doppelpendel

54   de.wikipedia.org/wiki/Problem_des_Handlungsreisenden
de.wikipedia.org/wiki/NP-Vollständigkeit

55   psyarxiv.com/hv28a/

56   *The Universe is not a Computer*: arxiv.org/pdf/1211.7081.pdf

57   Pietschmann bezieht sich hier sinngemäß auf sein Buch *Quantenmechanik verstehen*, Springer Verlag 2003, ISBN 978-3-642-62752, in dem er diesen auf Seite 94 zitiert.